독일외교문서 한국편

Peking 127·128(1866~1881)

15

이 저서는 2017년 대한민국 교육부와 한국학중앙연구원(한국학진흥사업단)의 한국학 분야
토대연구지원사업의 지원을 받아 수행된 연구임 (AKS-2017-KFR-1230002)

This work was supported by Korean Studies Foundation Research through the Ministry
of Education of the Republic of Korea and Korean Studies Promotion Service of the
Academy of Korean Studies (AKS-2017-KFR-1230002)

독일학총서 Bibliothek der Germanistik

독일외교문서 한국편

Peking 127 · 128(1866~1881)

15

고려대학교 독일어권문화연구소 편

보고사
BOGOSA

개항기 한국 관련
독일외교문서 번역총서 발간에 부쳐

1. 본 총서에 대하여

본 총서는 고려대학교 독일어권문화연구소가 한국학중앙연구원에서 시행하는 토대사업(2017년)의 지원을 받아 3년에 걸쳐 연구한 작업의 결과물이다. 해당 프로젝트 〈개항기 한국 관련 독일외교문서 탈초·번역·DB 구축〉은 1866년을 전후한 한－독 간 교섭 초기부터 1910년까지의 한국 관련 독일 측 외교문서 9,902면을 탈초, 번역, 한국사 감교 후 출판하고, 동시에 체계적인 목록화, DB 구축을 통해 온라인 서비스 토대를 마련함으로써 관련 연구자 및 관심 있는 일반인에게 제공하기 위한 것이다. 본 프로젝트의 의의는 개항기 한국에서의 독일의 역할과 객관적인 역사의 복원, 한국사 연구토대의 심화·확대, 그리고 소외분야 연구 접근성 및 개방성 확대라는 측면에서 찾을 수 있다.

이번 우리 독일어권문화연구소의 프로젝트팀이 국역하여 공개하는 독일외교문서 자료는 한국근대사 연구는 물론이고 외교사, 한독 교섭사를 한 단계 끌어올릴 수 있는 중요한 일차 사료들이다. 그러나 이 시기의 해당 문서는 모두 전문가가 아닌 경우 접근하기 힘든 옛 독일어 필기체로 작성되어 있어 미발굴 문서는 차치하고 국내에 기 수집된 자료들조차 일반인은 물론이고 국내 전문연구자의 접근성이 극히 제한되어 있는 상황이다. 이런 상황에서 우리의 프로젝트가 성공적으로 마무리됨으로써 이제 절대적으로 부족한 독일어권 연구 사료를 구축하여, 균형 잡힌 개항기 연구 토대를 다지고, 연구 접근성과 개방성, 자료 이용의 효율성을 제고하고, 동시에 한국사, 독일학, 번역학, 언어학 전문가들의 학제 간 협동 연구를 촉진할 수 있는 중요한 계기가 마련되었다.

2. 정치적 상황

오늘날 우리는 전 지구적 세계화가 가속화되고 있는 상황 속에 살고 있다. '물결'만으로는 세계화의 속도를 따라잡을 수 없게 되었다. 초연결 사회의 출현으로 공간과 시간, 그리고 이념이 지배하던 지역, 국가 간 간극은 점차 줄어들고 있다. 그렇다고 국가의 개념이 사라지는 것은 아니다. 오히려 국가는 국민을 안전하게 보호하고 대외적으로 이익을 대변해야 하는 역할을 이런 혼란스런 상황 속에서 더욱 성실히 이행해야 하는 사명을 갖는다.

한국을 둘러싼 동아시아 국제정세는 빠르게 변화하고 있다. 수년 전 남북한 정상은 두 번의 만남을 가졌고, 영원히 만나지 않을 것 같았던 북한과 미국의 정상 역시 싱가포르에 이어서 하노이에서 역사적 회담을 진행하였다. 한반도를 둘러싼 오랜 적대적 긴장 관계가 완화되고 화해와 평화가 곧 당겨질 듯한 분위기였다.

하지만 한반도에 완전한 평화가 정착되었다고 단언하기란 쉽지 않다. 휴전선을 둘러싼 남북한의 군사적 대치 상황은 여전히 변한 것이 없다. 동아시아에서의 주변 강대국의 패권 경쟁 또한 현재 진행형이다. 즉 한반도 평화 정착을 위해서는 한국, 북한, 미국을 비롯해서 중국, 러시아, 일본 등 동아시아 정세에 관여하는 국가들의 다양하고 때로는 상충하는 이해관계들을 외교적으로 세밀하게 조정할 필요가 있다.

한국은 다양한 국가의 복잡한 이해관계를 어떻게 조정할 것인가? 우리 프로젝트팀은 세계화의 기원이라 할 수 있는 19세기 말에서 20세기 초 한반도의 시공간에 주목하였다. 이 시기는 통상 개항기, 개화기, 구한말, 근대 초기로 불린다. 증기기관과 증기선 도입, 철도 부설, 그 밖의 교통 운송 수단의 발달로 인해서 전 세계가 예전에 상상할 수 없을 정도로 가까워지기 시작하던 때였다. 서구 문물의 도입을 통해서 한국에서는 서구식 근대적 발전이 모색되고 있었다.

또 한편으로는 일본뿐만 아니라 청국, 그리고 서구 열강의 제국주의적 침탈이 진행되었던 시기였다. 한국 문제에 관여한 국가들은 동아시아에서 자국의 이익을 유지, 확대하려는 목적에서 끊임없이 경쟁 혹은 협력하였다. 한국 역시 세계화에 따른 근대적 변화에 공감하면서도 외세의 침략을 막고 독립을 유지하려는 데에 전력을 기울였다. 오늘날 세계화와 한국 관련 국제 정세를 이해하기 위해서는 무엇보다 그 역사적 근원인 19세기 후반에서 20세기 초반의 상황을 알아야 한다. 이에 본 연구소에서는 개항기 독일외교문서에 주목하였다.

3. 한국과 독일의 관계와 그 중요성

오늘날 한국인에게 독일은 친숙한 국가이다. 1960~70년대 약 18,000여 명의 한국인들은 낯선 땅 독일에서 광부와 간호사로 삶을 보냈다. 한국인들이 과거사 반성에 미흡한 일본을 비판할 때마다 내세우는 반면교사의 대상은 독일이다. 한때는 분단의 아픔을 공유하기도 했으며, 통일을 준비하는 한국에게 타산지석의 대상이 되는 국가가 바로 독일이다. 독일은 2017년 기준으로 중국과 미국에 이어 한국의 세 번째로 큰 교역 국가이기도 하다.

　한국인에게 독일은 이웃과도 같은 국가이지만, 정작 한국인들은 독일 쪽에서는 한국을 어떻게 인식하고 정책을 추진하는지 잘 알지 못한다. 그 이유는 독일이 한반도 국제정세에 결정적인 역할을 끼쳐온 국가가 아니기 때문이다. 오늘날 한국인에게는 미국, 중국, 일본, 러시아가 현실적으로 중요하기에, 정서상으로는 가까운 독일을 간과하는 것이 아닐까 하는 생각이 든다.

　그렇다면 우리는 독일을 몰라도 될까? 그렇지 않다. 독일은 EU를 좌우하는 핵심 국가이자, 세계의 정치, 경제, 사회, 문화를 주도하는 선진국이자 강대국이다. 독일은 유럽뿐만 아니라 동아시아를 비롯한 전 세계의 동향을 종합적으로 고려하는 가운데 한국을 인식하고 정책을 시행한다. 독일의 대한정책(對韓政策)은 전 지구적 세계화 속에서 한국의 위상을 보여주는 시금석과 같다.

　세계화의 기원인 근대 초기도 지금과 상황이 유사하였다. 미국, 영국에 이어서 한국과 조약을 체결한 서구 열강은 독일이었다. 청일전쟁 직후에는 삼국간섭을 통해서 동아시아 진출을 본격화하기도 했다. 하지만 당시 동아시아에서는 영국, 러시아, 일본, 청국, 그리고 미국의 존재감이 컸다. 19세기 말에서 20세기 초 한반도를 둘러싼 국제정세에서 독일이 차지하는 위상은 상대적으로 높지 않았던 것이다.

　하지만 당시 독일은 동아시아 정세의 주요 당사국인 영국, 러시아, 일본, 청국, 미국 등의 인식과 정책 관련 정보를 집중적으로 수집하고 종합적으로 분석하였다. 세계 각국의 동향을 종합적으로 판단한 과정 속에서 독일은 한국을 평가하고 이를 정책으로 구현하고자 했다.

　그렇기 때문에 개항기 한국 관련 독일외교문서는 의미가 남다르다. 독일외교문서에는 독일의 한국 인식 및 정책뿐만 아니라, 한국 문제에 관여한 주요 국가들의 인식과 대응들이 담겨 있는 보고서들로 가득하다. 독일은 자국 내 동향뿐만 아니라 세계 각국의 동향을 고려하는 과정 속에서 한국을 인식, 평가하고 정책화하였던 것이다. 그렇기에 독일외교문서는 유럽 중심에 위치한 독일의 독특한 위상과 전 지구적 세계화 속에서 세계 각국이 한국을 이해한 방식의 역사적 기원을 입체적으로 추적하기에 더할 나위 없이 좋은 자료인 것이다.

4. 금번 번역총서 작업과정에 대해

　1973년 4월 4일, 독일과의 본격적인 교류를 위하여 〈독일문화연구소〉라는 이름으로

탄생을 알리며 활동을 시작한 본 연구소는 2003년 5월 15일 자로 〈독일어권 문화연구소〉로 명칭을 바꾸고 보다 폭넓은 학술 및 연구를 지향하여 연구원들의 많은 활동을 통해, 특히 독일어권 번역학 연구와 실제 번역작업에 심혈을 기울여 왔다. 이번에 본 연구소에서 세상에 내놓는 15권의 책은 모두(冒頭)에서 밝힌 대로 2017년 9월부터 시작한, 3년에 걸친 한국학중앙연구원 프로젝트의 연구 결과물이다. 여기까지 오기까지 작업의 역사는 상당히 길고 또한 거기에 참여했던 인원도 적지 않다. 이 작업은 독일어권연구소장을 맡았던 한봉흠 교수로부터 시작된다. 한봉흠 교수는 연구소 소장으로서 개항기 때 독일 외교관이 조선에서 본국으로 보낸 보고 자료들을 직접 독일에서 복사하여 가져옴으로써 자료 축적의 기본을 구축하였다. 그 뒤 김승옥 교수가 연구소 소장으로 재직하면서 그 자료의 일부를 번역하여 소개한 바 있다(고려대 독일문화연구소 편, 『(朝鮮駐在) 獨逸外交文書 資料集』, 우삼, 1993). 당시는 여건이 만만치 않아 선별적으로 번역을 했고 한국사 쪽의 감교를 받지도 못하는 상태였다. 그러나 당시로서 옛 독일어 필기체로 작성된 보고문을 정자의 독일어로 탈초하고 이를 우리말로 옮기는 것은 생면부지의 거친 황야를 걷는 것과 같은 것이었다.

우리 연구팀은 저간의 사정을 감안하여 금번 프로젝트를 위해 보다 철저하게 다양한 팀을 구성하고 연구 진행에 차질이 없도록 하였다. 연구팀은 탈초, 번역, 한국사 감교팀으로 나뉘어 먼저 원문의 자료를 시대별로 정리하고 원문 중 옛 독일어 필기체인 쿠렌트체와 쥐털린체로 작성된 문서들을 독일어 정자로 탈초하고 이를 타이핑하여 입력한 뒤 번역팀이 우리말로 옮기고 이후 번역된 원고를 감교팀에서 역사적으로 고증하여 맞는 용어를 선택하고 필요에 따라 각주를 다는 등 다양한 협력을 수행하였다. 이번에 출간된 15권의 책은 데이터베이스화하여 많은 연구자들이 널리 이용할 수 있을 것이다.

2017년 9월부터 3년에 걸쳐 작업한 결과물을 드디어 완간하게 된 것을 연구책임자로서 기쁘게 생각한다. 무엇보다 긴밀하게 조직화된 팀워크를 보여준 팀원들(번역자, 탈초자, 번역탈초 감수 책임자, 한국사 내용 감수 책임자, 데이터베이스팀 책임자)과 연구보조원 한 분 한 분에게 감사드린다. 그리고 프로젝트의 준비단계에서 활발한 역할을 한 김용현 교수와 실무를 맡아 프로젝트가 순항하도록 치밀하게 꾸려온 이정린 박사와 한승훈 박사에게 감사의 뜻을 전한다. 본 연구에 참여한 모든 연구원들의 해당 작업과 명단은 각 책의 말미에 작성하여 실어놓았다.

2021년 봄날에
연구책임자
김재혁

일러두기

1. 『독일외교문서 한국편』은 독일연방 외무부 정치문서보관소(Archives des Auswärtigen Amts)에서 소장하고 있는 근대 시기 한국 관련 독일외교문서를 번역한 것이다. 구체적으로는 독일 외무부에서 생산한 개항기 한국 관련 사료군에 해당하는 I. B. 16 (Korea), I. B. 22 Korea 1, I. B. 22 Korea 2, I. B. 22 Korea 5, I. B. 22 Korea 7, I. B. 22 Korea 8, Peking II 127과 Peking II 128에 포함된 문서철을 대상으로 한다.

2. 당시 독일외무부는 문서의 외무부 도착일, 즉 수신일을 기준으로 문서를 편집하였다. 이에 본 문서집에서는 독일외무부가 문서철 편집과정에서 취했던 수신일 기준 방식을 따랐다.

3. 본 문서집은 한국어 번역본과 독일어 원문 탈초본으로 구성되어 있다.

   1) 한국어 번역본에는 독일어 원문의 쪽수를 기입함으로써, 교차 검토를 용의하게 했다.
   2) 독일어 이외의 언어로 작성된 문서는 한국어로 번역하지 않되, 전문을 탈초해서 문서집에 수록하였다. 해당 문서가 주 보고서인 경우는 한국어 번역본과 독일어 원문 탈초본에 함께 수록하였으며, 첨부문서에 해당할 경우에는 한국어 번역본에 수록하지 않고, 독일어 탈초본에 수록하였다.

4. 당대 독일에서는 쿠렌트체(Kurrentschrift)로 불리는 옛 독일어 필기체와 프로이센의 쥐털린체(Sütterlinschrift)가 부가된 형태의 외교문서를 작성하였다. 이에 본 연구팀은 쿠렌트체와 쥐털린체로 되어 있는 독일외교문서 전문을 현대 독일어로 탈초함으로써 문자 해독 및 번역을 용이하게 했다.

   1) 독일어 탈초본은 작성 당시의 원문을 그대로 현대 독일어로 옮기는 것을 원칙으로 했다. 그 때문에 독일어 탈초본에는 문서 작성 당시의 철자법과 개인의 문서 작성 상의 특성이 드러나 있다.
   2) 문서 본문 내용에 대한 다양한 종류의 제3자의 메모는 각주에 [Randbemerkung]을 설정하여 최대한 수록하고 있다.

5. 본 연구팀은 독일외교문서의 독일어 전문을 한국어로 번역·감교하였다. 이를 통해 독일어 본래의 특성과 당대 역사적 맥락을 함께 담고자 했다. 독일외교문서 원문의 번역 과정에서 당대 맥락이 분명하게 드러나지 않는 경우, [감교 주석]을 부기하여 당대사적 맥락을 보완하였다. 아울러 독일외교문서 원문에 수록된 주석의 경우는 [원문 주석]으로 별도로 표기하였다.

6. 한국어 번역본에서는 중국, 일본, 한국의 지명, 인명은 모두 원음으로 표기하되, 관직과 관청명의 경우는 한국 학계에서 일반적으로 통용되는 한문의 한국어 발음을 적용하였다. 각 국가의 군함 이름 등 기타 사항은 외교문서에 수록된 단어를 그대로 병기하였다. 독일외교관이 현지어 발음을 독일어로 변환되는 과정에서 실체가 불분명해진 고유명사의 경우, 독일외교문서 원문에 수록된 단어 그대로 표기하였다.

7. 15권에 수록된 문서들의 경우 수발신 관련 정보를 특정하기 쉽지 않다. 이에 표를 통해서 수발신 정보를 별도로 제공했던 1~14권과는 달리, 15권에서는 문서에 수록된 내용만을 수록하였다.

8. 각 권의 원문 출처는 다음과 같다.

자료집 권 (발간 연도)	독일외무부 정치문서고 문서 분류 방식			
	문서분류 기호	일련번호	자료명	대상시기
1 (2019)	I. B. 16 (Korea)	R18900	Akten betr. die Verhältnisse Koreas (1878년 이전) 조선 상황	1874.1~1878.12
	I. B. 22 Korea 1	R18901	Allgemiene Angelegenheiten 1 일반상황 보고서 1	1879.1~1882.6
	I. B. 22 Korea 1	R18902	Allgemiene Angelegenheiten 2 일반상황 보고서 2	1882.7~1882.11
2 (2019)	I. B. 22 Korea 1	R18903	Allgemiene Angelegenheiten 3 일반상황 보고서 3	1882.11~1885.1.19
	I. B. 22 Korea 1	R18904	Allgemiene Angelegenheiten 4 일반상황 보고서 4	1885.1.20~1885.4.23
	I. B. 22 Korea 1	R18905	Allgemiene Angelegenheiten 5 일반상황 보고서 5	1885.4.24~1885.7.23

3 (2019)	I. B. 22 Korea 1	R18906	Allgemiene Angelegenheiten 6	1885.7.24~1885.12.15
			일반상황 보고서 6	
	I. B. 22 Korea 1	R18907	Allgemiene Angelegenheiten 7	1885.12.16~1886.12.31
			일반상황 보고서 7	
	I. B. 22 Korea 1	R18908	Allgemiene Angelegenheiten 8	1887.1.1~1887.11.14
			일반상황 보고서 8	
4 (2019)	I. B. 22 Korea 1	R18909	Allgemiene Angelegenheiten 9	1887.11.15~1888.10.3
			일반상황 보고서 9	
	I. B. 22 Korea 1	R18910	Allgemiene Angelegenheiten 10	1888.10.4~1889.2.28
			일반상황 보고서 10	
	I. B. 22 Korea 1	R18911	Allgemiene Angelegenheiten 11	1889.3.1~1890.12.13
			일반상황 보고서 11	
	I. B. 22 Korea 1	R18912	Allgemiene Angelegenheiten 12	1890.12.14~1893.1.11
			일반상황 보고서 12	
5 (2020)	I. B. 22 Korea 1	R18913	Allgemiene Angelegenheiten 13	1893.1.12~1893.12.31
			일반상황 보고서 13	
	I. B. 22 Korea 1	R18914	Allgemiene Angelegenheiten 14	1894.1.1~1894.7.14
			일반상황 보고서 14	
	I. B. 22 Korea 1	R18915	Allgemiene Angelegenheiten 15	1894.7.15~1894.8.12
			일반상황 보고서 15	
	I. B. 22 Korea 1	R18916	Allgemiene Angelegenheiten 16	1894.8.13~1894.8.25
			일반상황 보고서 16	
6 (2020)	I. B. 22 Korea 1	R18917	Allgemiene Angelegenheiten 17	1894.8.26~1894.12.31
			일반상황 보고서 17	
	I. B. 22 Korea 1	R18918	Allgemiene Angelegenheiten 18	1895.1.19~1895.10.18
			일반상황 보고서 18	
	I. B. 22 Korea 1	R18919	Allgemiene Angelegenheiten 19	1895.10.19~1895.12.31
			일반상황 보고서 19	
	I. B. 22 Korea 1	R18920	Allgemiene Angelegenheiten 20	1896.1.1~1896.2.29
			일반상황 보고서 20	

			Allgemiene Angelegenheiten 21	1896.3.1~1896.5.6
7 (2020)	I. B. 22 Korea 1	R18921	일반상황 보고서 21	1896.3.1~1896.5.6
	I. B. 22 Korea 1	R18922	Allgemiene Angelegenheiten 22 일반상황 보고서 22	1896.5.7~1896.8.10
	I. B. 22 Korea 1	R18923	Allgemiene Angelegenheiten 23 일반상황 보고서 23	1896.8.11~1896.12.31
	I. B. 22 Korea 1	R18924	Allgemiene Angelegenheiten 24 일반상황 보고서 24	1897.1.1~1897.10.31
8 (2020)	I. B. 22 Korea 1	R18925	Allgemiene Angelegenheiten 25 일반상황 보고서 25	1897.11.1~1898.3.15
	I. B. 22 Korea 1	R18926	Allgemiene Angelegenheiten 26 일반상황 보고서 26	1898.3.16~1898.9.30
	I. B. 22 Korea 1	R18927	Allgemiene Angelegenheiten 27 일반상황 보고서 27	1898.10.1~1899.12.31
9 (2020)	I. B. 22 Korea 1	R18928	Allgemiene Angelegenheiten 28 일반상황 보고서 28	1900.1.1~1900.6.1
	I. B. 22 Korea 1	R18929	Allgemiene Angelegenheiten 29 일반상황 보고서 29	1900.6.2~1900.10.31
	I. B. 22 Korea 1	R18930	Allgemiene Angelegenheiten 30 일반상황 보고서 30	1900.11.1~1901.2.28
10 (2020)	I. B. 22 Korea 1	R18931	Allgemiene Angelegenheiten 31 일반상황 보고서 31	1901.3.1~1901.7.15
	I. B. 22 Korea 1	R18932	Allgemiene Angelegenheiten 32 일반상황 보고서 32	1901.7.16~1902.3.31
	I. B. 22 Korea 1	R18933	Allgemiene Angelegenheiten 33 일반상황 보고서 33	1902.4.1~1902.10.31
11 (2021)	I. B. 22 Korea 1	R 18934	Allgemiene Angelegenheiten 34 일반상황 보고서 34	1902.11.1~1904.2.15
		R 18935	Allgemiene Angelegenheiten 35 일반상황 보고서 35	1904.2.16~1904.7.15
		R 18936	Allgemiene Angelegenheiten 36 일반상황 보고서 36	1904.7.16~1907.7.31

12 (2021)	I. B. 22 Korea 1	R 18937	Allgemiene Angelegenheiten 37	1907.8.1~1909.8.31
			일반상황 보고서 37	
		R 18938	Allgemiene Angelegenheiten 38	1909.4.1~1910.8
			일반상황 보고서 38	
	I. B. 22 Korea 2	R 18939	Die Besitznahme Port Hamilton durch die Engländer 1	1885.4.8~1885.7.31
			영국의 거문도 점령 1	
13 (2021)	I. B. 22 Korea 2	R 18940	Die Besitznahme Port Hamilton durch die Engländer 2	1885.8.1~1886.12.31
			영국의 거문도 점령 2	
		R 18941	Die Besitznahme Port Hamilton durch die Engländer 3	1887.1.1~1901.12
			영국의 거문도 점령 3	
	I. B. 22 Korea 5	R 18949	Beziehungen Koreas zu Frankreich	1886.8~1902.10
			한국-프랑스 관계	
	I. B. 22 Korea 6	R 18950	Die Christen in Korea	1886~1910.5
			조선의 기독교	
	I. B. 22 Korea 7	R 18951	조선 주재 외국 외교관 1	1887.4.19~1894.9.6
			Fremde Vertretung in Korea 1	
14 (2021)	I. B. 22 Korea 7	R 18952	한국 주재 외국 외교관 2	1894.9.7~1903.2
			Fremde Vertretung in Korea 2	
		R 18953	한국 주재 외국 외교관 3	1903.3~1910.5
			Fremde Vertretung in Korea 3	
	I. B. 22 Korea 8	R 18954	조선의 유럽·미국 주재 외교관 파견 1	1887.10.21~1888.12.31
			Entsendung koreanischer Missionen nach Europa und Amerika 1	
		R 18955	한국의 유럽·미국 주재 외교관 파견 2	1889.1.1~1905.12
			Entsendung koreanischer Missionen nach Europa und Amerika 2	
15 (2021)	RAV Peking II 127	R 9208	주청 독일공사관의 조선관련문서 1	1866.11~1866.12
	RAV Peking II 128	R 9208	주청 독일공사관의 조선관련문서 2	1866.10~1887.12

9. 본 문서집은 조선과 대한제국을 아우르는 국가 명의 경우는 한국으로 통칭하되, 대한제국 이전 시기를 다루는 문서의 경우는 조선, 대한제국 선포 이후를 다루는 문서의 경우는 한국 혹은 대한제국으로 표기하였다.

10. 사료군 해제

● I. B. 16 (Korea)

1859년 오일렌부르크의 동아시아 원정 이후 북경과 동경에 주재한 독일 공사들이 한독 수교 이전인 1874~1878년간 한국 관련하여 보고한 문서들이 수록되어 있다. 이 시기는 한국이 최초 외세를 향해서 문호를 개방하고 후속 조치가 모색되었던 시기였다. 특히 쇄국정책을 주도하였던 흥선대원군이 하야하고 고종이 친정을 단행함으로써, 국내외에서는 한국의 대외정책 기조가 변화할 것이라는 전망이 나오던 시절이었다. 이러한 역사적 배경 속에서 I. B. 16 (Korea)에는 1876년 이전 서계문제로 촉발되었던 한국과 일본의 갈등과 강화도조약 체결, 그리고 한국의 대서구 문호개방에 관한 포괄적인 내용들이 수록되어 있다.

● I. B. 22 Korea 1

독일 외무부는 한국과 조약 체결을 본격화하기 시작한 1879년부터 별도로 "Korea"로 분류해서 한국 관련 문서를 보관하기 시작하였다. 그중에서 I. B. 22 Korea 1은 1879년부터 1910년까지 조선에 주재한 독일외교관을 비롯해서 한국 관련 각종 문서들이 연, 월, 일의 순서로 편집되어 있다. 개항기 전시기 독일의 대한정책 및 한국과 독일관계를 조망하는 본 연구의 취지에 부합한 사료군이라 할 수 있다.

본 연구가 타 국가 외교문서 연구와 차별되는 지점은 일본에 의해서 외교권을 박탈당한 1905년 을사늑약 이후의 문서에 대한 분석을 시도하는데 있다. 물론 1905년 이후 한국과 독일의 관계는 거의 없다는 것이 정설이다. 하지만 1907년 독일의 고립을 초래한 소위 '외교혁명'의 시작이 한국과 만주라는 사실, 그리고 일본이 한국을 병합한 이후에도 독일은 영국과 함께 한국으로부터 확보한 이권을 계속 유지시키고자 하였다. 이에 본 연구팀은 1910년까지 사료를 분석함으로써, 1905년 이후 한국사를 글로벌 히스토리 시각에서 조망하는 토대를 구축하고자 한다.

● I. B. 22 Korea 2

I. B. 22 Korea 2는 영국의 거문도 점령 관련 문서들을 수록하고 있다. 독일은 영국의

거문도 점령 당시 당사국이 아니었다. 하지만 독일의 입장에서도 영국의 거문도 점령은 중요한 문제였다. 영국의 거문도 점령 사건 자체가 한국과 영국뿐만 아니라, 청국, 러시아, 일본 등 주변 열강 등의 외교적 이해관계가 복잡하게 얽힌 사안이었기 때문이었다. 그렇기에 영국이 거문도를 점령한 이후, 서울, 런던, 베이징, 도쿄, 페테르부르크 등에서는 이 사건을 어떻게 해결할 것인가를 두고 외교적 교섭이 첨예하게 전개되었다. I. B. 22 Korea 2에는 관찰자 시점에서 영국의 거문도 사건을 조망하되, 향후 독일의 동아시아 정책 및 한국정책을 수립하는 척도로 작용하는 내용의 문서들이 수록되어 있다.

● I. B. 22 Korea 5

I. B. 22 Korea 5는 한국과 프랑스 관계를 다루고 있다. 주로 한국과 프랑스의 현안이었던 천주교 승인 문제와 천주교 선교 과정에서 한국인과 갈등들이 수록되어 있다. 그리고 삼국간섭 한국의 프랑스 차관 도입 시도 관련 문서들도 있을 것으로 보인다. 즉 I. B. 22 Korea 5는 기독교 선교라는 관점, 그리고 유럽에서 조성되었던 프랑스와 독일의 긴장관계가 비유럽 국가인 한국에서 협력으로 변모하는지를 확인할 수 있는 사료군이라 할 수 있다.

● I. B. 22 Korea 6

I. B. 22 Korea 6은 한국 내 기독교가 전래되는 전 과정을 다루고 있다. 지금까지 개항기 기독교 선교와 관련된 연구는 주로 미국 측 선교사에 집중되었다. 학교와 의료를 통한 미국 선교사의 활동과 성장에 주목한 것이다. 그에 비해 독일에서 건너온 선교사 단체에 대한 연구는 미흡하였다. I. B. 22 Korea 6은 한국 내 기독교의 성장과 더불어 독일 선교사들이 초기에 한국에 건너와서 정착한 과정을 확인할 수 있는 사료군이라 할 수 있다.

● I. B. 22 Korea 7

I. B. 22 Korea 7은 한국 외국대표부에 관한 사료군이다. 개항 이후 외국 외교관들은 조약에 근거해서 개항장에 외국대표부를 설치하였다. 개항장과 조계지의 관리 및 통제를 위함이었다. 하지만 외국대표부는 비단 개항장에만 존재하지 않았다. 서울에도 비정기적으로 외국대표부들의 회합이 있었다. 그 회합에서 외국 대표들은 개항장 및 서울에서 외국인 관련 각종 규칙 초안을 정해서 한국 정부에 제출하였다. 그리고 한국 내 정치

적 현안에 대해서 의논하기도 하였다. 청일전쟁 직전 서울 주재 외교관 공동으로 일본의 철수를 요구한 일이나, 명성황후 시해사건 직후 외교관들의 공동대응은 모두 외국대표부 회의에서 나온 것이었다. I. B. 22 Korea 7 한국을 둘러싼 외세가 협력한 실제 모습을 확인할 수 있는 사료군이다.

● I. B. 22 Korea 8

I. B. 22 Korea 8은 한국 정부가 독일을 비롯한 유럽, 그리고 미국에 공사를 파견한 내용을 수록하고 있다. 한국 정부는 1887년부터 유럽과 미국에 공사 파견을 끊임없이 시도하였다. 한국 정부가 공사 파견을 지속하였던 이유는 국가의 독립을 대외적으로 확인받기 위함이었다. 구체적으로는 1894년 이전까지는 청의 속방정책에서 벗어나기 위해서, 그 이후에는 일본의 침략을 막기 위함이었다. I. B. 22 Korea 8은 독일외교문서 중에서 한국의 대외정책을 확인할 수 있는 사료인 것이다.

● Peking II 127

독일의 대한정책을 주도한 베이징 주재 독일공사관에서 생산한 한국 관련 외교문서들이 수록되어 있다. 그중 Peking II 127에는 병인양요의 내용이 기록되어 있다.

● Peking II 128

Peking II 127과 마찬가지로 독일의 대한정책을 주도한 베이징 주재 독일공사관에서 생산한 한국 관련 외교문서들이 수록되어 있다. 독일이 동아시아에 본격적으로 진출을 시도한 시기는 1860년대 이후이다. 독일은 상인을 중심으로 동아시아 진출 초기부터 청국, 일본뿐만 아니라 한국에 대한 관심을 갖고 있었다. 그 대표적 사례가 오페르트 도굴사건(1868)이었다. 오페르트 사건이 일어나자, 독일정부는 영사재판을 실시함으로써 도굴행위를 처벌하고자 했으며, 2년 뒤인 1870년에는 주일 독일대리공사 브란트를 부산으로 파견해서 수교 협상을 추진하였다. 하지만 한국 정부의 거부로 그 뜻을 이루지 못하였다. Peking II 128에는 독일의 대한 수교 협상과정 및 기타 서구 열강들의 대한 접촉 및 조약 체결을 위한 협상 과정을 담은 문서들이 수록되어 있다.

차례

중국 주재 독일 공사

프랑스 대리공사 벨로네와 총리아문 간 서신 왕래

———————

제2권
1866년 11월부터
1866년 12월

특별본 제23권
I/16/06 슈타인 A 592/2 Fu 1548/56

Nr. 206, 첨부문서 6부
번역

베이징, 1866년 11월 20일
통치 5년 10개월 14일

수신
폰 레퓨에스[1] 프로이센 전권 대신 귀하

궁 왕[2]과 총리아문 대신들은 다음과 같은 사안을 귀하께 보고 드리게 되어 영광으로 생각합니다.

청국이 외국과 조약 관계를 맺은 이후로, 저희는 상호 우호관계를 보다 확고히 유지하고 개별 국가와의 모든 협상 문제들에 있어 언제나 진실하고 정직한 원칙에 따라 추진하기 위해 노력하고 있습니다.

금년 여름 프랑스가 조선에 군사 원정[3]을 실시했을 때, 벨로네[4] 프랑스 대리공사로부터 이와 관련한 전보 2개를 받았습니다. 이에 대한 각각의 답신에서 저희는 양국 백성들의 삶을 보호하고자 하는 명예로운 목적으로 불화를 중재하는 제안을 하였습니다. 벨로네 대리공사로부터 전혀 사실과는 다른 일방적인 하인들의 진술과 길거리 소문을 기반으로 명백하게 청국 정부에 대해 성급하게 그릇된 추측을 하고 있는 다음 전보를 수신하였을 때, 저희는 더욱 당혹스러웠습니다. 벨로네 대리공사는 저희의 호의적인 의도를 오해했을 뿐만 아니라 저희가 조선을 보호하기 위해 편을 든다는 의혹을 갖고 더욱더 의심을 했습니다. 그의 전보에서 명확히 알 수 있는 점은 그의 조사가 소문에 근거를 두고 있다는 것입니다. 그러나 소문이란 보장할 수 없는 것들이며, 따라서 저희를 향한 비난은 결국 근거 없는 정보에 바탕을 둔 것입니다.

저희는 어떠한 상황에서도 그러한 행동방식에 따를 수 없으며, 따라서 양국 간의 우호관계를 고려하여 귀하께 프랑스 공사가 저희에게 보낸 서신 3장의 사본 및 외무부의 답변을 적절히 검토를 위해 송부 드립니다. 저희는 귀하가 이에 대해 공정한 판단을

---

1 [감교 주석] 폰 레퓨에스(Von Rehfues)
2 [감교 주석] 궁친왕(恭親王)
3 [감교 주석] 병인양요(丙寅洋擾)
4 [감교 주석] 벨로네(Henri de Bellonet)

하실 것으로 생각합니다.

베이징에 주재하는 조약국들의 공사들에게도 이에 대해 알려드립니다.

정확한 번역을 위해
비스마르크[5]

1866년 11월 20일 외무부 전보에 대한 첨부문서 1
번역

베이징, 1866년 7월 14일

궁 왕[6] 전하 귀하

본인은 최근 조선으로부터 금년 3월 갑작스럽게 조선 군주의 명령에 따라 프랑스 주교 2명, 선교사 9명, 한국인 신부 7명, 그리고 나이와 성별에 무관하게 수많은 조선의 천주교 신도들이 살해[7]되었다는 소식을 들었습니다. 조선이 청국의 조공국임을 고려하며, 본인은 프랑스 군대의 사령부에 조선에 무력으로 대항하라는 명령이 공표되었음을 존엄하신 황제께 전해드려야 한다고 판단했습니다. 프랑스는 살해당한 천주교인들을 위해 악행을 분명히 세상에 알리고 처벌해야 합니다. 조선의 군주는 스스로 자신을 파멸로 이끌었으며, 잔인한 살인을 행한 날이 그의 마지막 Thoroffiziere이었습니다. 이곳 외지에 있는 모든 (프랑스) 군함들은 조선으로부터 최대한 많은 것을 취하기 위해 전력을 집중할 것임을 황제께 분명히 알리는 바입니다. 향후 누가 왕으로서 조선의 행정을 이끌어 나갈지에 대해서는 프랑스 정부가 결정할 것입니다.

본인은 재차 총리아문에 조선으로 가고자 하는 선교사들의 여권 발급을 요청했습니다. 그러나 조선이 청국의 조공국이지만 모든 국가적 사안에 있어서 자주성이 있다는 이유로 항상 거절되었습니다. 나는 이러한 설명을 문서화하였고 이에 대해 매우 잘 기억하고 있습니다. 조선과 청국 간에 다른 관계가 없기 때문에 [sic.] 본인은 청국 정부가 불안정한 프랑스-조선 문제에 개입할 권리가 있다는 점에 이의를 제기합니다.

---

5 [감교 주석] 비스마르크(C. Bismarck)
6 [감교 주석] 궁친왕(恭親王)
7 [감교 주석] 병인박해(丙寅迫害)

(서명) 벨로네
정확한 번역을 위해
(서명) 비스마르크

1866년 11월 20일 자 외무부 전보에 대한 첨부문서 1
첨부문서의 내용(원문)은 독일어본 165~166쪽에 수록.

1866년 11월 20일 자 외무부 전보에 대한 첨부문서 2
번역

베이징, 1866년 7월 16일
통치 5년 6개월 5일

벨로네 프랑스 대리공사 귀하

본인은 어제 귀하로부터 다음과 같은 전보를 받았습니다. 귀하가 보고한 바에 따르면, 조선에서 갑자기 프랑스 주교 2명, 선교사 9명, 한국인 신부 7명, 그리고 수많은 조선의 천주교 신도들이 살해[8]되었고, 그 결과 프랑스 군대가 무력으로 대항[9]할 것이며, 조선이 청국의 조공국이라는 점을 고려해서 이러한 조치를 저희에게 알린다는 것입니다.

본인은 조선은 해협이 인접한 외딴 작은 나라로서, 일찍부터 백성들이 주의 깊게 분수를 지키며 살고 있다는 것을 말씀드립니다. 본인은 어떠한 이유로 천주교인들에 대한 살해가 발생했는지 잘 알지 못합니다. 귀하가 프랑스의 군사적 대응을 공식적으로 알리는 이러한 노력은 저희 양국의 우호 관계를 재차 충분히 분명하게 보여주는 행위입니다. 하지만 두 나라 간의 전쟁이 발생하면 양국 백성 모두의 삶이 위험에 처해지게 됩니다. 본인이 이 사건의 경과에 대해 알게 된 이후, 저희 측에서 불화를 중재해야 할 필요가

---

8 [감교 주석] 병인박해(丙寅迫害)
9 [감교 주석] 병인양요(丙寅洋擾)

있다고 판단하고 있습니다. 실제로 모든 천주교인들을 살해하는 범죄에 대해 조선에 책임을 묻는다 하더라도, 성급하게 적대행위를 시작하지 않고, 이러한 행위의 원인에 대한 법적 조사를 실시할 것을 제안 드리고자 합니다. 본인은 귀하께서 이 점을 고려하여 결정하시기를 권하는 바입니다.

긴급 통지

(서명) 궁

정확한 번역을 위해

(서명) 비스마르크

1866년 11월 20일 외무부 전보, 첨부문서 3

번역

베이징, 1866년 10월 24일

수신

궁[10] 왕 전하 귀하

전하께 다음과 같이 보고 드립니다. 프랑스 제독이 조선 서해안에 수도로 향하는 강과 모든 통로를 프랑스 황실의 Sr. M. 군함이 차단[11]했다는 내용의 선언문을 본인에게 전달하였습니다. 곧 충돌이 발생할 수 있어, 다른 국가의 선박 운송은 지정된 장소에서 추후 공지가 있을 때까지 중단되어야 한다고 합니다.

존엄하신 전하께 선언문의 번역본을 동봉하여 전달 드리며, 모든 청국 상선이 부주의하게 봉쇄지역에 진입하여 손해가 발생하지 않도록 이에 대해 인지하고 유념할 수 있도록 통보해주시길 요청 드립니다.

(서명) 벨로네

정확한 번역을 위해

(서명) 비스마르크

---

10 [감교 주석] 궁친왕(恭親王)
11 [감교 주석] 병인양요(丙寅洋擾)

1866년 11월 20일 자 전보에 대한 첨부문서 3
번역

1866년 10월 5일

통치 5년 8개월 27일

선언문

로즈[12] 제독

청국 및 일본 내 프랑스 황실 전투함대 사령관

　　조선의 왕은 수많은 프랑스 주교, 선교사, 연령과 성별에 무관하게 조선의 천주교 신도들을 살해하는 비인도적 행위를 저질렀습니다. 이성적으로 숙고했음에도 이러한 경악할 만한 범죄를 절대 용서할 수 없습니다. 그래서 이에 대한 복수로 조선에 군사적 조치를 취할 것임을 모두에게 알리는 바입니다. 본인은 이를 위해 본인의 명령하에 있는 직속 함대로 조선에 왔고, 서해안의 수도로 흐르는 강과 모든 통로를 군함으로 봉쇄했습니다. 다른 국가의 선박들은 잠시 지정된 지역에서의 운행을 중단해야 하며, 이러한 금지에도 불구하고 의도적으로 봉쇄 지역으로 진입하는 자에게는 군법을 엄하게 준수하여 처리할 것입니다.

(서명) 로즈

정확한 번역을 위해

(서명) 비스마르크

1866년 11월 20일 자 전보에 대한 첨부문서 3
첨부문서의 내용(원문)은 독일어본 168~169쪽에 수록.

---

12 [감교 주석] 로즈(Pierre-Gustave Roze)

1866년 11월 20일 외무부 전보. 첨부문서 4
번역

베이징, 1866년 11월 4일
통치 5년 9개월 27일

수신
벨로네 프랑스 대리공사 귀하

조선 천주교도 살해[13]와 관련해 성급하게 적대행위[14]를 시작하는 것보다 진상에 대한 법적 조사를 착수하는 것을 권한다는 내용의 7월 16일 자 본인의 전보에 대해 아직 답변을 받지 못했습니다. 대신 귀하는 지난달 24일 프랑스 제독[15]이 발포한 성명서를 전달했으며, 성명서에는 조선 서해안에 수도로 흐르는 강과 모든 통로를 프랑스 황실 군함이 봉쇄했으며, 곧 충돌이 발생할 수 있어 다른 선박의 운송은 지정된 장소에서 추후 공지가 있을 때까지 중단되어야 한다고 알려 왔습니다.

조선 항구를 군함으로 봉쇄하는 이러한 상황에 대해 조약 제31조[16]를 언급하고자 하며, 해당 조항의 내용은 매우 명확하여 자세히 언급하지는 않겠습니다. 두 나라 간의 전쟁이 발생하면 양국 백성들의 생명이 위험에 처하게 됩니다. 조선은 해협에 위치한 외딴 소국으로 이곳 사람들은 일찍부터 주의 깊게 분수를 지키며 살아왔는데, 어떻게 이런 나라에서 기독교인들이 살해되었는지 프랑스로서는 참으로 규명하기 어려운 일입니다. 서둘러 전쟁을 시작하기 전에 이 사건의 근원이 상황을 정확히 조사하면, 이를 통해 양국의 국민들의 죽음을 막을 수 있지 않을까요? 본인은 귀하가 이 모든 것들을 최대한 고려해 판단하시기를 요청 드립니다.

긴급 통보

---

13 [감교 주석] 병인박해(丙寅迫害)

14 [감교 주석] 병인양요(丙寅洋擾)

15 [감교 주석] 로즈(Pierre-Gustave Roze)

16 [감교 주석] 프랑스와 청국이 체결한 톈진조약(1858년 6월 27일)의 제31조를 의미함. 제31조는 청국 혹은 프랑스가 제3국과 전쟁 등의 상황이 발생했을 경우, 무역을 위한 피조약국 상선의 이동을 제한할 수 없다는 내용을 담고 있다. "第三十一款 將來中國遇有與別國用兵, 除敵國布告堵口不能前進外, 中國不爲禁阻大法國貿易及與用兵之國交易。凡大法國船從中國口駛往敵國口, 所有進口、出口各例貨物並無妨礙, 如常貿易無異。"

(서명) 궁

정확한 번역을 위해

(서명) 비스마르크

1866년 11월 20일 자 외무부 전보에 대한 첨부문서 5

번역

베이징, 1866년 11월 10일

수신

궁 왕 전하 귀하

본인은 이번 달 4일 전하로부터 전보를 받았습니다. 전하께서는 전보에서 7월 16일 자 서신에 포함된 중재 제안과 관련해 본인의 입장에 대한 답신을 아직 수신하지 못한 것에 대해 불편한 마음을 표하신 것으로 압니다.

본인은 7월 전보에 대해 적절한 시간에 답신을 보내 드려야 했다고 인정하지만, 이 특수한 상황에서 본인이 답변 드리게 것이 어렵다는 것을 전하께서 이해하실 거라 생각합니다. 그럼에도 불구하고 전하께서 본인의 답변을 원하시기 때문에, 본인은 이 상황을 차례로 논의하고자 합니다. 그리고 전하께서 본인으로부터 마음에 드시는 말을 듣지 못하시더라도, 이를 참작하시고 서둘러 답변할 수 없었던 원인을 본인이 명확히 설명할 수 있도록 허락해 주시길 바랍니다.

조선에서 일어난 프랑스 주교, 선교사, 그리고 수많은 신도들의 살해[17]는 프랑스 입장에서 용서하거나 관대하게 대할 수 없는 범죄입니다. 이에 대한 원인이 있었는지 없었는지에 대한 조사는 필요치 않습니다. 이 범죄 행위가 실제로 행해졌다는 것을 보는 것만으로 무력으로 복수하는데 충분한 이유가 됩니다. 살인을 지시한 고위관료들 그리고 함께 음모를 통해 출세한 하급관리들은 사형을 받아야 하며, 그들의 재산을 매각해 고통을 받고 있는 살해된 사람들의 가족에게 배상금으로 나누어 주어야 합니다. 조선의 왕의 경우, 직접 범죄를 명했는지 고위관료들이 직접 저질렀는지 대해 고려할 필요 없이 당분

---

17 [감교 주석] 병인박해(丙寅迫害)

간 왕위는 박탈될 것입니다. 그의 운명은 프랑스 황실의 S. M. 결정에 달려있습니다.

그리고 이번 사건이 발생하기 전에 기독교인 살해와 관련해 청국 정부에 알렸다는 정보가 본인에게 들어왔다는 점을 언급하고자 합니다. 조선 관료들이 작년에 베이징으로 와서 황실 정부에 이번 사건에 대해 통지했다는 것입니다. 조선 관료들의 수행원 중에는 기독교 신도도 있었으며, 그는 랴오둥[18]에 도착하자 그곳에 사는 프랑스인을 찾아갔는데, 조선에서의 기독교인 살해는 이미 결정된 일이며, 이 일을 상의하고자 베이징으로 간다고 확실히 언급했다고 합니다. 그러나 프랑스인은 이를 믿지 않았으며, 더 이상 신경 쓰지 않았다고 합니다.

본인은 사건 발생 후, 조선 관료들이 3번이나 베이징에 왔다는 것에 대해 계속 조사했습니다. 또한 청국 정부의 황실 관료를 조선으로 배치하는 발령 내용을 보았습니다. 그리고 청국이 조선을 돕기 위해 타타르[19] 군대를 모집하고 있다고 사람들이 길거리에서 이야기하는 것을 들었습니다. 이에 덧붙여 전하로부터 받은 전보에서 청국이 조선을 자신들의 보호하에 두려는 의도가 있다는 인상을 받았습니다.

설명되지 않은 이 모든 상황들에서 어떻게 불신과 의심이 생겨나지 않을 수 있겠습니까? 조선 사건의 조사를 목적으로 청국 정부에 중재를 요청한다면, 이미 불신을 싹튼 사람들은 놀라며 본인의 방식을 기이하게 Thoroffiziere 판단할지 몰라 걱정됩니다. 아울러 전하께서는 장거리 조사가 어렵다는 것을 이해하실 것입니다. 예를 들어 당시 Ssu-ch'uan-affaire 사건의 Tien-hoing shu로 인한 협상, 얼마 전의 아베 마빌로[20]의 살인과 같은 일들로 지방 관료들이 조사에 진실하고 성실하게 임한다는 것이 불가능하다는 것을 전하께서도 분명히 알게 되셨을 것입니다. 만약 임의로 인장과 도장을 위조하면서 모든 주요 협상들을 했다면, 어떻게 본인이 최근 일에 대한 조사를 청국의 중재를 위안으로 삼아 포기할 수 있겠습니까? 존엄하신 전하께서 본인에게 재차 적대행위를 서둘러 시작해서는 안 된다는 조언을 주는 것은 양국의 신하를 위한 공감의 표현이라는 것에 의심할 여지가 없습니다. 하지만 프랑스가 다른 국가와 전쟁을 함으로써 관련 적대국의 백성들에게 불이익이 없다는 것을 전하께서 아셔야 합니다. 저희는 두 국가 간의 불화와 적대감 그리고 그로 인한 전쟁은 관료들의 그릇된 행정 결과이며, 백성들에게 부담을 주지는 않는다는 견해를 가지고 있습니다. 우리가 적국의 군대와 전쟁을 하고, 정부의 토지와 재산을 판단에 따라 파괴하거나 저희가 소유하지만, 백성들의 전 재산은

---

18 [감교 주석] 랴오둥(遼東)
19 [감교 주석] 타타르(Tatarei)
20 [감교 주석] 아베 마빌로(Abbé Mabileau)

그대로 유지됩니다. 프랑스 군인은 규칙적으로 결손 없이 일일 급여와 식량을 받습니다. 그래서 어떠한 일이 있어도 군인들이 행진하며 백성들의 생필품을 훔치는 상황은 발생하지 않으며, 개나 (말)발굽들도 백성들 앞에서 멈추지 않을 것입니다. 프랑스 군인들은 시간이 흐름에 따라 적국 국민들의 존경을 얻어야 하기 때문에 자신들이 필요한 것들은 모두 현금으로 지급할 것입니다.

게다가 조선의 국민들은 기본적으로 낯선 사람들에 대한 반감이 없으며, 이것은 존엄하신 전하께서도 잘 알고 계신 부분입니다. 조선의 관료들은 항상 잔인하고 난폭한 성격을 가지고 있습니다. 백성들은 오랫동안 정부의 편협함과 괴롭힘에 압력을 느꼈으며, 내심 비구름을 간절히 소망하는 것처럼 구세주를 희망했습니다. 어떻게 지금 왕이 그의 잔인함 속에 많은 사람들의 삶이 희생되는 것을 보고 침착하게 희망을 포기하는가? 프랑스 주교와 선교사들을 살해하려는 음모에 백성들이 관여하지 않은 것은 사실입니다. 오히려 선교사 중 한 명에게 도주 수단을 마련해 주며 생명을 구해주었습니다. 이러한 방법으로 죽음에서 구해낸 것입니다. 이방인들이 평화로운 백성들에게 피해를 주려는 의도를 가지고 있지 않다는 것을 잘 알고 있습니다. 외국인이 오는 목적이 무역과 거래라는 것도 알고 있습니다. 그래서 본인은 조선 백성은 누구도 저희와 대립하지 않을 것이라고 생각합니다. 오히려 프랑스 상황을 지지하는 성향이 있는 사람들도 있을 것입니다. 저희가 도착했을 때 무엇 때문에 사람들이 겁을 먹거나 놀라게 될까요?

간단히 말해, 조선 정부가 프랑스 주교 및 선교사들을 살해함으로써 전쟁이 불가피해졌으며, 전쟁과 관련해 더 이상의 논의가 필요하지 않을 정도로 프랑스를 분노하게 만들었습니다. 두 국가가 우호적인 관계를 끊고 서로 싸우는 것은 분명 슬픈 일이지만, 현 원정대가 청국에 부정적인 것만은 아닙니다. 많은 청국 지방 관료들이 이방인에 대한 증오로 가득 차 있으며, 이런 저런 기회를 통해 증오를 해소하고자 애쓰지만, 정부를 뒤죽박죽으로 만들어 놓을 수 있는 이러한 큰일에는 눈을 완전히 떼고 있습니다. 본인은 프랑스 원정대의 관료들이 조선에 귀 기울이기를 바라며, 어떤 방법을 통해 청국 및 해외 국가의 우호 관계 단절을 막을 수 있을지에 대해 제때 고려하기를 바랍니다.

마지막으로 조선에 대한 군사 작전은 이미 진행 중이며 더 이상 막을 수 없는 상황이라는 것을 분명히 말씀드립니다. 오직 조선의 왕이 자신의 사람을 자발적으로 프랑스로 보내 프랑스 황실 S.M.의 은혜에 호소하는 경우에만 막을 수 있는 일입니다. 현 상황이 보여주는 바와 같이, 양국이 화해하기는 어려울 것입니다. 전하께서 조선의 왕에게 위와 같은 조언을 전해 주실지는 모르겠습니다.

(서명) 벨로네

정확한 번역을 위해

(서명) 비스마르크

1866년 11월 20일 자 전보에 대한 첨부문서 5
첨부문서의 내용(원문)은 독일어본 173~176쪽에 수록.

1866년 11월 20일 외무부 전보에 대한 첨부문서 6
번역

(날짜 없음)

수신
벨로네 프랑스 대리공사 귀하

11월 10일 귀하로부터 청국 정부가 조선을 보호하에 두겠다는 의도를 비난하는 내용이 담긴 전보를 수신하였는데, 본인은 이에 매우 당혹스러웠습니다. 7월과 11월 귀하의 각 전보에 답변을 드릴 때, 프랑스와 조선 간의 전쟁은 양국에 해를 끼치고 몰락을 가져올 것이라는 내용을 의도적으로 전달했습니다. 여기서 수동적으로 관망만 하는 것은 적절한 처사가 아닌 것으로 여겨졌습니다. 양국 백성들의 삶을 안전하게 지키기를 희망했기 때문에, 불화를 중재하는 것이 필연적으로 중요하다고 생각했습니다. 본인의 제안들은 호의적인 목적에 의한 것입니다. 오늘 귀하의 서신에서 미루어 살펴보았을 때, 최소한의 진실됨도 보이지 않는 하인의 일방적인 진술 및 길거리 대화에 근거하여 청국 정부에 대한 섣부른 의심을 가지고, 심지어 이것을 숨김없이 서면 형태로 알리는 것은 본인의 호의적인 목적을 완전히 잘못 판단했다는 증거입니다. 귀하의 그릇된 의심으로 인해 심지어 다른 것들도 억측이 되기도 합니다. 이것은 본인에게 아주 당황스러운 인상을 남겼습니다. 귀하가 전보를 통해 조선은 관료들을 베이징으로 보냈으며, 청국은 관료들을 조선으로 보냈다고 말씀하신다면, 본인은 이와 관련해 청국과 조선은 이미 고대부터 왕래를 시작하였으며, 현재의 시점에서 시작한 것이 아니라고 답변드릴 수 있습니다. 금년 조선 선교사의 베이징 방문 및 베이징 관료의 조선 배치는 현재까지 일반적으로 행해진 의례적인 일들이며, 프랑스가 모든 나라와 전쟁을 하는 상황으로 인해 현 시점에서 폐지할 수도 있는 것들입니다.

귀하는 청국이 조선을 지원하기 위해 군대를 모집하고 있다고 이야기하고 있습니다. 만약 실제로 국가가 군대를 동원하려 한다면, 누구나 명백히 알 수 있는 일이라는 것을 말씀드리고 싶습니다. 그러므로 이러한 일의 실제 발생 여부에 상관없이, 관련 논의에 대한 기대는 하지 마시기 바랍니다. 왜냐하면 이 문제 자체가 너무나 명확하기 때문입니다. 귀하가 전보에서 이 일을 비난의 근거로 사용하는 것은 귀하가 본인에게 주는 부담이 얼마나 부당한지를 더 분명히 보여줍니다. 귀하는 스스로 자신이 행한 조사가 소문에 근거를 둔다고 분명하게 말씀하셨습니다. 그러나 소문은 확실한 사실이 아니어서 귀하는 근거 없는 정보를 증거로 두었다고 봅니다. 어떻게 이것이 국제 교류의 원칙과 조화를 이룰 수 있겠습니까?

귀하가 본인의 호의적인 목적을 이해하지 않으려 하고, 본인의 자유 의지를 부당하게 비난하기 때문에, 모든 추가적인 토론과 논의를 그만두어야 했습니다. 귀하는 양국의 우호 관계를 기반으로 의사를 전달하였기 때문에, 본인도 귀하에게 평소와 같이 해당 답변을 송부해 드립니다.

(서명) 궁
정확한 번역을 위해
비스마르크

No. 215
번역

베이징, 1866년 12월 1일
통치 5년 10개월 25일

수신
폰 레퓨에스 프로이센 공사 귀하

얼마전 귀하가 송부한 조선 문제[1]와 관련한 프랑스 공사와 총리아문 간의 서신에 이어서, 벨로네 프랑스 대리공사의 최근 서신과 저희의 답변을 사본으로 동봉하여 전달하게 되어 영광입니다. 귀하께서 서신의 내용을 호의적으로 받아 보시기를 간청드립니다. 그리고 베이징에 거주하는 다른 공사들께도 이를 동일하게 전달하였으며, 이러한 경과 내용을 벨로네 대리공사께도 알렸음을 말씀드립니다.

수락

(서명) Wên-hoiang,
Pao, Tung, Ch'ung-lun,
Hêng-ch'i, Hsü 장관

정확한 번역을 위해
비스마르크

---

1   [감교 주석] 병인박해(丙寅迫害)와 병인양요(丙寅洋擾)

1866년 12월 1일 자 외무부 서신에 대한 첨부문서 1

번역

(날짜 없음)

궁 왕께,

본인은 총리아문이 국제적 통신의 기본적이고 일반적인 형태를 알지 못해 유럽 정부를 놀라게 하였으며, 비난의 원인을 제공했다고 이미 재차 언급하였습니다. 여기에는 조선 문제와 관련해 이곳 공사[2]와 총리아문이 나누었던 서신을 베이징에 거주하는 모든 공사에게 알린 것도 이에 해당합니다. 이러한 행동은 본인에게는 개인적으로 어떠한 불리한 영향도 주지 않으나, 유럽으로서는 청국 정부가 조선을 돕고 있으며 다른 모든 수단이 소진되어 당황한 채 위와 같은 해결 방식에 이르게 되었다고 생각하게 합니다. 아울러 본인의 전보에서 말한 모든 것들이 정확하다는 것이 분명하게 드러날 것입니다.

국제 교류의 원칙에 따르면, 정부는 서신을 외교 사절단에게 전달하기에 앞서, 해당 조치를 공식적으로 알려야 합니다. 알리지 않은 채 이러한 행동을 하는 것은 규칙과 질서를 위반하는 것입니다. 본인은 절차 허가가 결정될 수 있도록, 프랑스 정부에 관련하여 보고할 의무가 있다고 생각합니다. 이러한 점은 청국 정부와 논의할 것입니다. 예부가 잘못된 의심을 하는 것을 방지하기 위해서 의혹과 의심을 주는 원인이 있어서는 안 됩니다.

서신과 관련해 조약에 따라 3명의 공사가 발부한 프랑스 전보 원본을 동봉합니다. 또한 얼마전 여러 관료들이 자국으로 귀국함으로써 인력이 부족하고, 이에 따라 중국어와 프랑스어 텍스트를 동시에 발송하는 것을 중단해야 한다고 판단했음을 언급하고자 합니다. 베이징에 거주하는 조약국의 대사들께 전보 사본을 함께 송부합니다.

궁 왕의 답변이 본인의 서신 내용을 완전히 이해하지 못하셨거나, 본인이 전달하고자 했던 입장을 잘 인지하지 못한 인상을 남겼기 때문에, 부정확함과 용어 혼동을 피하고자 공사관 통역관 르마레[3]에게 직접 총리아문을 방문해 공사에게 서신 내용을 문장별로 설명하라는 임무를 주었습니다. 청국과 외국 간의 협상에서 중국어와 외국어로 작성된 전보 내용이 일치하지 않아, 가능한 빠른 시일 내에 문학적으로 교육받은 언어학자를

---

2 [감교 주석] 벨로네를 지칭함.
3 [감교 주석] 르메르(Lemaire)

채용하는 일이 필요하다는 것을 인지하시길 바랍니다.
　수락

(서명) 벨로네

정확한 번역을 위해
비스마르크

1866년 12월 1일 자 외교부 서신에 대한 첨부문서 2
번역

(날짜 없음)

수신
벨로네 프랑스 대리공사 귀하

11월 25일 프랑스 공사관 통역관 르메르는 저희에게 귀하의 서신을 전달하였고, 프랑스어 원본을 제출하며 7월 14일, 10월 24일, 11월 10일 송부한 이전의 서신들을 조약에 맞게 보완했습니다.

청국 정부는 프랑스와 조선 간의 전쟁[4]에 있어 편을 들거나 보호하고자 하는 어떠한 행동도 강제적으로 하지 않을 것임을 삼가 알리고자 합니다. 이러한 상황에서 귀하가 사실과는 다른 확인되지 않은 소식을 저희에게 인용하고, 11월 10일 자 귀하의 전보가 말하듯 청국 정부가 조선을 보호한다는 주장하는 것은 저희가 감내할 있는 사안이 아닙니다. 그래서 궁 왕[5]께서는 귀하에게 회신을 보낸 후, 그의 목적이 양국의 화해를 성사시키고자 하는 호의적인 의도였음을 명확한 설명을 통해 확인하고자, 이번 일과 관련해 오간 모든 서신을 베이징에 거주하는 공사들에게 송부하였습니다. 귀하는 저희가 이러한 조치를 하게 된 이유를 이해하지 못했습니다. 대신 최근 서신을 통해 타 공사들에게 서신을 송부한 것이, 귀하 개인에게 어떠한 불리한 영향도 미치지 않으나, 유럽으로서는

4　[감교 주석] 병인양요(丙寅洋擾)
5　[감교 주석] 궁친왕(恭親王)

청국 정부가 조선을 도우려 하며 다른 모든 수단이 소진되어 당황스러워 상기 해결책에 이르게 되었다고 생각할 수밖에 없다고 언급하셨습니다. 또한 귀하가 서신에서 말씀하신 것이 일관성이 있었음이 명백해질 것입니다.

이전 서신을 검토한 결과, 귀하가 청국 정부가 조선을 보호하려고 한다는 소문에 국한하여 언급하고 있다고 생각합니다. 저희 앞에 높여 있는 서신에서 귀하는 저희가 조선을 도우려고 한다고 귀하의 관점을 일관성 있고 분명하게 주장하고 있습니다. 따라서 양국 간의 화해를 성사시키고자 하는 청국의 진실되고 명예로운 의도는 여전히 의문스러운 상태입니다.

저희는 청국 정부가 조선 편에 서 있다고 다른 국가들이 의심한다는 정보를 어느 측에서도 듣지 못했습니다. 또한 다른 국가들이 그릇된 추측으로 청국을 비난하는 것에 대해 자의적으로 불공정하게 고발을 취할 의향이 없습니다. 청국 정부의 조선 보호 여부 및 귀하의 관점의 논리성 문제에 대해 논의하는 것은 베이징의 모든 공사들이 관련 서신을 검토해야 한다는 사실을 고려할 때 불필요한 일입니다. 왜냐하면 청국 정부가 귀하의 부당한 비난을 반론없이 받아들일 경우, 불화에 대한 공동의 해결책은 결과적으로 불가능하게 되며, 청국에 불리한 영향을 줄 것이기 때문입니다. 귀하에게 불리한 영향을 미칠 수 있는지에 대한 문제는 저희가 판단해야 한다고 생각하지 않으며, 이 문제에 대해 더 이상 논의하지 않도록 하겠습니다.

당시 궁 왕가 전보를 통해 서둘러 전쟁을 시작하는 대신, 조선 내 기독교인들에 대한 살해 동기[6]에 대해 조사를 착수하라는 조언을 한 것은 불화를 중재하기 위한 호의적인 목적으로서 제을 한 것이었습니다. 귀하는 오랜 시간 상기 제안에 대해 답하지 않았으며, 황태자가 두 번째 서신을 통해 답변을 요청하자 군사 작전은 이미 시작되었으며, 더이상 [sic.] 멈출 수 없다고 답했습니다. 만약 귀하가 [sic.] 이것을 미리 알려주었다면, 더이상 대답을 강요하지 않았을 것입니다.

귀하가 이후 송부한 전보의 원본과 관련해, 르메르 대사관 통역관이 11월 10일 자 서신의 개별 구절을 자세히 설명했으며, 이는 청국 번역 내용의 주요 요점과 일치합니다. 르매르 통역관은 중국어 문어에 대한 심원한 지식을 보유하고 있으며, 실제로 청국과 해외 국가 간의 협상에서 양 측의 의견을 동일하게 상호 전달할 수 있는 능력을 갖추고 있습니다. 저희는 언급한 전보 원본을 해당 중국어 번역본에 함께 동봉하고 기록했습니다.

---

6 [감교 주석] 병인박해(丙寅迫害)

저희는 베이징에 거주하는 외국 공사들이 모든 상황에 대한 명확한 통찰력을 가질 수 있도록, 귀하의 마지막 서신 및 이에 대한 저희의 답변을 송부하는 것이 필요하다고 보고 있습니다. 왜냐하면 이번 서신 교환은 이전에 송부했던 서신들을 기반으로 하기 때문입니다.

마지막 상황에 관한 한, 저희는 귀하에게 의도적으로 회람을 통해 알릴 필요가 없다고 생각했습니다. 왜냐하면 이러한 상황은 결국 알려지게 되기 때문입니다. 귀하가 마지막 서신을 통해 관련 당사자들에게 미리 그러한 목적을 알려야 한다고 언급 있어, 현재 귀하와 총리아문이 교환한 서신을 베이징에 있는 모든 해외 공사들에게 알리기 위해 발송하고자 합니다.

(서명) Wên-hoiang, Pao, Tung,
Ch'ung-lun, Hêng-ch'i, Hsü

정확한 번역을 위해
비스마르크

중국 주재 독일 공사

조선

제1권
1866년 10월부터
1887년 12월

특별본 제23권
I/16/06 슈타인 A 592/2 Fu 1548/56

RAV 정치문서고 Peking II
128권

No. 195

텐진, 1866년 10월 13일

10월 15일

No. 20

조선 사건 관련

수신

폰 레퓨에스 프로이센 전권대신 귀하

베이징

본인은 귀하에게 이곳에서 알게 된 조선의 애석한 사건에 대해 보고 드리고자 합니다. 보고의 출처는 일부는 이곳에서 돌고 있는 소문이며, 일부는 하라스[1] 텐진 주재 미도우즈 회사[2]의 행상 서신입니다. 미도우즈 회사가 해당 사건에 크게 관여하고 있어, 후자의 서신은 특히 믿을 만합니다.

약 2개월 반 전, Passjet으로 출항 절차를 마친 미국 상선 "제너럴 셔면"호[3]은 미도우즈 회사로부터 위임을 받고 조선으로 출항했습니다. 배에 다양한 물건을 적재했으며, 즈푸[4]에 도착해서 많은 양의 무기를 실었다고 합니다. 그리고 이후 목적지로 떠났습니다. 승무원과 승객은 20명이었으며, 이 중 6명은 유럽인이었습니다. 선장과 항해사를 포함한 4명은 미국인이었습니다. 2명은 텐진에 있는 미도우즈 회사의 상인인 호가스[5]와 영국인 선교사 토마스[6]였습니다.

제너럴 셔면호가 즈푸를 떠난 이후, 배와 선원들이 사라진 상태였으며, 10월 7일에 결국 슬픈 소식이 들려왔는데, 다음과 같이 하라스의 말로 전하고자 합니다:

제가 제너럴 셔면호에 대해 알고 있는 것은 배가 조선에서 불타고, 선원들은 살해당했다는 것입니다. 이 소식은 프랑스 제독으로부터 왔으며, 그는 조선에 도착한지 두 시간 만에 떠나야 했습니다.

---

1 [감교 주석] 하라스(Harras)
2 [감교 주석] 미도우즈 회사(Meadows & Co.,)
3 [감교 주석] 제너럴 셔면(General Sherman)호
4 [감교 주석] 즈푸(芝罘)
5 [감교 주석] 호가스(Hogarth)
6 [감교 주석] 토마스(R. J. Thomas)

미도우즈 회사의 행상 워드맨[7]은 즈푸에서 수로 안내인이 함께 타고 가는 것을 보았으며, 조선 수도로 향하는 강을 따라 함께 갔으나, 조선인의 적대감에 두려움을 느껴 배를 버렸다고 진술했습니다. 그는 배는 불탔으나 선원들에 대해서는 아무것도 알지 못한다고 말했습니다.

"프랑스 제독의 보고서에 의하면, 모든 선원들이 살해되었을 것이라고 합니다. 오직 토마스 목사가 다른 사람들과 운명을 함께 했는지, 살아남았는지 알 수 없는 상황입니다.

여기까지가 하라스가 전한 소식입니다. 덧붙여 소문에 따르면, 배가 해변에 도착하자 조선인들이 육지에서 승무원들을 공격했다고 들었습니다.

아렌트[8]

---

7 [감교 주석] 워드맨(Wadman)
8 [감교 주석] 아렌트(C. Arendt)

praes 21. Oktbr.

à Bord de la Guerrière, Che-foo, le 5. Octobre 1866.

№ 197.

Son Excellence Monsieur le Ministre de Prusse, à Pèkin.

Monsieur le Ministre,

J'ai l'honneur de nous informer ⎺ qu'à la suite du meurtre de neuf missionnaires Français, ordonné par le Gouvernement Coréen, j'ai résolu de poursuivre, par tour les moyens en mon pouvoir, les légitimes réparations auxquelles nous avons droit. J'ai, à cet effet, déclaré le Blocus de la Rivière de Séoul & je m'empresse de vous en adresser la notification officielle.

Votre Excellence trouvera sans doute opportun de la porter á la connaissance de ses nationaux.

Veuillez agréer, Monsieur le Ministre, l'assurance de ma haute considération.

Le Contre-Admiral Commandant en chef ⎺ les Forces Navales Françaises en Chine en au Japon.

G. Roze.

DIVISION NAVALE des Mers
DE CHINE.
Commandant en Chef.

Notification du Blocus de la
Rivière de Séoul par la Division
Navale Française.

Je soussigné Contre-Admiral Commandant en chef les Forces Navales de Sa Majesté
l'Empereur des Français dans les Mers de la Chine & du Japon,

Voulant poursuivre les réparations qui nous sont dues à l'occasion du meurtre d'un
grand nombre de missionnaires Français ordonné par le Gouvernement de la Corée, et
en vertu des pouvoirs qui m'appartiennent comme Commandant en chef,

Déclare:

A partir du 15 du courant, la Rivière de Séoul & toutes ses issues, seront tenues
en état de Blocus effectif par les forces Navales placées sous mon Commandement.

Il sera procédé contre tout bâtiment qui essayerait de violer le Blocus conformément
aux Lois internationales & aux Traités en vigueur avec les Puissances Neutres.

A Bord de la Guerrière,
Rade de Tche-foo, le 5. Octobre 1866.

G. Roze.

Pékin, le 22 Oct 66.

№ 119.

1. Monsieur Rose, Contre-Admiral, Commandant en Chef le forces navales françaises en Chine et au Japon

Monsieur l'Admiral,

J'ai eu l'honneur de recevoir la note en doute du 5 [*sic.*] par laquelle Vous m'avez informé du blocus de la rivière de Séoul et je me suis empressé de porter cette communication á la connaissance de mes neutrenaux. ‒

Je saisis avec empressement cette occasion pour offrir á Votre Excellence l'assurance de ma haute considération.

#   #   #

2. an das Kaiserl. General-Konsulat in [*sic.*] in [*sic.*]

Nach einer mir zugegangenen Mittheilung des Contre-Admiral Roze hat derselbe den Fluß Séoul nebst Zugängen an der Coreanischen Küste vom 9. bis 16t d. M. an ge[*sic.*], in Blokade-Zustand gesetzt.

[*sic.*] hie pp. wolle die diesseitigen Ge[*sic.*] hierzu in geeigneter Weise in Kenntniß setzen.

R.

No. 222

베이징, 1866년 10월 30일

No. 64

수신

비스마르크 백작 귀하

본인[1]이 올해 8월 19일 백작님께 한반도에서 벌어졌던 기독교인 박해[2]에 대해 보고 드렸을 때, 이듬해 초에 계획된 프랑스 파견단을 파견하지 않을 것을 제안 드렸습니다.

이들은 도착하지 않았는데, 그 당시 사이공으로 향했던 프랑스 제독[3]이 바로 직전에 7척의 군함으로 이루어진 호위군과 Petschili의 걸프 연안의 한반도 해안 건너편에 위치한 즈푸항에 이미 도착해 있었기 때문입니다. 로즈 제독은 그곳에 도착하자마자 한 두 척의 군함을 이끌고 한반도 연안으로 향했고, 수도에서 25-30분 정도 떨어진 해안을 정찰하였습니다. 제독은 그곳에서 수도로 향하는 관문이자 그곳에 정착하려는 함선들을 공격하는 [sic.] 요새를 발견했습니다. 그렇게 조선의 국방부 장관의 의중을 파악한 이후 제독은 의도된 전투에 필요한 준비를 하기 위해 다시 즈푸로 향했습니다.

동시에 제독은 수도 서울로 향하는 해안 국경을 봉쇄상태로 전환하고, 본인은 전달된 사본을 동봉하여 충실하게 전달하였습니다.

본인은 제 동료들과 마찬가지로 본인은 [sic.]을 통해 이 조치의 [sic.]을 파악했습니다. 로즈 제독이 예상보다 더 빠르게 대처했지만, 아마도 그는 준비된 조치를 원했고, 파리에서 지령이 도착했을 때가 되어서야 비로소 작전을 시작하려 한 것 같습니다. 이 지령은 8월 말 혹은 12월 초에 청국으로 [도착이 예상되었습니다.] 이러한 준비의 결과로 현재 상당한 긴장 상태에 있고, 이는 조선뿐만 아니라 청국까지 파견되는 프랑스 파견단과 함께 현지 당국자들에게 점점 분명히 나타나고 있습니다.

본인이 위에서 언급한 보고서에서 이따금씩 파악한 바와 같이, 조선 문제에 대해 프랑스 사절단과 현지 부처 간에 벌어진 회담은 아무런 결론을 가져오지 못했는데, 어쩌면 프랑스 사절단 대표가 한편으로는 지나치게 열정적이었거나, 다른 한편으로는 파리에서

---

1 [감교 주석] 주청 프로이센 공사 폰 레퓨에스(Von Rehfues)로 추정됨.
2 [감교 주석] 병인양요(丙寅洋擾)
3 [감교 주석] 로즈(Pierre-Gustave Roze)

의 결정에 앞서 어떠한 조치도 취하려고 하지 않았기 때문입니다. 어쨌든 청국 정부는 티벳과 조선에서 벌어진 기독교인 박해에 대한 책임을 거부했을 뿐 아니라, 속국이라 하는 이 국가들에서 벌어진 일들에 대해 뭔가를 할 수 있는 입장이 아니며, 이에 대해 마찬가지로 매우 큰 유감을 가지고 있다고 전했습니다.

벨로네[4] 대리공사가 본인에게 말했듯이, 청국 대신들은 청국이 조선에 어떠한 영향력도 갖고 있지 않지만, 여전히 존재하고 있는 몽골과 티벳에 대한 영향력은 오직 종교적 기반만 남아있으며, 청국 정부가 기독교를 공개 지원하거나 동시에 [sic.] 각 국가에서 기독교를 재평가하려 하면 그러한 토대마저 잃게 된다고 반복적으로 주장했다고 합니다.

프랑스가 티벳에서 벌어진 선교사들에 대한 불법행위에 대해 어떠한 방식으로 보상을 받을 수 있을지 예상하는 것은 어려운 일입니다. 조선에서는 이 사안이 보다 간단한데, 왜냐하면 조선의 해안은 개방되어 있고, 경기도와 수도는 바다로 이어지는 해안과 그리 멀리 떨어져 있기 않기 때문입니다. 또한 조선인은 거의 정규군이라 할 수 있는 군대를 갖추고 있지 못하고, 무기 역시 부족하다고 합니다. 유감스럽게도 유럽의 상인들은 조선인에게 무기 매각을 위해 현재의 어려운 상황을 [sic.] 로 찾고 있습니다. 이러한 시도 속에서 조선 깊숙이 들어온 제너럴 셔먼호[5]가 현지 거주민들에게 불타고 선원들이 죽임을 당한 것이라고 합니다. 현재까지 믿기 어려웠던 이 소식이 사실로 밝혀지게 되면, 미국이 조선 파견에 참여하게 될 것입니다.

이곳에 퍼진 어떤 소문에 의하면, 이제 10살이 된 조선의 왕[6]이 이미 수도에서 만주 국경의 Shan-kuan으로 피난을 떠났다고 합니다.

---

4 [감교 주석] 벨로네(Henri de Bellonet)
5 [감교 주석] 제너럴 셔먼(General Sherman)호
6 [감교 주석] 고종(高宗). 10세는 잘못된 정보에 따른 오기로 보임.

praes 2. Dezebr.

à Bord de la Guerrière, Mouillage de l'Ile Boisée (Corée), le 15. Novembre 1866.

№ 216.

Veuillez recevoir, Monsieur le Ministre,

l'assurance de ma haute Considération.

Le Contre-Admiral Commandant en chef

la Division Navale des Mers de Chine en du Japon.

Son Excellence Monsieur le Ministre de Prusse, à Pékin.

Monsieur le Ministre,

J'ai l'honneur de porter à votre Connaissance qu'après avoir occupé militairement Kang-hoa, une des principales places de la Corée, & atteint le but que je m'étais proposé, j'ai décidé que le Blocus de la Rivière de Séoul, que j'avais établi, serait levé á partir du 18. de ce mois.

J'ai l'honneur de vous en transmettre la notification officielle que je vous prie de vouloir bien porter à la Connaissance de vos nationaux.

G. Roze.

DIVISION NAVALE des Mers

DE CHINE. Commandant en Chef.

A bord de la Guerrière, le 18. Novembre 1866.

Nous Soussigné Contre-Admiral Commandant en chef les forces navales de Sa Majesté l'Empereur des Français, en Chine et au Japon, déclarons que le Blocus de la rivière de Séoul, établi par notre déclaration du 15. Octobre dernier, Sera levé à partir de ce jour.

G. Roze.

No. 239

베이징, 1866년 12월 5일

수신

총영사님과 에도의 ([sic.])[1] 귀하

상하이 총영사

칸톤 영사

뉴좡 부영사

톈진 부영사

아모이 부영사

홍콩 부영사

마카오 부영사

공식적 통보에 따라 올해 11월 18일 서울의 해안 봉쇄가 해제되었음을 ([sic.]). 이에 따라 [sic.]에게 적합한 방식으로 여기에 대한 정보를 드리고자 합니다.

---

1 [감교 주석] 주일 프로이센 공사 브란트(M. Brandt)로 추정됨.

No. 242

베이징, 1866년 12월 6일

No. 46

수신

비스마르크 백작 귀하

각하께 금년 10월 15일 자로 조선 해안의 봉쇄가 해제됨을 알리는 로즈 제독의 보고서 사본을 첨부파일로 삼가 송부해 드립니다.

이미 이 보고를 전달받기 전에 청국의 일반 대중들 사이에서 조선이 프랑스를 물리쳤다는 믿을 수 없는 소문[1]이 퍼졌습니다. 이곳에 전달된 첫 번째 공식 통지는 봉쇄 해제로 인해 정보가 고시된 것이고 이는 청국 대중들 사이에 퍼져있는 소문에 신빙성을 더하게 되었습니다. "après avoir atteint le but que je m'étais proposé?"라는 표현이 무엇을 의미하는지 의문입니다. 프랑스 원정대에서 어떠한 명확한 정보도 주고 있지 않지만, 그럼에도 인정하고 있는 사실은 로즈[2] 제독이 조선의 한 항구를 공격했을 때 포격과 함께 예상치 못한 격렬한 저항에 부딪혔고, 그 결과 프랑스 상륙군이 현저한 패배로 퇴각해야 했다는 것입니다. 이는 어쩌면 페이호[3] 입구에서의 영국과-프랑의 파견단처럼 현재 조선 해안에서 조금이나 같은 상황이 반복되고 있는 것 같습니다. 더 정확한 세부사항이 부족한데 그 이유는 일부 청국과 조선 해안 간을 연결하는 것이 어렵기 때문이고, 일부는 유일한 정보 공급책인 프랑스가 이번 일의 정확한 상황을 은닉하려는 의도가 있기 때문입니다. 파악할 수 있는 점은 조선군을 과소평가했다는 점과 일반적인 판단에 의하면 화기류의 장비로 무장되지 않았다는 점 정도뿐입니다. 또한 선교사들은 조선으로의 파견이 매우 쉬울 것으로 판단하였고, 조선 백성들이 유럽인에 호감을 갖고 처음 마주하는 때부터 그들에 동조할 것이라고 널리 믿어온 것 같습니다. 현재 로즈 제독은 이 섣부른 추측들이 근거가 없는 사실이며, 이러한 상황이 자신의 군대에 불리하다는 것을 인지해야만 했습니다.

그들이 이러한 상황과 조선의 군사력을 파악하고 이와 관련해 제독이 자신이 정한

---

1 [감교 주석] 병인양요(丙寅洋擾)
2 [감교 주석] 로즈(Pierre-Gustave Roze)
3 [감교 주석] 하이허(海河)

목표를 고수하지 않았다면, 지금의 파견단이 나른 유용했을 것으로 판단합니다.

우선 제독은 그의 함대를 이끌고 청국을 떠나 일본으로 향했는데, 이는 아마도 군대를 보강하고 훈련하며, 더 나은 시기를 기다리고자 한 것으로 보입니다. 지난 마지막 계약과 관련하여 본인은 현재 장관의 [sic.]에서 시작하자마자 좋지 않은 [sic.]으로 나타나고자 했고, 프랑스의 조선 파견이 1867년 초에는 착수되지 않을 것이라고. 그리고 분명 제독도 이전에 이와 같은 의견을 가졌으며, 이후 그는 유럽의 평화적이고 우호적인 조언들을 고려해 큰 기대를 걸고 출정을 결정했을 것입니다. 청국 사람들은 당연 프랑스의 1차 조선 파견 실패에 대해 크게 환호했으며, 프랑스 사절단이 평소와 같이 매우 거만한 말투를 사용하며 청국에 요구했을 때 더욱 그러했습니다.

마지막으로 본인은 이 지역과 청국의 속국에서 향후 벌어지는 일들에 대한 정보가 [sic.]에서 보통 간접적으로 저희에게 들어온다는 것을 강조해서 말씀드리고자 합니다. 청국 정부는 결코 사절단에게 상황에 대한 정보를 우선 전달하지 않습니다. 상황을 주도하며 이쪽에서든 혹은 저쪽에서든 참여하고 있는 쪽에 설명하는 방식으로 정보를 전달합니다. 따라서 본인은 이곳에서 현재 정보를 전달할 때, 유럽에서 상하이를 지나는 길에 조선의 상황에 대해 더 정확한 정보를 갖고 있다고 분명히 말씀드립니다.

No. 243

베이징, 1866년 12월 8일

No. 77

수신

비스마르크 백작 귀하

　본인이 이번 달 6일 No. 76을 삼가 보고 드린 후 프랑스 대리공사는 본인에게 로즈 제독이 봉쇄를 해제하고 조선 해안에서 철수한다는 결정을 황실 대사에게 보고했다고 전해주었습니다. 또한 군사 행동에 대한 세부사항은 전달하지 않고 전체적으로 상륙군이 경기도 수도로 향하는 중에 강화를 점령해 공공 건물과 국가 재산을 파괴하고 엄청난 규모의 전쟁물자를 불태웠다고 전했습니다.

　동시에 제독은 기독교인을 상대하지 않았으며, 이와 같은 방식으로 선교사들의 죽음에 대한 보복을 했는데, 왜냐하면 조선 민족이 호전적이고 전투에 대한 준비가 되어있을 뿐 아니라 단호하다는 것을 확인했기 때문입니다. 이렇게 그간의 많은 시간들과 Sch[sic.]keit를 적국에서 [sic.], 파견을 중단하고, 프랑스 본국으로부터의 지시사항이 올 때까지 대기해 인원이 보충되면 추가 전투작전을 진행하는 것이 유용해 보입니다.

　제독의 서신이 일반적으로 기술되어 있지만, 같은 시기 원정대 장교 중 한 명의 개인 서신을 보면, 프랑스 군은 강화 인근의 항구에서 격렬한 포격을 당했고, 몇 차례의 패배 끝에 퇴각해야만 했다는 것을 알 수 있습니다. 퇴각 이후 즉시 승선 명령이 떨어진 것입니다. 이와 함께 이 서신에는 제독의 계획에 대한 비판이 담겨져 있는데, 지휘관의 의욕이 부족하여 부하들이 제대로 따르지 않았다는 것입니다. 그 항구를 탈취하라는 명령이 즉각 내려진 것은 아니라고 [sic.]).

　또한 이 장교는 제독이 급파한 교신에서 조선 당국이 제독에게 반도를 24시간 내로 떠날 것을 요구한 협상 내용이 있다는 것을 언급하였습니다.

　로즈 제독이 이번 파견을 제대로 고려하지 않고 시작해 매우 가볍게 진행했다는 점은 부인할 수 없으며, 이로 인한 결과로 인해 조선인의 사기가 높아졌고 프랑스 정부는 5-6000명 규모의 군대를 파견해야 했습니다. 이것이 프랑스에서 바랐던 점인지, 황실 정부가 동아시아 파견을 추가 [sic.] 없이 의도했던 바인지, 본인은 ([sic.]) 청국과 일본에서 의문을 갖고 있습니다.

프랑스 원정대 퇴각 소식이 이곳에 퍼진 이후 청국 기독교인들 사이에는 조선의 기독교 동지들에 대한 새로운 박해가 시작될 것이라는 소문이 퍼졌습니다. 이는 프랑스군이 실패한 탓으로 귀결될 것입니다.

R.

No. 248

베이징, 1866년 12월 16일

No. 82

수신
비스마르크 백작 귀하

조선 문제에 관한 앞선 보고서를 통해, 대조선 정찰군 운용은 황실 정부의 의도가 아니었다는 해군 장관의 해명이 담긴 전보를 현지 영국 사절이 전달받았음을 삼가 보고 드립니다. 본인은 이에 대해 현재 로즈 제독의 작전이 조선 해안에서 실패했다는 사실이 아직 파리에 알려지지 않았다는 점을 보고 드리고자 합니다.

R.

No. 252

베이징, 1867년 1월 7일

No. 1

수신

비스마르크 백작 귀하

조선의 기독교 박해[1]와 관련하여 프랑스 황실과 현지 정부 간의 서신 교환이 외교적 형태를 띠게 되어, 청국의 공사들이 결국 이곳의 외교 전권을 가진 협상 대표 전체에게 모든 서신 교환에 대해 알릴 것을 결정하였습니다. 이는 올해 11월 20일, 12월 10일 두 차례 서신을 통해 진행되었는데, 해당 서신들에 번역본을 첨부하여 삼가 보내드립니다. 본인은 동시에 프랑스 대표가 사절단에 전달한 프랑스 서신 원문을 사본으로 동봉합니다. 제한된 인력으로 인해 최근 벨로네[2] 대리공사는 이곳의 열강들에게 자신의 전보의 중국어 번역본만을 전달하게 하고 프랑스 문서를 동봉시키지는 않았습니다. 그는 이제 겨우 중국어의 불명확함이 담긴 여러 차례의 번역을 포함한 청국 정부 측과의 최근 [sic.] 서신 교환을 했기 때문에 [sic.] 공사에게 프랑스 원문이 [sic.] 적절히 충분했으며, 사절단 에게도 [sic.] 여러 사절단에 전달된 역[3] 번역본과 중국어 문서를 원문과 비교해보면 프랑스 전보 원문에는 여러 차례 매우 [sic.] 강한 표현으로 나타난 것들이 중국어 전보에는 희망으로 나타나 있는 차이점들이 드러납니다. 사절단의 첫 번째 통역사는 이미 [sic.]를 전보에 언급하는 것은 가능한 일이라 했지만, 벨로네 대리공사는 그에 반해 [sic.] 정확하게 장관에게 단지 [sic.] 프랑스 원문 전보에서 두드러지는 뉘앙스를 언어로 [sic.] 이러한 서신은 외교 서신이라고 말할 수 없으며, 이 점은 최소 이곳에서 전반적으로 통용되는 견해였습니다. 프랑스의 대리공사는 이 부분 역시 인정했으며 본인과의 대화에서도 그의 [sic.] 이 유럽에서 통용되는 외교 언어가 청국에서는 통용되지 않고 있으며 조금도 그렇게 보이지 않다는 점, 그리고 반면에 오히려 거칠고 불손한 언어가 나왔다는 점을 분명히 언급했습니다. 벨로네 대리공사는 그의 이러한 견해가 정당하다는 증명하고자, 현지 정부에 제기되어 이미 오래 전에 처리되어야 했던 이의 사항들이 몇 년째 질질

---

1 [감교 주석] 병인박해(丙寅迫害)

2 [감교 주석] 벨로네(Henri de Bellonet)

3 [감교 주석] 역(逆)

끌고 있다는 문제를 단호히 제기했습니다. 본인은 전반적으로 매우 확실하게 이러한 의견에 동의하고 있다는 점을 말씀드립니다. 본인 역시도 아시아인, 특히 청국인들을 그간 만나며 가져왔던 견해이기 때문입니다. 하지만 그도 마찬가지로 고국의 정부가 혹여 군사적 수단을 통한 지원을 할 것인가라는 확신 없이 너무 위협적인 방식을 수행하는 것은 아닌가라는 의구심이 있습니다. 프랑스의 대리공사는 지금도 이 점을 우려하고 있는 듯합니다. 이곳에 도달한 모든 소식에 따르면, 황실 정부는 우선 조금도 동아시아 원정대를 운용하는 데에 호의를 보이지 않기 때문입니다. 프랑스 대리공사가 곧 현재 처리된 사항들을 [sic.] 대략적으로 추가 기입한다면, 이는 오류에 근거하게 될 것이고, 저는 더욱 프랑스와의 몇몇 복잡한 관계로 인해 우려를 나타내고 있는 청국 대신들이 황실 정부에 그들이 불만족스러운 모든 핑계를 갖다 댈 것이라 여겨집니다.

저는 서신교환을 통한 청국의 전보 수신을 서류로 검증하고, 이를 황실 정부에 발송하였음을 보고 드렸습니다. 저는 이곳에서 같은 절차를 밟는 저의 동료들과 마찬가지로 조선 기독교인 박해가 더렵혀져 있고, 유럽에서는 전반적으로 동의할 수 없다 하더라도 이번 일의 내막을 판단하는 것은, 특히 청국 정부가 몇 가지 특정부분으로 언급하는 것을 판단하는 것은 어려울 수밖에 없다는 입장입니다. 프랑스 대리공사는 암묵적으로 기독교인 학살을 허가했다고 청국의 고위관료들을 문책했습니다. 저는 이 부분에서 그가 지나쳤다는 입장입니다. 그의 서신은 현지 내부의 프랑스 및 토착 기독교인과 프랑스 선교사의 진술에만 근거하는데 이의 신빙성이 상당히 제한적입니다. 시시각각으로 돌고 돌아 나중에는 진실이 아닌 것으로 밝혀지는 무성한 소문들일 뿐이기 때문입니다. 하지만 그 전에 표명됐던 우려들은 현실이 되었습니다. 벨로네 대리공사는 그가 주장한 것들에 대해 불분명한 보고서를 프랑스로 발송한 것이 아닌가라고 저에게 얘기했지만, 저는 그가 청국의 공동책임에 대한 뭔가 긍정적인 입장을 발송한 것이 아닌가 의구심이 듭니다. 청국의 대신들은 즉각 같은 부분에 대해 문책했습니다. 프랑스 전보에서처럼 매우 도발적이었는데, 보수파의 개개인이, 특히 외국인 혐오로 유명한 왕자가 개입해 실력행사를 했다 하더라도 이는 일부 증명이 어렵고, 해당 외무 관계자들에게 책임을 묻는 것도 어렵기 때문입니다. 정부 서신에 포함되지 않은 모든 일들에 대한 공사들의 연대는 유럽에서처럼 여기에서도 정당하게 받아들여질 수 없습니다. 그들의 입장은 [sic.] 현재 왕궁과 군사파의 불법행위 [sic.] 다양한데, 특히 현재와 같이 속국에 대한 모든 책임이 거부될 수 있습니다.

[sic.] 해당 대신들이 받아들이는 것은 전혀 불가능한데, 그들이 유럽의 정부들과 비슷한 상황에 연루되는 일들에 익숙해졌기 때문입니다. 또한 처음으로 선교사를 보내 외국

과 좀 더 면밀한 협상을 진행하려는 이때에 이러한 행동을 했다는 것은 매우 용감한 일이었습니다. 조선 해안에서의 철수와 같은 로즈 제독의 원정대[4] 퇴각 이후, 이 사안에서 완전한 침묵이 이어지고 있습니다. 소문으로 인지한 바에 의하면, 이 최초의 승리를 통해 조선인들의 사기가 상승했고, 조선 정부는 전체적으로 백성들의 무장을 준비하고 있습니다. 이는 그들에게 그리 어려운 일이 아닌 것으로 보이는데, 백성들이 호전적이고 현재의 격한 감정들이 확산되는데 어려움이 없기 때문입니다. 여기에 현재까지 원정대 운용에 호의적이지 않은 프랑스 정부의 분위기를 보면, 조선의 왕이 왕위를 잃었다는 프랑스 대리공사의 언급은 경솔해 보입니다.

이제 프랑스 사절단에서도 프랑스 정책이 실패로 인해 잘못된 형국에 빠지게 된 점을 로즈 제독의 우유부단함과 의욕 부족으로 책임을 돌리려 하지만, 로즈 제독은 조선과 조선인에 대한 잘못된 정보가 문제라고 책임을 돌렸습니다.

R.

---

4 [감교 주석] 로즈(Pierre-Gustave Roze)

No. 280

베이징, 1867년 3월 14일

No. 14

수신
비스마르크 백작 귀하

조선 문제와 관련해 본인은 지난 서신으로 동아시아 원정대 운용에 대한 프랑스 정부의 호의적이지 않은 태도를 확인하여 각하께 삼가 보고 드립니다. 이곳에서의 의견은 프랑스가 조선반도에서 벌어진 일들을 그냥 좌시할 수 없을 뿐 아니라 좌시하지 않을 것이며, 그들에게 현 상황이 매우 불편한 분위기라는 것입니다. 발생된 일은 이미 근본적으로 좌시할 수 없는데, 왜냐하면 알려진 바와 같이 이미 대규모로 벌어진 기독교인 박해를 내버려 두면, 유럽의 명성이 손상될 수 수 있기 때문입니다.

유감스럽게도 조선에서 벌어진 지난 일들에 대해 유럽 신문에 실린 내용들은 대부분 사실이 아닙니다. 모니퇴르[1]의 의도적인 왜곡이 매우 많이 관여된 것으로 보입니다. 본인은 프랑스의 원정대가 작은 실패를 경험한 것과 로즈 제독이 더 큰 패배를 하기 전에 빠르게 철수해 남은 군대를 지켰다는 점이 이 사안의 진실이라는 것을 각하께 삼가 보고 드리는 바입니다.

조선은 지금까지 상하이는 물론 그 어떤 곳에도 사신을 파견하지 않았고, [sic.] 언급을 꾸몄습니다. 그에 반해 조선과 청국의 왕래는 그간 평소와 달리 활기차다고 합니다. 이 분야와 관련한 청국 정부와 프랑스 사절단 간의 협상은 최근 중단되었지만, 새로 임명된 황실 사절이 도착하면 재개될 것입니다. 랄르망[2] 백작은 곧 이곳에 도착할 것입니다.

R.

---

1 [감교 주석] 모니퇴르(Moniteur). 프랑스 정부 신문
2 [감교 주석] 랄르망(C. de Lallemand)

No. 344

베이징, 1867년 6월 28일

No. 39

수신
비스마르크 백작 귀하

조선 문제와 관련하여 랄르망[1] 백작에 따르면 프랑스 정부가 가을 말미에 불운하게 조선 해안에서 벌어진 군사 작전을 재개할 의도가 없다는 점을 각하께 삼가 보고 드립니다. 이 의견은 이곳에서 본인이 전해 들은 바, 그리고 유럽 국가들에 전해진 바와 일치하며, 프랑스에는 프랑스 대리공사[2]와 로즈[3] 제독이 행한 방식에 대한 불쾌함이 매우 크다고 합니다. 본인이 번역할 시간이 없어 보고 드릴 수 없었던 [sic.]에서는 특히 선교사들의 용기와 관련한 벨로네 대리공사가 궁 왕[4]에게 보낸 전보에서 황제의 개인 정책을 다루었지만, 시간이 매우 제한된 [sic.].

이는 본인이 벨로네 대리공사에 밝힌 것처럼, 그 신부에게 해당하는 이전의 지시 '어려움 없이(pas de complication)'가 예전 문장에 있듯이 현재 더욱 더 납득할 수가 없습니다.

프랑스 정부가 조선 문제를 그럼에도 불구하고 다시 재개하는 것은 전통적으로 황실 정책이 그러하기 때문입니다.

프랑스군이 현재 일본에 있다는 사실이 본인에게 전해진 후, 아마도 결국은 조선에 대한 프랑스의 조치로 미숙하게 [sic.] 될 것으로 보입니다.

R.

---

1 [감교 주석] 랄르망(C. de Lallemand)
2 [감교 주석] 벨로네(Henri de Bellonet)
3 [감교 주석] 로즈(Pierre-Gustave Roze)
4 [감교 주석] 궁친왕(恭親王)

No. 15

베이징, 1869년 3월 3일

수신
비스마르크 백작 귀하

각하께 삼가 보고 드린 바와 같이, 현재로서는 조선 원정대 운용에 대한 모든 것이 중단된 것처럼 보입니다. 그러나 본인에게 전해진 신뢰할 수 있는 보고에 의하면, 비록 프랑스에서는 물론 받아들여지지 않았지만, 미국 정부가 조선 원정대 운용에 관해 파리 (프랑스 정부)에 제의했음을 보고 드리고자 합니다. 미 대통령은 이후에 상트페테르부르크(러시아 정부)에도 비슷한 요청을 했지만 마찬가지로 별 소득이 없었습니다. 알려진 바에 의하면, 프랑스 선교사가 살해당한 비슷한 시기에 그곳 해안에서 미국 함선이 불타고 선원들이 살해당한 것이 이번 제안의 계기가 되었습니다.

때문에 미국이 자신들과 같은 상황에 있는 프랑스 정부에 공동의 원정대를 제안한 것은 이 사안의 본질로 보여지지만, 그러나 놀라운 점은 미국이 러시아 정부에게도 동일한 제안을 했다는 것인데, 러시아 정부로서는 이러한 특별한 상황에서 함께 할 이유가 없으며, 그렇게 빈약한 이유로 다른 열강이 러시아 국경 가까이 접근하도록 허용하길 절대 원하고 있지 않기 때문입니다. 본인의 정보 출처에 따라 해당 내용이 사실이라는 것을 분명히 보고 드립니다.

R.

No. 76

베이징, 1869년 3월 31일

수신
비스마르크 백작, 북독일 연방수상 각하 귀하
베를린

각하께 다음과 같이 삼가 보고 드립니다. 청국의 수상이 상하이에서 본인에게 전달한 바에 따르면, 조선 원정대 건에서 오페르트[1]와 프롭스트[2]가 더 이상 상하이에 없기 때문에 그가 개입되어 있지 않다고 전달 받았음을 보고 드립니다.

지난해 11월 29일 No. 33의 최고령을 보면 이 문제를 다시 꺼내는 것이 금지된 것처럼 보이지만, 저는 상하이에서의 행동 방식이 판결의 권위를 흔들고, 여기에 북독일 연방의 새로 임명된 영사가 곧 이러한 인상을 지우려 하는 것에 대해 주의를 환기시키고자 합니다.

R.

1　[감교 주석] 오페르트(E. J. Oppert)
2　[감교 주석] 프롭스트(Probst)

요코하마, 1870년 1월 19일
3월 4일

수신
베이징 주재 레퓨에스 북독일 연방 특별공사 겸 전권대신 귀하

귀하께 본인이 연방수상 각하께 보내드린 제18차 보고서의 사본을 참고용으로 삼가 송부해 드리며, 귀하께서 본 보고서의 내용에 관심을 가지실 것으로 생각합니다. 귀하께 이 사안에 관한 청국 정부의 조치들에 대해 보고 드릴 수 있게 되어 감사드리며, 향후 변동사항에 대해 귀하께 직접 알려드리도록 하겠습니다.

브란트

사본

요코하마, 1870년 1월 18일

수신
비스마르크 백작, 북독일 연방수상 각하 귀하
베를린

1867년 12월 18일 자(No 88)로 황실 외무부에 다음의 조치들에 대해 삼가 보고 드린 바 있습니다. 막부[1] 정부는 조선 정부와 직접 관계를 맺기 위해 제너럴 셔먼호[2]가 조선 해안에서 좌초되었을 때 일련의 조치들을 행한 바 있습니다. 막부의 붕괴로 이러한 노력이 중단되었으며, 조선 공사로 임명된 Dsusio no Kami는 그곳으로 떠나지 않았습니다.

이미 몇 달 전부터 미카도[3] 정부[4]는 이러한 방향으로 분명한 행동을 취했습니다. 물론 막부 정부 측은 이에 대해 평화적 의도가 없었습니다.

E. E.에게도 잘 알려진 바와 같이, 조선은 마지막 조일전쟁(1591-92)[5] 이후부터 일본에 명목상으로 종속 상태에 있었습니다. 조선의 대신[6]들은 모든 새로운 쇼군의 물품을 정리할 때 나타났으며, 그리 변변치 않은 조공이 선물 이상의 형식을 지니고 그에 상응하게 답례가 되었는데, 이 조공이 당시 나가사키에서 지급이 되었습니다.

이러한 관습은 점차 사라지고 있고, 시간이 흐를수록 나가사키에 등장하는 조선 대신들은 가장 낮은 직책의 사람들이며, 모든 가능성을 동원해 추측해 보건대 그들은 일본 관료들에 의해 최소 종속관계를 유지하고자 선발되어 나가사키로 파견된 이들입니다.

실제 교류는 쓰시마와 조선의 부산항 간에만 존재하며, 부산항에 자리 잡은 일본인들은 특정 지역에 국한되어 있는데 이는 예전 네덜란드인들이 데지마[7]에 종속된 것과 비슷합니다.

약 5개월 전에 미카도 정부는 조선으로 사절단을 보내 막부 통치가 끝났음을 알렸습

---

1 [감교 주석] 막부(幕府)
2 [감교 주석] 제너럴 셔먼(General Sherman)호
3 [감교 주석] 천황(天皇)
4 [감교 주석] 메이지 신정부
5 [감교 주석] 임진왜란(壬辰倭亂). 연도표기의 오류는 잘못된 정보에 기인한 것으로 보임.
6 [감교 주석] 통신사(通信使). 조선과 일본의 교린관계에 대한 잘못된 이해에 의한 서술로 보임.
7 [감교 주석] 데지마(出島)

니다. 그리고 조선의 왕과 쇼군 간에 유지되었던 관계가 텐노[8] 측의 정부 이양[9]으로 불가능해졌으며, 조선은 일본에 종속된 관계로 퇴보되어, 외부적으로 일본에 대해 종속국으로서 처신해야 한다고 설명했습니다.

사절단은 어떠한 대답도 듣지 못하고 심하게 모욕을 당한 채 돌려보내졌습니다.[10]

그 달 8일 Arima의 사다 소이치로[11]가 두 번째 사절로 에도에서 쓰시마를 경유해 조선으로 출발했습니다. 이는 일본과의 종속 관계를 인정하고 즉각 텐노에게 일반적인 조공과 함께 사절단을 파견할 것을 요청하기 위함이었습니다.

1866년 프랑스의 로즈[12] 제독의 원정대 파견[13]이 실패한 이후 조선에서 분명히 나타난 고조된 분위기에서 상당히 확실하게 다음과 같이 추측할 수 있습니다. 이 두 번째 사절 역시 처음의 사절이 받은 결과와 같은 결과를 받게 될 것이라는 운명이며, 양국의 적대 관계가 된다는 것은 확실하다는 것입니다. 무엇이 일본 정부가 그런 태도를 갖게 했는지는 확실하게 말하기 어렵습니다. 일본의 위정자들의 행동방식에 어떤 동기가 있다면, 사쓰마 번주의 세력이 일본의 서부지역에 거주하는 번주와 나가토[14]의 번주에게 큰 부담이 될 수 있는 조선과의 전쟁[15]을 부추겨 이 위협적인 경쟁자들을 각각 약화시키려 했던 것이라 추측해 볼 수는 있습니다. 하지만 본인은 이 모든 것이 일본인들의 지나친 교만과 자만 이상도 이하도 아니라 생각합니다. 우선 그들은 세계 열강 중 하나가 되었다고 믿고 있고, 스스로를 그렇게 칭하고 있으며 몇 년 전부터 열강들과 동등한 위치로 올라올 수 있었기 때문입니다.

청국도 조선에 대한 종주권을 요구하고 있기 때문에, 본인은 베이징 주재 북독일 연방 공사[16]관에 이 사건들에 대해 직접 전할 것이며, 이 사안의 진행 상황을 계속 주시할 것입니다.

각하께 이 사안의 추가적인 변동사항에 대해 삼가 보고 드리고자 합니다.

(서명) 브란트

---

8 [감교 주석] 천황(天皇)
9 [감교 주석] 메이지유신(明治維新)
10 [감교 주석] 서계문제(書契問題)
11 [감교 주석] 사다 하쿠보(佐田白茅)
12 [감교 주석] 로즈(Pierre-Gustave Roze)
13 [감교 주석] 병인양요(丙寅洋擾)
14 [감교 주석] 나가토(長門)
15 [감교 주석] 정한론(征韓論)
16 [감교 주석] 폰 레퓨에스(Von Rehfues)

No. 20

베이징, 1870년 3월 17일

수신

비스마르크 백작, 북독일 연방수상 각하 귀하

베를린

일본의 대리공사[1]가 올해 1월 18일 현재의 조일관계에 대해 각하께 송부 드린 보고서의 사본을 본인에게 전해주었고, 본인은 이 사본에 대해 보충하여 보고 드리는 바입니다.

조선이 지금까지 서구뿐 아니라 이웃 국가들에 대해 비밀스럽게 취해온 행동을 아는 것은 매우 어려운 일이며, 한반도에서 이미 발생된 일에 대한 특정 정보를 이곳에서 얻는 것은 불가능합니다. 청국은 조선이 현재 가장 밀접한 관계를 맺고 있는 국가라는 점에는 의심의 여지가 없지만, 양국 정부의 상호 관계는 매우 제한적이며, 청국 상인들의 활동이 조선에서 허용되지 않을 것입니다.

매년 초 조선의 공식 사절단[2]이 베이징으로 와서 조공을 바치고, 이들과 함께 온 수행원들은 가져온 조선의 생산품을 매각하고 청국의 생산품을 매입합니다. 이 정기 사절단의 수행원들은 확실히 자유롭게 행동하는 것처럼 보이지만, 그들의 특별구역을 전담하는 당국으로부터 엄격한 감시를 받고 있습니다. 이러한 이유로도 조선인과 접촉하는 것이 어려운데, 언어의 다양성으로 인해 그들과 접촉하는 것은 거의 불가능하며, 유럽인에 대한 혐오가 없어진다 하더라도 그렇다 볼 수 있습니다.

주로 베이징의 사절단을 통해 조선 정부에 대한 정보를 취했던 청국 정부는 이러한 관계에 만족하지 않았으며, 조선인들이 유럽인들과 협상에 들어갈 때, 조선이 청국에 호의적이지 않다는 것을 언급하기를 계속해서 꺼려 했습니다.

이러한 조선인들의 입장을 언급하며 청국 정부는 알려진 바와 같이 천주교 선교사와 관련된 문제에서 자신들이 개입하는 것을 거부했습니다. 모든 비슷한 상황에서 나타나듯이 속국 관계를 거부하려 할 때 의심을 갖는 조선 민족의 특성상 권한 없는 개입으로 속국 정부와의 불안정한 관계가 [sic.] 위험에 처할 수 있다고 청국 정부가 두려움을 갖는

---

1 [감교 주석] 브란트(M. Brandt)
2 [감교 주석] 연행사(燕行使)

것이 거절의 동기였습니다. 그럼에도 불구하고 조선과 청국 양국 정부 간에 신뢰 관계가 존재한다는 데에는 의구심이 들며, 청국이 단지 이러한 관계에서 이득만을 취하기 위해 배타적인 분위기로 조선에 위험한 상황을 더욱 야기시켰다는 것도 맞지 않아 보입니다.

이러한 양국의 관계를 고려했을 때, 본인은 어떠한 [sic.]이 없으며, 일본의 정황상 불가능한 일도 아닌 조일전쟁이 발발하면, 청국이 도덕적인 측면과 아울러, 그들의 여건상 가능한 물질적 원조도 할 것이라는 의견을 드립니다. 이러한 명확한 관계에서 봤을 때 조일전쟁은 16세기의 전쟁[3]과 같은 결과를 가져오리라 예상할 수 있습니다. 일본이 에너지, 정신력, 화력 면에서도 우월하지만, 상당한 해군력으로 조선의 무방비한 해안에서 유리한 지점으로 전투를 이끌 수 있기 때문입니다. 이러한 전쟁이 이 세 나라의 미래에 어떠한 영향을 미칠지는 확실하게 예견할 수 없습니다. 그렇지만 동아시아 정세를 형성하는 데에는 영향을 줄 수밖에 없는 형국입니다.

R.

내용: 조선과 일본 간의 불화

---

3   [감교 주석] 임진왜란(壬辰倭亂)

베이징, 1870년 4월 2일

수신
요코하마 주재 브란트 북독일 연방 대리공사 귀하

올해 1월 19일 자 서신에 대한 답변으로 본인은 지난달 18일 자로 연방수상 각하께 보내드린 보고서의 사본을 첨부하여 귀하께 삼가 송부해 드립니다. 당시 서신에서 귀하께서는 18일 자로 연방수상께 보내드린 일본의 조선 관계에 대한 보고서를 본인에게 전달해 주신 바 있습니다.

R.

사본

요코하마, 1870년 3월 16일

수신
비스마르크 백작, 북독일 연방 수상 각하 귀하
베를린

조선과 일본 간에 현재 계류 중인 협상과 관련해 1월 18일 자 No.5 보고서에 관련하여, 쓰시마 번주에 의해 일본 전권 관료들이 미카도[1] 정부에 성공적으로 송부한 내용에 대한 번역본을 동봉하여 삼가 보고 드립니다.

보고서의 내용은 이 사안에 대한 본인의 이전 견해를 완전히 확인해 주고 있습니다.

1866년 프랑스 로즈[2] 제독의 전투 함대와 맞서 싸운 전투로 인해 사기가 오른 조선 정부는 일본에 대한 어떤 숙명적 종속[3]을 거부하고, 일본 정부가 조선보다 더 우위에 있다는 몇몇 내용이 담긴 쓰시마 번주의 서신조차 거부하였습니다.

첫 번째 서신은 교섭 담당자 간에 교환된 서신과 구두협상 회의록 일부를 포함하고, 두 번째 서신은 조선의 전반적인 상황과 분위기에 대한 일본 사절의 서신입니다.

후자의 서신에서는 1865년 Sufon에서 이미 [sic.]에 대한 외부 세력의 원정대가 반복적으로 언급되었고, 일본 정부가 쓰시마 번주를 대표로 내세워 조선에 총포와 화포를 제공토록 했고, 최근의 협상에서도 외부세력과의 전쟁[4]에 관한 문제와 기독교인 박해[5]에 대한 문제를 여러 차례 다루었다는 점이 드러났습니다. 이는 일본 정부가 이 문제에 대해 얼마나 신경을 쓰고 있는지를 보여주는 증거입니다.

보고서에서 베이징의 상황에 대해 언급하고 있는 부분은 의심의 여지 없이 몇 년 전부터 청국 북부에서 일어나고 있는 봉기와 관련된 내용이며, 아마도 일본 사절이 일본 정부를 만족시키고 조선 문제에 대한 청국의 개입을 개연성이 없는 것처럼 보이기 위해 실제보다 상황을 더 비관적으로 기술한 것 같습니다.

---

1 [감교 주석] 천황(天皇)
2 [감교 주석] 로즈(Pierre-Gustave Roze)
3 [감교 주석] 조선과 일본의 교린관계에 대한 잘못된 이해에서 비롯된 내용으로 보임.
4 [감교 주석] 병인양요(丙寅洋擾)
5 [감교 주석] 병인박해(丙寅迫害)

이곳에 떠도는 소문에 의하면, 신임 일본 사절이 조선에서 맞아 죽었고, [sic.] 일본과 전쟁이 일어날 경우 청국이 조선을 지원할 것이라고 하지만 신빙성이 떨어져 보입니다. 왜냐하면 일단 신임 사절이 나가사키에서 병으로 오랫동안 체류한 후, 2월 25일 쓰시마를 경유하여 조선으로 떠났기 때문입니다.

그에 반해 일본 정부가 그들의 영향력을 넘어서는 영역에 관여했다는 점을 점차 분명하게 하고 있다는 데에는 의심의 여지가 없습니다. 적어도 A.A.의 대신이 며칠 전 켐퍼만[6] 통역사에게 명확히 언급을 한 적이 있습니다. 켐퍼만은 일본 정부가 조선과의 협상을 하는 주 목적 중 하나가 조선을 외부 세력과의 교역과 교류에 개방시키려는 것인데, 이 소식이 조선에 퍼졌는지를 물어보려고 제가 A.A.의 대신에게 보낸 통역사입니다. 본인은 본인의 동료 중 누군가 어떻게든 일본과 조선이 관계된 일에 참여하는 것을 고려하고 있다고 생각지는 않지만, 대신의 말에는 특히 주의를 기울여야 하는데, 왜냐하면 이 정부가 조선과의 협상을 지금까지 면밀하게 기밀로 유지해왔기 때문입니다. 본인이 이렇게 전해드리는 문서들은 일부 관리들의 기밀 누설 덕입니다.

본인은 베이징 주재 연방 공사관에 직접 이러한 정보를 전했습니다.

(서명) 브란트

---

6 [감교 주석] 켐퍼만(Kempermann)

4월 11일

요코하마, 1870년 3월 17일

베이징 주재 레퓨에스 북독일 연방 특별공사 겸 전권대신 귀하

조선과 일본의 분규와 관련해 본인이 올린 1월 18일 자 서신에 더해 다음과 같은 문서를 첨부하여 귀하께 참고용으로 삼가 송부해 드립니다.

1. 연방 수상청에 보낸 3월 16일자 보고서 사본
2. 2편의 일본 보고서 번역본
3. 이 두 보고서 중 첫 번째 보고서에 동봉된 편지들 [sic.]

브란트

사본

요코하마, 1870년 3월 16일

수신

비스마르크 백작, 북독일 연방 수상 각하 귀하

베를린

　조선과 일본 간에 현재 계류 중인 협상과 관련해 1월 18일 자 No.5 보고서에 관련하여, 쓰시마 번주에 의해 일본 전권 관료들이 미카도¹ 정부에 성공적으로 송부한 내용에 대한 번역본을 동봉하여 삼가 보고 드립니다.

　보고서의 내용은 이 사안에 대한 본인의 이전 견해를 완전히 확인해 주고 있습니다.

　1866년 프랑스 로즈² 제독의 전투 함대와 맞서 싸운 전투로 인해 사기가 오른 조선 정부는 일본에 대한 어떤 숙명적 종속³을 거부하고, 일본 정부가 조선보다 더 우위에 있다는 몇몇 내용이 담긴 쓰시마 번주의 서신조차 거부하였습니다.

　첫 번째 서신은 교섭 담당자 간에 교환된 서신과 구두협상 회의록 일부를 포함하고, 두 번째 서신은 조선의 전반적인 상황과 분위기에 대한 일본 사절의 서신입니다.

　후자의 서신에서는 1865년 Sufon에서 이미 [sic.]에 대한 외부 세력의 원정대가 반복적으로 언급되었고, 일본 정부가 쓰시마 번주를 대표로 내세워 조선에 총포와 화포를 제공토록 했고, 최근의 협상에서도 외부세력과의 전쟁⁴에 관한 문제와 기독교인 박해⁵에 대한 문제를 여러 차례 다루었다는 점이 드러났습니다. 이는 일본 정부가 이 문제에 대해 얼마나 신경을 쓰고 있는지를 보여주는 증거입니다.

　보고서에서 베이징의 상황에 대해 언급하고 있는 부분은 의심의 여지 없이 몇 년 전부터 청국 북부에서 일어나고 있는 봉기와 관련된 내용이며, 아마도 일본 사절이 일본 정부를 만족시키고 조선 문제에 대한 청국의 개입을 개연성이 없는 것처럼 보이기 위해 실제보다 상황을 더 비관적으로 기술한 것 같습니다.

1　[감교 주석] 천황(天皇)
2　[감교 주석] 로즈(Pierre-Gustave Roze)
3　[감교 주석] 조선과 일본의 교린관계에 대한 잘못된 이해에서 비롯된 내용으로 보임.
4　[감교 주석] 병인양요(丙寅洋擾)
5　[감교 주석] 병인박해(丙寅迫害)

이곳에 떠도는 소문에 의하면, 신임 일본 사절이 조선에서 맞아 죽었고, [sic.] 일본과 전쟁이 일어날 경우 청국이 조선을 지원할 것이라고 하지만 신빙성이 떨어져 보입니다. 왜냐하면 일단 신임 사절이 나가사키에서 병으로 오랫동안 체류한 후, 2월 25일 쓰시마를 경유하여 조선으로 떠났기 때문입니다.

그에 반해 일본 정부가 그들의 영향력을 넘어서는 영역에 관여했다는 점을 점차 분명하게 하고 있다는 데에는 의심의 여지가 없습니다. 적어도 A.A.의 대신이 며칠 전 켐퍼만[6] 통역사에게 명확히 언급을 한 적이 있습니다. 켐퍼만은 일본 정부가 조선과의 협상을 하는 주 목적 중 하나가 조선을 외부 세력과의 교역과 교류에 개방시키려는 것인데, 이 소식이 조선에 퍼졌는지를 물어보려고 제가 A.A.의 대신에게 보낸 통역사입니다. 본인은 본인의 동료 중 누군가 어떻게든 일본과 조선이 관계된 일에 참여하는 것을 고려하고 있다고 생각지는 않지만, 대신의 말에는 특히 주의를 기울여야 하는데, 왜냐하면 이 정부가 조선과의 협상을 지금까지 면밀하게 기밀로 유지해왔기 때문입니다. 본인이 이렇게 전해드리는 문서들은 일부 관리들의 기밀 누설 덕입니다.

본인은 베이징 주재 연방 공사관에 직접 이러한 정보를 전했습니다.

(서명) 브란트

---

6 [감교 주석] 켐퍼만(Kempermann)

번역

조선과의 협상

업적(1868), 음력 10월

조선 정부에 황실 정부의 상황에 대해 보고할 공사가 출발하기 전, 서신 하나가 조선으로 보내졌습니다. 서신에는 새로운 인장 작성 등을 알리고, 새로운 정부 취임 발표에 대한 성명이 포함되어 있었습니다. Djin Kets 훈도[1]라는 직함을 가진 한 관료는 편지 사본을 받았으며[2], 편지 내용을 동래(도시)의 부사[3]에게 알렸다고 답했습니다. 그는 이에 대해 수도에 보고할 것입니다.

공사가 출발하기 전 송부된 편지는 다음과 같습니다:

얼마 전 저희 나라의 상황이 급격히 변했으며, 통수권이 황실로 돌아갔음을 알립니다. 오래 전부터 우호와 친선으로 저희 나라와 연결되어 있는 귀하로서 이 같은 상황이 기쁘지 않으시지요?

며칠 내 현 상황을 분명하게 설명할 사신을 보낼 것임으로, 동 서신에서 더 이상 이야기하지 않겠습니다.

본인 또한 최근 황실의 명령에 따라 교토에 갔습니다. 천황은 본인의 이전 공로를 찬사하시며 Sakonye Shojo[4]로 임명했습니다.

또한 본인을 귀하와의 친선의 우호와 관련한 새로운 관직에 임명했으며, 본인은 이 직책을 영구히 맡게 될 것입니다.

또한 천황께서는 본인에게 새로운 인장을 주셨습니다. 가장 중요한 것을 몇 마디로 요약하기 위해, 귀하와의 우정을 긴밀하고 불변하게 만드는 것이 천황의 소망입니다.

---

1 [원문 주석] 일본어로 Hanji라고 불리며, 협상 대변인으로 활동하는 관료 30명이 조선에 있음. 이 중 Kunda bessa라고 불리는 2명은 무역 관련하여 양국의 관계를 이끌기 위해 수도에서 왔음. 이 관료들은 Djin Ketsdjinkan으로 불리기도 함. [감교 주석] 왜학훈도(倭學訓導) 안동준(安東晙)

2 [원문 주석] 공식 서신에 대한 답변 관련하여 양국 간의 Ceremoniells에 따라, 서신을 전달하기 전 먼저 비밀스럽게 검토한 후, 수령해야 함.

3 [원문 주석] 경상도의 동래 지역의 부산은 무역 관련하여 양국의 우호 업무를 맡고 있음.
[감교 주석] 부사(府使)

4 [감교 주석] 사코노에곤쇼쇼(左近衛權少將)

이 목적에 대한 본인이 감탄하는 바는 끝이 없습니다.

공사를 통해 귀하에게 황실의 진실된 신념을 나타내는 새로운 인장이 찍힌 서신을 보냅니다. 부디 잘 받아주시길 바랍니다. 또한 옛날부터 받은 귀하의 나라의 영토 목록에 관해서는 깊은 우정의 결과로 영토 목록을 주셨기 때문에, 경솔하고 피상적으로 변경되어서는 안 됩니다. 그러나 이것은 황실의 명령을 받은 문제로, 본인이 독단적인 행동으로 공공의 이익을 해쳐서는 안 되는 상황입니다. 이것은 본인의 진정한 신념입니다. 하지만 본인은 귀하의 정부가 본인의 말을 인정하기를 간절히 바라고 있습니다.

상기 서신에서 언급한 황실 서신은 Taisanshi라는 직함을 가진 쓰시마 번주 Risei[5]가 조선으로 가져온 것입니다.

동 서신의 내용은 다음과 같습니다:

황실은 대대손손 끊임없이 이어졌습니다. 2000년 이상 정부가 이어졌습니다.[6] 하지만 중세시대에 군사력이 쇼군[7]에게 가면서, 외국과의 우호관계가 유지되었습니다. 미나모토[8] 집안의 이에야스[9] 쇼군의 통치 아래 에도[10]가 수도가 되었습니다. 십 세대 이상이 이를 기반으로 하고 있습니다. 하지만 문제없이 긴 평화가 유지되는 것은 불가능했습니다. 시간과 상황에 따라 모순된 상황들이 발생했고, 황실은 국가 행정의 수장이 되었습니다. 이제 국가 체계에 있어 끈이 조여지고, 모든 것이 검토되고 새로워져야 합니다. 또한 이웃과의 우정을 정돈하는 것은 저희의 가장 큰 소망입니다. 우리 양국 간의 우정은 오래되었습니다. 우정을 단단하고, 친밀하고, 영원히 변하지 않게 만드는 것은 황실의 의도입니다. 그래서 저희는 귀하에게 공사를 보내고자 합니다. 귀하가 이에 동의하기를 바랍니다.

음력 12월

훈도[11]에게 며칠 전 도착한 사절단에 대한 내용을 포함한 쓰시마의 서신이 전달되었

---

5 [감교 주석] 소 요시아키라(宗義達)
6 [감교 주석] 만세일계(万世一系)
7 [감교 주석] 쇼군(征夷大將軍)
8 [감교 주석] 미나모토(源)
9 [감교 주석] 도쿠가와 이에야스(德川家康)
10 [감교 주석] 에도(江戶)
11 [감교 주석] 왜학훈도(倭學訓導) 안동준(安東晙)

는지 문의하였을 때, 한 해가 지나가니 이에 대해 논의하기는 것을 내년까지 기다릴 것이라고 답했습니다. 저희는 이에 동의했습니다.

(1869), 음력 1월

새로운 해가 이미 시작되었지만 답신이 도착하지 않아 Dengokan 대변인과 여러 번 협상을 진행하였습니다. 정부는 협의로 바쁜 상황이며, 수도로부터 회신이 올 때까지 기다려야 한다는 답변을 받았습니다. 훈도는 직접 오지 않고, 병 때문에 양해를 구했습니다.

음력 2월

저희는 2개월째 되던 첫째 날 답변을 받기 위해 여러 번 이의를 제기하였습니다. 그 사이 황실 정부의 명령으로 오시마 도모노조[12]가 도착했습니다. 훈도가 내려올 것을 진지하게 요구하였으며, 16일에 실현되었습니다. Kandenkan(최초 일본 대변인)은 시기가 연기됨으로써 일본 태정관[13]에서 양국의 관계를 심각한 논의의 대상이 되었다고 이미 지적한 바 있습니다. 또한 간사관[14](쓰시마 관료 중 조선과의 사안들을 관리)은 심각하게 질책을 했습니다. 편지가 관례에 맞게 작성되지 않았다고 조선에 이의를 제기했을 때, 훈도가 상당히 동의한 것처럼 보이는 정확한 설명을 주며 답변과 관련해 더 기다려줄 것을 부탁했습니다. 다음 달 30일까지 수도로부터 연락이 없으면, 서신을 전달할 것이라 하였습니다.

29일 훈도가 저희에게 와서 수도로부터 소식이 왔다고 설명했습니다. 매우 격렬한 토론이 진행되었습니다. 그는 자신이 제안한 아이디어를 적어두고, 동시에 전달한 서신에 정리했습니다. Kandanken은 한눈에 서신이 필요한 형식으로 쓰이지 않았으며, 관계 당국에 서한을 전할 수 없다고 설명했습니다. 훈도는 자신의 의견이 아닌, 높은 명령에 따라 정부에서 이루어진 협상 과정을 기록했다고 답했습니다. 따라서 이 문서를 부당한 표현을 고려하지 않고, 높은 일본 관료에게 알리는 서신으로 간주해서는 안 됩니다. Kandenkan은 이를 받아들였고, 이후 관료들은 그 내용을 기밀로 기록했습니다.

---

12 [감교 주석] 오시마 도모노조(大島友之允)
13 [감교 주석] 태정관(太政官)
14 [감교 주석] 간사관(幹事官) 가와모토 큐자에몬(川本九左衛門)

훈도의 문서

옛날부터 존재했던 우리 양국 간의 우정은 형제의 관계와 같습니다. 상호 신뢰는 확고하고 영원하여 우리의 관계를 파괴하는 것보다 산이 면도칼처럼 납작해지고 강 바닥의 폭이 허리띠의 좁은 폭처럼 좁아지는 것이 더 쉬울 것입니다. 우리는 일본 궁을 지었으며, 양측은 상호 애정을 유지하기 위해 애쓰고 있습니다. 이것이 기존에 존재했던 규정이자 법입니다. 지난 300년 동안 이 법이 경시되었습니까? 정부는 이것을 시행했고 백성들은 이에 따랐습니다. 양국의 관료들은 이 법을 가슴에 새기고, 오래된 관례를 변함없이 유지했습니다. 만약 지금 상호 관계의 규칙을 세우고자 하는 누군가가 오래된 관례를 포기한다면, 그들은 무엇을 이 자리에 놓고자 하는 것입니까?

저희에게 온 서신에 대해서 수개월간 협의가 있었습니다. 저희의 왕래 규정에 있어 교환 문서는 매우 중요한 부분으로, 저희는 통상의 관례를 위반한 것을 모른 척해야만 귀하의 서신을 정부에 제출할 수 있습니다. 관례에 따르면, 귀하 나라의 선박의 도착과 출항은 정부에 보고되어야 합니다. 관례에 부합하게 서신을 남궁[15](조선 수도)로 송부하려 했을 때, 봉투의 주소[16]가 지금까지 통용되었던 것과 상이하다는 것을 발견했습니다. 왕의 지위를 높이는 것은 이미 잘 알려져 있지만, 이름 아래 Asan[17](Kaiserlicher Diener, 황제의 신하)는 무슨 뜻입니까? 답변에 있어 서신의 예시에 따르는 것이 간단함에도 불구하고, 다른 나라가 이것을 듣고 저희를 웃음거리로 삼을까 두렵습니다. 이것은 부차적인 부분 중 하나일 뿐입니다. 서신의 본문에는 지금까지의 관례를 위반하는 부분이 많이 포함되어 있었습니다. "독단적인 행동으로 공익을 취해서는 안 됩니다" 그리고 저희가 작성하여 귀하에게 송부한 영토 목록을 인감과 함께 되돌려 보내며 수정되어야 한다는 내용을 읽었을 때, 저희는 할 말을 잃고 입을 벌리고 혀를 올린 채 서 있었습니다. 이전에 인장을 송부한 것은 요구에 의한 일이 아닌 우정과 호의에 의한 것이었습니다. 지금 갑자기 저희에게 새로운 인장을 부여해야 한다고 한다면, 동일한 조항에 따라 이웃 간의 우정을 확립시키고자 하는 것입니까? 위 사항으로 인해 정부에 서신을 전달하는 것은 이제 불가능합니다. 본인이 소식을 전한 부(동래)와 부산 두 지방 행정관들은 일본 사절단이 탑승한 선박의 도착에 대한 서신 관련해 같은 의견을 가지고 있습니다. 본인의 두려워하는 바를 말씀드린다면, 이 행정과들은 본인이 이 서신을 받아들이지 말 것뿐 아니라, 이 주제에 대해 더 이상의 질문으로 귀찮게 하지 않기를 원한다는 것입니다.

---

15 [감교 주석] 남궁(南宮; 예조)
16 [감교 주석] 일본 서신봉투에는 항상 발신자의 이름이 있음.
17 [감교 주석] 조신(朝臣)

본인이 처한 개인적인 상황에서 귀하의 판단을 삼가 기대하고 있지만, 이러한 상황이 본인을 슬프게 하는 것은 전혀 아닙니다. 본인이 공직의 신분으로 말씀드리지만, 본인은 귀하의 국가에 오직 진실되게 답변드리고자 합니다. ─

만약 지금 갑자기 새로운 인장이 도입되어야 한다면 계속적으로 어려움이 발생할 것입니다. 이에 공적인 일에 불필요한 방법으로 피해를 주지 않도록 심사숙고할 것을 귀하께 요청드립니다. 이것이 본인이 유일하게 바라는 바입니다.

음력 2월

이 달 마지막 날 Kanjukanjikan[18]과 훈도간의 협의가 진행되었습니다. 그는 서신과 관련해서는 형식에 어긋나고 받아들일 수 없으며, 수도에서 엄격한 명령이 도착하여 부산(또는 Shido)도 Finkets도 이 일에 있어 더 이상 어떤 것도 할 수 없다고 말했습니다. 그는 그 사이 수도에서 다른 특정 지시가 없다는 조건하에 다음 달 3일 서신을 송부하겠다고 약속했습니다. 이전에 그에게 설명한 것과 같이, 서신에서의 무례한 행위는 말도 안 된다고 답했으며, 그 사이 계획을 확고히 결정할 시간도 없이 밤이 시작되고 새벽이 왔습니다. 훈도는 셋째 날 다시 오기로 약속을 한 후 귀가했습니다.

음력 3월

3일째 훈도가 나타났으며, Kandenkan에게 그가 최근 송부한 서신의 내용은 정부로부터 지시받았다고 했습니다. 이제 일본은 불가피하게도 필요에 의해 쓰시마가 보낸 서신을 회수해야 하며, 그들의 구두 설명은 정부뿐 아니라 부산도 만족시킬 수 없어, 훈도가 보낸 서신에 대한 서면 답변을 제공하는 것이 좋을 것입니다.

같은 날 Kanju Kanjikan은 훈도에게 다음과 같이 말했습니다. 며칠 전 귀하의 수도로부터 연락이 온 것처럼 저희의 서신이 무례한 행위를 포함하고 있다면, 저희는 [sic.]을 개선시킬 것입니다. 서신 내용의 주제는 상호 간의 우호 관계나, 조선 정부조차도 이를 고려하지 않고 오직 형식이나 서술 방식과 같은 사소한 사항에 대한 협상이 진행되어야 한다면 공사에 대한 모욕이며, 이러한 행동은 상호 관계를 돈독히 하는 데에 적합하

---

18 [감교 주석] 원문에는 "Kanjukanjikan", "Kanju Kanjikan"으로 기술. 맥락상 대수대차사(大修大差使) 히구치 데쓰시로(樋口鐵四郎)로 추정.

지 않은 것으로 볼 수 있습니다. 또한 이미 이루어진 약속을 이행하지 않고 서신을 수락하는 것은 부적절합니다. 훈도는 이것저것을 [sic.]습니다. 그러는 사이 4일째가 되었습니다. 훈도는 그에게 온 성명을 명확하게 파악하였지만, 정부 성명이 엄격하여 어려움을 해결할 길이 막혔다고 말했습니다. 훈도는 어떻게 도울 것인지에 대한 다른 계획이 없어 최선을 다하고자 했습니다. 사람들이 이의를 제기되는 부분들에 대한 성명서를 그에게 보내면, 그가 무엇인가를 해결할 수 있을 것입니다. 이와 관련해 두 Kanjukanjikan은 협의했으며, Kandenkan는 6일 답변을 가져오겠다고 약속한 훈도에게 줄 문서를 작성했습니다.

성명서

Kanjukanjukan의 지시에 따라 본인은 제시된 서신을 작성하였으며, 이 서신을 Reikan[19]에게 송부하는 바입니다.

이웃 간의 우정은 진실을 옹호하기 위해 존재합니다. 그러나 말과 현실이 반대되고 사람이 진실에 모순된다면 어떻게 진실을 이야기할 수 있을까요.

Shotei는 최근 본인의 주인의 지위를 높여주었습니다. 진실에 따라 이를 즉시 조선에 알려드리며, 이로써 친선의 우정이 새롭게 될 것입니다. 저희가 훈도의 희망에 따라 저희의 주군에게 이전 칭호를 붙여 현재 평화로운 화해를 할 수도 있지만, 천황의 명령을 무시하고 이웃 나라를 기만하고 양쪽의 신뢰를 파멸시킬 것인가요? 훈도는 이것이 저희가 절대적 권력을 이용하는 것뿐이라고 생각할 수 있습니다. 저희는 이를 진지하지 못한 처신으로 보고 있습니다. 덧붙이자면 [sic.] 해의 예시가 이에 대해 명확히 설명해주고 있습니다. 끝없는 토론 대신에 의정부(최고의 조선 정부 기관)의 주소를 다시 쓰고 저희에게 전달한다면, 더 이상의 언급은 필요치 않습니다. "황제의 신하"(Ason)라는 표현에 대해 말씀드리자면, 이를 이름에 추가하면 천황의 고대 제국의 제도에 따라 높고 낮은 출신의 차이를 나타내게 됩니다. 다른 이름들은 관련된 이들의 지위를 나타내기 위해 성을 붙입니다.

높은 황실의 조상들은 항상 가문을 소중히 여기는데, 그래서 지금 이러한 상황이 발생하는 것입니다.

천황의 지위가 다시 회복된 이후 이전의 법들은 다시 검토되었습니다. 황실의 Ason

---

19 [감교 주석] 소 요시아키라(宗義達)

신하가 의미하는 것에 대한 문제는 훈도의 표현에 대한 잘못된 해석으로 야기되었습니다. 이렇게 해석된 근거는 이미 있었으리라 봅니다. 왜냐하면 드넓은 세상에서 주인이나 하인이 아닌 사람이 어디 있겠습니까? 만약 서신에 국가명이 기입된다면 [sic.][20]

그런데 저희는 이에 대해 더 이상 논의할 필요가 없습니다. 천황은 성을 바꾸지 않은 채 통치자로서 2000년 이상 수십만, 수백만 명을 내려다보며 정부를 이끌었습니다. 조선은 이를 잘 알고 있고 자신들의 책에 기록되어 있어, 더 이상 이에 대해 언급할 필요가 없습니다. 지금 청국에서 정부가 개혁되고 있고, 천황은 모든 것을 시험하고 새롭게 하고 있음을 조선에 알리는 것은 지당한 일입니다. 'Ko' 표기를 증오할 어떤 이유가 있겠습니까? 조선이 예로부터 저희에게 보내온 서신에서 청국과 관련하여 Tenco와 Koco라는 표현을 사용하고 있습니다. 이것이 무엇을 의미합니까? 규정 및 성격의 결과에 대해 말하자면, 막부 정부는 명확한 규정이 있습니다. 형식에만 주의를 기울이지 말고, 내용을 잘 살펴야 한다는 것입니다. 또한 훈도는 다음과 같은 표현을 적절하지 않다고 언급했습니다: "독단적인 행동으로 공공의 이익에 위험을 주어서는 안 된다." 이 표현을 짧게 설명하고 의심을 해결하기 위해 저희는 청국에서 전쟁과 혼란이 가득했던 중세시대에 천황의 명령을 모든 곳에서 따를 수 없었으며 저희 [sic.] 조국은 천황의 명령 없이 사신을 조선으로 보내 영토 목록과 인장을 받았으며 이것이 양국의 깊고 진정한 우정의 기원이었습니다. 하지만 이제 천황의 권위는 회복되었고, 양국의 친선의 우애는 형성되었으며, 진실과 성실을 증명하기 위해 인장을 제공하라는 제국의 명령이 내려졌습니다. 우애의 관계를 바로 세우라는 황실의 명령, 즉 인장의 수여를 저희는 공공의 이익과 공공의 우애라고 부릅니다. 만약 밀접한 관계의 조국이 오래 전 받은 영토 목록과 인장을 변경하는 것을 거부한다면, 이것은 개인주의적인 우정과 독단적인 태도입니다. 본질에 따라 독단성이 공공의 이익을 파괴했으며, 주인과 신하 간의 커다란 관계가 시간에 지남에 따라 생겨났습니다. 이것이 "독단적인 행동으로 공공의 이익을 해쳐서는 안 됩니다"라는 말을 설명하고 있습니다. 항상 우정을 유지해 온 우리의 가까운 조국은 이제 법을 공공연하게 제정하면서 의무를 따르고 있습니다. 만약 사람들이 이러한 근거들로 자중하지 않고 논쟁한다면, 이것은 친선의 우애를 거부하고 조선의 백성이 현 관계를 파괴한다는 것 외에는 다르게 말할 수 없습니다.

---

20 [감교 주석] 외교문서에는 여기서부터 한 페이지 분량이 누락되어 있음.

음력 3월

7일째 날 훈도는 저희에게 알린 바와 같이 병환으로 올 수 없었습니다. 8일째가 넘어 가던 밤, 그는 저희에게 9일 도착한다고 알려왔습니다. 저희 측에서 준 성명서와 관련하여 군도가 신중히 답변을 받았는지 저희 관료들이 문의하자, 며칠 전 수도로부터 지시를 받았으며, 토론이 매우 복잡하고 어렵게 되어 앞서 언급한 서신을 제시하는 것을 생각할 수조차 없었다고 답했습니다. 만약 그가 서신을 넘겨줄 수 없다고 설명한다면, 사람들이 그에게 부주의함과 직무태만으로 비난할 것이며, 그래서 그는 국가의 상황을 명확하게 설명하기 위해 내려왔음을 잘 알고 있습니다. 비록 이것이 그에게 불명예를 가져왔지만, 프랑스와의 전쟁[21] 이후 무신 계급이 국가권력을 자신의 것으로 만들었으며, 이전에는 전혀 없었던 관직 두 개(국방 및 국가행정)를 관리하고 있음을 인정해야 합니다.[22] 사람들은 무신 계급이 그들만의 열광적 힘과 재빠른 남성적 결의를 뚜렷이 보여주고 있지만, 그들이 장기적으로 정부를 국가 최고의 상태로 이끌었는지에 대해서는 말하기가 어렵다고 합니다. 지금까지 학자 계급은 일본의 우호 관계 관리를 자신들의 업무 보았습니다. 하지만 무신계급이 이제 적지 않은 문제에 관련하여 참여하고 있기 때문에, 군도는 자신이 독단적으로 왕의 서신을 전달할 때에 명백히 엄벌에 처해진다는 것을 전혀 고려치 않는다고 합니다. 공적 업무들이 매우 천천히 진행되었으며, 사람들은 문제를 신속히 끝내는 것을 그만두고, 조금씩 목표를 달성하려고 노력하고 있습니다.

훈도는 저희에게 이 성명서에 가장 각별히 주목할 것을 요청하였기 때문에, 저희는 그로부터 답변을 얻을 수는 없었습니다. 또한 더 이상 진행되지 않는 이 모든 협상으로부터 저희가 성명서를 통해 서신과 관련한 비난을 하지 못하도록 하면서, 훈도가 나라의 상황을 논쟁으로 이끌면서 이번에도 재차 상황을 벗어나려고 했다는 것을 깨달았습니다. 그의 지금까지의 비논리적 답변을 비난하면서. 그에게 서신을 송부할 때까지 집을 떠날 수 없다고 알렸습니다. 마침내 저희는 다음과 같은 편지를 저희에게 보내주도록 그에게 촉구했습니다.

본인은 귀하의 성명서를 경건하게 존중했으며, 부사[23]에게 그 내용을 알렸습니다. 부사는 왜 본인이 그에게 이것을 알리는지 물었습니다. 본인은 이 문제가 국내외적으로 매우 불쾌한 문제이지만, 혼자서 처리할 수 없다고 답했습니다. 이 답변이 수도의 정부의 일본 관료들에게 알려지지 않는다면, 부사는 "정부는 양국의 우호 관계를 오래된 관

---

21 [감교 주석] 병인양요(丙寅洋擾)
22 [원문 주석] 학자 계급은 그들의 실망으로부터 회복되지 않았으며, 모든 행동에 망설였음.
23 [감교 주석] 동래 부사 정현덕(鄭顯德)

례와 규정에 맞게 아주 제대로 다루어야 하며, 만약 서신이 오래된 규정을 위반하는 내용을 포함하면 제시해서는 안 된다"고 명령했습니다. 따라서 본인은 물론 귀하 및 훈도에게도 양도 여부에 대해 오래 토론할 권한이 없습니다. 훈도가 일본 관료의 소견을 주의 깊게 다시 전달한 것을 증명했으나, 저희의 소견 및 정부의 명령은 알리지 않은 것처럼 보입니다. 그래서 부사는 저를 꾸짖었으며, 저는 굴욕감을 느끼며 이곳으로 돌아왔습니다.

음력 3월

훈도는 9일부터 17일까지 본인의 집에 머물렀습니다. 이 기간 동안 Kandenkan은 그에게 캐물었습니다. 훈도는 매우 슬퍼하고 낙담했으며, 두 사람 사이의 중재자였음에도 불구하고 그에게 부여된 권한을 넘을 수 없는 것처럼 보였습니다. 그는 저희에게 급히 자신이 집으로 돌아가는 것을 허락하도록 요청했고, 그가 저희를 위해 최선을 다하겠다는 확신을 주었습니다. 저희는 그를 더이상 붙잡을 필요가 없었기 때문에 그를 떠나보내기로 결정했습니다. 그가 저희 집에 머무는 동안 Kanjuikanji가 수행한 협상 및 Denkan과의 비밀 통신이 간략하게 작성되었습니다.

17일 훈도에게 다음과 같이 알렸습니다. 저희가 부사에게 개인적으로 이야기하지 않으면 양국의 관계가 두 부분에 대해 명확하지 않을 수 있으므로, 17일 또는 18일 저희 집에서 차를 준비하고자 하며, 언제 부사가 가능한지 저희에게 알려줄 것을 간청한다는 것입니다. Taishushi는 훈도를 불러들여 이전 규정에 따르지 않은 공사가 황실 정부의 재건을 보여주기 위해 오게 되면 조선 정부가 불안해할 수 있다고 우려된다고 말했습니다. 여기에 필요한 설명이 서신에 나타나 있으며, 이에 대해서는 이미 수개월 동안 논의되고 있습니다. 귀하에게 일부분 맡겨진 임무가 별다른 결과가 없게 될 위험이 있어, 그는 그 서신이 받아들여지게 될지 알고자 했습니다. 하지만 서신의 전달자인 그는 (황실 정부의 서신이) 받아들여지길 바라고 있습니다. 그의 임무는 [sic.] 않았기 때문에, 바쿠 (Baku) 정부와의 우호 관계와 관련된 규정을 준수할 필요가 없었습니다. 부사는 서신의 수락 여부와 관계없이, 개인적으로 모든 일을 신속하고 만족스럽게 마무리하기를 원할 수도 있습니다. 친교적 서신 왕래와 관련된 다양한 세부 사항은 이후 논의할 수 있었습니다. 그는 오직 자신의 나라의 현 상황만 기술하고자 했습니다. 훈도는 그가 모든 것을 정확히 이해했지만 쓰시마의 서신이 여전히 제출되지 않았고, 공사와 관련한 규정이 존재하나 자신이 스스로 결정 내릴 수 없으므로, 모든 내용을 부사에게 알려준 후 그의

대답을 전해주어야 한다고 생각하고 있습니다. -

17일 훈도가 와서 말하기를 동래 부사와 부산 첨사 모두 병환으로 올 수 없게 되었으며, 향후 날짜를 결정할 수 없어 연기할 것을 요청한다고 말했습니다. 이것이 조약을 위반하는 것임에도 불구하고 동래와 부산으로 갈 것이라고 답했습니다. 훈도는 두 관료가 병이 몹시 심해 올 수 없으며, 가더라도 그들을 볼 기회가 없을 것이기 때문에 조금 기다려야겠다고 답변했습니다. 같은 날 훈도는 Dengokan을 통해 대구로부터 21일 그곳으로 가야 한다는 소식을 전했습니다. 훈도가 대구로의 여행을 수도로 가는 여행으로 숨기는 듯한 상황이 더 자주 발생했습니다. 대구 최고 스파이는 이와 같은 일들을 자신의 직권으로 결정할 수 없는 일반 고위 관리입니다. 저희는 저희 집에서의 훈도의 소극적인 모습, 다과회의 초대와 Taishushi 서신 송부 요구가 수도 정부를 난처하게 만들었을 수 있다고 추측했습니다. 훈도의 행동은 그가 돌아왔을 때 모두 설명되어야 합니다. -

위의 내용은 3번째 달 중순까지 조선과의 협상을 위한 것임.

저희 집에 머무는 동안 훈도는 Kandenkan에 대해 크게 실망하며 다음과 같이 비밀리에 표현했습니다.

정부는 3가지 점에서 일본에 대해 의심을 하고 있습니다. 일본과의 우정은 쓰시마와의 긴밀한 관계로부터 기인합니다. 저희가 이 나라에서 인접 국가와의 교류를 허락했다면, 천황과 Kuambaku에게는 어떤 [sic.] 그러나 만약 저희가 오랜 세월 쓰시마와 우호적인 관계를 유지한고 있다면, 일본의 수도로부터 저희에게 불쾌한 소식이 전달되었다는 것에 이의를 제기해서는 안 됩니다. 얼마나 우리의 귀를 놀라게 하고 우리나라를 괴롭혀야 합니까? 이제 이 모든 일들을 꾸며낼 것인가요! 저희는 불명확한 답변을 줄 것이며, 쓰시마에 어려움을 초래하면서, 두려워하지 않은 채 저항하며 반란을 일으키고, 도망갈 길을 찾으며 쓰시마에 성공적으로 영예를 가져다 줄 것입니다.

저희가 그에게 곡식을 전달하지 않아 주민들을 곤경에 빠트리면, 이는 그의 수도에 반하는 행위임을 알게 될 것입니다. 일본의 군사력은 일찍이 쇼군들에게 위임되었는데 이들은 외국과의 우호 관계를 통제한 바 있습니다. 그러나 지금은 달라졌다고 합니다. 가령 천황이 이웃과의 우정을 새롭게 정립하고자 할 때, 어법을 통해 이를 행하고자 합니다. 수도의 동부의 권력을 Murashi(Jedo)가 차지했지만, 천황이 나라를 지배했으며 외국과의 우호관계와 관련하여 그의 명령이 있어야 했습니다. 천황은 항상 명령을 내렸고, Kuambaku가 더이상 존재하지 않고 정부가 새롭게 구성되었지만, 고위 관료들이 우호관계를 관리하는 것이 부적절한 것은 아닐 것입니다. 일본이 현재 저희와의 우호관계를 손상하려는 계획은 없지만, "천황의" &c.라는 어법은 다름아닌 Kunfte로서 저희를 점차 천황의 신하로 만들었습니다.

따라서 저희는 처음부터 조심해야 합니다.

저희는 일본이 항상 만족하지 않는다는 것을 알고 있습니다. 저희가 지금 언급하고 있는 서신을 수취했을 때, 저희가 귀하께서 원하시는 답변을 해드릴 수 있다고 말씀하시는 것이 잘못된 건 아닙니다. 하지만 저희가 서신을 받아들이는 경우, 새로운 우호관계를 원치 않는다는 것 외에는 어떠한 대답도 드릴 수 없습니다.

귀하의 전체적인 목적은 귀하의 현 주장을 통해 모욕하려는 것입니다. 따라서 저희는 새로운 우호관계는 없다는 것을 언급하며 경계할 것이고, 또한 구실을 찾고 회피적인 답변을 할 것이며, 그렇지 않으면 귀하의 새로운 우호관계를 매우 열망하는 대상으로 다룰 것입니다. 저희는 항상 과거의 법에 대한 존경심과 과거의 조약들의 신성함 뒤에서, 어둡고 교활한 계획을 세워 기다릴 것입니다. 일본이 인내심을 깨뜨리는 때가 오면 일본 측에 잘못이 있지만, 저희는 모든 힘을 다해 싸워 나갈 것입니다. -

(서명) 켐퍼만

번역

조선의 궁에는 궁인들이 얼마 없으며, 현 왕[24]은 그의 먼 친척으로 Ki no ge ne(1864)해에 Risho[25]의 죽음으로 인해 왕좌에 올랐는데 당시 그의 나의 17세[26]였습니다. 그가 19세가 되던 해에 그의 아들이 태어났습니다. 지금 아들은 22세가 되었습니다. 왕의 아비는 Risho vo[27]이고 대원군(대영주)[28]이라는 칭호를 갖고 정부를 이끌고 있습니다. 그는

---

24 [감교 주석] 고종(高宗)
25 [감교 주석] 철종(哲宗)
26 [감교 주석] 13세의 오기로 보임.
27 [감교 주석] 이하응(李昰應)

사치와 낭비를 일삼고, 비밀리에 사람을 만나 공공연히 뇌물을 건넵니다. 이곳의 백성들은 만족하고 있지 못하지만, 이 모든 것을 인내로 견디면서 반항의 기미는 전혀 보이고 있지 않습니다. 그들은 대원군이 그의 힘과 용맹한 작전으로 외국 함선들을 몰아낸 일에 대해 두려움을 가지고 있습니다. 백성들의 행동은 구름이 잔뜩 끼어 움츠려 있지만 비는 뿌리지 않는 하늘과 비슷합니다. 현 Kiyo Gisei[29]는 Kinheigaku[30]로 40세입니다. Sagise[31] Sodjuboku[32]; Yugesei[33] 자리는 공석입니다. 동래부의 사[34](지주)는 Rickentoku[35]이며, 대원군의 총애를 받고 있습니다. 그는 자신의 직을 수행한 지 6개월 만에 교체되었지만 그는 여전히 상부의 명을 기다리고 있습니다. 훈도 안동준[36]은 대원군의 권력이 미미하던 때에 수업을 받았습니다. 그렇기 때문에 그는 대원군으로부터 큰 총애를 받고 있고, 그에게 마음대로 서신을 보낼 수 있습니다. 그는 비공식적인 일과 대원군의 공식 업무를 처리하며 다양한 임무를 수행하고 있습니다.

조선인에 따르면, 노회함과 교활함은 중요한 정신적인 능력이며, 토착민들의 방식대로 폐쇄적 성향과 교활함을 통해 [sic.]를 찾습니다. 훈도는 반면 항상 개방적이고 활발합니다. 하지만 백성들의 독특한 사고방식은 공공 업무를 수행할 때 나타나는데, 이는 쉽게 드러나고 있습니다.

동래 부사와 부산 첨사는 Shido라 명명됩니다. 그들은 교린국과의 업무를 진행합니다. 동래부사의 [sic.]는 문관이고, 부산의 첨사는 무관입니다. [sic.] 그중 하나는 정부를, 다른 이는 군사 업무를 담당하지만, 동래의 Shi가 가진 권력이 훨씬 더 중요합니다. 훈도와 Bessar[37]는 Yaku[38](통역사)라 불립니다. 그들은 30개의 일본 Handjis에서 선발되어 Loryoku에 거주하고 있습니다. 그들은 중재자로 인접국의 우호와 관련된 모든 대소사를 처리하고 이 업무를 담당하는 기관으로 여겨지고 있습니다. 오직 훈도만이 본 의미를 갖습니다. 별차는 균형을 갖추기 위한 칭호를 가진 공직자입니다. 그들이 역관(통역사)라

---

28 [감교 주석] 홍선대원군(興宣大院君)
29 [감교 주석] 영의정(領議政)으로 추정
30 [감교 주석] 김병학(金炳學)
31 [감교 주석] 좌의정(左議政)으로 추정
32 [감교 주석] 서용보(徐龍輔)
33 [감교 주석] 우의정(右議政)으로 추정
34 [감교 주석] 부사(府使)
35 [감교 주석] 정현덕(鄭顯德)
36 [감교 주석] 안동준(安東晙)
37 [감교 주석] 별차(別差)
38 [감교 주석] 역관(譯官)

는 칭호를 갖는다 하더라도 그들은 일본어를 전혀 이해하지 못하며, 그들의 직위는 그저 일본 정세와 관련된 지식만을 필요로 합니다. 대원군이 사라짐으로써 결국 자금난이 닥쳤고, 그래서 그는 현금을 주조하여 통용되도록 했습니다. 하지만 멀리 떨어진 마을 주민들은 이를 순순히 따르지 않았고, 그렇게 화폐순환이 정체되었습니다. 또 곤궁함이 너무 심해져 화폐를 거둬들였습니다. 그때 연로한 대신는 좌의정이었고, 지금은 물러나게 되었는데, 백성들이 말하듯 그 조치가 진정성이 없었다는 의견을 귀담아 듣지 않았기 때문입니다.

Ki noto ushi해(1865)에 본국(쓰시마)의 사절들이 조선으로 왔습니다. 그들은 인접국과의 우호를 고려해 그들이 진정 원한다면 칼, 소총, 대포를 수송하겠다 자청했습니다. 그렇지만 지금까지 그러한 요구는 없었습니다. 조선인에게 해군에 관해 물으면, 그들은 최상의 해군력을 가지고 있다고 말합니다. 그러나 동래에 방수 대포가 있다 하더라도 양측에는 20-30리 폭의 강이 있는 Loryoku의 만에는 어떠한 방어 시설도 없었습니다. 몇몇 전투함대가 있기는 하지만 노후되어 사용할 수가 [sic.] 없었습니다. 올해(1869) 첫 달에는 Tororyo(조선 동쪽)의 인접국에서 기근이 발생해 [sic.] 가난한 백성들이 심하게 어려움을 겪었습니다. 이 기근이 어떻게 발생했는가에 대해서는 정부가 8개의 길(큰 대로, 일본에서는 행정 분할의 의미)에 많은 곡식을 축적해 이로 인해 지역에 기근이 발생했다는 말이 있습니다. 다른 이들이 이에 대해 다음과 같이 말하기도 합니다. 8개 길의 정부로부터 조세가 증가했고 세금이 부과되었는데, 이로 인해 부자들은 돈과 곡식을 숨겼고, 이 피해를 가난한 자들이 고스란히 받았다는 것입니다. 이 두 가지 설명이 모두 사실일 수 있습니다.

Shitsyen의 Kaishodo(길)에는 농민들이 분노하여 부사를 공격했고, 폭력과 약탈을 저질렀습니다. 이로 인해 범죄자들을 처벌하기 위한 위원회가 그곳을 향해 떠났습니다.

저희 보고서의 새로운 사건들이 조선 도처에 알려진 상황이며, 정확히 말하면 이에 대한 소식이 청국 혹은 상하이를 통해 조선으로 전해진 것입니다.

외국 함선과의 교전과 관련해서 저희는 훈도와 자주 대화를 가졌습니다. 예전에는 외국 함선이 입항할 때 해안 백성들은 자신들의 집을 떠나, 땔감, 식수, 황소와 닭을 외국인들이 약탈하도록 그냥 두었습니다. Tora해(1866)에 Suhon에서의 전쟁 이후 국방 대책을 취하였고, 이 조선이 무장 상태이긴 하지만, 해안 백성들은 그들의 거주지를 떠나 적군과 싸우기 위해 적군의 정보를 받을 수 있는 곳으로 갔습니다.

베이징에는 현재 군대의 폭동이 발발하여 황실 정부는 잠시나마 모든 것을 버텨내고자 하는 것처럼 보입니다. 오랫동안 베이징에서 유명한 한 청국인이 정부의 상태가 좋지 않다는 것을 알아차리고 사람들을 끌어모아 전쟁을 일으켰습니다. 약탈과 절도가 일상이 되었고, 군대가 전반적으로 통제하고 있습니다. 이로 인해 베이징의 상황은 매우 불안정하고, 약탈이 빈번해져 상가는 문을 닫았고 자금 유통이 막혔습니다.

예전에는 베이징으로부터 일본 궁으로 향하는 상품들이 조선에서 판매되었는데, 대부분 외국 목화였습니다. 현재는 이러한 일이 없고, 반대로 목화는 일본 궁에서 판매되고 있습니다. 예전에 동래에서는 외국 물건 판매가 금지되었는데, 위반자들은 사형으로 죗값을 받았습니다. 현재 이러한 엄중한 처벌은 완화되었습니다.

훈도는 매달 30일, 별차는 매달 12일에 교체됩니다. 그러나 대원군의 신임으로 인해 훈도[39]는 현재 계속해서 직위를 유지할 수 있어 그는 동래에 저택을 짓고 첩을 거느리고 있습니다.

조선의 예법에 따르면, 절대 연장자의 행동을 비난해서는 안 되는데, 현재 이러한 일이 벌어지고 있는 것을 보면 정부가 얼마나 혼란스러운 상태인지 생각해 볼 수 있습니다.

조선은 청국에 예속된 국가의 지위를 갖고 있습니다. 그럼에도 불구하고 조선은 청국에 복종하고 있지 않습니다. 겨울에 두 차례 연감을 가지러 가기 위해 청국으로 사절단이 갔습니다. 하지만 그들은 연감의 내용을 따르지 않습니다. 예를 들면 그들이 저희에게 쓴 보고서에 명제국 시대에 쓰이던 것과 달리 즉 Rengo가 아닌, Shikuan(dezagesimal해의 주기)을 사용한 것입니다. 저희 황제와의 우호는 그들에게 양호해 보이기는 하였지만, 그들은 그로 인해 예속국가로 전락할까 우려하고 있었습니다. 청국 역시도 우려하며 그들을 증오하였습니다. 베이징에서 예수 신부들이 조선으로 왔는데, 이들은 백성들을 선동하고 외국 군함의 존재를 믿고 갖가지 마법을 부리기 시작했습니다. 이 때문에 결국 큰 봉기가 발생하게 되었습니다. 지금도 그 봉기가 이곳에 진행 중이고, 천주교 선교사들도 이곳에 있습니다. 그들 중에는 토착민 여성의 의복을 입고 영주의 성 근처 술집에 20년 거주한 유럽 여성들도 있었습니다.

어떤 다른 외국 여성이 10년간 무희로 동래에 살았는데, 그녀 역시 처형되고 말았습니다.

베이징에는 지폐가 소비되지만, 어떤 부자 상인에 의해 금, 은 혹은 현금으로 다시 지불이 되었습니다.

조선의 화폐=3,05 청국의 현금 같습니다. 예전에는 베이징에 대한 현금이 1:5 혹은

1:6이었습니다.

조선인은 우리 정부가 새롭게 구성되고, 직인이 달라지고, 서신인의 이름이 변경된 이후 지금까지 쓰시마와 맺은 동맹이 변할까 두려워하고 있으며, 결국 전쟁이 발발할까 긴장하고 있습니다.

f.d.U.

(gez.) 켐퍼만

No. 37

베이징, 1870년 4월 19일

수신
비스마르크 백작, 북독일 연방 수상 각하(외무부) 귀하
베를린

내용: 일본과 조선 간의 관계

금년 3월 18일 자 No 20 보고서와 관련하여 각하께 다음과 같이 삼가 보고 드립니다. 주일 북독일 연방 대리공사[1]가 조일 관계에 대한 이번 달 16일 자 추가적인 구두 보고 내용의 사본을 17일에 송부했습니다.

브란트의 보고서 내에서 다룬 정세에 대해 본인이 보다 구체적인 내용을 얻으려고 갖은 노력을 해 보았지만, 긍정적으로 전달해 드릴 내용이 없었습니다. 본인의 동료는 [sic.] 그들이 본인에게 여러 차례 확언했듯이 이 정세와 관련해 너무나 불확실한 상황에 있고, 청국 정부는 [sic.] 자신들의 전통에 따라 이러한 문제에서 아무런 언급을 하고 있습니다.

R.

---

1   [감교 주석] 브란트(M. Brandt)

효고[1], 1870년 6월 9일

70 7월 21일

수신

베이징 주재 레퓨에스 북동일 연방 특별공사 겸 전권대신 귀하

본인은 올해 4월 2일 자 귀하의 서신을 수신해 영광이었으며, 본인은 이와 관련된 3월 18일 보고서의 사본에 대해서도 깊이 감사드립니다.

본인은 오늘 조일 정세에 관한 본인의 이전 보고에 대해 다음과 같은 내용을 추가로 말씀드립니다. 일본 사절단[2]이 모욕과 돌팔매질을 당한 이후에 성과 없이 귀국해야 했고, 부산의 S.M.S. Hertha와의 짧은 체류기간 동안(이달 1일과 2일) 본인이 사견으로 알게 된 몇 가지에 의하면, 조선인의 불손함은 일본과 갈등을 일으키고, 이는 조선 해안 전체의 국방력 부재로 1차 전투에서는 어쨌든 조선이 확실히 패할 것으로 보입니다.

브란트

---

1 [감교 주석] 효고(兵庫)
2 [감교 주석] 1870년 1월 외무성출임(外務省出仕) 사다 하쿠보(佐田白茅), 외무소록(外務少錄) 모리야마 시게루(森山茂)의 조선 파견으로 보임.

No. 27

베이징, 1871년 4월 13일

수신
비스마르크 백작 북독일 연방 수상 각하 귀하
베를린 외무부

내용: 미국의 대조선 원정대

본인은 각하께 다음과 같이 삼가 보고 드립니다. 미국 공사[1]가 11일 베이징을 떠났는데 미국 정부가 지난해 그에게 조선에서 부여한 임무를 수행하거나 최소한 ([sic.])을 하기 위해서입니다. 관련 임무에 대해서는 뱅크로프트[2]가 작년 4월 23일 자로 전달된 문서에서 언급한 바 있습니다. 로우 [sic.]

이번 원정[3]에서 상하이 [sic.] 장군과 로저스[4] 제독이 몇몇 미국 함선을 동아시아 영해로 이끌었습니다. 이전에 워싱턴으로부터 받은 지시사항에 따라 사절은 이미 얼마 전부터 청국 정부로 향했고, [sic.] 목적 달성을 위한 협정을 요구했습니다. 하지만 총리아문으로부터 이전의 비슷한 상황에서도 조선은 명목상으로는 속국이지만 실제로는 독립국이며, 청국은 마찬가지 [sic.]이라며 거절되었습니다. 로우는 최소 조선 왕에 보내는 서한의 [sic.]을 넘겨 받기를 요청했습니다. [sic.] 미국 원정대의 정보를 준비할 수 있는 것이었습니다. 하지만 이 역시도 초반에 항상 거절됐고, 반복되는 요구사항들도 의례청에 의해 황제의 허가를 받도록 되어있습니다. 하지만 이 허가를 받게 되었는데, 정확하게는 확실한 조건부로 받았습니다. 이 서한의 [sic.]는 단지 예외적이며, [sic.] 반복 역시 말이 되지 않으며, 이전에도 비슷한 임무를 인계받았습니다.

서한에서도 미국의 사절은 자신이 미국 정부의 임무로 조선에 왔으며 [sic.]와 그가 군인이지만 그의 임무에 다른 목적은 없다는 [sic.] 이유로 협정을 하기 위함이라는 점을 밝혔습니다. 로우는 미국 정부도 보편적인 목적에 가치를 두어야 하고 조선은 거절할

---

1   [감교 주석] 로우(F. Low)
2   [감교 주석] 뱅크로프트(Bancroft)
3   [감교 주석] 신미양요(辛未洋擾)
4   [감교 주석] 로저스(J. Rodgers)

시 불만족스러운 관계를 갖게 될 것임을 밝혔습니다.

조선 백성의 알려진 성향은 [sic.] 현재처럼 [sic.] 특히 아시아 견해만 보더라도 외부로 차단되어 미국이 지금까지 이 지역에서 결과물을 만들어냈다 하더라도 이 정찰이 성공하리라는 보장은 [sic.] 대표적인 어려움은 수도의 상황에 있는데 바다가 낮은 수심을 항해할 수 있는 선박만 접근이 가능합니다. 하지만 미국 해군은 어쩌면 다른 측의 지원 없이 머무를 수는 없을 것입니다. 제가 들은 바로는 영국과 프랑스 함선의 함장이 5월 Petschil만을 찾기 때문입니다. 프랑스의 대리공사 역시 그의 정부에 이번 원정대에 참여할 것을 권유하였을 것입니다. 그리고 이는 아마 강국의 위신 때문일 것입니다.

R.

No. 62

즈푸, 1871년 6월 26일
1871년 7월 6일 수신

순양함 헤르타호 사령관
연도번호. No. 203

수신
베이징 주재 아네케[1] 주청 제국 대리공사 귀하

귀하께 구두상으로도 또 서면상으로도 미국의 대조선 원정대 과정[2]과 관련한 소식을 부탁하셔서, 본인은 이 서신과 함께 전반적으로 퍼져 있는 소문들에 대해 전해드립니다. 이 소문들에 따르면 해안을 거슬러 오르던 몇몇 미국 함선들이 조선 해안에서 범선들이 침몰함으로 인해 곤란한 상황에 빠졌고, 선원들이 살해되었습니다.

그리고 이 소문이 얼마만큼 사실로 입증된 것인지 파악하기 위해 본인은 향후 며칠간 진행되는 함선훈련에 참여해 조선 해안을 조사하려 합니다. 조선 해안의 조사가 잘 이루어지지 않아 정확한 함선 조종을 위해서 언어와 해안에 밝은 자와 동행하는 것이 반드시 필요한 것으로 보입니다. 그리고 이는 본인이 생각하기에도 그렇지만, 이곳과 조선 간에 밀수가 이루어질 시 그리 큰 어려움이 있을 것 같지 않습니다.

약 8일 후 본인은 충분한 정보를 수집할 수 있으리라 보고 있으며, 순양함 헤르타호[3] 사령관이 즈푸에서 현재 일어나고 있는 상황에 대한 몇몇 서신을 받아보게 될 것입니다.

쾰러[4]

---

1 [감교 주석] 아네케(Annecke)
2 [감교 주석] 신미양요(辛未洋擾)
3 [감교 주석] 헤르타(Hertha)호
4 [감교 주석] 쾰러(Köhler)

No. 64

즈푸, 1871년 7월 5일
1871년 7월 12일 수신

수신
베이징 주재 아네케 주청 제국 대리공사 귀하

미국의 대조선 원정이 실패했고, 이에 따라 최초 정찰이 좌절되었음을 귀하께 삼가 보고 드립니다. 미 함선은 현지 Rhede에 정박하였습니다. 최대한 신속하게 추가적인 내용을 보고 드리겠습니다. 헤르타호[1]는 그저께 저녁 조선에서 왔습니다.

쾰러
해군 함장 겸 사령관

---

1 [감교 주석] 헤르타(Hertha)호

No. 50

Lung-wang-tang, 1871년 7월 16일

수신
비스마르크 후작 귀하

대사의 No. 27 보고서에 언급된 미국의 대조선 원정대는 현재 무력[1]을 통해 외국의 접근을 철저히 방어하는 조선인과 조약을 체결하기에는 미 제독에 일임된 군사 권한이 너무 적다는 사실을 인지하면서 일시적으로 중단되었습니다.

조선 당국과 그리고 조선 당국을 통해 중앙정부와 우호 관계를 맺으려던 로우[2]의 시도가 좌절된 이후 로저스[3] 제독은 6월 1일 측량을 위해 2척의 포함과 수 척의 증기선이 조선의 수도 서울로 오르는 "염하"(Rivière Salée,[4] 이 하구를 Insicle Paesag라고도 함)으로 향하도록 했습니다. 이 소함대가 해안 양 측면에 대규모로 설치된 성채에 근접하자마자 화포의 포격을 받았습니다. 물론 포함선은 이 포격에 잘 응하였지만 다음 교전에 대한 대비가 미비해 퇴각하였습니다.

로저스 제독은 무력사용[5]을 통해 소문에 의한 치욕을 반드시 갚아야 한다고 여겼습니다. 그렇기 때문에 그는 동월 10일 염하를 이어주는 강화도 입구에 650명 규모의 부대를 상륙시켜 동일 2개의 포함선을 지원하고, 명일 2채의 소성채와 그보다 조금 큰 성채 하나를 함락시켰습니다.

소성채에서는 어떠한 저항도 없었지만, 큰 성채에서는 심각한 전투가 있었던 것으로 보입니다. 조선은 여기에서 243명 전사자가 발생했고, 미국은 3명의 전사자와 7명의 부상자가 발생했습니다. 조선은 전반적으로 전투를 잘 이끌어갔다고 하지만, 미국의 전술과 특히 뛰어난 군장비에는 어쩔 도리가 없었습니다.

조선 정부는 이 전투 이후에도 협상에 응하려 하지 않았고, 미국 역시 수도를 급습하기에는 무리였기 때문에 로저스 제독은 해안을 떠나 우선 본국(워싱턴)에 가 새 지령과

---

1 [원문 주석] 미국의 대조선 원정대는 일시적으로 중단되었다.
2 [감교 주석] 로우(F. Low)
3 [감교 주석] 로저스(J. Rodgers)
4 [감교 주석] 김포와 강화도 사이의 강화해협. Rivière Salée를 염하(鹽河)로 번역함.
5 [감교 주석] 신미양요(辛未洋擾)

보강을 요청했습니다. 염하에서의 작전에 사용된 포함선은 위험한 함로에서 여러 차례 마모되면서 큰 손상을 입었기 때문에 상하이에 정박시켰습니다.

  본인은 끝으로 미국의 이번 군사 작전이 5년 전 로즈 제독[6]의 프랑스군의 서울 진격이 좌절[7]된 동일 해안에서 이루어졌다는 사항을 함께 보고 드립니다.

A.

첨부문서의 내용(원문)은 독일어본 239~240쪽에 수록.

---

6 [감교 주석] 로즈(Pierre-Gustave Roze)
7 [감교 주석] 병인양요(丙寅洋擾)

No. 75

즈푸, 1871년 7월 7일

1871년 7월 20일 수신

수신

베이징 주재 아네케 제국 대리공사 귀하

이번 달 5일 송부한 보고서-217-에 이어 미국의 대조선 원정대에 관한 내용을 동봉하여 사본으로 삼가 보고 드립니다. 이와 함께 "Chusan" 선박 표류에 대한 항의를 위해 조선으로 간 독일인 1명을 비롯한 몇몇 유럽인들이 토착민들에 의해 붙잡혀있음을 보고 드립니다. 본인은 "Ringdove" 영국 포함을 승선해 제1장교 헤르타호[1]의 하센플룩[2] 대위를 지휘했으며, 이 포함은 유럽인들을 구출하기 위해 어제 조선으로 떠났습니다. 대위는 본인에게 상황에 대해 즉각적으로 정확한 보고를 할 것입니다.

퀼러

해군 함장 겸 사령관

P. S. 로저스[3] 제독에 본인은 [sic.] 북독일의 난파선을 수습해 준 데에 대한 감사 서신을 송부하는 것을 부탁하고자 하며, 이와 함께 콜로라도[4]호의 수석 의사가 ([sic.]) 슐뢰케[5] 함장에게 의료 지원을 해준 것과 특히 러시아 장군의 감사와 인정을 받은 점을 높이 살 것을 부탁드립니다. 미 함대는 곧 일본으로 출항하기 때문에 귀하께서는 그곳에 가능한 [sic.].

퀼러

7/7 71

---

1 [감교 주석] 헤르타(Hertha)호
2 [감교 주석] 하센플룩(Hassenpflug)
3 [감교 주석] 로저스(J. Rodgers)
4 [감교 주석] 콜로라도(Colorado)호
5 [감교 주석] 슐뢰케(Schlölke)

사본

즈푸, 1871년 7월 6일

수신
베를린 주재 왕실 해군 사령부 귀하

6월 20일 자 보고서 -193-에 이어 왕실 사령부에 본인은 다음의 내용을 보고 드립니다.

본인은 순양함 헤르타호[1]가 즈푸에 당도하고 곧 북독일의 3개의 돛을 가진 스쿠너 "Chusan"이 6월 4일 조선 해안에 표류하고, 선원 일부가 한 척의 소형 선박으로 4일의 항해 끝에 즈푸에 당도했음을 알게 되었습니다. 반면에 나머지 선원과 함장이 이끈 또 다른 한 척의 소형 선박은 이틀간은 같이 항해를 하였으나 동월 25일까지 즈푸에 당도하지 않았습니다.

동시에 미국이 대여한 증기선 "Millet"은 상하이에 정박 중인 미국의 "Ashuelot"의 선원 일부와 함께 조선 해안에 표류하여 선원 전원이 죽임을 당했고, 나아가 미국 함선 몇몇은 수도로 향해 올라가다 정크가 가라앉아 조선 측에 불쾌한 상황에 처했고, 그 역시 마찬가지로 모두 죽임을 당했다는 소식을 들었습니다.

"Chusan"의 소형 선박 1척의 선원들은 미 함선에 의해 구조되었고, 미국 원정대의 움직임을 탐색하는 목적을 두고 있으리라 여겨집니다. 그렇게 본인은 본인 수하의 함선과 훈련을 목적으로 동월 26일 바람이 좋은 이른 때에 즈푸에서 출항하였습니다.

바람 한 점 없던 동월 27일 밤 이 순양함은 2척의 증기선과 함께 Salée 해협[2]의 Ferrieres 제도[3]로 향했고, 이 후 비가 왔을 때 몇몇 섬 근처에는 이르렀으나 아직 안전지대에 이르지 못하던 때 15길 깊이의 바다에 정박했습니다. 동월 28일 오전 약 3시 날씨가 약간 개어 몇몇 섬의 상태와 방향, 그리고 N.W., N.O., S.섬을 파악할 수 있게 되었고, 페르난도[4] 섬에서 동쪽까지 항해가 이어져 왔고, 바로 거기에 순양함 헤르타호가 밤 9시 반북쪽 37도 9분, 동쪽 126도 29분에 정박해 입항하였을 때 입구에서는 12이하였고, 최

---

1   [감교 주석] 헤르타(Hertha)호
2   [감교 주석] 김포와 강화도 사이의 강화해협. Rivière Salée를 염하(鹽河)로 번역하기도 함.
3   [감교 주석] 페리에르 제도(대령도, 가덕도, 대덕도 등의 군도)
4   [감교 주석] 페르난도(Fernando)

대 깊이는 29길 깊이로 밝혀졌습니다.

지난달 30일 본인은 "Chusan"호를 찾는 미 군정선을 탐색하고 동시에 지금까지의 정황에 대한 정확한 소식과 원정대의 의도를 파악하기 위해 해군 대위 멘싱[5]으로 하여금 무장 증기선으로 계속 항해하여 올라가도록 했습니다. 하지만 그에게는 정박과 조선인과의 교류가 금지되어 정보를 얻는 즉시 복귀하도록 했습니다. 무장 증기선의 출발은 안개로 인해 오전 11시까지 늦춰졌습니다. 오후에는 3척의 소형 선박으로 정박한 지역의 수심을 측정하고 주변 섬들을 파악하였고, 수집된 정보는 지도에 표기되었습니다.

증기선은 이달 1일 오후 2시 경에 복귀했고, 해군 대위 멘싱에게 사본으로 동봉한 이 보고서를 전달하였습니다. 또한 서면으로 증명된 "Chusan"호의 함장 J. Schlötke의 증언이 들어있습니다. 그 내용은 간략하게 다음과 같습니다. "즈푸를 떠나 안개가 자욱했던 이틀간의 여정 이후 본 함대는 지난달 4일, 15분 전 40길 깊이는 더 된 것으로 측정된 이후 오전 10시 경에 "Sir James Hall Group"[6]의 중간 섬 앞 절벽 위 북쪽 37도 54분, 동쪽 124도 56분에" 도착했다. 배의 갑판 위에 있던 청국 군대는 저지되었다.

수도에 이르기까지 해로는 12 항구로 방어가 이루어졌고, 모두 해로 방어에 최적화된 곳이었습니다. 무장 상태는 최대 2~32파운드로 받침대로 고정되어 있었고, 항상 특정 지점으로 방향이 맞춰져 적이 나타나면 즉시 불을 당길 수 있었습니다. 대포는 대부분 동(銅)후장포로 제조상태가 좋지 않아 700자 정도의 사거리를 가졌습니다. 수류탄과 탄띠는 없었고, 화약도 상태가 양호하지 않았습니다. 보통의 병사들은 권총 사격과 휘두르는 검 공격에 방어가 가능한 강도의 28겹 무명 갑옷으로 무장했습니다.

또 바다의 흐름을 고려했을 때 좁은 해로에서는 바다가 상류로 흐르는데, 속도는 8해리이고, 만조 때는 37 I, 평소에는 약 20 I입니다. 이러한 바다의 흐름을 보았을 때, 그리고 그 속에 존재하는 심해와 암초를 고려했을 때, 큰 속력을 낼 수 없는 작은 선박이 항로를 변경하는 것은 불가능합니다. "Monocacy"호와 "Palos"호 뿐 아니라 모든 소형 선박은 반복적으로 좌초했고, 이러한 피해가 반복되어 선박 내 모든 증기 수단을 동원해도 신속하게 움직일 수 없었습니다. 잠수부를 통한 임시 수리가 이루어졌고, 위 두 선박은 호위선과 함께 온전한 방어를 위해 청국의 항구로 수송되어야만 했습니다.

미국의 대조선 원정[7]이 완전히 실패한 이후 청국에서 유럽의 입지가 많이 어려워졌다는 데에는 일말의 의심이 없습니다. 이는 베이징의 청국 정부와 조선 정부가 친밀한

---

5 [감교 주석] 멘싱(Mensing)
6 [감교 주석] 써 제임스 홀 군도(Sir James Hall's Group) : 백령도, 대청도, 소청도 및 일대 섬을 지칭함.
7 [감교 주석] 신미양요(辛未洋擾)

관계를 맺고 있기 때문일 것입니다. 어쩌면 이제 청인들은 점차 유럽인들로부터 스스로를 분리시키면서 청국에서 이들을 몰아내려 할지 모릅니다. 청국에 쌓여있는 대규모 유럽산 전쟁물자와 관련하여 본인은 6월 16일 자 −194− 보고서를 연관 짓도록 하겠습니다.

본인은 조선의 여러 섬들을 직접 방문하였는데, 그곳 주민들이 계속 우호적인 모습을 보였다는 점을 보고 드립니다. 목재와 점토로 지은 집은 짚으로 만든 지붕으로 덮여있었습니다. 조선의 서해안은 동해안과 남해안보다 더 많이 경작이 이루어진 것처럼 보였습니다. 그중에서도 특히 쌀과 귀리 농작이 두드러졌습니다.

큰 섬들 중 한 곳을 정찰했을 때, 한 농장 지배인이 본인에게 중국어로 쓰인 서신 하나를 건넸는데, 다음의 질문들로 이루어진 이 서신을 동봉하는 바입니다. 당신은 어느 나라 사람인가? 이곳에는 왜 왔는가? 선박은 몇 척이고, 인원은 몇 명인가? 목적지가 어디이며, 그곳은 왜 가려 하는가?

미국 군함 "Colorado"호, "Benicia"호 그리고 "Alaska"호는 이 달 5일 오후 이곳에 도착했으며, 켈러[8] 영국 부제독은 같은 시각 "Salamis" 소형 쾌속정으로 요코하마로 떠났습니다.

(서명) 퀼러

---

8 [감교 주석] 켈러(Keller)

No. 40

베이징, 1873년 4월 14일

수신
베를린 독일제국 외무부 귀하

내용: 미국 정부의 대조선 원정대 프로젝트 관련
　　　1867년 주 워싱턴 프랑스 대사의 지령

　　미국 공사는 한 편의 서신 번역을 위해 본인에게 도움을 요구하였습니다. 서신은 프랑스 사절단이 그에게 기밀로 전달한 것이고, 이 서신의 원문은 미국 정부의 것으로 원문은 아직까지 드러나지 않았습니다. 이는 1867년 3월 프랑스 외무부의 공문서에서 발췌된 계획으로 현재 워싱턴에 주재하는 프랑스 Berthemy 대사의 지령을 포함하고 있습니다. 내용은 프랑스가 대조선 군사 원정대에 참여할 의사가 있는가 하는 미국 정부의 문의입니다.

　　1866년의 로즈[1] 제독의 임무[2] 실패와 1871년 상당한 성과를 이룬 미국의 기습[3]은 우발적 사건으로 분류되는데 [sic.] 언급한 문서는 해외 국가들에서 특히 미국의 동맹국으로 참여하려 했던 당시의 프랑스의 모습을 독특하게 보여주고 있습니다. 또 조선인이 프랑스로부터 "혼"이 났다는 공식적인 표현으로 인해, 본인은 관련 지령의 원래 계획을 사본으로 만들어놓는 것을 잊지 않았습니다. 외무부가 큰 관심을 나타낼 것이므로 이를 동봉해 드립니다.

C.B

1　[감교 주석] 로즈(Pierre-Gustave Roze)
2　[감교 주석] 병인양요(丙寅洋擾)
3　[감교 주석] 신미양요(辛未洋擾)

상하이, 1874년 3월 20일

주 상하이 독일제국 대리영사

No. 9

수신

베이징 주재 홀레벤[1] 독일제국 대리공사 귀하

현재 이곳에 머무르는 나이트[2] 부영사는 뉴좡[3]으로부터 조선의 무력사용을 통한 정권 교체[4] 소식을 전달받았으며, 이 정보는 리델[5] 주교가 알려준 것으로 신빙성이 있는 것으로 판단하고 있습니다. 지금까지 정권을 쥐고 있던 왕위찬탈자는 최근 실각되었다고 합니다. 자격을 갖춘 젊은 지도자는 그의 모친의 섭정하에 왕위를 승계받았고, 새로운 정부는 기독교와 외국에 우호적이라 합니다.

리델 주교는 뉴좡과 조선 국경 사이의 국내 지역에 거주하며 조선의 정세에 밝은 인물이며, 소식을 전해 받은 직후 베이징으로 떠났다고 합니다.

그의 예전 소식에 근거하여 본인은 당시 상황에 대한 이해를 돕기 위해 삼가 보고드리는 바입니다. 1864년 철종이 승하한 이후 그의 미망인[6]은 현재 약 18살[7]이 된 이씨 가문의 아들을 양자[8]로 들였고, 그는 조선의 관례에 따라 왕위를 승계할 자격을 갖춘 것으로 여겨져, 미망인은 그를 집권자로 앉혔습니다. 하지만 아들을 따라 입궐하여, 선교사들에 의해 야심차고, 공격적이며 외국과 기독교에 비우호적이라 묘사된 흥선대원군은 왕위를 빼앗아 60년대 말 선교사 학살[9]과 추방 그리고 1871년 미국의 원정대를 격퇴[10]함으로 왕권을 공고히 했었습니다. 그러나 대원군은 이제 실각되었다고 합니다.

---

1 [감교 주석] 홀레벤(T. Holleben)
2 [감교 주석] 나이트(F. Knight)
3 [감교 주석] 뉴좡(牛莊)
4 [감교 주석] 흥선대원군 하야와 고종 친정. 다만 무력 사용은 잘못된 정보에 따른 오기로 보임.
5 [감교 주석] 리델(F. C. Ridel)
6 [감교 주석] 철인왕후(哲仁王后) 김씨
7 [감교 주석] 실제 나이는 13세. 잘못된 정보에 따른 오기로 보임.
8 [감교 주석] 고종(高宗)
9 [감교 주석] 병인박해(丙寅迫害)
10 [감교 주석] 신미양요(辛未洋擾)

주교의 정보가 확인되면, 그는 조선으로 입국하고 조선-일본 간의 이견을 중재하는 것이 아마도 다음으로 나타나는 큰 변화가 될 것입니다.

뤼더[11]

---

11 [감교 주석] 뤼더(C. Lueder)

No. 27

베이징, 1874년 4월 1일

수신
베를린의 비스마르크 후작 각하 귀하

내용: 조선의 정권교체 관련

리델[1] 프랑스 나사로회 신부는 프랑스 대사에 조선의 무력 정권교체[2]에 관한 소식을 전하기 위해 며칠 전 뉴좡을 떠나 이곳에 도착했습니다. 이후에 지금까지 정권을 잡고 있던 왕위찬탈자[3]는 실각되었고, 왕위 자격을 갖춘 젊은 왕[4]에 정부가 이양되었다고 합니다. 새 정부는 기독교와 외국인과의 왕래에 우호적이라고 합니다.

리델은 조선에서 선교사가 추방되기까지 그곳에 살며 선교 활동을 해왔습니다. 그 이후부터 그는 뉴좡과 조선 국경 사이에서 거주하고 있습니다.

그는 조선 정세에 대해 가장 밝은 이 중 하나로 통하고 있습니다.

리델 주교가 본인에게 개인적으로 한 말들과 본인이 조사한 바에 따르면, 본인은 더 구체적인 내용 전달을 위해 [sic.] 기밀사항으로 그 과정들에 대해 다음과 같이 보고 드립니다. 1393[5]년부터 조선을 지배해 온 이씨 왕조의 마지막 직계 자손이었던 조선의 왕[6]이 1864년에 승하하였습니다. 그의 모친은 조선 왕실 점성술사인 고위고관의 결정하에 당시 8살[7]이던 궁궐 외부의 친척을 아들로 입양하였습니다. 이 사내는 그 이후 적법 지배자로, 그의 부친은 섭정자로 군림하였습니다. 이 어린 왕의 부친은 왕실의 왕자 칭호를 가졌던 자로 그의 아들을 따라 궁으로 들어왔으며, 곧 그가 정권을 쥐게 될 것을 알았습니다. 그는 야심차고, 공격적이며, 특히 외국인에 비우호적인 자로 묘사되었습니다. 그는 강경함과 힘으로 정부를 이끌었습니다. 60년대 말의 선교사 학살[8]과 추방 그리고 1871년

---

1 [감교 주석] 리델(F. C. Ridel)
2 [감교 주석] 흥선대원군 하야와 고종 친정. 다만 무력 사용은 잘못된 정보에 따른 오기로 보임.
3 [감교 주석] 흥선대원군(興宣大院君)
4 [감교 주석] 고종(高宗)
5 [감교 주석] 1392년의 오기
6 [감교 주석] 철종(哲宗)
7 [감교 주석] 13세의 오기

미국의 원정대 격퇴[9]는 전적으로 그의 작품입니다.

얼마 전부터 어린 왕이 불만에 사로잡혀 있는 고위 대신들에 힘입어 무력으로 그의 부친의 섭정권을 박탈하고 정권을 손에 쥐었습니다. 리델 예하는 곧 조선 내 선교활동이 회복될 수 있으리라 보고 있고, 선교활동을 지원할 프랑스 대사를 찾고 있습니다.

새 정부가 외국인과 기타 양보의 입장을 취할 것이라는 추측이 맞을지는 물론 일시적으로 간과할 수 없지만, 조선의 강직한 보수주의가 지속될지에 대한 의심은 가능할 수 있습니다.

현지 외교계 내에서는 이 사건이 조일관계 중재에 기여할 것이라는 견해가 있습니다.

이 문제에 대한 결정은 일본의 지배적인 상황과 조선 정부의 태도에 따라 이루어질 것입니다.

M

첨부문서의 내용(원문)은 독일어본 248~249쪽에 수록.

---

8 [감교 주석] 병인박해(丙寅迫害)
9 [감교 주석] 신미양요(辛未洋擾)

사본

베를린, 1874년 5월 10일

수신
뉴좡[1] 주재 프란시스 나이트[2] 독일제국 부영사 귀하

금년 3월 19일 귀하께서 만족하신 보고서가 이곳에 도달하였습니다. 청국의 영해로 독일 함대가 파견되었다는 소식과 프로이센의 프리드리히 칼[3] 왕자가 동아시아로의 여정을 요청했다는 소식에는 근거가 없습니다. 그렇지만 올해 어쩌면 한 척 혹은 두 척의 왕실 해군함대가 일본 영해와 청국 영해를 가로지르고 일부 항구로 항해를 하게 될 것으로 예상됩니다. 그러나 "독일 함대"에 관한 말은 없으며, 마찬가지로 프리드리히 칼 왕자의 여정에 관한 말도 없습니다.

그 밖에 조선 정세와 관련해 말씀드리면, 독일 정부는 조선의 정세에 대해 아무런 관심을 두고 있지 아니하며, 이에 대해서는 귀하께서 전에 생각하신 바와 같습니다. 본인은 귀하께 조선과 관련된 독일의 입장이라고 하는 것에 대한 모든 소문들이 근거가 없다는 것을 말씀드릴 수 있습니다.

제국 수상을 대리하며
(서명) 뷜로[4]

---

1 [감교 주석] 뉴좡(牛莊)
2 [감교 주석] 나이트(F. Knight)
3 [감교 주석] 칼(F. Carl)
4 [감교 주석] 뷜로(Bülow)

베를린, 1874년 5월 10일

수신

베이징 주재 홀레벤 독일제국 대리공사 귀하

금일 본인이 뉴좡 주재 나이트[1] 부영사에 전달한 지시사항의 사본을 귀하께 동봉하여 송부드립니다. 3월 19일 자 보고서에는 조선에 혁명이 일어나 이를 통해 그간 집권하였던 왕[2]이 실각되었고, 외국에 호의적인 섭정자[3]가 등장했다는 소식이 들어있습니다. 나이트 부영사는 조선이 유럽과의 교역을 위해 국가를 개방하도록 이곳에 동아시아 영해로 독일 함대가 파견될 것이라는 것과 프로이센의 칼 프리드리히[4] 왕자가 조선 원정대를 파견하고자 한다는 것에 대해 언급했습니다. 본인은 이러한 잘못된 사실들을 제때 부인하는 것이 적절하다고 생각했습니다.

그곳의 영사들이 어떻게 이러한 상황이 발생했는지 파악하도록 귀하께 명령하고자 합니다.

제국수상 대리

뷜로

---

1   [감교 주석] 나이트(F. Knight)
2   [감교 주석] 흥선대원군(興宣大院君)을 지칭함.
3   [감교 주석] 고종 친정
4   [감교 주석] 칼(F. Carl)

No. LIII

베이징, 1875년 7월 2일

조선 정세 관련

I. 95

　귀하께 본인은 사망자들의 부고를 위해 조선으로 발송한 보고서와 현 황제의 즉위를 위해 파견된 밍안[1] 사절이 완수한 그의 임무에 관한 보고서 번역본을 기밀 사항으로 첨부하여 삼가 송부해 드립니다. Genzlich 해당 사절단에 의해 그들의 여정이 공식적으로 공개될 것이고, 본인은 여기서 적어도 흥미로운 지역적 세부 사항들이 포함한 정보를 얻으려고 합니다.

　그 외 조선의 정세에 관해 본인은 이곳 천주교 주교인 드라플라스[2]의 Liebaas를 통해 본인에게 전달된 서신의 내용까지만 알고 있습니다. 그 서신은 조선 국경 근처에 거주하는 리델 신부가 올해 2월 말에 기술한 것입니다. 리델[3] 주교는 실권자[4]가 실각되고 젊은 왕[5]이 정권을 잡은 그의 외국과 천주교에 우호적인 혁명을 믿고 전달하였습니다. 그렇지만 그는 향후 천주교도들에 대한 사형 집행은 새로운 왕의 허가 없이는 이루어지지 않을 것이라는 젊은 왕의 명령이 있었다는 그의 견해에 대한 다른 어떠한 근거 사항도 덧붙이지 않았습니다.

　주교는 또한 청국 정부가 조선에 외국 세력과 계약 관계를 맺어라 "그들과 가까운 관계를 맺게 되면 지금 보이는 것처럼 그렇게 나쁘지는 않다"라고 조언했다고 합니다. 이에 대한 근거를 주교는 물론 본인 역시 이곳에서 전혀 접한 바 없습니다. 그렇지만 청국 측에서 외세와의 계약 체결에 관해 조언했다는 것이 불가능한 것은 아닙니다. 어쩌면 그 속에서 조선이 일본의 합병 욕구에 대한 확실한 보호를 생각할 수 있고, 베이징에서 외세와의 계약으로 제한된 거래로 일본에 의한 조선 정복보다 앞서 갈 수 있기 때문입니다.

　이와 비슷한 내용이 '앵글로 청국 신문'에 Philo coreana라는 제목으로 여러 차례 확

1　[감교 주석] 밍안(銘安)
2　[감교 주석] 드라플라스(Louis-Gabriel Delaplace)
3　[감교 주석] 리델(F. C. Ridel)
4　[감교 주석] 흥선대원군(興宣大院君)
5　[감교 주석] 고종(高宗)

산되었습니다. 리델 주교가 드라플라스 주교에게 전달한 내용과 똑같아서, 본인은 이 두 개의 매체의 근거가 천주교 선교사일 것이라 추측하고자 합니다. 따라서 이와 같은 소식은 유럽 신문에 기고되었다 할지라도 의심이 될 수 있습니다.

본인은 외세의 강압 없이 조선이 외국과의 교역을 위해 국가를 개방할 만큼 조선에는 외국에 대한 우호적인 분위기가 만연해 있지 않다는 의견입니다.

M.

번역

1875년 6월 27일 베이징 신문의 수기에서
(광서 1년 5월 24일)

폐하의 종복 밍안이 황제 폐하께 다음과 같이 보고 드립니다.

소신은 서거하신 선황제[1]의 마지막 교지와 폐하의 즉위[2] 칙령을 알리기 위해 폐하의 특사로서 부관 리루이[3]를 데리고 조선으로 떠나는 존귀한 임무를 부여받았습니다. 소신은 그 임무를 부여받은 후, 길 떠나는 날에 대해 이미 삼가 폐하께 보고 드렸습니다. 그리고 4월 12일(1875년 5월 16일)에 리루이와 함께 조선 궁궐에 도착했음을 이제 보고 드리려 합니다. 그리고 소신은 부여받은 존귀한 임무를 쫓아 조선 왕과 조선 조정에 선황제의 마지막 교지와 폐하의 즉위 칙령을 알렸습니다. 조선 왕과 조선 조정은 이 통지를 공손하게 받아들였습니다. 그와 동시에 전통적인 의식이 모든 점에서 합당하게 이루어지는 것을 지켜볼 수 있었습니다.

이튿날 소신들은 곧 귀로에 올랐습니다. 폐하의 종복들은 5월 5일(1875년 6월 8일) 다시 목단[4]에 도착했습니다. 5월 6일(6월 9일)에 소신은 그곳에서 새로이 부여받은 관직을 넘겨받았습니다. 소신의 부관 리루이는 직접 폐하께 보고 드리기 위해 베이징으로 돌아갔습니다.

정확한 번역을 위해
아렌트

---

1 [감교 주석] 동치제(同治帝)
2 [감교 주석] 광서제(光緒帝)
3 [감교 주석] 리루이(立瑞)
4 [감교 주석] 목단(牧丹)

베를린, 1875년 10월 24일

기밀문서

No. 17

75년 12월 20일 수신

수신

베이징의 브란트 귀하

I. 126

귀하께 본인은 일본의 대조선 원정대에 관한 소문과 관련된 8월 10일 자 에도의 황실 대리대사 보고서의 사본을 첨부해 삼가 드립니다.

임무 사항으로 / 라도비츠[1]

1　[감교 주석] 라도비츠(Radowitz)

사본

A. 4724, 1875년 10월 8일 수신

에도, 1875년 8월 10일

No. 187

수신

베를린의 비스마르크 후작 각하 귀하

이곳의 본인에게 전달된 유럽 신문에서 알아차릴 수 있듯이 사쓰마[1]의 봉기와 관련해 이곳에 등장한 소문이 유럽 언론사에도 퍼졌습니다. 특히 전 사쓰마 영주였던 시마즈 사부로[2]가 기존 정부에 대한 적대적인 입장을 취하고 있다고 회자되고 있습니다. 사쓰마 지역에 언제라도 봉기가 발발하도록 화기 물질이 충분히 쌓여있다는 소식과 다른 한편으로 혁명이 일어날 시 현지 정부의 입지는 확실하게 흔들릴 수 있다는 소식은 큰 문제가 아니지만 새로운 소식도 아닙니다.

특별히 시마즈 사부로의 입지에 관해 말씀드리면, 그는 약 1년 전에 현 정부로부터 태정관[3]의 일원으로 위촉되었습니다. 그 이후로 그는 모든 공공 업무와는 거리를 두고 있고, 태정관 회의에만 몇 차례 참여하였습니다. 또한 그는 최근 텐노[4]로부터 여러 차례 부름을 받았습니다. 텐노에서의 그의 공식회견이 이곳에서는 시마즈가 정부와 함께 새로운 군사 작전, 정확하게는 이번에 대조선 군사 작전이 착수되고 있음을 암시하고 있습니다. 그러나 현재 권력을 가진 자가 이러한 프로젝트를 진지하게 구상하고 있는지에 관하여는 어떠한 조짐도 보이지 않습니다. 최근의 이러한 소문에 대한 최초 계기는 조선에서 나가사키로 돌아가던 일본인의 보고서가 지난달 일본 현지 신문을 통해 드러나게 되었을 때 입니다. 그 일본인은 조선과의 전쟁은 불가피하다고 표현하였습니다. 본인은 정부 내에서 모든 상황을 대비해 원정대 운용을 고심하고 있을 것이라 생각하지만, 해안의 정세를 살피기 위해 소수의 소형 전투선이 조선 영해로 운영되지 않는다면 그 이상의 작전은 없을 것이라 생각합니다. 대장경[5] 오쿠마[6]는 언젠가 대만 원정대 운용에 대해

1 　[감교 주석] 사쓰마(薩摩)
2 　[감교 주석] 시마즈 사부로(島津三郎), 본명은 시마즈 히사미쓰(島津久光)
3 　[감교 주석] 태정관(太政官)
4 　[감교 주석] 천황(天皇)

여러 차례 지지를 보냈던 자로 본인에게 이러한 작전을 두 번째 운용하는 것은 아무리 구미가 당기더라도 지불금액이 없다는 것을 솔직하게 말해주었습니다. 그럼에도 불구하고 유사시에 대조선 원정대 운용은 그렇게 놀라운 일이 아닐 수 있습니다. 그렇지만 그 유사시가 언제가 될 것인지는 현재 판단하기가 어렵습니다. 사칼린과 쿠릴을 고려했을 때 러시아와의 조율 사항 대부분이 대조선 원정대 운용에 대한 소문을 새로운 접근과 새로운 방향으로 제시하기는 하였지만, 조선 정세와 관련한 현지 정부의 결정이 효력을 발휘하도록 하는 러시아와의 협정이 체결될 것인가 하는 근거와 기반이 전무합니다.

(서명) 홀레벤

---

5   [감교 주석] 대장경(大藏卿)
6   [감교 주석] 오쿠마 시게노부(大隈重信)

사본

1876년 1월 4일 No. I 보고서 첨부

아무르 지역의 조선인 이주에 대하여

아무르 지역의 남동쪽에는 우수리[1] 강이 가로질러 흐르고 있어 남우수리 지역으로 불리어졌습니다. 러시아 합병 이후 러시아 이주민으로부터 무시당했으며, 높은 출산율에도 불구하고 가장 주민이 적은 지역 중 하나였습니다. 10년이 넘는 시간 동안, 조선 국경 지역의 주민들이 아무르 지역으로 이주를 해와 조선인 주민이 형성되었으며, 어느새 그 수는 무시할 수 없는 차원이 되었습니다. 정착지의 개발은 러시아 정부에 혜택을 주는 한편, 조선에 대한 러시아 정책과 조선의 개방에 영향을 미칠 수 있어 이를 추적해보는 것은 중요합니다. 이에 관한 일부 뉴스는 1874년 상트페테르부르크 러시아-조선 사전에 있는 푸질로[2]의 서문 및 피안코프[3] 목사(Iswjärtiya der Kais. Ruß. Georgr, Gres. i Sib. 1874. Thl. X. S. 86-87)의 논평에서 찾을 수 있습니다.

조선의 두 북부 지역은 태생이 가난하고 출산율이 낮았으며, 60년대 초반 다수의 실패를 연이어 겪었습니다. 이로 인해 기근이 확대되어 비상사태가 발생되었으나, 조선 관청은 법적 세금 독촉 및 곡물에 대한 새로운 의무를 완강히 준수하고자 했습니다. 1863년 상황이 견딜 수 없을 수준이 되자, 12가구는 러시아 영토로 이주했으며, 그곳에서 따뜻한 격려와 지원을 받으며, 번창하는 이주지를 형성했습니다. 더 나은 생활에 대한 소문은 곧 퍼져나갔으며, 고향의 많은 사람들이 그들을 따르는 결심을 했습니다. 이렇게 이주는 점점 더 중요한 부분을 차지하게 되었습니다. 1865년 조선인 이주자는 이미 200명이 넘었습니다. 초반에는 조선 정부가 이를 조용히 바라보았으나, 1870년 더 이상 가족 단위가 아닌 가문 전체가 이주하자, 인구 밀도가 낮은 지역의 인구 감소를 금지했습니다. 하지만 이를 실패하자 억압을 통해 조절하고자 했습니다. 이주자 재산은 압수되었으며, 남은 친척들은 강한 압박을 받았습니다. 그럼에도 불구하고 이주는 계속되었으며, 새로운 이주자들이 러시아 국경에 나타나 거주지를 부탁했습니다. 빈곤한 상태의 굶주렸던 대부분의 사람들은 즉각적인 지원, 특히 식료품을 필요로 했습니다. 곡물은 유럽에

---

1 [감교 주석] 우수리(Ussuri)
2 [감교 주석] 푸질로(Puzillo)
3 [감교 주석] 피안코프(Piankoff)

서 바다를 건너 육지로 운반되어 제한적이었기 때문에, 국경 당국은 식료품을 항상 지원해줄 수 없었습니다. 하지만 이것이 이주민들에게 위협으로 작용되지 않았으며, 점점 더 증가하는 추세로 인해 기존에 거주했던 조선인들은 나라 안으로 더 들어가게 되어, 거의 모든 지역에 살게 되었습니다. 1874년 4,000명이 넘는 조선인이 13개 지역에 거주했습니다.

고국에 앞선 러시아 문화의 장점은 이주민에 영향을 끼쳤으며, 곧 러시아 풍습과 관습이 그들 사이에 확립되었습니다. 그들은 러시아 방식으로 집을 짓고 러시아 옷을 입었으며, 특히 러시아 농업 규정을 따랐습니다. 또한 그들 사이에 기독교도 급속히 퍼져나갔으며, 앞서 언급된 4,000명 중 절반 정도의 사람들은 그리스어로 세례를 받았습니다.

이 주민들의 특징은 일반적으로 조용하고 평화로우며 농업을 중히 여겼습니다. 조선인들은 인종학적으로 중국인보다 일본인에 가깝습니다. 한국인은 상냥하고 친절하며 거만한 중국인들보다 겸손한 한편, 중국인들의 객관적인 사고방식과 만족감을 가지고 있습니다. 따라서 과거 아시아 사람들을 문명화하는 재능을 훌륭하게 입증한 러시아 정부는 적은 비용으로 부지런하고 그들에게 부담이 되지 않는 민족과 이전에 전혀 개발되지 않은 그들 제국 일부의 개척을 얻었습니다.

베이징에 파견 온 조선 사신 이야기와 관료들과의 대화 시 나타나는 러시아에 대한 두려움으로 야기된 증오와 같이, 조선 정부는 해당 발전을 아주 불만족스럽게 바라보고 있습니다. 그럼에도 불구하고 조선 정부는 지금까지 숨겨왔던 한국 관습, 산업, 언어 등이 어디까지 외국에 알려지는지에 대해 관찰하기 위해 흥미를 가지고 그들의 예전 백성들의 운명을 쫓고 있습니다. 러시아 합병에 대한 두려움이 증가하든, 조선 정부가 외국에 대한 그들의 완고한 폐쇄 정책의 실수를 인지하든 이주는 한국의 정치적 관계에 영향을 미칩니다. 하지만 해외 무역에 있어 조선의 개방은 유럽 대량 상품에 있어 가난하지 않은 남부 및 동부 지방에 과소평가해서는 안 되는 판매지역을 제공하는 반면, 조선이 충분히 보유하고 있는 몇 안 되는 상품 중 하나인 목재는 향후 동아시아에서 큰 역할을 할 것입니다.

(서명) 묄렌도르프[4]

---

4 [감교 주석] 묄렌도르프(P. G. Möllendorff)

베이징, 1876년 1월 4일

No. I. / 4

러시아 지역의 조선인 이주 관련

I. 5

현 상황에서 관심을 가지실 묄렌도르프[1] 통역관이 작성한 러시아 및 조선 출처에 따른 러시아 아무르 지역으로 이주한 조선인에 대한 메모를 동봉하여 삼가 송부해 드립니다.

B.

---

1 [감교 주석] 묄렌도르프(P. G. Möllendorff)

베이징, 1876년 1월 6일

변리공사
에도

I. 2

현 상황에서 관심을 가지실 러시아 및 조선의 소식에 따라 작성된 러시아 아무르 지역으로 이주한 조선인에 관한 메모를 독일제국 변리공사께 삼가 송부해 드립니다.

B.

베를린, 1876년 1월 17일

No. 1

기밀

1876년 3월 12일 수신

수신

베이징 주재 브란트 독일제국 공사 귀하

I. 26

귀하께 작년 11월 27일 자 일본과 조선에 관한 에도 주재 독일제국 변리공사[1] 보고서
의 사본을 동봉하여 삼가 송부해 드립니다.

제국수상 대리

뷜로

---

1 [감교 주석] 아이젠데허(K. Eisendecher)

사본

A. 304, 1876년 1월 16일 수신

에도, 1875년 11월 27일

No. 273

수신

베를린 주재 뷜로프 귀하

이곳에는 조선과의 전쟁을 밀어붙이는 목소리가 점점 더 커지고 있습니다. 현재 이 지역의 정부는 전쟁을 불만족스러운 정당을 진정 및 화해시키고 특히 사무라이가 몰두하게 할 수 있는 유일한 수단으로 보고 있어, 본인은 현 상황에서 한국으로의 원정대 파견이 결정된 것은 아니나, 내년 초에는 진지하게 고려될 것이라고 생각합니다. 군사 및 해양 군비는 조용히 진행되고 있으며, 정부는 다른 영역에서 최대한 절약을 많이 하기 위해 노력하고 있습니다.

본인은 최근 모리[1] 전 워싱턴 대표 및 외무부 장관을 베이징 주재 외무부 공사로 임명한 일이 조선 문제에 직접적인 관계가 있다고 생각합니다. 모리 공사는 며칠 전 공사관 서기관을 동반하여 자신의 요직을 떠났습니다. 저는 그가 일본 국기가 조선인으로부터 받은 모욕감 및 조선에 대한 일본 원정대에 대한 그곳 견해에 대해 청국 정부와 협상을 해야 하는 임무를 가지고 있다는 것에 의심하지 않습니다.

이곳 "Nichi nichi shimbun"[2]은 조선과의 갈등과 관련해 다음과 같이 보도했습니다.

"만약 일본도 추측컨대 조선을 이긴다면, 러시아와 문제가 생길 것입니다." 일본은 만약 일본이 한반도 점령에 있어 승리자라면, 러시아가 조선과 일본에 어떤 자세를 취할 지 잘 알고 있습니다. 저는 봄이 오기 전에 싸움을 시작할 것을 믿지 않는다고 감히 반복하여 말합니다. 이곳 정부가 취해야 할 조치는 우선 모리 공사의 파견 및 윈난[3] 사건에 대한 다소 만족스러운 해결책, 그리고 상트페테르부르크의 소식에 달려있습니다.

(서명) 아이젠데허[4]

1　[감교 주석] 모리 아리노리(森有禮)
2　[감교 주석] 도쿄니치니치신문(東京日日新聞)
3　[감교 주석] 윈난(雲南)
4　[감교 주석] 아이젠데허(K. Eisendecher)

I. 49

1877년 3월 서류에 첨부

일본과 조선 간의 조약 관련 부록
1876년 12월 28일 자 독일제국 및 Kgl. Pr. 외무부장관 No. 305

I. 49의 첨부문서

1877년

＊ ＊ ＊

10월 19일 아시아, 일본, 에도. 몇 달 전 일본과 조선 간에 체결 한 우호 및 무역 협정(vergl. den Tert desselben in Nr. 119 des "Reichs·Anzeigers" vom 20. Mei b. I.)에 보완하여 최근 양국 정부가 추가 사항 및 수출 규정에 합의하였습니다. 일본 정부는 3가지 법령을 국민에게 알렸습니다. 해당 법령의 독일어 번역본은 다음과 같습니다.

포고령 No. 127호

이로써 조선과의 평화·우호 협정 및 무역 규정[1]의 추가조항에 따라 첨부 사항이 협의 되었음을 알립니다.

1876년 10월 14일

태정대신
산조 사네토미[2]

첨부문서

평화 및 우호 협정 관련 추가 사항

육군중장 겸 추밀원의원 겸 개척사[3] 장관인 일본 정부의 특명전권대신 구로다 기요타

---

1 [감교 주석] 조일수호조규(朝日修好條規) 부록, 조일무역규칙
2 [감교 주석] 산조 사네토미(三條實美)
3 [감교 주석] 홋카이도 개척사(開拓使)

카[4]와 의관 특명전권부대신 이노우에 가오루[5]가 강화에 도착해 조선 정부의 특명전권대신 판중추부사 신헌[6]과 부관도총부 부총관 윤자승[7]과 일본력 메이지 9년 2월, 혹은 조선력 병자년 2월 2일 합의하고 날인한 평화수호조약 제11조의 규정에 따라서, 일본 정부에서 조선 수도에 특사로 파견한 외무성 국장 미야모토 오카즈[8]와 조선 정부에서 특사로 파견한 강수관[9] 조인희[10]가 각자에게 내려진 유지에 따라 다음과 같은 조항들을 약정하고 날인하였다.

조항 1. 조선 항구의 일본인을 담당하는 일본 관리는 조선 해안의 일본 선박이 조난을 당하고 임박한 위험에 처해 있음을 알게 되는 즉시, 담당하는 현지 관리에게 통보한 후. 현장으로 바로 이동해야 한다.

조항 2. 향후 공사와 다른 일본 대리인들은 다양한 관청에 서신 송부 시, 자신의 비용을 이용해 우편 또는 조선 백성을 심부름꾼으로 고용할 수 있는 권리가 있다.

조항 3. 합의된 조선 무역항에서 일본인이 정착하고, 부동산 소유자와 지불 가격에 합의하거나, 조선 정부 소속 부동산의 경우, 조선인이 정부에 지불하는 부동산 임대비를 지불할 경우, 주택을 건축할 수 있다. 일본인 정착지인 부산초양항 공사관에 이전 조선 정부가 설립한 수문 및 횡목은 철거하고 설정된 경계에 따라 주요 건축물이 설치됩니다. 다른 두 항구에도 유사한 조치가 취해진다.

조항 4. 부산에 거주하는 일본인은 상륙지를 기준으로 10개의 조선 리 내에서 어느 방향이든 자유롭게 이동할 수 있다. 동래부는 해당 경계선 밖에 있지만, 일본인들은 방문할 수 있다. 이 경계선 내에서 그들은 원하는 대로 움직일 수 있고, 현지 및 일본 제품을 거래할 수 있는 권리가 있다.

조항 5. 조선의 계약 항에서 일본인은 한국인을 고용할 수 있다. 또한 조선인은 정부의 허가를 받아 일본을 여행할 수 있다.

조항 6. 조선의 계약 항에서 일본인이 사망할 경우, 장례식에 적합한 장소를 선택할 수 있다. 다른 두 계약 항의 묘지는 정착지와 부산 내 묘지의 거리에 따라 정해진다.

---

4   [감교 주석] 구로다 기요타카(黑田淸隆)
5   [감교 주석] 이노우에 가오루(井上馨)
6   [감교 주석] 신헌(申櫶)
7   [감교 주석] 윤자승(尹滋承)
8   [감교 주석] 미야모토 오카즈(宮本小一)
9   [감교 주석] 강수관(講修官)
10 [감교 주석] 조인희(趙寅熙)

조항 7. 일본인은 조선 상품의 결제 수단으로 일본 화폐를 사용할 권리가 있다. 또한 조선인은 계약 항에서 일본 제품 구입을 목적으로 상행위를 통해 얻은 일본 화폐, 구리동전을 사용하고, 수출할 수 있다. 동전을 모조하는 양국의 백성들은 그들의 법에 따라 처벌을 받는다.

조항 8. 조선인은 구매하거나 선물로 받은 일본 상품을 원하는 데로 사용할 수 있다.

조항 9. 평화 및 우호조약 §.7조 결정에 따라 일본 측량선이 배를 보내 조선의 해안에서 수심 측량을 한 후 악천후 또는 간조로 인해 선박으로 돌아갈 수 없을 경우, 해당 지역 지방관은 탑승원들을 가까운 숙소로 인도되어야 한다. 필요한 제품은 관청에서 제공하며, 관련 비용은 향후 상환된다.

조항 10. 조선은 아직 해외 국가와 거래를 하지 않고 있지만, 일본은 수년간 우호적인 관계를 유지하고 있다. 이를 고려할 때 향후 해당 나라의 선박이 바람과 파도로 인한 난파로 고통받고, 조선 해안에 표류 시 조선인이 친절하게 대응하는 것은 당연한 일이다. 표류자들이 본국으로 송환을 희망할 경우, 조선 정부는 개방된 항구에 있는 일본 대리인 중 한 명에게 본국송환을 요청하며 양도해야 한다. 담당 관료는 요청사항에 따라 이행을 해야 한다.

조항 11. 상기 10개 조항 및 첨부된 무역 규정은 평화 및 우호조약과 동일한 힘을 가지며, 양국 정부가 신중하게 준수해야 한다. 그러나 경험에 의해 양국 백성들의 교류에 있어 변화가 필요하다고 판단되면, 체약국 정부는 제의할 수 있다. 제의는 결정되기 1년 전 발표되어야 한다.

메이지 9년 혹은 일본력 2536년 8월 24일.

조선 제국 건국 485년 병자년 7월 6일.

(L.S.) 미야모토 오카이주[11]

외무성 이사관[12]

(L.S.) 조인희[13]

강수관

---

11 [감교 주석] 미야모토 오카즈(宮本小一)

12 [감교 주석] 이사관(理事官)

13 [감교 주석] 조인희(趙寅熙)

조선의 조약 항구 내 일본 무역에 관한 조항[14]

조항 1. 일본 해상무역 선박(일본 군함 및 우편물 운송용 배는 제외)의 소유자 또는 선장은 조선의 조약 항구 중 한 곳에 도착 후 3일 내 현재 상선 소유주에게 효력이 있는 일본 규정, 모든 선박 서류, 항구 체류 기간을 위한 선하 증권이 기록되고, 이를 통해 일본 선박임을 증명하는 일본 대리의 수령 확인서를 조선 당국에 일찍 제출해야 한다. 그런 다음 선박명, 출발항, 화물 무게, 선장 이름, 선원 수, 승객 명단 등을 서면으로 작성한 후, 모든 진술이 거짓 없음을 서명한 후 그 서류를 제출함으로써 통관절차를 밟는다. 동시에 화물의 내용, 기호, 번호(만약 번호가 있다면), 화주 등이 포함된 선화목록을 제출해야 한다.

해당 선언 및 모든 다른 서류는 일본어로 작성되었으며 한자어 번역본을 첨부하지 않는다.

조항 2. 하역을 희망하는 화물 소유자 또는 수탁인은 물품 명칭, 표시, 원가, 무게 및 품목 수를 포함한 신고서를 조선 관청에 제출해야 한다. 신고 접수 후, 조선 당국은 물품 하역을 허가한다.

조항 3. 소유자 또는 수탁인은 허가서를 받으면 자신의 물품을 하역할 수 있다. 조선 관료는 이것을 조사할 권한이 있으나, 물품을 손상시키지 않고 수행해야 한다.

조항 4. 수출을 목적으로 하는 모든 물품은 기내 반입 전 조선 당국에 신고해야 한다. 이 신고는 서면으로 작성이 되어야 하며, 선박 이름, 특성, 물품 수를 명시해야 한다. 이를 수령 시 조선 당국은 즉시 수출 허가를 해야 한다. 그런 다음 물품 소유자는 적재를 할 수 있다. 만약 조선 관료가 조사를 원한다면, 이를 막으려 해서는 안 된다.

조항 5. 통관을 희망하는 일본 선박은 전날 정오 이전에 조선 당국에 통보하여야 한다. 그 결과 기탁된 서류를 보유하고, 통관을 허가한다. 일본 우편물 발송을 하는 선박들은 조례를 확인할 수 없으나, 출국 당국에 통보해야 한다.

조항 6. 향후 조선 항에서 쌀과 기타 곡물을 수출하는 것은 허용된다.

조항 7. 해상무역 선박의 항만이용료

여러 개의 돛대가 있는 범선 및 기선 5엔

500근 이상의 함량을 가진 단일 돛대 범선 2엔

---

14 [감교 주석] 조일무역규칙

500근 미만의 함량을 가진 단일 돛대 범선 1½엔

선박에 속하는 보트는 항만이용료 면제

일본 정부 소속 선박은 일체의 항만이용료 면제.

조항 8. 일본 해상무역 선박은 개통되지 않은 항구로 물품을 운송하기 위해 조선 정부 또는 개인이 임대할 수 있다. 하지만 후자의 경우 (일본) 조선 정부가 관련 허가서에 정한 규정에 따른다.

항목 9. 일본 선박이 개통되지 않은 항구로 물품을 밀수하다 현지 관료에게 적발될 경우 가까운 계약 항의 일본 대리에게 양도되어어 한다. 화물은 압수하여, 조선 당국에 양도 되어야 한다.

항목 10. 아편 판매는 엄격히 금지된다.

항목 11. 양국 간 현재 합의된 규정은 지금부터 효력이 발생됩니다. 그러나 양국 정부가 임명할 위원들이 경험을 통해 필요하다는 것이 확인되면, 수정될 수 있다.

양측의 전권 위임자는 문서에 날인했다.

일본력 2536년 혹은 메이지 9년 8월 24일:

혹은 조선왕국 개국 485년 7월 6일.

(L.S.) 미야모토 오카즈

(L.S.) 조인희

———————————

포고령 No. 128.

조건과의 교역이 지금까지 쓰시마 거주자에게만 제한되었지만, 조선과의 평화 및 우호조약과 관련한 3월 d. I. 법령 34 및 조약 및 무역 규정에 따른 추가적인 조항에 관한 현재 발간된 법령 Nr. 127에 따라 부산항구로 가기를 희망하는 모든 일본인은 허가를 받을 것입니다. 하지만 떠나기 전 반드시 해당 당국 내지는 부속관청에서 해외여행 증명서 및 필요한 선박서류를 받아야 한다. 부산으로 가능한 신속하게 여행을 가고자 하는 사람들은 자신이 속한 지역 관청에 서면으로 신청을 함으로써 허가를 받을 수 있다.

이를 함께 발표한다.

향후 다른 항구가 개통 되는 데로, 알릴 것입니다.

1876년 10월 14일.

태정대신

(서명) 산조 사네토미

———————

포고령 No. 129

향후 상품 조선과의 상품 수출입은 일본 상품 유통과 같이 이루어질 것입니다. 상품 수출을 희망하는 사람들은 개통된 항구의 세관 또는 통관 사무서에서 송장을 인증받아야 한다. 해당 송장을 조선의 관련 계약 항구에 있는 일본 대리점에 제시하고, 한국에 상품이 수입된 것에 대해 인증받아야 한다. 선박이 일본으로 돌아간 후, 송장은 원래 출발항에 제출되어야 한다.

조선으로부터 상품을 수입하는 사람들은 해당 일본 대리점에서 송장을 인증받아야 한다. 만약 일본에 상품을 하역하기를 희망한다면, 인증받은 송장을 해당 세관 또는 통관 사무소에 보여주어야 한다. 그런 다음에 하역을 진행할 수 있다.

이를 함께 발표한다.

1876년 10월 14일

태정대신

(서명) 산조 사네토미

No. 19

78년 5월 9일

텐진, 1878년 5월 8일

수신

베이징 주재 브란트 독일제국 특별공사 겸 전권대신 귀하

귀하께 조선에 관한 뉴좡의 독일제국 부영사의 보고서 사본을 첨부하여 삼가 송부해 드립니다.

묄렌도르프

첨부문서의 내용(원문)은 독일어본 271쪽에 수록.

베이징, 1878년 5월 10일

A. No. 38

외무부 장관

조선에서의 협상; 리델[1] 주교 체포

I. 64

뉴쾅의 독일제국 영사관의 보고서를 첨부로 보내드릴 수 있어 영광입니다. 보고서에 따르면 조선에서 새로운 천주교 박해가 일어났으며, 이미 여러 차례 언급한 바 있는 리델 주교가 수감되었고, 조선과 일본 간에 전쟁이 임박했습니다.

처음 두 메시지는 프랑스 동료를 통해 확인하였으며, 그는 리델 주교와 다른 선교사들이 조선으로 가는 것을 막았으며, [sic.] ten 소식이 전달된 후 동아시아의 프랑스 주둔지를 지휘하는 Contre-Admiral Duburquois[2]에서 상황을 알렸으며, 정부의 분명한 지시 없이 조선에 대해 어떠한 행동도 하지 말 것을 그에게 요청했다고 비밀리에 덧붙였습니다.

B.

---

1 [감교 주석] 리델(F. C. Ridel)
2 [감교 주석] Joseph Marie Didier Duburquois

사본

상하이, 1878년 5월 10일

No. 46

수신
베를린 외무부

I. 46

이번 달 7일 'North China Daily News' 신문에서 나온 조선에 있는 프랑스 선교사와 리델 주교의 투옥과 관련된 다음 발췌문을 외무부에 송부하게 되어 영광입니다.

프랑스 동료의 소식에 따르면 천주교 선교사들은 자신들의 위험을 감수하고 조선으로 갈 것이며, 조선에 대한 프랑스 군사 조치에 의지하지 않을 것이라고 알렸습니다. 따라서 프랑스 측은 조선 해안으로 바다에서 표류하며 도주하는 선교사들을 실을 수 있는 군함을 보내는 것이 제한되었습니다.

(서명) 뤼더[1]

---

1 [감교 주석] 뤼더(C. Lueder)

사본

상하이, 1878년 5월 18일

No. 51

수신
베를린 외무부

문서의 특별 사본
cf. sab II. 191.

로이터 전보에 따르면 황제와 왕을 살해하려는 시도가 이루어졌으나 실패했습니다. 본인은 오스트리아-헝가리 및 미국 대표들이 황제와 왕의 성공적인 구출에 따뜻한 축하를 했음을 외무부에 삼가 보고 드립니다.

(서명) 뤼더

베이징, 1878년 8월 4일

A. No. 47

외무부장관
조선에 투옥된 리델 프랑스 주교 석방 관련

I. 88

5월 10일 No. 38 보고서에 따라 조선에 수감되었던 리델[1] 프랑스 선교사가 조선인들에 의해 석방되었다고 신문이 전했음을 귀하께 알리게 되어 영광입니다.

공식적인 소식은 아직 여기 도착하지 않았음으로, 리델 주교가 지난달 초에 이웃한 청국의 항구 도시인 뉴좡에 도착했다는 신문의 한 부분을 오려 귀하께 첨부로 송부해 드립니다.

Sch.[2]

---

1 [감교 주석] 리델(F. C. Ridel)
2 [감교 주석] 쉔크(Schenck)

상하이, 1879년 1월 7일

No. 3

1879년 1월 29일

수신
베이징 주재 쉔크 독일제국 대리공사 귀하

I. 4

외무부 No. 1에 조선 군주의 사망에 관한 금일 보고서 사본을 동봉하여 삼가 송부해
드립니다.

뤼더

외무부 No. 1 송부 보고서 사본

　뉴좡의 비공식 뉴스에 따라 조선의 젊은 통치자라 사망했다는 소식을 외무부에 삼가 보고하는 바입니다. 천주교의 선교계에서는 기독교와 외국인을 혐오하지 않는 고인의 어머니의 영향력하에 섭정 정치가 시작될 가능성이 있다고 보고 있습니다.

(서명) 뤼더

상하이, 1879년 2월 7일

No. 10

1879년 3월 6일

수신
베이징 주재 쉔크 독일제국 대리공사 귀하

외무부 No. 20에 조선 통치자 사망에 관한 금일 보고서 사본을 동봉하여 삼가 송부해
드립니다.

뤼더

외무부 No. 20 송부 보고서 사본

지난달 7일 이곳 North China Daily News[1] 신문에서 발표한 뉴좡 소식에 따르면, 조선에서 사망한 이가 젊은 군주인지 나이가 든 군주인지 의문이라고 합니다. 이 소식을 지난달 7일 No. 1 보고서에 이어 외무부에 전할 수 있어 영광입니다.

(서명) 뤼더

첨부문서의 내용(원문)은 독일어본 279~280쪽에 수록.

---

1 [원문 주석] "이전 소식은 1월 7일 북 중국 데일리 뉴스(North China Daily News)에 있음."

Missions étrangères 발표

리델(Ridel) 주교	1878년 1월 28일 체포 1878년 6월 11일 서울에서 출발 1878년 6월 20일 Mukden 도착 (Délivré contre toute attente, Gráce à l'intervention du Gt Chinois, intervention que le ministre de France à Piu-in avait sollicitée et obtenue) 1879년 1월 6일 Séminaire du Missions Etrangères 서문에서 발췌. 매우 나쁘게 대우함.
Deguette 선교사	1879년 5월 15일 체포 1879년 5월 29일 서울 도착 1879년 9월 7일 서울에서 출발 1879년 10월 2일 Mukden에서 석방 조선인들로부터 매우 좋은 대우를 받았으며, 잘 먹음. "Grace aux sollicitations du Chargé d'affaires à Piu-in le Gt Chinois cette fois encore, demande un roi de Corée et obtient la délivrance du Missionnaire. 1880년 3월 28일 Séminaire des Missions Etrangères 서문에서 발췌.
1876년 및 77년 이후 조선 내 카톨릭 선교사	M. Blanc M. Deguette, ausgewiesen Mgn. v. Ridel " " M. Doucet M. Robert
1866년 박해	주교 2명(Msgrs Berneux u. Daveluy), 프랑스 선교사 7명, Missions étrangères에 의하면 모두 처형됨.-

베이징, 1880년 3월 6일

A. No. 43

A. A.

조선으로 [sic.] 외국 상품

I. 60

교역이 변화된 상황을 살펴볼 때, A. 관청은 다음과 같은 상황을 주의 깊게 여길 것으로 보입니다. 지난 수년간 매년 겨울에 베이징에 온 반은 상인인 조선의 사절들이 외국물품을 사지 않았으나, 올해에는 외국 상품에 대한 수요가 매우 크다고 합니다. 이러한 변화는 분명 조선에 일본 상인이 활동하고, 그 결과 이전의 외국 상품 수입 금지 조치가 철폐 또는 관리되기 있기 때문입니다.

B.

첨부문서의 내용(원문)은 독일어본 282~288쪽에 수록.

1880년 5월 27일 수신

상하이, 1880년 5월 20일

No. 64

수신
베이징 주재 독일제국 공사관

I. 135

"Ticonderoga" 북아메리카 프리깃함의 조선 방문에 관한 금일 외무부 보고서 사본을 동봉하여 삼가 송부해 드립니다.

포케[1]

---

1   [감교 주석] 포케(Focke)

사본

상하이, 1880년 5월 20일

No. 82

수신
베를린 외무부

　현지 신문 소식에 따르면 슈펠트[1] 함대 사령관이 미국 대표로 조선 정부와 통상 조약을 체결하기 위해 나가사키부터 현지 영사와 함께 "Ticonderoga" 북아메리카 프리깃함에 탑승해 조선으로 갔으며, 본인이 나가사키 독일제국 영사관에 해당 정보의 사실 여부를 조사하도록 하였습니다.

　외무부에 이에 대한 답변을 서면상으로 제출하며, 일본 신문에 따르면 "Ticonderoga"는 이미 11일 이틀간의 체류 후 조선에서 요코하마로 돌아갔다는 것을 삼가 보고 드립니다. 조선과의 통상은 독일에게도 관심 사항이며, 그 이유는 독일 물품 중에서 아닐리아 염료가 조선에서 사용되기 때문입니다. 몇 년 전 일본 관세 통계에 근거하여 효고에 있는 제국 영사관이 조선과의 통상의 중요성을 보고한 바 있습니다. 해당 중개는 오로지 일본인의 손에 놓여 있다고 알려져 있습니다. 일본인들이 조선의 부산에 있는 자신들의 통상 거점을 보다 확대하기 위해 노력하는 반면, 이에 대해 뉴좡이 차지하는 비율은 계속적으로 감소하고 있다고 합니다.

(서명) 포케

1　[감교 주석] 슈펠트(R. W. Shufeldt)

사본

나가사키, 1880년 5월 17일

수신
상하이 주재 포케 독일제국 총영사 귀하

8일 서신에 대한 회답으로 슈펠트 함대 사령관이 미국 대표로 조선 정부와 접촉을 시도하여 우호 및 통상 조약을 체결하고자 3일 W.P. Mangum 현지 영사와 함께 "Ticonderoga" 북아메리카 프리깃함에 탑승하여 조선으로 떠났음을 귀하께 삼가 보고 드립니다. 그들은 청국인 통역사를 데려갔으며, 협상을 개시하고자 하는 서신과 함께 이 통역사를 조선에 상륙시킬 계획이었습니다.

이미 7일 Mangum 영사로부터 급보가 도착했습니다.

"Sasse? Simonoseki for Yokohama all well"

현재 도쿄 마루 [sic.]가 증명하는, 현지의 피셔[1]가 주장하는 바와 같이 조선에 대해서는 언급하지 않았습니다.

이에 대한 자세한 내용은 당분간 알려지지 않았습니다. 4일이라는 짧은 시간 안에 프리깃함이 이미 시모노세키에서 요코하마로 간 것을 감안했을 때 조선인이 모든 [sic.]를 거절했다고 추측할 수 있습니다.

더 자세한 내용을 알게 되는 즉시 귀하께 보고 드리겠습니다.

(서명) 이베어센[2]

---

1   [감교 주석] 피셔(L. Fischer)
2   [감교 주석] 이베어센(Iwersen)

베이징, 1880년 6월 10일

A. No. 28

A. A.

미국과 조선 간의 협상

일본으로부터 들어온 소식에 의하며, 슈펠트[1] 함대 사령관이 "Ticonderoga" 미국 프
리깃함으로 부산에서 조선과 관계를 수립하려고 한 시도는 지금까지 아무런 성과도 없
는 상태인데, 그 이유는 조선 당국이 일본의 중개로 미국인들의 통지를 받는 것을 단호
히 거절했기 때문입니다. 5월 14일 부산으로 온 프리깃함은 이미 17일 요코하마로 떠났
습니다.

미국 공사는 슈펠트 함대 사령관이 수행하는 특별 임무를 모르고 있습니다. 또한 러
시아 공사는 조선과의 조약 관계에 있어 소위 러시아가 시도하려는 계획에 대해 전부
인지하려고 하지는 않습니다.

B.

첨부문서의 내용(원문)은 독일어본 292~323쪽에 수록.

---

1 [감교 주석] 슈펠트(R. W. Shufeldt)

베이징, 1880년 8월 14일

A. No. 109

A. A.

조선 개방 시도

I. 171

미국 정부 조선과의 접촉을 시도한 것, 영국 및 프랑스 군함이 부산항에 반복적으로 나타난 것, 그리고 동아시아 해역에서 러시아 전투함대가 집결할 때, 아마도 동시에 조선과 관련된 모든 조치들이 고려되고 있다는 [sic.] 막연한 느낌은 청국 정치인들이 받은 인상과도 같습니다.

적어도 [sic.]의 리홍장[1] 총독은 조선 왕에게 외국과의 교류를 요청하는 서신을 보냈습니다. 1879년 5월 유사한 서신은 아무런 성과가 없었으며, 이 두 번째 시도의 결과에 대해서는 현재까지 전혀 알려진 바가 없습니다.

B.

첨부문서의 내용(원문)은 독일어본 324~329쪽에 수록.

---

1   [감교 주석] 리홍장(李鴻章)

베이징, 80년 9월 27일

도쿄 주재 아이젠데허 독일제국 공사 귀하

I. 188

A. 관청에 보낸 "Vettor Pisani: 조선 방문 관련 기밀 보고서의 일부 발췌문을 첨부하여 귀하께 삼가 송부해 드립니다.

B.

베이징, 1880년 9월 28일

A. No. 120
기밀

A. A.
조선 개방을 위한 최근의 시도 관련. Vettor Pisanidml 방문,
조선에 대한 러시아의 관계

1) A.A.를 위함.
2) 도쿄 주재 공사관을 위한 첨부서류는 없지만, [　]직에는 예외로 함.

I. 189.

본인이 이전에 이미 A. Amte에 기밀로 보고하였듯이, 최근 미국의 프리깃함 "Ticonderoga"와 프랑스의 포함 "Lyn. Von" 등 여러 측에서 현지 프랑스 공사의 권유로 조선 당국과 접촉하려는 시도가 있었지만 별다른 성과가 없었습니다.

최근 S. K. H. 제노바[1] 장군과 Vettor Pisani 함선 또한 조선과 접촉하려는 시도를 했습니다. 이러한 시도는 일본 주재 이탈리아 대사인 바르볼라니[2] 백작을 통해 이루어졌고, 이탈리아 정부는 전신으로 이를 허가했습니다. 2년 전 Quelpart에 이탈리아의 선박 "Bianca Portica"가 좌초되어, 당시 산타로[3]라는 이름의 선원이 구조되어 백성들로부터 따뜻한 보살핌을 받았는데, 이를 조선과의 접촉의 구실로 삼았고, 따라서 Vettor Pisani의 함장이 자신의 본국 정부의 감사 인사를 전하라는 임무를 맡게 된 것입니다.

상하이 주재 영국 영사의 통역사인 스피어[4]는 그 원정대를 수행하였습니다. 그 후 벌어진 세부 사항은 그에 의해 영국 사절단에게 보고되었고, 본인의 이탈리아 동료인 de Buoa가 본인에게 그 보고 내용을 접할 수 있도록 했습니다.

"Vettor Pisani"는 7월 28일 시모노세키를 떠나 29일 이른 시간에 [sic.][5] 동래부만에

1　[감교 주석] 제노바(Genua)
2　[감교 주석] 바르볼라니(Barbolani)
3　[감교 주석] 산타로(Santaro)
4　[감교 주석] 스피어(Speare)
5　[감교 주석] 옆 부분이 잘려서 읽을 수 없음.

정박하였습니다. 일본 영사를 통해 조선 당국과 접촉하려는 시도는 이전의 다른 사례들과 마찬가지로 수포로 돌아갔습니다. 왜냐하면 조선인들은 이러한 방식으로 전달된 제노바 장군이자 프리깃함 함장인 칸디아니[6] 백작의 부관의 서신을 받는 것은 물론, 이들의 이름하에 협상이 이루어지는 상황에서, 함선으로의 초대를 거부했기 때문입니다.

일본 관료들이 겉으로는 환영하면서 실제로는 거절하는 태도로 조선 당국을 지지했다는 의혹이 이미 여러 번 있었으며, 이러한 의혹은 이번 기회에 새롭게 다음과 같이 확인되었습니다. 조선 지방관은 일본 영사와 함께 [sic.] 그는 이번 기회를 새로운 [sic.]로 주장하고, 들리는 바에 의하면 동래부에 체류하고 있는 자로 그곳에서는 [sic.] 사안에 대해 말해지고 있습니다. [sic.] 일본에 정착하고 있는 [sic.] 8월 6일 Vettor Pisani는 다시 항해를 떠났고, 8일 Yang Hing Bai(Nazareff 항구) 북구에 도착했습니다. ―[7]

현지 당국과 관계를 맺으려 했으나 혹은 현지 당국에 서신을 전하려 했으나 모두 수포로 돌아간 후, 14일 Yang Hing의 지방관은 자신의 견해대로 외국 선박에 대해 보고하기 위해 혹은 [sic.] 방문하였습니다. 이탈리아와 조약을 맺는 것은 러시아의 합병 야욕으로부터 조선을 보호하는 것이 가장 중요한 사안이라는 근거를 바탕으로 진행된 오랜 협상에서 칸디아니 백작은 지방관이 감사 서신을 제안 형식으로 받도록 시도했으나 이는 허사로 돌아갔습니다. 지방관은 그저 사본만을 받아들였습니다. 이 경우 사본만을 받음으로써 그의 신하들이 이로써 원본을 다시 그대로 정서하여 사본으로 작성할 필요가 없게 되었는데, 이는 사실상 외국의 서신을 단호하게 거절한 것이나 다름이 없습니다.

본인은 칸디아니 백작의 작성본의 발췌본을 협상 회의록 발췌본과 마찬가지로 외무부에 기밀사항으로 첨부해 송부드립니다.

칸디아니의 의견을 담은 서신과 관련하여 말씀드리면, 그는 조선 정부의 답신을 받기 위해 2달 후 돌아올 것이라 합니다. 본인이 경험한 바에 따르면, 이러한 의도는 도쿄에 주재하는 조선 대사가 도쿄의 이탈리아 사절단에 조약협상을 위해 그의 정부의 [sic.] 상황에서만 보여주는 것입니다.

본인은 조선과의 통상 관계에 대해 스피어의 의견을 담은 보고서를 [sic.] 첨부하였으며, 마찬가지로 조선인과 일본인이 이 사안에 대해 다루는 방식에 대한 그의 의견도 첨부 했습니다. 그들의 방식은 일본 정부 측이 조약 [sic.] 관련 사항 때 언급했던 것과

---

6 [감교 주석] 칸디아니(Candiani)
7 [원문 주석] "8월 15일 함선은 그들이 지금까지 정박해 있던 곳에서 단지 12해리 떨어진 만에서 일본의 교역에 의해 개항된 Gensan(원산)항으로 그리고 그곳에서 19일 일본으로 돌아갔고, 그곳에서 그들은 22일 Thuragu만에 도착하다."

모순됩니다.

러시아가 조선과 협상을 했다고 하는데, 이에 대해 본인은 얼마 전부터 Ussuri 지역의 러시아 국경 담당자와 [sic.] 조선 국경의 [sic.] 관계가 형성됐다는 소식, 분명한 통상 교역, [sic.] 블라디보스톡으로 향하는 군사 서신을 송부하였다는 것을 알 수 있었습니다. 하지만 최근의 소식에 따르면, 통상 교역이 조선 수도의 명령으로 다시 중단되었다고 합니다.

그간 조선과 관계를 맺기 위해 시도된 다양한 노력과 관련하여 본인은 [sic.] 응당 조선 정부의 오만함에 그러한 시도들은 모두 허사로 돌아갔으며 [sic.], 그들이 계속적으로 통상에 대한 개방을 거부할 것이라는 판단이 분명해져 이를 유감스럽게 생각합니다.

그러나 일부 조치들과 함께 청국 정부가 이전에 알린 바에 따라 이루어진 원정은 아마도 무력을 사용하지 않고, 아울러 무력과 같은 위협 없이도 조약을 맺거나 협상을 가능케 하는 것은 [sic.]일 것입니다. 이러한 결과는 본인의 견해에 따르면 주로 청국과 일본에도 반외세적인 요소들이 있다는 주장에 근거하며, 외세의 모든 개방 시도에 대해 이 작은 나라가 제대로 저항하지 못하고 있습니다.

일본 주재 독일제국 공사관에 본인은 이 보고서를 직접 발췌하여 전달했습니다.

B.

[첨부문서 1]
1880년 8월, Vetter Pisani 원정대에 관한 스피어 보고서의 발췌문
일본의 조선 대응

첨부문서의 내용(원문)은 독일어본 333~336쪽에 수록.

[첨부문서 2]
발췌본
1880년 8월 14일, Yang Hing 만의 Vetter Pisani에 승선한 Yang Hing 지방관과
프리함 함장인 칸디아니 백작 간의 대화에 관한

회의록의 발췌문 Vettor Pisani선에서,

첨부문서의 내용(원문)은 독일어본 336쪽에 수록.

[첨부문서 3]

I. 258
1880년 11월 8일 자
저펜 헤럴드 메일(Japan Herald Mail) 요약문 발췌
조선.

첨부문서의 내용(원문)은 독일어본 337~342쪽에 수록.

[첨부문서 4]

I. 259.
1880년 12월 7일 자
저펜 헤럴드 메일(Japan Herald Mail) 요약문 발췌
조선.

첨부문서의 내용(원문)은 독일어본 342~345쪽에 수록.

상하이, 1881년 1월 10일
1881년 1월 30일 수신

No. 2

수신
베이징 주재 브란트 독일제국 공사 겸 전권대신 귀하

귀하께 조선에 온 이탈리아의 함선 "Vettor Pisani"에 관해 외무부에 송부된 오늘 날짜의 보고서 그리고 이와 관련된 청국의 기밀문서들의 사본을 첨부문서로 삼가 송부해 드립니다.

포케

상하이, 1881년 1월 10일

No. 8
사본

수신
베를린 외무부

슈펠트[1] 장군의 실패로 귀결된 지난 해 5월의 대조선 원정대 운용(지난 해 6월 8일 No. 89 보고서 참조)에 이어 몇 달이 지나 제노바 공작이신 토마스 왕자의 S. K. H.의 지휘하에 이탈리아 함선 Vettor Pisani 원정대가 출항하였습니다. 이와 관련하여 작년 7월 23일 자 보고서 No. 107에도 같은 내용이 일부 기록되어 있습니다. 후자의 결과에 대해 이곳에서는 아직 전해 들은 바가 없습니다. 그렇지만 전반적으로 조선 정부와 관계를 맺으려 했으나 허사로 돌아간 시도를 보았을 때, 얼마 전 유럽의 신문에 이탈리아 정부가 조선과 통상우호조약을 체결했다는 것은 놀라운 소식이 아닐 수 없었습니다.

본인은 이탈리아 함선이 조선에 왔을 때 이루어졌던 협상에 관한 청국어 문서의 사본을 번역해주신 오스트리아 헝가리 제국 영사관의 하스[2] 부영사의 호의에 감사드립니다. 협상의 과정 내용은 여기 문서에 제시된 바처럼 다음과 같이 간략한 내용입니다.

이탈리아 함선이 국가 조약에 의해 일본에 개방된 조선 남단에 위치한 부산항에 정박하고 난 이후 칸디아니[3] 함장은 자신이 토마스 왕자의 1등 부관임을 밝히며 조선 지방관에 송부할 서신을 작성하였습니다. 이번 방문의 목적은 이탈리아 정부가 2년 전 Tsiekon 에서 난파된 선박의 선원을 구조한 일에 대해 감사를 드리는 것으로 지방정부에 이를 보고해 줄 것을 요청한 바 있습니다(No. [sic.]). 칸디아니 백작은 이 급보를 부산 주재 일본 영사에게 송부하며 전달을 부탁했습니다. 여기에는 위에서 언급한 목적 외 다른 목적은 없다는 점을 지방관에 특별히 전달되도록 했습니다. 영사가 중재에 나서준 데에 대해 토마스 왕자께서 인정해 주실 것이라 합니다. 그 급보는 전달되었지만, 지방관은 이를 거절하였고, 또한 일본 영사와 개인적으로 회담을 갖는 것 역시 예의를 갖춰 거부하였다고 칸디아니 백작이 보고하였습니다(No. 5). 후자의 답신은 우선 지방관의 행동에

---

1   [감교 주석] 슈펠트(R. W. Shufeldt)
2   [감교 주석] 하스(Haas)
3   [감교 주석] 칸디아니(Candiani)

대한 놀라움과 불쾌함을 표현하고 있으며, 이로 인해 발생할 수 있는 불이익도 담고 있습니다. 또한 현재 청국과 러시아 간의 갈등 상황에서 조선이 외국과 관계를 맺을 때 갖는 장점에 대해서도 상기시키고 있습니다. 물론 이러한 내용이 지방관에 전달되도록 일본 장관에게 요청하였습니다(No. 6). 이러한 요청에 응하였는지는 서신에는 나와 있지 않습니다. 그렇지만 일본 정부가 조선이 다른 국가와 관계를 맺는 것을 좋지 않게 본다는 데에는 의심의 여지가 없습니다(이는 원정대에서 통역사로 수행임무를 맡은 스피어 영국 영사에 의해 확인된 바입니다.). 그렇기 때문에 그들의 현지 대리인은 중재 역할 임무를 맡더라도 최대한 일을 방해하라는 지시를 받았을 수 있습니다. 칸디아니 백작은 어쩌면 이를 통해 뒤늦게 깨달았을 것입니다. 함선은 현재 원산항으로 향하고 있기 때문입니다. 멀리 떨어진 지역에서 쉽게 지방 당국과 직접 접촉을 할 수 있기 때문에 그곳으로 향하는 것으로 보입니다. 백작은 그곳 지방관에게 보낼 서신을 [sic.] 준비중입니다(No. 7). 이곳에서도 난파선의 선원 구조에 대해 이야기를 시작한다 하더라도 원정대의 진짜 목적을 그리 오래 숨기지는 못할 것입니다. 그는 "본인의 정부는 귀하와 영원한 우호관계를 맺고자 하는 마음이 가득합니다."라고 썼으며, 이어서 마찬가지로 조약체결을 위한 근거를 강조하고자 청국과 러시아의 전쟁에 대한 위험을 나타냈습니다. 지방관의 함선 방문이 이 서신의 발송보다 먼저 이루어진 것으로 보입니다. 그의 방문은 보고서에 기록된 협상 내용에서도 나와 있듯이(No. 9) 그의 의지와 희망으로 이루어졌다고 합니다. 회담 동안에 지방관은 Vettor Pisani가 출항한 항구가 어디인지를 물었습니다. 이에 대한 답변, 즉 이미 부산에서 지방당국과 관계를 맺으려던 시도가 수포로 돌아갔다는 답변은 없었습니다. 반면에 지방관은 그를 위해 작성된 서신을 교부 받으라는 압박을 받았습니다. 오랜 거부 끝에 그는 결국 [sic.] 직인과 서명 없이 받았을 것입니다. 거기에 더해 그는 위에서 언급한 양국의 갈등 속에서 조선의 현 위치를 고려했을 때 우호관계를 체결하는 것에 대해 구두로 권고를 받았습니다. 반면에 이미 앞에서도 언급했듯이 중앙정부의 답신을 받기 위해 2달 후 다시 돌아올 것입니다. 선물과 와인, 음식을 권했으나 지방관의 완강한 거부와 함께 지난해 8월 14일의 회담이 끝나고 회의록으로 남았습니다.

조선으로 돌아온다는 의도는 지금까지 알려진 바로는 아직 수행되지 않았습니다. 해당 함선은 대부분 일본에 정박해 있었고, 현재 이곳에서 곧 유럽으로 복귀하도록 예정되어 있습니다. 따라서 체결로 이어지지 않은 협상에 대한 직접적인 정치적 의도는 크지 않습니다. 그렇지만 이탈리아가 현재 외국에 영향력을 확대하고 정착하기 위해 얼마나 노력을 기울이고 있는지 세계의 국가들에 증명하게 될 것입니다. 그러나 왜 조선에 관심이 집중되었는가는 확실치 않습니다. 그곳에서 진행 중인 양잠은 우호 관계에 대한 목적을 증명할 수 있는 충분한 근거가 될 수 없기 때문이며, 칸디아니가 조선 해안에서 이탈리아의 난파선에 대해 설명한다 하더라도 현재 이탈리아와 조선 혹은 타국과의 국가 간 및 선박교역관계를 맺을 수 있는 가능성은 그리 높지 않습니다.

(서명) 포케[4]

[첨부문서 1]

사본
번역 1

칸디아니 백작, 이탈리아 프리깃함 함장, 토마스 왕자의 1등 보좌관은 다음의 소식을 전해드립니다.

2년 전 제주도 근처 조선 해안에서 이탈리아의 상선 Bianca[5]가 난파되었습니다. 그때 산토리[6]라는 이름의 한 사람만 남기고 전원 사망했습니다. 그가 살 수 있었던 것은 그 지역 주민들의 도움이 있었던 덕분이고, 그는 지역 당국에 머무르며, 의복과 식량을 지원받아 이후 무사히 고국으로 다시 귀국할 수 있었습니다.

본국 정부가 그로부터 조선 당국에 의해 우리 선원이 일부 우호적인 도움을 받았다는 소식을 들었을 때, 정부는 본인에게 부산으로 가서 조선 당국과 백성들에게 본국 정부의 감사 인사를 전하라는 임무를 내렸습니다. 또한 본인은 그 지역 당국과 백성들이 구조한 선원에게 지불한 금액을 그들에게 보상하라는 임무 또한 받았습니다.

이제 부산에 도착한 Vettor Pisani의 −조선에 감사 인사를 전하라− 는 임무가 완수될 수 없을 시 이는 매우 유감스러운 일로 양국 정부 간에 존재하는 우호관계가 나빠질 수 있습니다. 이러한 사정을 고려했을 때, 그리고 정부가 본인에게 내린 임무에 따라 본인은 이제 이러한 상황을 해당 지방관에 전해 드리고자 합니다. 또한 장관의 답변과 본인의 현 급보 내용을 상위 정부에 보고해 줄 것을 요청 드립니다.

---

4 [감교 주석] 포케(Focke)
5 [감교 주석] 선박의 정확한 명칭은 'Bianca Portica,'
6 [감교 주석] 원문에는 "Santolo"로 수록. 정식 명칭은 "Giuseppe Santori"

이는 본인이 전달하는 바임.

조선 동래 부사 귀하:

광서 6년 6월 27일(1880년 8월 2일)

2.

조선 부산 주재 Kin-teng[7] 일본 영사에 대한 서신

칸디아니가 이를 열람함.

본인은 동래 부사 심동신[8]에게 급보를 드렸습니다. 급보는 비기밀 사항으로 본인이 영사님을 통해 본 서신을 송부할 수 있도록 허가하였으며, 그들의 동반 서신을 추가하여 서신을 전달해주기를 요청하였습니다.

본인은 조선 당국이 어떠한 조약 관계도 맺지 않은 열강들과 잘못된 길로 들어서지 않기를 바라며 이를 자각하고 있습니다. 본인의 급보에는 또 감사 인사만을 포함하고 있어 지방관이 본인 정부의 선한 의도를 오해하지 않기를 바랍니다. 이와 같은 이유로 본인은 영사님께 본국의 선한 의도를 담은 서한을 동봉해 지방관에 전달하면서, 조선에 상륙한 우리 함선은 한 이탈리아 선원의 생명을 구한 감사의 의도를 가지며, 다른 의도는 전혀 없음을 설명하여 주시기를 간청드립니다.

영사님이 이 사안과 관련하여 취한 일들은 토마스 왕자 및 본국 정부에 보고될 것입니다.

6년 6월 27일(1880년 8월 2일)

3.

부산 주재 일본 영사에 대한 동래 부사의 답신

본인은 귀하의 서신을 잘 받았고, 그 안에 담긴 선한 의도에 깊이 감사 인사를 드립니다. 어떤 이가 불행에 처했을 때, 그를 구해주는 것은 의무입니다. 우리 모두는 하늘의 피조물이고, 피조물로 살며 항상 서로에 대한 이 같은 의무를 지고 있습니다. 언젠가 이탈리아의 선박이 Tsichon[9]에서 침몰하여, 그 전체 선원 중 단 한 명만 구조되었을 때, 그를 보호하여 생명을 구한 것은 하늘의 섭리였습니다. 그래서 지방당국과 백성들이 그

---

7   [감교 주석] 본문에는 'Kin-teng'으로 기재되어 있는데, 당시 부산주재 일본영사는 곤도 마스키(近藤眞鋤)였음.

8   [감교 주석] 심동신(沈東臣)

9   [감교 주석] 제주도 해안지역임.

의 구조에 기여한 것은 특별한 일이 아니라 의무를 다한 것일 뿐입니다. 이를 계기로 이탈리아 정부가 특별히 함선을 파견하여 선한 의도와 목적으로 서신을 전해주었습니다. 본인은 이 서신을 읽었고, 진심으로 감사 인사를 드립니다.

그러나 우리 국가는 지금까지 이 같은 외국과 어떠한 서신 교류도 가진 적이 없습니다. 따라서 이 서신의 긴급성을 유지하는 것은 본인의 직무가 아니므로 다시 돌려보내도록 하겠습니다. 본인은 이러한 처사에 대한 부끄러움이 있습니다. 본인은 이 서신을 돌려보냄과 함께 송신자의 진심이 담긴 선한 의도를 진심으로 안타깝게 생각하므로 영사님께서는 본인을 대신해 그들에게 사과 인사를 전해주시고, 오셨던 그 먼 길을 다시 돌아가시지만 본인은 이 오래된 국가의 전통을 깰 수 없다는 것을 전해주시길 바랍니다. 그들이 노여워하지 않도록 저를 대신해 전해 주실 것을 부탁드리며, 특별 서신을 보내드리오니 본인의 바람을 전해주시기를 부탁드립니다.

6년 6월 28일(1880년 8월 3일)

4.

(조선의 지방관은 일본 영사에게 인쇄본 혹은 3행 작성본을 초대 서한에 대한 응답으로 전달, 칸디아니 백작이 초대에 참석했었을 것이라 함.)

귀하의 서신에 담긴 여러 차례의 선한 바람에 대해 본인은 이미 전부터 자각하고 있어, 귀하의 귀한 초대에 본인이 응할 수 없더라도 공께서는 본인을 이해해 주실 것이라 의심치 않습니다. 그 초대가 아무리 선한 의도를 가진다 하더라도 우리의 전통은 이를 허용하지 않습니다. 그래서 본인은 통역을 부탁드리며, 미리 감사 인사를 드립니다.

6년 28일(1880년 8월 3일)

심동신

5.

칸디아니 백작에 대한 일본 영사의 답신

본인은 작일 E. g. g.로부터 급보를 받아 영광이었습니다. 급보는 심동신을 위해 조선의 동래 부사가 본인에게 전달해줄 것을 부탁함과 함께 비기밀 사항으로 송부한 서신입니다. E. g. g.께서는 나아가 본인에게 해당 조선 당국에 이 급보가 당시 이탈리아 선원을 구조한 데에 대한 감사 인사를 전하는 급보임을 설명해 줄 것을 간청하였습니다. 그의 청대로 본인은 이 급보를 즉시 지방관에서 전달하였고, 여기에 부탁받은 사항을 설명하였습니다. 이에 대해 본인은 지방관 관사의 몇몇 공직자들에게 관련 사항을 상세하게 전달하였습니다. 본인은 현재 지방관의 답장을 받았습니다. 그는 이 답신에 이러한 서신을 받는 것은 국풍에 어긋나므로 서신을 돌려보낸다는 내용을 담았습니다. 본인은 이 사안과 관련하여 본인의 통역 직무를 다하였음에도 불구하고, 본인이 취한 조치가 결과를 낳지 못한데 대한 유감을 확인해야 했습니다. 본인은 지방관의 답장을 E. g. g.께 본 서신과 함께 사본으로 송부드리며, 그를 은혜로이 용서하시어 노여움을 거두시기를 부탁드립니다.

6.

부산 주재 Kintêng 일본 영사에게 송부. 칸디아니 백작이 본 서신을 열람함.

본인은 어제 동래 부사의 급보와 관련한 본인의 업무 사항에서 귀하의 서한을 수신하였고, 서신 내용과 관련한 내용을 숙지하였습니다. 지방관이 급보에 담긴 내용 수신을 거부했다는 것은 본인에게 적잖게 놀라운 일이었습니다. 급보 수신을 거부할 것이라고는 생각지 못했기 때문입니다. 그렇지만 이 사안과 관련해 취하신 조치와 노력에 대해 영사께 감사드립니다.

문명화된 정부, 그리고 우호 관계를 맺는 정부는 인명을 구조한 사안과 관련해 관습에 따라 서신으로 감사 인사를 전합니다. 지방관에게 송부한 본인의 급보는 단지 이 관습을 따를 뿐입니다. 이 급보가 나타내는 신조를 어떻게 받아들이냐에 따라 지방관이 느끼는 바가 다를 수 있습니다. 하지만 지방관이 영사님께 보낸 답신에서 본인은 조선과 이탈리아 간에는 그동안 서신왕래가 없었으므로, 그가 알려진 바 없는 외세와는 어떠한 서신 왕래도 허용하지 않는다는 조선의 법규를 따랐음을 알게 되었습니다. 이를 이유로 지방관은 본인의 급보를 수신할 수 없었고, 그는 이를 상부에 보고하였습니다. 본인은 이 점을 매우 특이하게 생각합니다. 이에 대한 국법과 규율이 없어서 조선이 외국과는 어떠한 교류도 하지 않는다는 것은 옳지 않습니다. 그래서 본인은 해당 법규와 관련한 발췌본 송부를 부탁드립니다. 현 사안은 침몰한 이탈리아의 상선과 관련한 사안이며, 인도주의 원칙 및 인명 구조 노력과 관련한 사안입니다. 이에 대해 본국의 정부는 매우 놀랐습니다. 향후 같은 상황이 발생한다면 백성들을 위한 일은 무엇이겠습니까. 이러한 염려는 더 많은 근거를 갖습니다. 이전에 외국의 함선들이 인명 피해를 낳으며 여러 차례 조선의 해안에서 좌초됐을 때, 조선의 당국과 백성들은 이번처럼 행동하지 않았습니다. 향후 이탈리아의 함선이 조선 해안에서 좌초된다 했을 때, 이탈리아 정부는 조선의 지방당국과 백성들이 재차 인도주의 원칙에 따라 행동할 것이라 신뢰할 수 없습니다. 만일 전과 같은 조치가 취해진다면, 본국의 정부는 분명 현재와 같은 방식의 조치는 취하지 않을 것입니다. 선한 의도와 예의를 다하여 감사 서신을 전달한다, 아닙니다, 본국 정부는 조선과의 교류를 강압적으로 갖기 위한 수단을 강구할 것입니다. 이에 대해 조선은 우리와 우호관계를 맺고자 하지 않을 것이고, 조선은 큰 책임을 지고 자신의 이익을 해치게 될 것입니다. 이탈리아 수군이 조선에 [sic.]다면, 이탈리아 정부는 그에 대해 어떠한 권한도 갖지 않습니다. 우리 제국의 역사는 수백 년간 이탈리아가 탐욕의 정치를 하지 않았다는 점과 이탈리아의 국력과 안녕은 다른 제국의 약점과 빈곤함을 바탕으로 이룩되지 않았음을 보여주고 있습니다. 또한 우리의 교역 규모는 크지 않습니다. 그러므로 조선은 최소한 우리와 교역하는 데 대해서 두려움을 가질 필요가 없습니다. 이뿐 아니라 조선은 현재 조화롭게 지내고 있지 않은 열강들과 국경을 맞대고 있습니다. 이를 통해 나타나는 어려움들을 조선은 회피할 수 있습니다. 위에 열거한 모든 이유를 봤을 때 조선이 다른 국가와 교역을 하는 것은 국경을 맞대고 있는 2개의 열강과 지금까지 조화롭게 지내고 있지 못한 것보다 더 큰 장점을 갖습니다. 이는 평화적 측면에서도 이득이 될 수 있습니다.

영사님과 본인, 또 영사님과 지방관 간에 교환된 서신을 본인은 검토와 결정을 위해 본국 정부에 제출하고, 마찬가지로 지방관 측이 본인의 급보를 거절한 정황에 대해 베이징 및 도쿄에 파견된 공사에게 보고할 것입니다. 이 과정에 말썽이 발행한다면, 그 책임은 본인이 아닌 동래부사에 있습니다. 그러나 본인은 한양에 급보가 전달되도록 노력할 것입니다.

영사님이 지방관과 서신을 교환하신 이후에 본인은 영사님께 이 서신의 사본을 전달해 줄 것을 부탁드리며, 이에 미리 감사를 드립니다.

6년 7월 1일(1880년 8월 6일)

7. 급보

칸디아니 백작이 다음의 사항을 전합니다.

2년 전 저희 상선 중 하나인 "Bianca"호는 조선 해안 Tshichon[10] 근처에서 침몰되었습니다. 이 상선의 선원들 중 San-to-lo 선원 1명을 제외하고 전원 익사하였습니다. 그는 그 지역 백성들의 세심한 주의를 통해 구조될 수 있었고, 더 나아가 그들로부터 식량과 의류를 지원받아 무사히 고국으로 귀국할 수 있었습니다. 본국의 정부는 그 지역 당국이 우리 선원을 얼마나 친절하고, 성의 있게 대했는지 전해 들었고, 이 서신을 통해 감사를

---

10 [감교 주석] 제주도 해안지역임.

전하였습니다. 본국 정부는 "Vettor Pisani" 함선을 이용해 그 해안에 접근토록 지시하였습니다.

본인은 이제 이 조선 항구에 정박하여 조선 정부와 백성들에게 감사의 인사를 전하기 위한 서신을 지방관에게 송부할 것임을 보고 드립니다. 이는 본인의 의무로서 본인은 충실하게, 그리고 기쁜 마음으로 이 의무를 다할 것입니다. 당시 해당 지역당국과 백성들이 한 선원의 생명을 구했을 때, 그들은 이로 인해 비용을 지불하였습니다. 본인은 이를 배상할 준비가 되어 있습니다. 우리 함선이 곧장 Tsichon으로 향하여 그곳에서 감사인사를 다 전하게 된다면 이는 가장 빠른 과정일 것입니다. 그러나 그곳의 해안은 개방되어 있기 때문에 우리 함선이 정박하기에는 불리하여 이곳에 도착하였습니다. 이것이 본인이 귀하에게 급보를 전하는 이유이며, 귀하께 본인에게 있는 중앙정부의 감사 서신을 수도에 전하여 줄 것을 부탁드리고자 합니다. 본인은 귀하의 제국 정부가 외국과는 교역하지 않으려 한다는 점을 자각하고 있습니다. 본인에게는 본인의 정부가 전하려는 감사의 마음을 귀하의 고위관료에게 개인적으로 전할 방법이 없어, 중간에서 일을 해주실 수 있는 귀하를 찾을 수밖에 없었습니다. 본인은 며칠 전부터 이곳에 있었습니다. 그동안에 식량이 바닥난 우리 함선은 식량을 수급할 수 없었습니다. 귀하의 국법이 외국인과의 교류를 금지하기 때문입니다. 전 세계 모든 국가에서는 입항하고 출항하는 선박이 식수를 수급하고 어획 활동을 할 수 있도록 허용합니다. 그렇지만 이곳 해안 백성들은 조선의 법이 우리 선박의 정박과 식수 수급, 어획을 금지하고 있다고 말합니다. 우리 함선이 온 이유는 귀하의 정부에 감사 인사를 전하고 귀하의 법을 따르기 위함입니다. 본인은 귀하에게 선원들이 그들 선박의 생존 유지품에 대한 보장이나 담보를 지급할 수 없음을 전해드리고자 합니다. 악천후로 위험이 발생하면, 선박은 악천후를 피하기 위한 항구를 찾습니다. 그들이 항구를 찾는 것은 선박의 수리와 필요 물품을 확보하기 위함이기도 합니다. 이러한 상황에 대해 모든 국가에는 동일한 법이 적용되고 있습니다. 침몰한 선박 선원들의 상황이 여의치 않으며 그들에게 지방당국이 가능한 모든 도움을 주는 것은 당연한 일입니다. 조선의 한 항구로 이탈리아 선박이 들어가게 된다면, 이는 악천후를 피하기 위함이거나 필요 물품 확보 혹은 선박 수리를 위함입니다. 이에 대해 필요한 설명을 하는 데에 최선을 다할 것입니다. 그렇지만 우리가 이러한 상황에 처한 선박의 선원들이 조선에 현존하는 법규를 반드시 따르도록 하고 이를 보장하는 것은 불가능한 일입니다. 또한 그들이 그들의 요구를 관철시키기 위해 무력을 사용하는 상황 또한 발생할 수 있습니다. 이탈리아는 조선과 어떠한 통상 관계도 갖고 있지 않습니다. 그렇기 때문에 조선의 국법을 어긴 이탈리아 선원에 대해 지방당국은 어떠한 조치도 취할 수 없게 되며, 선원들은 저항 없이 그들의 선박으로 복귀하여 달아날 수 있습니다. 그렇게 된다면 그들을 처벌하는 것은 불가능해지며 이는 분명 막을 수 없는 상황일 것입니다.

그렇기 때문에 가장 좋은 방안은 양국 정부가 이 모든 사안에 대해 협의할 수 있고, 결정 초안을 내릴 수 있는 고위관료 임명을 결정하는 것입니다. 이는 양자에 도움이 되는 장점만을 갖습니다. 본인 국가는 귀국과 영원한 우호 관계를 맺을 수 있기를 진심으로 바라고 있습니다. 귀국은 지금까지 다른 어떠한 국가와도 통상 관계를 맺지 않았기 때문에 귀국은 약소하고, 쇠퇴한 것입니다. 그렇기에 귀국이 이탈리아와 조약을 맺는다면, 이는 조선에 큰 도움이 될 것입니다. 조선은 서로 적대국의 관계에 놓인 2개의 큰 제국과 국경을 맞대고 있다는 점 또한 고려해야 합니다. 그리 머지않아 귀국은 이 소용돌이에 빠지게 될 것을 우려하게 될 것입니다. 조선이 유럽의 국가들과 곧 우호조약을 맺게 된다면, 확실히 그 조약의 보호를 받게 될 것입니다. 조선은 주권국가이며 타국의 불법과 부당함을 견뎌야 한다는 우려를 갖지 않아도 됩니다.

이러한 모든 근거로 본인은 귀국의 정부에 상기의 상황을 보고 드릴 수 있도록 지방 관계 허락을 구합니다. 본인은 2달 후 다시 와서, 아마도 부산에서 귀하의 중앙정부 답변을 살펴본 후 저희 정부에 보고할 수 있을 것입니다.

조선 영흥 부사 이(Li)[11] 귀하

광서 6년 7월 8일(1880년 8월 13일)

8.

영흥 부사가 방문했을 때 선상(Vettor Pisani호)에서 이루어진 대화 기록.

진술. 선박은 3회 포를 발사할 예정. 이는 당측의 일반적인 관행으로 방문자를 최고의 예우로 대하는 것입니다. 본인은 이에 놀라지 않기를 당부드립니다.

답변. 환대에 감사합니다. 그렇게 하지 않으셔도 괜찮습니다.

진술. 함선의 관행일 뿐입니다.

질문. 귀하의 존귀하신 성함은 어떻게 됩니까? 정부에서는 어떤 직책을 맡고 계십니까?

답변. 본인의 성은 이이고 이름은 Ki-Cheng[12]입니다. 본인은 원정대 관리 임무를 맡고 있습니다(5번째 서열이고 본인은 영흥 부사입니다.).

---

11 [감교 주석] 이기정으로 추정됨.

12 [감교 주석] 이기정

진술. 저희 함선은 유럽, 이탈리아에서 왔습니다. 2년 전 본국의 상선 한 척이 Tsichon 조선 해안에서 풍랑에 의해 좌초되었고, 당시 선원 전체가 익사하였습니다. 이 중 한 사람이 귀국의 기관과 백성들에 의해 구조되었고, 식량과 의복을 지원받아 무사히 이탈리아로 귀국할 수 있었습니다. 본국 정부는 이 자리를 빌려 깊은 감사 인사를 드리고, 본인 함선에 조선으로 출항하여 현지 지방정부와 백성들에게 감사 인사를 전하라 명하였습니다.

답변. 한 국가의 소속원으로서 저희 해안으로 떠밀려 오는 것이 산 자건, 죽은 자건 저희는 그를 건져 보호할 것입니다. 이는 저희의 관행이고, 이에 대해 서신을 전달할 필요는 없을 것입니다. 본인은 Tshchon에 관한 판결권을 가지고 있지 않다는 점에 대해 주의를 환기시켜드리고자 합니다. 이곳에는 무슨 일로 오셨습니까?

진술. 저희 선박은 이미 Tsichon에 있었습니다. 그러나 그곳에는 정박할 곳이 마땅치 않아 이곳으로 오게 되었습니다.

질문. 몇 년도 몇 월에 귀하의 함선이 이탈리아에서 출발했습니까? 그리고 마지막으로 정박한 항구는 어디입니까?

답변. 저희는 지난 해 5월(1879년 6월)에 이탈리아를 떠나 일본으로 향했고, 그곳에 정박하였습니다. 최근에 우리는 본국 정부로부터 조선에 감사 인사를 전하라는 임무를 부여받았습니다.

질문: 귀하의 존귀한 성함은 어떻게 되십니까? 귀국에서는 어떠한 직책을 맡고 계십니까?

답변: 본인의 이름은 칸디아니입니다. 함선 함장이며 백작의 지위를 갖고 있습니다.

질문. 여기에 있는 장교들의 이름과 계급에 대해 알고 싶습니다.

답변. 12명으로 그들은 Millelire Spence, Bianca, Lamberti, Teng-i-en으로 고위 장교들이며, 다른 이들은 하급 장교들입니다.

진술. 본국 정부의 임무에 따라 본인은 감사 서신을 준비하였습니다. 지방관께서는 이를 받으시어 그 내용을 상부에 전달하여 주시기를 부탁드립니다.

답변. 본국의 지방당국하에서는 이러한 관행이 없습니다. 중앙정부에 무언가를 직접 보고하려면 지방당국은 특정 서열에 있어야 합니다. 그래서 우선은 수도의 Thoroffiziere[13]에게 청원서 형식으로 보고해야만 합니다. 그리고 이러한 보고

---

13 [감교 주석] 수문관으로 볼 수 있음. 이하 수문관으로 기술.

는 청원서가 어떻게 이루어지느냐에 달려 있습니다.[14]

진술. 이 경우에 본인은 지방관님께 본인의 서신의 내용을 수도의 수문관에게 전달하여 줄 것을 요 드립니다. 이후 상부에 보고되도록 요청 드립니다.

답변. 본인은 모든 결과를 수도의 수문관에게 보고하였습니다. 본인은 본인이 가진 권한으로는 어떠한 것도 할 수 없기 때문입니다. 외국의 선박이 이곳에 정박한다면, 본인은 이곳에 온 목적이 무엇인지 물어야 하고, 이 물음에 대한 결과를 계속해서 수도의 수문관에게 보고하여야만 합니다. 이것이 본인의 임무입니다. 본인은 현재 작성되고 있는 회담을 보고서에 기록해야만 합니다.

진술. 이렇게 정리하는 것은 매우 바람직한 일로 본인의 계획을 실행할 수 있도록 합니다. 그들이 저희가 이곳에 온 이유에 대해 본인이 다루고 있는 이 급보를 수신하고 상부에 보고하는 방식으로 말입니다.

답변. 본국의 법은 임금님의 특별한 허가 없이 수도의 중앙 당국을 움직일 수 없으며, 다른 제국의 서신을 수신할 수 없습니다. 지방당국에는 그러한 권한이 더 적을 수밖에 없습니다.

진술. 저희 함선은 이곳에 본국 정부의 임무를 받아 온 것입니다. 지방관께서 이 급보를 수신하지 않으면, 본인은 본인의 임무를 완수할 수 없습니다. 이 급보는 귀하기 아닌 어느 누구에게도 전달되어서는 안 됩니다.

질문. 귀하께서는 어찌하여 이 급보를 본인에게 전하려 하십니까? 본인은 이에 대한 이유를 전혀 모르겠습니다.

진술. 귀하께서는 이곳, 바로 우리 함선이 정박한 곳의 공직자이시기 때문이며, 귀하의 정부가 저희가 이곳에 온 선한 목적을 알아주셨으면 하기 때문입니다.

답변. 저희는 그에 대한 입장을 바꿀 수 없습니다. 귀하의 급보를 수신하기 위해서 본인은 먼저 본국 정부의 확실한 동의를 받아야 합니다. 본인이 귀하를 위해 상부에 보고해야 하는 것이 이곳에서는 관습이 아닙니다. 본인은 전자를 위해서 수도의 Thoroffiziere의 지시를 기다려야 하고, 그 지령에 따라 행동해야 합니다. 본인이 취할 수 있는 다른 방법은 없습니다.

---

14 [감교 주석] 조선의 지방 관청에서는 외국인들과의 접촉 등의 내용을 상급기관인 관찰사를 통해서 서울로 보고하도록 되어 있음. 즉 관찰사가 해당 문건을 서울로 보낼 것인지의 여부를 판단해서 조정에 보고함. 본문에서 지칭하고 있는 서울의 '수문관'은 조선시대 외교사절단이 출입하였던 숭례문의 관리를 지칭하는 것으로 보임. 다만 숭례문의 관리가 서양인이 보낸 서신의 조정 접수 여부를 통제하였다는 점에 대해서는 확인이 요구되는 바임.

진술. 지방관님이 이 급보를 수신하실지, 거부하실지는 전적으로 장관님에게 달려 있습니다. 본인은 장관님께 이를 고려하여 주시기를 부탁드립니다. 그렇게 하시고 나면 지방관님은 우리가 이곳에 온 목적을 알게 될 것입니다. 그리고 지방관님께서 수도의 수문관에게 보고하신다면, 저의 첫 임무는 달성될 것입니다. 이 급보는 상당히 많은 내용을 담고 있습니다. 그리고 이에 대한 사본을 원하신다면 귀하께 사본을 드릴 수 있습니다. 어떠십니까?

답변. 귀하의 선박은 언제 떠나게 됩니까?

답변. 이 임무가 끝나는 대로 본인은 선박을 출항시켜 이곳을 떠날 것입니다.

진술. 이 급보의 사본과 관련하여, 급보를 여러 차례 작성하는 것은 불필요한 일입니다. 본인은 직인이 찍힌 것만을 수신합니다. 즉 급보 그 자체를 뜻하며, 그대로 귀하께 드립니다. 본인은 지방관님께 우리 선박이 이곳에 온 목적을 수도의 수문관에게 보고하여 줄 것을 부탁드립니다. 그다음 본인은 2달 후에 답신을 받으러 올 것입니다.

질문. 함선의 인원은 전체 몇 명입니까?

답변. 200명 이상입니다.

진술. 저희가 이곳에 온 이유는 선한 이유입니다. 지금 러시아가 청국과 긴장 상태에 놓여 있습니다. 그리고 조선은 그 양국 간의 전쟁이 발발한 이후의 상황에 대해 매우 많은 부분을 우려해야만 합니다. 그러나 귀하의 국가는 어떠한 열강과도 관계를 맺고 있지 않기 때문에 그 전쟁에 연루될 경우 상당한 어려움이 있을 것입니다.

질문. 저희가 무엇을 우려해야 합니까?

답변. 러시아의 해안은 겨울이 되면 얼어붙습니다. 그렇게 되면 러시아는 군대를 상륙시킬 수 있고, 중간 매개 역할을 할 수 있는 곳으로서 조선의 항구를 하나 취해야만 합니다. 그곳에서 청국에 대한 군사 작전이 수행될 것입니다. 이러한 이유로 조선에는 현재 위험이 도사리고 있습니다.

답변. 급보와 관련한 사항과 지금 기록되고 있는 회담을 본인은 수도의 수문관에게 보고할 것입니다.

진술. 매우 좋습니다. 이탈리아는 모든 열강과 평화를 원합니다. 마찬가지로 조선과도 우호 관계를 맺기를 희망합니다. 급보에는 귀하의 국가와 국경을 맞대고 있는 2개의 열강 간의 갈등에 가장 많은 초점이 맞춰져 있습니다. 본인은 지방관님께 특별히 장관님의 보고서에 이러한 정황을 수도의 수문관에게 강조하여 작성할 것을 부탁드립니다. 또한 본인은 귀하의 제국이 이탈리아와 조약 협상에 돌입하기를 원하신다면 이 또한 좋은 장점을 갖게 된다는 점을 말씀드리고 싶습니다.

답변. 당연지사 본인은 귀하가 이곳에 온 선한 목적을 저의 상관에 보고하는 데 최선을 다할 것입니다. 늦었습니다. 본인은 이만 육지로 가봐야 합니다.

진술. 지방관의 직위는 매우 높으며, 귀하의 연세 또한 그렇습니다. 귀하께서는 저희 함선에 방문하시기 위해 먼 길을 오셨습니다. 본인은 이에 대해 깊은 감사를 드립니다.

답변. 본인이 온 것은 그저 정보를 얻기 위함입니다. 이는 저의 의무로 귀하께서는 감사하지 않으셔도 괜찮습니다.

진술. 귀하를 위해 저희 나라의 와인 몇 병과 다양한 먹거리를 준비해 두었습니다. 이를 받아주시길 부탁드립니다.

답변. 매우 감사하지만, 본인은 어떤 것도 받을 수가 없습니다. 귀하가 건네는 것을 받는 것이 국법으로 금지되어 있기 때문입니다.

진술. 와인과 먹거리는 약소한 것들입니다. 이를 받으시는 데 우려하실 필요가 전혀 없습니다. 귀하께서 이와 같은 것을 나중에 (저희에게) 주셔도 좋습니다.

진술. 본인은 귀하의 함선에 저를 초대해 환대를 해주셔서 감사드릴 뿐입니다. 다시 한번 깊이 감사를 드리며, 아쉽지만 이만 가보도록 하겠습니다.

진술. 그럼 보트(작은 배)에 오르시길 바랍니다.

6년 7월 9일(1880년 8월 14일)
정확한 번역을 위해
(서명) 하스[15]

[첨부문서 2~3]
첨부문서의 내용(원문)은 독일어본 360~366쪽에 수록.

---

15 [감교 주석] 하스(Haas)

60ª

조선의 난파선 선원들이 증기선 항해를 거부하다.

281.

1881년 6월 4일 자(광서 7년 5월 8일) 베이징 신문에는 푸젠[1] 지방행정관의 보고서가 기고되었습니다. 이에 따르면 7명의 조선 난파선 선원이 작년 10월(1880년 11월)에 Fuchon[2]으로 이송되어 지방행정관이 이들을 방문하였습니다. 금년 봄에 이들은 상하이와 더 멀리 북부로 이송되며 청국 관청에 다음과 같이 보고되었습니다. "그들의 조국인 조선에는 증기선으로 항해하는 것이 엄격히 금지되어 있습니다. 이 금지령을 위반하면 엄격한 처벌을 받게 된다고 합니다." 그래서 그들은 증기선을 통해 상하이로 이송된다는 소식을 들은 이후부터 눈물을 흘리며 단식에 들어가 특별한 은혜를 내려 주기를 간곡히 청하고 있다고 합니다."

그래서 지방행정관은 예전의 규정대로 베이징까지 육로로 난파선을 이송시킬 것을 결정하였습니다. 그는 1876년과 1878년의 두 사례에서 이미 조선의 난파선이 푸젠에서 해로로 베이징까지 이송되었고, 이송 과정 중 어떠한 사고도 없었다는 점을 자각하고는 있었지만 말하지 않았습니다. 그래서 그는 조선에서 증기선을 금지시킨 것이 그 이후에 이루어진 일이라 생각하고 있습니다.

이 보고서에 대한 칙령에는 단지 "인지했음"이라고만 쓰여 있습니다.

아렌트

---

1   [감교 주석] 푸젠(福建)
2   [감교 주석] 푸저우(福州)로 추정

1881년 12월 16일 자 베이징 신문

Kirin의 Ming-an 지방행정관은 다음과 같이 자신이 파악한 사실을 보고했습니다. 수천의 조선인이 청국의 영토인 투먼 북부 해안에 정착해서, 청국인이 거의 왕래하지 않는 이 지역의 20,000모르겐[1] 규모의 토지를 소유하고 이를 경작했다고 합니다. 바로 그곳과 인접한 조선 지역의 지방관은 주민들에게 형식적인 허가증을 발부하였습니다. 그렇지만 이 "빈곤한 조선 백성들은 황제의 자식들에 속하기" 때문에 이를 보고한 지방 행정관이 그들을 무력으로 몰아내기는 어려웠던 것으로 보입니다. 그는 오히려 청국의 식민지배를 받는 백성으로 간주하고 10모르겐 당 2,100Cash의 거주세와 660Cash의 연간 토지세를 납세토록 권했습니다. 돈 대신 황소로 지불하는 방법이 가능했으며, 황소는 Kirin 내 개간 노역에 사용될 수 있어야 합니다. 조선 관리가 불법으로 발부한 증명서는 당연히 회수되어 파기되어야 합니다.

(허가증) 신청은 황제 칙령을 통해 관련 부처에 보내져 심사를 받아야 합니다.

아렌트

첨부문서의 내용(원문)은 독일어본 368쪽에 수록.

---

1 [감교 주석] 모르겐(Morgen) : 옛 토지 면적의 단위로 두 필의 소가 오전 중에 경작할 수 있는 넓이(약 2에이커)에 해당함.

사본

2

요코하마 보고서 No. - 와 관련하여 본인은 다음과 같이 귀하께 삼가 보고 드립니다. 지난달 28일 상하이에서 미국 원정대가 조선에 도착했다는 최초의 소식들이 전해졌습니다.

동봉 문서에 본인은 상하이 신문 일부를 발췌하여 조선 원정대의 이동 및 전투 발생에 대한 상세한 세부 사항들을 첨부하였으며, 이 신문의 내용은 대부분이 보스웰[1] 함장의 보고를 기반으로 했으며 정확한 정보로 받아들일 수 있습니다. 보스웰 함장은 미국 전투 함대에 승선하고 있는 로우[2] 미국 공사의 급보를 전하는 특사로서, 상하이에서 외국인을 위한 증기선을 용선하기 위해 즈푸를 거쳐 6월 8일 상하이에 도착했습니다.

본인은 귀하께서 현 상황의 추후 진행 과정에 대해 적절히 보고를 받으시는 데 부족함이 없도록 하겠습니다.

첨부문서의 내용(원문)은 독일어본 369~404쪽에 수록.

---

1 [감교 주석] 보스웰(Boswell)
2 [감교 주석] 로우(F. Low)

Deutsche Gesandtschaft
China

Korrespondenz
zwischen den französischen Geschäftsträger Koreas Bellonet und den Tsung li Yamen

Bd. 2:
Nov. 1866 ~ Dez. 1866.

Spez. 23.

I/16/06 Stein A 592/2 Fu 1548/56

№ 206.

6 Anlagen

An Seine Excellenz
Den Königlich Preußischen Außerordentlichen
Gesandten und Bevollmächtigten Minister
Herrn von Rehfues.

Der Prinz Kung und die mit der Verwaltung der Auswärtigen Angelegenheiten betrauten Kaiserlichen Minister haben die Ehre, Euerer Excellenz Folgendes zur geneigten Kenntnißnahme vorzutragen.

Seitdem China zu dem Auslande in Vertragsbeziehungen getreten, sind wir in dem Bestreben, die gegenseitigen freundschaftlichen Beziehungen fester zu knüpfen, in allen mit den einzelnen Nationen zu verhandelnden Fragen stets nur von aufrichtigen und ehrlichen Grundsätzen geleitet worden.

Als im Laufe dieses Sommers Frankreich eine militairische Expedition gegen Corea unternahm, gingen uns von dem Französischen Chargé d'affaires, Herrn von Bellonet, zwei hierauf bezügliche Depeschen zu, bei deren jedesmaliger Beantwortung wir unserer Seits eine gütliche Beilegung der Differenz – und zwar in der gewiß ehrenwerthen Absicht, das Leben der Unterthanen beider Reiche zu schirmen, in Vorschlag brachten. Einen um so peinlicheren Eindruck machte es uns deßhalb, als wir wider Erwarten von Herrn von Bellonet eine weitere Note erhielten, aus der ersichtlich, daß er auf Grund einseitiger Aussagen von Bedienten und aus Straßen-Gerede, welches auch nicht den geringsten Schein der Wahrheit für sich hat, voreiligen Argwohn gegen die chinesische Regierung geschöpft. Nicht allein hat also Herr von Bellonet unsere diesmalige wohlwollende Absicht gänzlich verkannt, sondern er hegt sogar den Verdacht, daß wir für den Schutz Corea's einzutreten gewillt sind, ja, er geht noch weiter in seinem Argwohn. Und dabei heißt es in seiner Depesche ausdrücklich, daß die Erkundigungen, die er eingezogen, von Gerüchten herrühren; Gerüchte sind aber ohne Gewähr, und somit stützen sich die gegen uns vorgebrachten Anklagen schließlich auf unbegründete Nachrichten. –

Einer solchen Handlungsweise können wir uns nun unter keinen Umständen fügen, und erlauben uns deßhalb, mit Rücksicht auf die zwischen unseren beiden Nationen bestehenden freundschaftlichen Beziehungen, Euerer Excellenz Abschrift der drei Seitens der Französischen Gesandtschaft an uns gerichteten Noten, sowie der entsprechenden Antworten des Auswärtigen Ministeriums, zur gefälligen Prüfung zu übersenden, und meinen wir, daß

Euere Excellenz über dieselben ein unparteiisches Urtheil fällen werden.

Auch an die in Peking residirenden Gesandten der übrigen Vertragsmächte richten wir diese Mittheilung.

Für richtige Uebersetzung

C: Bismarck.

Anlage I zur Depesche des Auswärt. Minist. vom 20. Nov. 1866.
Uebersetzung.

Peking, den 14. Juli 1866.

An

Seine Kaiserliche Hoheit

den Prinzen Kung.

Mir sind vor Kurzem Nachrichten aus Corea zugegangen, denen zufolge im März d. J. plötzlich, auf Befehl des Fürsten jenes Landes, zwei Französische Bischöfe, neun Missionaire, sieben coreanische Priester und eine große Anzahl eingeborener Christen jedes Alters und Geschlechts ermordet worden sind. Unter Berücksichtigung des Umstandes, daß Corea ein dem Chinesischen Reiche tributpflichtiger Staat ist, sehe ich mich nun veranlaßt, Euerer Kaiserlichen Hoheit anzuzeigen, daß an das Kommando der Französischen Truppen der Befehl ergangen ist, gegen das Land mit Waffengewalt vorzugehen. Frankreich ist im Interesse der ermordeten Christen verpflichtet, die Frevelthat öffentlich bekannt zu machen und zu bestrafen; der Fürst Corea's hat durch dieselbe sein eigenes Verderben herbeigeführt, und der Tag, an welchem die grausame Ermordung vollzogen wurde, war der letzte seines [sic.]ches. Ich bringe also hiermit ausdrücklich zur Kenntniß Euerer Kaiserlichen Hoheit, daß sämmtliche hier draußen befindlichen Kriegsschiffe sich concentriren und von dem Lande Corea bis auf Weiteres Besitz ergreifen werden. Wer in Zukunft als Fürst die Verwaltung dieses Staates leiten wird, bleibt der Entscheidung meiner[sic.] hohen Regierung vorbehalten.

Zu wiederholten Malen habe ich das Auswärtige Ministerium um die Ausstellung von Pässen für Missionaire, die nach Corea gehen wollten, ersucht; es ist dies aber stets unter dem Vorwande abgelehnt worden, daß Corea zwar ein dem Chinesischen Reiche tributpflichtiges Land, in allen Staats-Angelegenheiten dagegen selbstständig sei; auch sei in dem Vertrage von Tientsin Corea's keinerlei Erwähnung gethan. Ich habe diese

Erklärungen zu Protokoll genommen und erinnere mich derselben sehr wohl. Da somit keine anderweitigen Verhältnisse zwischen China und Corea ob [*sic.*]ten, so bestreite ich der Chinesischen Regierung das Recht der Einmischung in die schwebende Französisch-Koreanische Angelegenheit.

gez. v. Bellonet.

Für richtige Uebersetzung.

gez. C Bismarck.

Anlage I zur Depesche vom 20. November 1866.

Abschrift.

Pékin, le 14. Juillet 1866.

Á

Son Altesse Impériale

Le Prince de Kung.

Monsieur,

J'ai la douleur de porter officiellement á la connaissance de Votre Altesse Impériale un horrible attentat commis dans le petit royaume de Còrée que des liens de vassalité rattachaient autrefois á l'Empire de la Chine, mais que cet acte de barbarie sauvage en sépare à jamais.

Dans le courant du mois de Mars les deux évêques Français qui évangélisaient la Còrée et avec eux neuf missionnaires, sept prêtres Còréens et une foule de Chrétiens de tout sexe et de tout age, ont été massacrés par ordre du Souverain de ce pays. Le Gouvernement de Sa Majesté ne peut laisser impuni un aussi sanglant outrage. Le jour où le Roi de Còrée a porté la main sur mes malheureux compatriotes, a été le dernier de son règne; il a proclamé lui même sa déchéance, que je proclame à mon tour aujourd'hui solennellement.

Dans quelques jours nos forces militaires vont marcher à la conquête de la Còrée, et l'Empereur, mon auguste Souverain, a seul aujourd'hui le droit et le pouvoir de disposer suivant son beau plaisir du pays et du trône vacant.

Le Gouvernement Chinois m'a déclaré à plusieurs reprises, qu'il n'avait aucun droit, aucune puissance sure la Còrée, et s'est couvert de ce[*sic.*] prétexte pour refuser d'appliquer à ce pays les traités de Tientsin et de donner à nos missionnaires les passeports que nous lui demandions. Nous avons pris acte de ces déclarations et nous déclarons anjourd'hui d'un autre part ne reconnaître au Governement Chinois aucum droit quelconque sur le Royaume de Còrée.

Je saisis etc.

sign. H. de Bellonet.

Anlage 2 zur Depesche des Auswärt. Min. vom 20. Nov. 1866.
Uebersetzung.

Peking den 16. Juli 1866.
T'ung-chi 5. Jahr, 6. Monat, 5. Tag.

An

Seine Excellenz, den Kaiserlich Französischen chargé d'affaires, Herrn von Bellonet.

Ich habe am gestrigen Tage Euerer Excellenz Depesche empfangen, in der Sie mir mittheilen, daß in Corea plötzlich 2 französische Bischöfe, 9 Missionaire, 7 koreanische Priester und eine Menge eingeborener Christen ermordet worden, daß in Folge deßen die Französischen Truppen mit Waffengewalt gegen das Land vorgehen würden, und daß Sie Sich unter Berücksichtigung der Tributpflichtigkeit Corea's dem Chinesischen Reiche gegenüber, veranlaßt sähen, uns von dieser Maßregeln in Kenntniß zu setzen.

Ich beehre mich, darauf zu erwidern, daß Corea ein abgelegenes Stückchen Land an einer Meeresbucht ist, dessen Bewohner von jeher verstanden haben, sich sorgfältig in Schranken zu halten. Aus welchem Grunde jetzt die Ermordung dieser Christen Statt gehabt, ist mir unbekannt. Aus dem Umstande, daß Euere Excellenz mir von dem militärischen Einschreiten Frankreichs offizielle Mittheilung machen, ist das Bestreben, unseren gegenseitigen freundschaftlichen Beziehungen erneuten Ausdruck zu geben, zur Genüge ersichtlich; aber bei einem Kriege zwischen zwei Nationen stehen auf beiden Seiten Menschenleben auf dem Spiele, und ich halte es, seitdem mir die Vorgänge bekannt geworden, für geboten, meiner Seits eine Schlichtung der Differenz herbeizuführen. Auch wenn wirklich das Verbrechen der Ermordung all dieser Christen auf Corea lastet, so dürfte es sich empfehlen, erst rechtsgemäß eingehende Nachforschungen über die Veranlaßung zu dieser That anzustellen, nicht aber übereilt die Feindseligkeiten zu eröffnen. Ich gebe Euerer Excellenz anheim, dies in Erwägung zu ziehen und Ihre Entscheidung danach zu treffen.

Nothwendige Mittheilung.

gez. Kung.

Für die richtige Uebersetzung

gez. C. Bismarck.

Anlage 3 zur Depesche des Auswärt. Min. vom 20. Nov. 1866.
Uebersetzung.

Peking den 24. October 1866.

An

Seine Kaiserliche Hoheit

dem Prinzen Kung

Euerer Kaiserlichen Hoheit theile ich mit, daß mir der Französische Admiral ein von ihm erlassene Proclamation übermittelt hat, des Inhalts, daß auf der Westküste Corea's der zur Hauptstadt des Landes führende Fluß mit allen seinen Zugängen durch die Kriegsschiffe Sr. M. des Kaisers von Frankreich blokiert worden; da demnächst Zusammenstöße Statt finden dürften, so sei der Verkehr der Schiffe anderer Nationen an den bezeichneten Orten bis auf Weiteres einzustellen.

Indem ich Euerer Kaiserlichen Hoheit in der Anlage eine Uebersetzung jener Proclamation zur geneigten Einsicht übersende, ersuche ich Sie, dieselbe zur Kenntnißnahme und Nachachtung für alle Chinesischen Handelsschiffe öffentlich bekannt machen zu lassen, damit sie sich nicht unvorsichtiger Weise in das Gebiet der Blokade begeben und daselbst zu Schaden kommen.

gez. v. Bellonet.

Für richtige Übersetzung

gez. C. Bismarck.

Uebersetzung.

Am 5. October des Jahres 1866.

T'ung-chi 5. Jahr, 8. Monat 27. Tag.

Proclamation

des Admiral Rose,

Kommandanten des Kaiserlich Französischen

Geschwaders in China und Japan.

Der Fürst des Landes Corea hat den unmenschlichen Act begangen, eine Anzahl Französischer Bischöfe und Missionaire, sowie eine große Menge eingeborener Christen jedes Alters und Geschlechts ermorden zu lassen. Für dieses, bei vernünftiger Ueberlegung haarsträubend erscheinende Verbrechen giebt es keine Nachsicht; ich bringe es daher hiermit zu Jedermanns Kenntniß, und werde, um es zu rächen, mit kriegerischen Maaßregeln gegen das Land vorgehen. Ich habe mich zu diesem Zwecke mit der unter meinem Befehle stehenden Flotte nach Corea begeben, wo ich auf der Westküste den zur Hauptstadt des Reiches führenden Fluß mit allen seinen Zugängen durch Kriegsschiffe blokirt habe und behaupten werde. Die Schiffe anderer Nationen müssen einstweilen jeden Verkehr an den bezeichneten Orten einstellen, und ich[sic.] [sic.] de gegen solche, die, trotz dieses Verbots, sich vorsätzlich in das Gebiet der Blockade begeben sollten, [sic.] der Strenge der Kriegsgesetze verfahren werde.

gez. Rose.

Für richtige Uebersetzung

gez. C. Bismarck.

Anlage 3 zur Depesche vom 20. November 1866.
Abschrift.

Pékin le 24. Octobre 1866.

Monsieur,

J'ai l' honneur de porter à la connaissance de Votre Altesse Impériale la notification officielle du Blocus de la rivière de Séoul et des côtes occidentales de la Còrée, par les forces navales de Sa Majesté l'Empereur des Français. Je prie V.A.I. de vouloir bien donner à ce document toute la publicité possible afin que nul n'en ignore, et que les intérêts des Chinois qui traffiquent avec la Còrée, soient entièrement sauvegardés.

Je saisis etc.

sign. H. de Bellonet

Folgt als Einlage die Notification des Admiral Rose vom 5. October c.
Son Altesse Impériale
de Prince de Kung.

Anlage 4 zur Depesche des Auswärt. Min. vom 20. Nov. 66.
Uebersetzung.

Peking den 4. November 1866.
T'ung-chi 5. Jahr, 9. Monat, 27. Tag.

An
Seine Excellenz, den Kaiserlich Französischen chargé d'affaires, Herrn von Bellonet.

Auf meine unter dem 16. Juli c. an Euerer Excellenz gerichtete Depesche, worin ich bezüglich der Ermordung der Christen in Corea angedeutet, daß es sich empfehlen möchte, erst rechtsgemäß eingehende Nachforschungen über den Sachverhalt anzustellen, anstatt übereilt die Feindseligkeiten zu eröffnen, liegt bis jetzt keine Erwiederung vor. Dagegen theilen Sie mir unter dem 24. v. M. mit, daß der Französische Admiral Ihnen eine von ihm erlassene Proclamation übermittelt hat, worin es heißt, daß auf der Westküste Corea's der zur Hauptstadt des Landes führende Fluß mit allen seinen Zugängen durch die Kriegsschiffe Seiner Majestät des Kaisers von Frankreich blokiert worden, und daß, da demnächst Zusammenstöße stattfinden dürften, der Verkehr der Schiffe anderer Nationen an den bezeichneten Orten bis auf Weiteres einzustellen sei.

Gegenüber dieser Sachlage, der Blokierung Koreanischer Häfen durch Kriegsschiffe, erlaube ich mir, auf den 31. Artikel des Vertrages hinzuweisen, dessen Inhalt so deutlich ist, daß keine Veranlassung vorliegt, denselben eingehend zu erörtern. Bei einem Krieg zwischen zwei Nationen stehen auf beiden Seiten Menschenleben auf dem Spiele; ist der[sic.] nun aber von Seiten Frankreichs schon etwas geschehen, um zu ergründen, wie man in Corea, einem abgelegenen Stückchen Land an einer Meeresbucht, dessen Bewohner von jeher verstanden haben, sich sorgfältig in Schranken zu halten, jetzt dazu gekommen ist, die Christen zu ermorden? – Könnte nicht, ehe Sie voreilig zum Kriege schreiten, eine genaue Untersuchung der dieser That zu Grunde liegenden Umstände Statt finden, und auf diese Weise ein Verlust von Menschenleben auf beiden Seiten verhütet werden? Ich ersuche Euere Excellenz, alles dieses geneigtest erwägen und beurtheilen zu wollen.

Nothwendige Mittheilung

gez. Kung.

Für richtige Uebersetzung

gez. C. Bismarck.

Anlage 5 zur Depesche des Auswärt. Min. vom 20. Nov. 1866.
Uebersetzung.

Peking den 10. November 1866.

An

Seine Kaiserliche Hoheit, den Prinzen Kung.

Ich habe die Depesche Euerer Kaiserlichen Hoheit vom 4. d. M. empfangen, in welcher Sie Sich beklagen, daß Ihnen bis jetzt auf Ihren in der Note vom 16. Juli enthaltenen Vermittlungs-Vorschläge noch immer keine Erwiederung meiner Seits zugegangen sei.

Ich räume ein, daß ich die Depesche vom Juli zur gehörigen Zeit hätte beantworten sollen, doch glaubte ich immer, Euere Kaiserliche Hoheit würden begreifen, wie die obwaltenden außergewöhnlichen Umstände mir eine Erwiederung unmöglich machten. Da Sie trotzdem auf eine solche bestehen, so bleibt mir nichts Anderes übrig, als diese Umstände der Reihe nach zu erörtern, und hoffe ich dabei nur, daß Sie mir das, was Ihnen zu hören etwa nicht genehm sein sollte, zu Gute halten und sich zu gleicher Zeit die Beweggründe klar machen werden, die mich veranlaßt, Ihnen seiner Zeit nicht übereilt zu entgegnen. –

Die Ermordung der Französischen Bischöfe und Missionaire und einer großen Anzahl von Christen in Corea ist ein Verbrechen, welches jeden Anspruch auf Nachsicht oder Gnade von Seiten Frankreichs ausschließt. Es ist unnöthig, zu untersuchen, ob Ursache dazu vorhanden gewesen oder nicht, es genügt uns, zu sehen, daß diese Frevelthat wirklich begangen worden, um dieselbe mit Waffengewalt zu ahnden. – Die höheren Beamten, die den Mord angeordnet, sowie die Subalternen, die sich durch gemeinschaftliches Intriguiren mit den Ersteren hervorgethan, sollen mit dem Tode bestraft, ihr Vermögen zu Gelde gemacht und dieses als Ersatz für das erlittene Mißgeschick unter die Familien der Ermordeten vertheilt werden. Was den Fürsten von Corea anbetrifft, so wird derselbe bis auf Weiteres seiner Herrscherwürde entsetzt, und zwar ohne Rücksicht darauf, ob das Verbrechen von ihm persönlich befohlen, oder ob es von den höheren Beamten des Landes ins Werk gesetzt worden; sein ferneres Schicksal bleibt der Entscheidung S. M. des Kaisers der Franzosen vorbehalten. –

Sodann muß ich bemerken, daß mir bezüglich dieser Christen-Ermordung Nachrichten zugegangen sind, denen zu Folge schon vor Stattgehabten That das Project derselben dem Chinesischen Gouvernement mitgetheilt worden wäre; auch heißt es, daß die Coreanischen Beamten, die im vorigen Jahre nach Peking gekommen, ebenfalls die Kaiserliche Regierung über den Anschlag nicht im Unklaren gelassen hätten. Und unter dem Gefolge dieser Coreanischen Beamten befand sich ein Christ, der bei der Ankunft in Liao-tung einen dort wohnenden Franzosen aufgesucht und denselben zu wiederholten Malen die Versicherung gegeben hatte, daß die Ermordung der Christen in Corea eine beschlossene Sache sei, und daß man jetzt eigens zur Berathschlagung dieser Angelegenheit nach Peking gehe. Der Franzose schenkte jedoch dieser Mittheilung keinen Glauben und kümmerte sich nicht weiter darum. –

Ferner habe ich erforscht, daß nach vollbrachter That 3 Mal Coreanische Beamte nach Peking gekommen sind; auch habe ich einen Erlaß der Chinesischen Regierung gesehen, durch welchen Kaiserliche Beamte nach Corea beordert wurden. Ich höre, daß man sich auf der Straße erzählt, China rekrutire in der Tatarei Truppen zum Beistande Corea's; hierzu kommt noch, daß die Depeschen, die ich von Euerer Kaiserlichen Hoheit erhalten, mir sämmtlich den Eindruck machen, als läge es in Ihrer Absicht, Corea unter ihren Schutz zu nehmen.

Wie können all diesen unerklärlichen Umständen gegenüber Mißtrauen und Argwohn ausbleiben? Würde ich Behülfs Untersuchung der Coreanischen Vorgänge die Vermittlung der Chinesischen Regierung ansprechen, so würden, fürchte ich, diejenigen, welche bereits Mißtrauen hegen, unangenehm überaschend sein und mein Verfahren seltsam und n[*sic.*] finden. Zudem werden Euere Kaiserliche Hoheit einsehen, daß bei der weiten Entfernung Untersuchungen mit Schwierigkeiten verknüpft sein würden; auch dürfte Ihnen aus der Art und Weise wie z. B. die Verhandlungen wegen Tien-hoing-shu in der damaligen Ssu-ch'uan-affaire, sowie Betreffs der unlängst Statt gehabten Ermordung des Abbé Mabileau, geführt worden sind, bereits klar geworden sein, daß es den Provinzial-Beamten nicht möglich ist, bei ihren Untersuchungen ehrlich und gewissenhaft zu Werke zu gehen.

Wenn mit größter Willkür sogar Siegel und Stempel gefälscht und wichtige Handlungen jeder Art begangen werden – wie kann ich da wohl die Untersuchung der jüngsten Ereignisse mit beruhigtem Gemüthe der Vermittlung China's aufgeben? – Daß Euere Kaiserliche Hoheit mir zu wiederholten Malen den Rath ertheilt, die Feindseligkeiten nicht übereilt zu eröffnen, ist ohne Zweifel der Ausdruck Ihres Mitgefühls für die Unterthanen beider Länder; Sie müssen jedoch wißen, daß aus einem Kriege, den Frankreich mit einem anderen Staate führt, der Bevölkerung des feindlichen Landes keine Nachtheile erwachsen. Wir gehen nämlich von der Ansicht aus, daß Zerwürfnisse und Feindschaft zwischen zwei Staaten und daraus entspringende Kriege die Folgen schlechter Verwaltung Seitens der Beamten sind, nicht aber dem Volke zur Last fallen. Während wir daher nur Krieg mit den Armeen des feindlichen Staates führen und Grundbesitz und Eigenthum der Regierung nach Gutdünken zerstören oder uns aneignen, bleibt Grund und Boden, Hab und Gut des Volkes von uns unangetastet. Der Französische Soldat erhält regelmäßig und unverkürzt seinen täglichen Sold und seine Rationen, und deßhalb kommt es auch unter keinen Umständen vor, daß er auf seinem Marsche den Einwohnern Lebensmittel raubt und weder Hund noch Hufe vor ihm Ruhe hat. Alles, was er requirirt, bezahlt er mit baarem Gelde, weil es ihm darum zu thun ist, sich mit der Zeit die Achtung der Bewohner des feindlichen Landes zu erwerben.

Überdies hat das Coreanische Volk im Grunde genommen gar keinen Widerwillen gegen die Fremden, was auch wohl Euerer Kaiserlichen Hoheit bekannt sein wird. Die Beamten jenes Landes sind stets von grausamem und brutalem Character gewesen; lange hat das Volk den Druck einer kleinlichen, marternden Regierung empfunden, und es hofft im Stillen auf einen Erlöser, wie man Regenwolken herbeisehnt. Wie könnte es also wohl jetzt, wo es den Fürsten des [sic.] des in seiner Grausamkeit so viele Menschenleben opfern sieht, sich beruhigen und seine Hoffnungen aufgeben? Es ist Thatsache, daß an dem Complot zur Ermordung der Französischen Bischöfe und Missionaire das Volk nicht betheiligt war; man hat sogar von letzterer Seite einem der Missionaire das Leben gerettet, indem man ihm Mittel und Wege zur Flucht an die Hand gegeben und ihn auf diese Weise glücklich dem Rachen des Tigers entrissen hat. Man kennt dort nämlich hinreichend die Gewohnheiten der Fremden, um zu wissen, daß es nicht in der Absicht derselben liegt, friedlichen Einwohnern Schaden zuzufügen; man begreift, daß Handel und Verkehr die Motive sind, welche den Ausländer herbeiführen. Ich bin deßhalb der Ansicht, daß von der Bevölkerung Corea sich ganz gewiß Niemand gegen uns schlagen wird; dagegen dürften sich wahrscheinlich Solche finden, die geneigt sind, die Sache Frankreichs zu unterstützen. Weßhalb sollte man also bei unserer Ankunft erschrocken oder befremdet sein? –

Doch ich will mich kurz fassen. Die Coreanische Regierung hat durch den Mord der

Französischen Bischöfe und Missionaire den Unwillen Frankreichs in so hohem Maße erregt, daß ein Krieg zur Nothwendigkeit geworden und jede weitere Discussion außer Frage gestellt ist. Es ist ohne Zweifel ein trauriges Ereigniß, wenn zwei Staaten ihre freundschaftlichen Beziehungen abbrechen und gegen einander zu Felde ziehen – und doch kann die gegenwärtige Expedition für China von nicht geringem Nutzen werden. Es giebt nämlich eine Menge Chinesischer Provinzial-Beamten, die von bitterem Haß gegen alle Fremden erfüllt sind, und die in dem Streben, bei der einen oder anderen Gelegenheit diesen Haß zu befriedigen, die großen Angelegenheiten, in die sie durch ein solches Verfahren ihre Regierung verwickeln können, gänzlich aus dem Auge lassen. Ich hoffe sehr, daß diese Beamten von der Expedition Frankreichs nach Corea hören werden, und wünsche nur, daß sie rechtzeitig darüber nachdenken mögen, auf welche Weise sie einen früheren oder späteren Abbruch der freundschaftlichen Beziehungen zwischen China und dem Auslande verhüten können. –

Schließlich bemerke ich noch hinsichtlich der kriegerischen Operationen gegen Corea, daß dieselben schon im Gange sind und ich nicht mehr im Stande bin, ihnen Einhalt zu thun. Es könnte dies nur in dem Falle geschehen, wenn der Fürst des Landes seine Person freiwillig auslieferte und an die Gnade S. M. des Kaisers der Franzosen appelierte. Wie die Sache gegenwärtig liegt, würden wir uns schwerlich wegen einer Aussöhnung verständigen – doch weiß ich nicht, ob Euere Kaiserliche Hoheit geneigt sein dürften, dem Fürsten von Corea obigen Rath zu ertheilen.

gez. von Bellonet.

Für richtige Uebersetzung

gez. C. Bismarck.

Anlage 5 zur Depesche vom 20. November 1866.
Abschrift.

Pékin le 10. Novembre 1866.

À
Son Altesse Impériale
Le Prince de Kung.

Monsieur,
Je regrette beaucoup que Votre Altesse Imperiale n'ait pas deviné les raisons qui m'ont

engagé à garder le silence après les offres qui elle me faisait dans sa communication du 16. Juillet dernier. Puisqu'elle revient avec insistance sur ce sujet, je crois devoir lui exposer les motifs de ma conduite, en la priant de vouloir bien se rappeler que j'ai évité tant que j'ai pu, de faire une communication aussi désagréable au Gouvernement Chinois.

En premier lieu, le massacre des missionnaires Français est un de ces crimes irrémissibles que rien ne peut excuser. Peu nous importe donc, de connaître les raisons qui ont conduit les Coréens à commettre cet exécrable forfait; le fait est là, et il nous suffit de la connaître, pour que ceux qui s'en sont rendus coupables, en soient punis d'une manière éclatante: les Ministres, qui ont donné les ordres, et les Mandarins, qui les ont exécuté, par la perte de leur tête et la confiscation de leurs biens qui seront distribués aux familles de leurs victimes; leur Roi qui a toléré, commandé, ou même n'a pas empêché ce crime, par la perte de son trône et peut −être plus encore. J'ai déjà donné les instructions les plus précises pour que les mandarins coupables, dont j'ai pu me procurer les noms, soient jugés et exécutés aussitôt qu'ils tomberont entre nos mains. Quant au sort de l'ancien Roi de Corée, il est soumis en ce moment à la décision de l'Empereure, mon auguste Souverain. −

En second lieu, j'ai le regret d'être forcé d'avouer à Votre Altesse Impériale que les rapports qui nous sont parvenus depuis cinq mois, et qui ont été envoyés à Paris, sur les évènements de Corée, font peser de bien lourdes suspicions de complicité sur le Gouvernement Chinois. Il est affirmé dans plusieurs, que l'Ambassade Coréenne venue l'hiver dernier, a porté à Pékin le projet du massacre, et a remporté une autorisation tacite et l'approbation de quelques membres du Gouvernement Chinois. L'avis qui nous en fut donné, au passage de la mission Coréenne par le Liao-tung, fut reçu assez légèrement et considéré comme une de ces rumeurs populaires auxquelles il ne faut point prendre garde.

Les évènements ont trompé notre confiance. Le mystère qui a enveloppé ensuite les trois missions Coréennes qui se sont rendues à Pékin depuis le mois de Juillet, l'envoi en Corée d'un Ambassadeur Chinois, publiquement annoncé dans la Gazette, les bruits de recrutement et de mobilisation des troupes Tatares qui nous sont venus de l'autre côté de la grande muraille, cette insistance même à chercher une excuse aux Coréen au lieu de se montrer frappé de l'horreur de leur crime − toutes ces choses contraires aux usages, que malheureusement Votre Altesse ne connait pas encore, produiront sans aucun doute une fâcheuse impression en Europe, et vont faire considérer avec défiance la conduite du Gouvernement Chinois. Comme tout le monde n'a pas mêmes raisons que moi, de croire à la sincérité et à la bonne volonté de Votre Altesse Impériale, on aurait trouvé pour le moins étrange que je confiasse le soin d'une enquête à ceux-là même, qui auraient eu intérêt ne pas découvrir la vérité.

En troisième lieu, nous avons été deux fois les dupes diène enquête conduite par les Autorités Chinoises seules, et nous ne recommencerons pas. La comédie qui s'est jouée au S'sŭ-ch'uan autour de T'ien-hoing-shu, et celle dure encore aujourd'hui au sujet de l'abbé Mabileau, nous ont donné de trop dures raisons sur la manière impudente dont les autorités provincials abusaient de notre loyauté, pour que nous puissions l'oublier de long temps. Votre Altesse Impériale ne doit pas douter elle même de la manière dont beaucoup de mandarins comprennent le devoir de dire la vérité à l'Empereur, après les preuves matérielles que je lui ai fait présenter dernièrement, et elle doit comprendre, qui ayant depuis plusieurs mois déjà ces preuves dans les mains, et n'attendant qu'une occasion pour les faire connaître, il m'était difficile d'entrer avec gaieté de cocur dans une nouvelle enquête qui aurait infailliblement amené les mêmes résultats.

En quatrième lieu, Votre Altesse Impériale ignore probablement que la guèrre qui pour nous est un plaisir, que les Français recherchent avec passion, est loin d'être dommageable aux populations. Nous combattons et nous cherchons à détruire le Gouvernement et son armée — nous lui faisons tout le mal possible dans ses établissements publics et militaires aussi bien que dans les propriétés royales — mais nous respectons le bien du pauvre, et le people gagne à notre présence. Nos armées ne vivent pas comme les armées. Chinoises en pillant le pays qu'elles traversent, et en maltraitant les habitants; au contraire, nos soldats bien payés et bien disciplinés font la richesse du pays en achetant [*sic.*] ses deniers, et gagnent bien vite l'amitié des populations paisibles. D'ailleurs, ce que Votre A.I. ignore peut-être, c'est que le peuple de Corée, loin de nous être hostile, loin de défendre un gouvernement qui l'opprime et le réduit à la misère, nous appelé comme ses libérateurs. Ce sont des Coréens, et pas des Coréens Chrétiens, qui ont fourni au seul missionnaire qui est échappé au massacre, les moyens de venir nous apporter la nouvelle, en lui disant:

"Allez chercher les étrangers et revenz avec eux." — Ils savent que nous ne faisons pas la guèrre aux populations inoffensives, que nous allons les délivrer de tous les petits tyrans qui les governement, que nous allons leur donner la liberté et la richesse en ouvrant leur pays au commerce et à l'industrie de toutes les nations, et que nous ferons règner l'ordre, la justice et la prospérité. Aussi, je le dis très sincèrement à V.A.I., nous aurons pour nous bien certainement tout le peuple, qui nous aidera au lieu de nous nuire, et c'est lui, qui nous livrera le pays, les autorités et la famille Royale, dès qu'il verra qu'il peut le faire sans danger.

Enfin que V.A.I. me permette de lui faire observer que le massacre des missionnaires Français était un outrage au Gouvernement de l'Empereur et qu'un outrage ne se discute pas - il se punit. Je crois du reste que cette punition éclatante aura pour le Gouvernement

Chinois de très grands avantages. Elle fera réfléchir les autorités provinciales de la Chine sur les inconvénients de trop écouter leur passion personnelle, sans tenir compte des intérêts généraux de l'Empire, ni des idées nouvelles que représentent les étrangers, et qu'ils sont prêts à soutenir par les armes, s'ils ne peuvent les faire accepter autrement. Notre expédition en Corée évitera peut-être à la Chine une intervention militaire, que les efforts conciliants de V.A.I. n'auraient probablement pas empêché.

Je dois, en terminant, faire observer à V.A.I. que les opérations militaires, une fois commencées, comme elles le sont aujourd'hui, je n'ai pas le pouvoir de les arrêter avant que nous n'ayons atteint le but que nous nous proposions. Toute tentative de conciliation serait maintenant inutile, à moins que l'ancien Roi de Corée ne se rendit à discrétion et n'implora la clemence de l'Empereur, notre auguste Souverain, en se remettant à Sa générosité. C'est à V.A.I. de voir si elle put donner ce conseil au Gouvernement Còréen.

Je saisis etc.

sign. H. de. Bellonet.

Anlage 6 zur Depesche des Ausw. Minist. vom 20. Nov. 1866.
Uebersetzung.

(ohne Datum)

An

Seine Excellenz

den Kaiserlich Französischen Chargé d'affaires

Herrn von Bellonet.

Euerer Excellenz Depesche, die in ihrem wesentlichen Inhalte die Chinesische Regierung der Absicht zeiht, Corea unter ihren Schutz zu nehmen, ist mir am 10. November zugegangen, und habe ich von derselben mit großem Befremden Kenntniß nehmen müssen. Als ich im Juli und November c. Ihre respectiven Depeschen beantwortete, wurde ich dabei lediglich von der Absicht geleitet, daß ein Krieg zwischen Frankreich und Corea beiden Staaten Nachtheil und Verderben bringen müsse. Hierbei den passiven Zuschauer zu spielen, schien mir keines Weges angemessen; ich hielt vielmehr eine Schlichtung der Differenz für meine unabweisliche Pflicht, weil ich dadurch das Leben der Unterthanen beider Staaten sicher zu stellen hoffte. Meinen Vorschlägen lagen somit die wohlwollendsten Motive zu Grunde. Daß Sie jedoch, wie ich Ihrer mir heute vorliegenden Note entnehme, auf Grund einseitiger Aussagen von Bedienten und aus Straßen-Gerede, welches auch nicht den geringsten Schein der Wahrheit für sich hat, voreiligen Verdacht gegen die Chinesische Regierung geschöpft und mir dies sogar unverhohlen, in schriftlicher Form, kund geben, ist mir Beweis dafür, daß Sie jene wohlwollenden Absichten gänzlich verkannt haben. Ihr Argwohn läßt sogar noch andere Dinge vermuthen. Es hat dies auf mich einen sehr peinlichen Eindruck gemacht. Wenn Sie in Ihren Depeschen sagen, Corea habe Beamte nach Peking und China Beamte nach Corea gesandt, so kann ich Ihnen darauf nur erwidern, daß sich der Verkehr zwischen China und Corea schon aus alten Zeiten datiert und nicht etwa im gegenwärtigen Augenblicke seinen Anfang genommen. Auch die Thatsache, daß in diesem Jahre eine Coreanische Mission nach Peking gekommen und diesseitige Beamte nach Corea beordert worden sind, war eine Beobachtung, desselben bisher üblichen Ceremoniells, welches wir jetzt aus dem Grunde abschaffen können, weil Frankreich sich mit jenem Lande im Kriege befindet.

Sie sagen ferner, China recrutire Truppen zum Beistande Corea's. Ich möchte bemerken, daß, wenn der Staat faktisch von seinen Truppen Gebrauch macht, dies ein Ereigniß ist, welches Jedermann weiß und sieht; erwarten Sie deßhalb nicht, daß ich mich auf Erörterungen einlassen werde, ob dasselbe Statt gehabt oder nicht; die Sache ist an und für sich klar genug. Daß Sie aber auch Dieses in Ihren Depeschen als einen Anlaß zu Vorwürfen benutzen, zeigt noch deutlicher, wie geneigt Sie sind, mir Ungerechtes zur Last zu legen. Sie sagen Selbst ausdrücklich, daß die Erkundigungen, die Sie eingezogen, von Gerüchten herrühren; Gerüchte sind aber ohne Gewähr, und somit stellen Sie unbegründete Nachrichten als Beweisgründe auf. Wie harmonirt dies mit den Grundsätzen des internationalen Verkehrs? –

Da Sie meine wohlwollenden Motive nicht zu begreifen vermögen und mich außerdem noch nach Willkür ungerechter Weise anklagen, so hatte ich mich eigentlich aller weiteren Auseinandersetzungen und Erörterungen enthalten sollen; da Sie mir jedoch Ihre Mittheilung auf Grundlage unserer gegenseitigen freundschaftlichen Beziehungen gemacht haben, so sende ich Ihnen, nach gewohntem Brauch diese Antwort zur geneigten Kenntnißnahme.

gez. Kung.
Für richtige Uebersetzung
C. Bismarck.

Peking den 1. December 1866.

№ 215.

[2 Anlagen]

An Seine Excellenz
Herrn von Rehfues.

Im Anschluß an die vor einiger Zeit Euerer Excellenz übersandte, zwischen der Französischen Gesandtschaft und dem Auswärtigen Ministerium Betreffs der Coreanischen Frage geführte Correspondenz, beehren wir uns, Ihnen ein uns neuerdings Seitens des Herrn von Bellonet zugegangenes Schreiben nebst unserer Antwort in den Anlagen abschriftlich zu überreichen. Indem wir Euere Excellenz ersuchen, von dem Inhalte dieser Schreiben geneigtest Kenntniß nehmen zu wollen, bemerken wir, daß wir dieselben auch den übrigen in Peking residirenden Gesandten mitgetheilt und Herrn von Bellonet von diesem Schritte in Kenntniß gesetzt haben.

Genehmigen etc.

gez. die Minister Wên-hoiang,
Pao, Tung, Ch'ung-lun,
Hêng-ch'i und Hsü.

Für richtige Uebersetzung
C. Bismarck.

Anlage I zum Schreiben des Ausw. Minist. vom I. Decbr. 1866.
Uebersetzung.

(ohne Datum)

An
Seine Kaiserliche Hoheit
den Prinzen Kung.

Schon zu wiederholten Malen habe ich den Herren Ministern erklärt, daß das Auswärtige Amt beharrlich durch seine Unkenntniß der dem internationalen Verkehr zu Grunde liegenden, üblichen Formen die Europäischen Regierungen in Erstaunen setzt und ihnen zu Protesten Veranlassung giebt. Hierher gehört z. B., daß dasselbe kürzlich die zwischen der hiesigen Gesandtschaft und dem Tsung-li Yamên Betreffs der Coreanischen Angelegenheit geführte Correspondenz zur Kenntniß aller in Peking residirenden Gesandten gebracht hat – eine Handlungsweise, die auf mich persönlich auch nicht den geringsten nachtheiligen Einfluß hat, sondern nur Europa auf den Gedanken bringen wird, die Chinesische Regierung helfe den Coreanern und sei jetzt, weil alle anderen Mittel erschöpft, in ihrer Rathlosigkeit auf obigen Ausweg verfallen. Zugleich wird es sich herausstellen, daß Alles, was ich in meinen Depeschen gesagt, folgerecht gewesen.

Den Grundsätzen des internationalen Verkehrs gemäß hätte das Ministerium, bevor es die Correspondenz den fremden Gesandten vorlegte, mich von dieser Maaßregel officiell benachrichtigen müßen; verschweigend einen solchen Schritt zu thun, ist ein Verstoß gegen Regel und Ordnung. Ich sehe mich veranlaßt, meiner Regierung darüber zu berichten, damit dieselbe sich über die Zuläßigkeit des Verfahrens entscheide; es wird dies voraussetzlich der Chinesischen Regierung gegenüber zur Sprache gebracht werden. Will das Auswärtige Ministerium vermeiden, daß ich ihm irriger Weise mißtraue, so muß es mir keine Veranlaßung zu Verdacht und Argwohn geben. –

Was die gedachte Correspondenz anbetrifft, so sende ich Ihnen hiermit noch, wie es der Vertrag bedingt, die französischen Originale der drei der diesseitigen Gesandtschaft ausgegangenen Depeschen, und bemerke dazu, daß es mir seit einiger Zeit wegen der Rückkehr verschiedener Beamten in ihre Heimat, an Arbeitskräften gefehlt und ich in Folge dessen geglaubt, ein gleichzeitiges Expediren des Chinesischen und Französischen Textes unterlassen zu können. Auch an sämmtliche in Peking residirenden Vertreter der Vertragsmächte sende ich Copien der Original-Depeschen. –

Da mir die Entgegnungen des Prinzen Kung den Eindruck machen, als wenn er den Inhalt meiner Mittheilungen nicht vollständig durchschaut, auch nicht recht den Standpunkt erkannt hätte, von welchem ich dieselben an ihn gerichtet, so habe ich dem Gesandtschafts-Interpreten, Herrn Lemaire, den Auftrag ertheilt, sich persönlich auf das Auswärtige Amt zu begeben, um zur Vermeidung jeder Ungenauigkeit und Begriffs-Verwirrung, den Herren Ministern den Inhalt meiner Noten satzweise zu erläutern. Ich ersuche Sie, möglichst bald Sich darüber klar zu werden, wie nöthig es ist, daß China sich literarisch gebildete Linguisten anschafft, da bei Verhandlungen zwischen China und dem Auslande eine Identität des Inhaltes der in Chinesischer und der in fremder Sprache geschriebenen Depeschen thatsächlich nicht vorhanden ist.

Genehmigen etc.

gez. v. Bellonet.

Anlage 2 zum Schreiben des Auswärt. Min. vom I. Decbr. 1866.
Uebersetzung.

(ohne Datum)

An

Seine Excellenz

den Kaiserlich Französischen Chargé d'affairs

Herrn von Bellonet.

Am 25. November überbrachte uns der Interpret der Französischen Gesandtschaft, Herr Lemaire, ein Schreiben Euerer Excellenz und ergänzte zugleich vertragsgemäß Ihre früheren Mittheilungen vom 14. Juli, 24. October und 10. November durch Einreichung der entsprechenden Französischen Originale.

Wir beehren uns zu erwiedern, daß bei dem gegenwärtigen Kriege zwischen Frankreich und Corea die Chinesische Regierung sich jeder Spur von Parteinahme oder Schutz-Bewilligung enthalten, und zwar, ohne sich dabei Zwang anzuthun. Unter solchen Umständen konnten wir es nicht geduldig hinnehmen, daß Sie uns zum Beweise des Gegentheils unverbürgte Nachrichten citirten und, wie uns der Inhalt Ihrer Depesche (vom 10. November) in allen Theilen lehrt, aufs Gerathewohl behaupteten, die Chinesische Regierung nehme Corea in Schutz. Der Prinz Kung legte daher, nachdem er Ihnen seine Rückäußerung übersandt, die ganze, bezüglich dieser Angelegenheit geführte Correspondenz sämmtlichen in Peking residirenden Gesandten zur Prüfung vor, indem er Dieselben durch offene Darlegung der [sic.] seiner Motive davon zu überzeugen hoffte, daß die wohlwollende Absicht hege, eine Versöhnung zwischen den beiden Staaten zu Stande zu bringen. Euere Excellenz haben jedoch nicht begriffen, was uns zu jenem Schritte vermocht, Sie sagen vielmehr in ihrem neuesten Schreiben, daß die Uebersendung erwähnter Correspondenz an die übrigen Gesandten auf Sie persönlich nicht den geringsten nachtheiligen Einfluß ausüben, wohl Europa auf den Gedanken bringen würde, die Chinesische Regierung helfe den Coreanern sei jetzt, weil alle anderen Mittel erschöpft, in seiner Rathlosigkeit auf obigen Ausweg verfallen. Zugleich würde es sich herausstellen, daß Alles, was Sie in Ihren Depeschen gesagt, folgerecht gewesen. –

Bei Durchsicht Ihrer früheren Noten finden wir, daß Sie Sich darin auf die Bemerkung beschränkt haben, es verlaute, gerüchtsweise, daß die Chinesische Regierung Corea ihren Schutz ange-

Deihen lasse; in dem uns jetzt vorliegenden Schreiben behaupten Sie jedoch geradezu, daß wir im Sinne hätten, den Coreanern zu helfen; und stellen zugleich ausdrücklich Ihre eigenen Anschauungen als folgerecht hin. Die aufrichtigen, ehrenwerthen Absichten China's, eine Aussöhnung zwischen den beiden Staaten herbeizuführen, sind Ihnen somit durchaus unverständlich geblieben.

Wir haben bis jetzt noch von keiner Seite vernommen, daß andere Nationen den Verdacht hegten, die Chinesische Regierung stände den Coreanern bei; auch sind wir keineswegs gesonnen nach Willkür ungerechte Beschuldigungen vorzubringen und andere Nationen ohne Weiteres des Argwohns gegen China zu zeihen. Eine weitere Discussion der Fragen, ob das Chinesische Gouvernement Corea unter seinen Schutz genommen und ob die Anschauungen Euerer Excellenz folgerecht sind oder nicht, halten wir mit Rücksicht darauf, daß die bezügliche Correspondenz zur Zeit sämmtlichen Gesandten in Peking zur Prüfung vorliegt, für nicht nothwendig; man dürfte jetzt die Ueberzeugung gewinnen, daß der Einsendung dieser Schriftstücke unserer Seits nur der Wunsch zu Grunde gelegen, die Oeffentlichkeit über die Natur unserer Motive aufzuklären. Denn wenn die Chinesische Regierung all die Beschuldigungen, die Euere Excellenz ungerechter Weise auf dieselbe häufen, ohne Widerspruch auf sich nähme, so würde als Folge davon eine gemeinschaftliche Lösung der Differenz unmöglich werden und dies für den Chinesischen Staat von sehr nachtheiligem Einflusse sein. Die Frage, ob es auch auf Sie einen nachtheiligen Einfluß ausüben dürfte, glauben wir nicht beurtheilen zu sollen, enthalten wir uns auch, da die Sache für sich selbst spricht, jeder Erörterung derselben.

Die damalige Depesche des Prinzen Kung, in der er Ihnen den Rath gab, nicht voreilig zu Kriege zu schreiten, sondern erst über die Veranlaßung zu der Christen-Ermordung in Corea Untersuchungen anzustellen, war selbstverständlich in der wohlwollenden Absicht geschrieben, eine Schlichtung der Differenz herbeizuführen. Euere Excellenz ließen geraume Zeit hindurch diese Vorschläge unbeantwortet; später, als der Prinz in einer zweiten Note auf eine Rückäußerung drängte, erwiederten Sie, die kriegerischen Operationen hätten bereits begonnen und Sie könnten den [*sic.*] derselben nicht mehr hemmen. Wenn Sie [*sic.*] dies eher mitgetheilt haben würden, so wäre [*sic.*] und Dringen auf Antwort unterblieben. –

Was die von Euerer Excellenz uns nachträglich eingesandten Original-Depeschen anbelangt, so hat uns der Gesandtschafts-Interpret, Herr Lemaire, die einzelnen Stellen der Note vom 10ten November eingehend erklärt, und entspricht dieselbe in ihren Hauptpunkten der Chinesischen Uebersetzung. Herr Lemaire besitzt eine gründliche Kenntniß unserer Schriftsprache und ist in der That fähig, bei Verhandlungen zwischen China und dem Auslande eine identische Uebertragung des beiderseitigen Gedanken-Austausches zu Stande zu bringen. – Die erwähnten Original-Depeschen haben wir den entsprechenden Chinesischen Uebersetzungen beigeschlossen und mit denselben zusammen registrirt. –

Um nun den in Peking residirenden fremden Gesandten eine klare Einsicht in die ganze Sachlage zu gewähren, sehen wir uns abermals genöthigt, Denselben das letzte Schreiben Euerer Excellenz, sowie unsere gegenwärtige Antwort zuzuschicken, da dieser Briefwechsel nochmals auf die seiner Zeit Statt gehabte Uebersendung der früheren Correspondenz Bezug nimmt. –

Was übrigens diesen letzten Umstand anbelangt, so hatten wir geglaubt, es sei nicht erforderlich, Euere Excellenz von dem beabsichtigten Rundschreiben in Kenntniß zu setzen, da Ihnen ein solcher Schritt keines Falles unbekannt bleiben konnte. Da Sie jedoch in Ihrem letzten Schreiben ausführen, daß man von dergleichen Absichten der betheiligten Partei zuvor Anzeige machen müsse, so thuen wir Ihnen in Befragung dieser Vorschrift kund, daß wir die beiden jetzigen zwischen Euerer Excellenz und dem Auswärtigen Ministerium gewechselten Schreiben wiederum sämmtlichen fremden Repräsentanten in Peking zur Kenntnißnahme einsenden werden.

gez. die Minister
Wên-huiang, Pao, Tung,
Ch'ung-lun, Hêng-ch'i und Hsü.

Für richtige Uebersetzung
gez. C. Bismarck.

Deutsche Gesandtschaft
China

Korea

Bd. 1:
Okt. 1866 ~ Dez. 1887.

Spez. 23.

I/16/06 Stein A 592/2 Fu 1548/56

praes 15. October.

№ 195.

An den Königlichen Außerordentlichen Gesandten und Bevollmächtigten Minister für China,

Herrn von Rehfues.

Hochwohlgeboren, Peking.

Euerer Hochwohlgeboren halte ich mich verpflichtet, über gewisse beklagenswerthe Ereignisse in Corea alles dasjenige mitzutheilen, was ich hierselbst darüber habe in Erfahrung bringen können. Meine Quellen sind theils die hier allgemein cursirenden Gerüchte, theils die brieflichen Mittheilung eines gewissen Herrn Harras, Commis bei den Herren Meadows & Co., Tientsin. Die Nachrichten des Letztgenannten dürften insofern besonderen Glauben verdienen, als die Herren Meadows & Co. bei der Sache stark betheiligt sind.

Vor etwa 2½ Monaten ging das Amerikanische Segelschiff „General Sherman", nachdem es zum Scheine nach Passjet ausclarirt hatte, von hier aus im Auftrage der Herren Meadows & Co. nach Corea. Es hatte verschiedene Waaren an Bord, legte zunächst in Chefoo an, wo es noch eine bedeutende Menge Waffen eingenommen haben soll, und begab sich dann an seinen Bestimmungsort. Die Zahl der Mannschaft und Passagiere war auf 20 angegeben, wovon 6 Europäer. Vier von diesen, worunter der Capitän und Steuermann, waren Amerikaner; zwei, nämlich Herr Hogarth, Commis bei den Herrn Meadows & Co, in Tientsin, und ein Missionär namens Thomas dagegen waren Engländer.

Seitdem der „General Sherman" Chefoo verlassen, war Schiff und Mannschaft verschollen, bis am 7ten October die traurigen Nachrichten darüber hierher gelangten, welche ich mit den Worten des Herrn Harras mir wiederzugeben erlaube:

„Alles", schreibt mir derselbe, „was ich über General Sherman weiß, ist, daß das Schiff in Corea verbrannt und die Mannschaft ermordet worden sein soll. Dieser Bericht rührt von dem Französischen Admiral her, welcher Corea zwei Stunden nach seiner Ankunft daselbst wieder hat verlassen müssen.

„Wadman" (Commis der Herrn Meadows & Co. in Chefoo) „schreibt von Chefoo, daß er den Lootsen gesehen, der mit dem Schiff hinübergegangen war; derselbe sagt aus, daß er das Schiff den Fluß, der nach der Hauptstadt Corea's führt, eine Strecke hinaufgelootst, dann aber aus Furcht vor den feindlichen Absichten der Coreaner dasselbe verlassen habe.

Er meint, daß das Schiff verbrannt worden sei, weiß aber nichts über die Mannschaft.

„Nach dem Bericht des Französischen Admirals wäre die ganze Mannschaft ermordert; nur sei es zweifelhaft, ob der Rev. Mr. Thomas das Schicksal der Übrigen getheilt, oder sich gerettet habe."

So weit Herr Harras. – Obigem habe ich nach Hörensagen nur noch hinzuzufügen, daß das Schiff auf den Strand gerathen sein, und die Coreaner daher die Mannschaft auf dem festen Lande überfallen haben sollen.

Euerer Hochwohlgeboren, ergebenster

C. Arendt.

praes 21. Oktbr.

à Bord de la Guerrière, Che-foo, le 5. Octobre 1866.

№ 197.

Son Excellence Monsieur le Ministre de Prusse, à Pèkin.

Monsieur le Ministre,

J'ai l'honneur de nous informer – qu'à la suite du meurtre de neuf missionnaires Français, ordonné par le Gouvernement Coréen, j'ai résolu de poursuivre, par tour les moyens en mon pouvoir, les légitimes réparations auxquelles nous avons droit. J'ai, à cet effet, déclaré le Blocus de la Rivière de Séoul & je m'empresse de vous en adresser la notification officielle.

Votre Excellence trouvera sans doute opportun de la porter á la connaissance de ses nationaux.

Veuillez agréer, Monsieur le Ministre, l'assurance de ma haute considération.

Le Contre-Admiral Commandant en chef – les Forces Navales Françaises en Chine en au Japon.

G. Roze.

DIVISION NAVALE des Mers
DE CHINE.
Commandant en Chef.

Notification du Blocus de la
Rivière de Séoul par la Division
Navale Française.

Je soussigné Contre-Admiral Commandant en chef les Forces Navales de Sa Majesté l'Empereur des Français dans les Mers de la Chine & du Japon,

Voulant poursuivre les réparations qui nous sont dues à l'occasion du meurtre d'un grand nombre de missionnaires Français ordonné par le Gouvernement de la Corée, et en vertu des pouvoirs qui m'appartiennent comme Commandant en chef,

Déclare:

A partir du 15 du courant, la Rivière de Séoul & toutes ses issues, seront tenues en état de Blocus effectif par les forces Navales placées sous mon Commandement.

Il sera procédé contre tout bâtiment qui essayerait de violer le Blocus conformément aux Lois internationales & aux Traités en vigueur avec les Puissances Neutres.

A Bord de la Guerrière,
Rade de Tche-foo, le 5. Octobre 1866.

G. Roze.

Pékin, le 22 Oct 66.

№ 119.

1. Monsieur Rose, Contre-Admiral, Commandant en Chef le forces navales françaises en Chine et au Japon

Monsieur l'Admiral,

J'ai eu l'honneur de recevoir la note en doute du 5 [*sic.*] par laquelle Vous m'avez informé du blocus de la rivière de Séoul et je me suis empressé de porter cette communication á la connaissance de mes neutrenaux. ‒

Je saisis avec empressement cette occasion pour offrir á Votre Excellence l'assurance de ma haute considération.

#   #   #

2. an das Kaiserl. General-Konsulat in [*sic.*] in [*sic.*]

Nach einer mir zugegangenen Mittheilung des Contre-Admiral Roze hat derselbe den Fluß Séoul nebst Zugängen an der Coreanischen Küste vom 9. bis 16t d. M. an ge[*sic.*], in Blokade-Zustand gesetzt.

? hie pp. wolle die diesseitigen Ge[*sic.*] hierzu in geeigneter Weise in Kenntniß setzen.

R.

Peking, den 30. Oktober 1866.

№ 64. № 222.

An Grafen Bismarck.

Als ich unter dem 19. August d. J. Euerer Excellenz über die auf der Halbinsel Corea Stattgehabten Christen Verfolgung zu berichten die Ehre hatte, sprach ich die Ansicht aus, daß die zu erwartende französische Expedition wohl nicht vor nächstes Frühjahr beginnen werde. –

Dieß ist nicht eingetroffen, indem der Französische Admiral, welcher sich seiner Zeit nach Saigon begeben hatte, bereits vor Kurzem mit eine Eskorte von 7 Schiffen in Chefoo, dem der Coreanischen Küste am Golfe von Petschili gegenüberliegenden Hafen China eingetroffen ist. Gleich nach seiner Ankunft begab sich Admiral Roze mit einem oder zwei Schiffen nach der Coreanischen Küste und rekogniscirte den Fluß von welchem die Hauptstadt in einer Entfernung von 25–30 engl. Mln. liegt. Er fand daselbst eine Art von Festung [sic.] vor welche den Zugang zur Hauptstadt versperrte und von der aus auf die Schiffe bei der Annäherung geschossen worden sein soll. Nachdem sich auf diese Weise von dem Coreanischen Vertheidigungs-M[sic.] durch eigene Anschauung Kenntniß verschafft, ist der Admiral alsbald wieder nach Chefoo zurückgekehrt um die nothwendigen Vorbereitungen für die beabsichtigen Kriegs-Operationen zu treffen. –

Gleichzeitig hat derselbe den nach der Hauptstadt führenden Fluß Séoul nur die angrenzenden Küstentheile in Blokadezustand versetzt und beehre ich mich in der Anlage Abschrift der mir übersandten [sic.] Mittheilung ganz gehorsamst zu übersenden. –

Durch ein [sic.] habe ich, ebenso wie meine Kollegen, den [sic.] von dieser Maaßregel in Kenntniß gesetzt. Obgleich Admiral Roze nun schneller, als man erwarthet hatte, vorgegangen ist, so ist es doch wahrscheinlich, daß er nur vorbereitende Maßregeln hat treffen wollen und die eigentliche Operation erst bei Eintreffen der Instruktionen aus Paris beginnen wird. Diese Instruktionen würden ungefähr Ende dieses Monats oder Anfang Dezember in China [erwartet - „durchgestrichen"] [sic.]. – Jetzt ist die Aufregung in Folge dieser Zurüstungen ziemlich groß und da mit einer Französischen Expedition in Corea auch für das Chinesische Reich stellen sich den hiesigen Behörden immer deutlicher vor Augen. –

Wie ich bereits gelegentlich des oben erwähnten Berichts bemerkt, haben die zwischen der Französischen Gesandtschaft und dem hisigen Ministerium über die Coreanische Frage stattgehabten Besprechungen kein Resultat gehabt, und haben auch wohl deshalb zu nichts führen können, weil der Französische Geschäftsträger theils zu leidenschaftlich richtet, theils auch den Entschließungen in Paris nicht vorgreifen wollte. – Jedenfalls hat die Chinesische Regierung nicht nur jede Verantwortlichkeit dieser Christen-Verfolgung in Tibet und Corea von der Hand gewiesen, sondern auch erklärt, daß sie sich nicht in der Lage befinde, etwas bei diesen Vorgängen in den sogenannten tributären Staaten zu thun, so sehr sie dieselben auch bedauern.

Wie mir Herr v. Bellonet sagt, haben die Chinesischen Minister, auf wiederholtes Andringen, nun [*sic*.] erklärt, daß China in Corea überhaupt nie Einfluß besessen habe, daß der Einfluß in der Mongolei und Tibet, welcher allerdings auch noch bestehe, lediglich und allein eine religiöse Grundlage habe und daß China denselben auf der Stelle ganz verlieren muß, wenn die Regierung ihre auch allzu offene Unterstützung der Christlichen Religionsgesellschaften benutzen, oder sich gleichsam zu deren [*sic*.] in jenen Gegenden aufwerten wolle.

Es ist nun schwer abzusehen, auf welche Weise Frankreich sich für die an den Missionairen in Tibet verübte Unbill Genugthuung verschaffen kann. In Corea ist die Sache leichter, da eine offene Küste vorhanden und die Hauptstadt King-Ki-tao nur in geringer Entfernung von der Küste an einem in die See mündenden Flusse liegt. Auch sollen die Coreaner fast keine regelmäßigen Truppen besitzen und Mangel an Waffen haben. – Leider haben bereits einige Europäische Kaufleute die gegenwärtige Komplikation nur zu [*sic*.] gesucht, um den Coreanern Waffen zu verkaufen. Bei diesen Versuchen soll, wie man sagt, ein Amerikanisches Schiff, General Sherman, welches sich zu weit in Corea vorgewagt, von den Bewohnern verbrannt und die Besatzung getödtet worden sein. Fände diese Nachricht, welche bis jetzt noch unverbürgt ist, ihre Bestätigung, so werden die Vereinigten Staaten von Nord-Amerika [*sic*.] sich bei der Coreaischen Expedition betheiligen. –

Einem hier verbreiteten Gerücht nach soll der König von Corea, welcher bekanntlich erst 10 Jahre alt ist, sich bereits aus der Hauptstadt nach Shan-kuan an die Grenze der Mandschurai geflüchtet haben.

praes 2. Dezebr.

à Bord de la Guerrière, Mouillage de l'Ile Boisée (Corée), le 15. Novembre 1866.
№ 216.

Veuillez recevoir, Monsieur le Ministre,

l'assurance de ma haute Considération.

Le Contre-Admiral Commandant en chef

la Division Navale des Mers de Chine en du Japon.

Son Excellence Monsieur le Ministre de Prusse, à Pékin.

Monsieur le Ministre,

J'ai l'honneur de porter à votre Connaissance qu'après avoir occupé militairement Kang-hoa, une des principales places de la Corée, & atteint le but que je m'étais proposé, j'ai décidé que le Blocus de la Rivière de Séoul, que j'avais établi, serait levé á partir du 18. de ce mois.

J'ai l'honneur de vous en transmettre la notification officielle que je vous prie de vouloir bien porter à la Connaissance de vos nationaux.

G. Roze.

DIVISION NAVALE des Mers
DE CHINE. Commandant en Chef.

A bord de la Guerrière, le 18. Novembre 1866.

Nous Soussigné Contre-Admiral Commandant en chef les forces navales de Sa Majesté l'Empereur des Français, en Chine et au Japon, déclarons que le Blocus de la rivière de Séoul, établi par notre déclaration du 15. Octobre dernier, Sera levé à partir de ce jour.

G. Roze.

Peking, den 5. Dezember 1866.

№ 239.

An das General Consulat
und die [*sic.*] in Yedo.

Gen. Con. zu Shanghai.
Consulat – Canton.
Vice. Con. – Niuchuang.
　　–　– Tientsin –
　　–　– Amoy
　　–　– Hong Kong
　　–　– Macao.

Ein [*sic.*] pp. [*sic.*] ich hiermit, daß, einer offiziellen Mittheilung zu Folge, die Blokade des Flusses von Séoul am 18. Nov. d. J. wieder aufgehoben worden ist. Derselbe wolle daher dem H... [*sic.*] in geeigneter-Weise hiervon in Kenntniß setzen.

R.

Peking, den 6. Dezember 1866.

№ 46. № 242.

An Grafen Bismarck.

Euere Excellenz beehre ich mich Abschrift einer Mittheilung des Admiral Roze, welche derselbe die Aufhebung der unter dem 15. Oktober d. J. an der Koreanischen Küste verfügten Blokade angezeigt, in der Anlage ganz gehorsamst zu überreichen. –

Bereits vor Eingang dieser Mittheilung hatten sich unter dem Chinesischen Publikum Nachrichten über eine angebliche Niederlage, welche die Koreaner den Franzosen beigebracht, verbreitet, ohne jedoch hier Glauben zu finden. Die erste offizielle Kunde, welche hierher gelangt, war doch die vorligend Bekanntmachung wegen Aufhebung der Blokade gebracht und verlieh den unter den Chinesen verbreiteten Gerüchten einen Schein an Wahrscheinlichkeit. Mann fragte sich, was mit dem Ausdruck „après avoir atteint le but que je m'étais proposé?" gemeint sei. Auf der Französischen Gesandtschaft kann man keine bestimmte Auskunft geben, gesteht jedoch zu daß der Admiral Roze bei einem Sturm auf ein Coreanisches Fort einen unerwartet energischen, durch heftiges Artillerie-Feuer geäußerten Widerstand gefunden, in Folge dessen die Französischen Landungs-Truppen sich mit bedeutendem Verlust hatten zurückziehen müssen. Es ist somit wahrscheinlich, daß an der Coreanischen Küste sich gegenwärtig in kleinem Maaßstab dieselben Vorgänge wiederholt haben, wie am Eingang des Peiho zur Zeit der Englisch-Französischen Expedition. – Genauere Details fehlen überhaupt hier, Theils wegen der schwierigen Verbindungen zwischen Peking und der Coreanischen Küste, Theils weil nur Französischer Seits, von woher allein die Information kommen kann, ein Interesse hat, die näher Lage der Sache zu vertuschen. Nur so viel scheint festzustehen, daß man die Coreanische Widerstandskraft unterschätzt hat, und mag hierzu der Umstand beigetragen haben, daß die Coreaner, der allgemein angenommenen Ansicht nach, fast gar keine Schußwaffen besitzen sollten. Zudem sollten die Missionaire die Expedition gegen Corea, welche sie aufstellen, als sehr leicht dargestellt und namentlich den Glauben verbreitet, daß die Coreanische Bevölkerung den Europäern günstig gestimmt sei und sich gleich bei dem ersten Erscheinen zu deren Gunsten erklären werde. Daß alle diese Vorspiegelung unbegründet seien, hat jetzt der Admiral Roze zu seinem und seiner Truppen Nachtheil erfahren müssen. –

Die jetzige Expedition dürfte nun insofern von Nutzen gewesen sein, als sie über die Situation und die Widerstandsfähigkeit der Coreaner aufgeklärt hat und in dieser Beziehung hat der Admiral Recht, wenn er denn Schutz, den Zweck, den er sich angesetzt, nicht zu haben. –

Fürs erste hat Admiral Roze mit seinem Geschwader China verlassen und sich nach Japan begeben, hauptsächlich wohl um Verstärkungen, Instruktionen und auch die bessere Jahreszeit abzuwarten. Was dieses letzte Vertrag anbetrifft, so hatte in dem gegenwärtigen Moment, beim [*sic.*] des Ministers, gleich Anfangs als schlecht [*sic.*] erscheinen wollen und darauf meiner Vernetzung gegründet, daß die Französische Expedition gegen Corea wohl nicht vor dem Frühjahr 1867 beginnen würde. Dieß muß auch früher die Ansicht des Admiral gewesen sein, später hat er sich wohl hauptsächlich mit Rücksicht auf die friedlichen / freundlichen Ratschläge aus Europa, zu dem Feldzug entschlossen, von welchem er sich [*sic.*] Lorbeeren versprochen. Unter der Chinesischen Bevölkerung herrschte selbstverständlich Jubel über dies Mißglück der ersten Französischen Expedition gegen Corea und derselbe ist um so größer als die Mitglieder der Französischen Gesandtschaft, nach gewohnter Weise, eine sehr übermüthige Sprache geführt und es nicht an wies- hervor Forderungen auch den Chinesen gegenüber hatten fehlen lassen. –

Schließlich darf ich nicht unterlassen, besonders hervorzuheben, daß die Nachrichten über das, was in der Provinz und den tributären Ländern des Chinesischen Reiches vor sich geht, gewöhnlich auf Umwegen, aus dem [*sic.*] zu uns gelangen, indem die Chinesische Regierung den Gesandtschaften niemals die erste Mittheilung über Vorgänge von größter Wichtigkeit muss nur derselben erst dann Erwähnung thut, wenn von einer oder der anderen Seite, welche noch dabei betheiligt, die Initative ergiffen ist. Ich zweifle daher auch nicht, daß man in Europa bereits jetzt auf dem Wege über Shanghai sich freilich genauere Informationen über die Vorgänge in Corea besitzt, als ich von hier im gegenwärtigen Augenblick zu berichten in Stande bin. –

Peking, den 8. Dezember 1866.

№ 77. № 243.

An Grafen Bismarck.

Nachdem ich den gehorsamsten Bericht am 6. d. M. № 76 erstattet, hat mir der Französische Geschäftsträger die Mittheilung vorgelesen, durch welche Admiral Roze die Aufhebung der Blokade und den Entschluß, sich für jetzt von der Coreanischen Küste zurückzuziehen, zur Kenntniß der Kaiserlichen Gesandtschaft gebracht hat. – In derselben wird, ohne auf die Details der Operation einzugehen, im Allgemeinen gesagt, daß die Landungs-Truppen die auf dem halben Wege nach Kin-Ki-tao, der Hauptstadt, gelegenen Stadt Kang-hoa besetzt, die öffentlichen Gebäude, das Staatseigenthum zerstört und eine große Masse Kriegs-Vorrath aus Material verbrannt haben.

Gleichzeitig habe der Admiral nicht den Christen Unterhaltung angeknüpft, da auf diese Weise der Mord der Missionaire gerächt, sich auch festgestellt, daß die Coreanische Nation sehr kriegerisch und zum Kampfe vorbereitet und entschlossen, so sei mit Rücksicht auf die vorgerückte Jahreszeit und die Schr.. [sic]..keit sich in Feindes Land zu [sic.], zweckmäßig erschienen, die Expedition [sic.] zu beendigen, und aus Paris Instruktionen abzuwarten, im weiteren die kriegerischen Operationen mit neuen Verstärkungen aufzunehmen.

Während das Schreiben des Admiral sich in so allgemeiner Weise ausdrückt, geht aus einem gleichzeitig eingegangenen Privatschreiben eines der Offiziere der Expedition hervor, daß die Französischen Truppen bei einer [sic.] militare nach eines in der Nähe von Kang-hoa belegenen Fort mit lebhaften Feuer empfangen worden und sich nach einigen Verlusten haben zurückziehen müssen. – Gleich darauf ist der Befehl zur Einschiffung gegeben worden. Dieser Brief enthält somit eine Kritik der Disposition des Admirals, welcher wegen des Mangels an Energie bei der Ausführung er den Beifall seiner Untergebenen nicht gefunden habe. [sic.], daß nicht gleich der Befehl zur Wegnahme jenes Forts gegeben worden sei

Gleichzeitig bemerkte jener Offizier auch, daß die vom dem Admiral in seiner offiziellen Depesche erwähnte Unterhandlung sich darauf beschränkt habe, daß die Coreanischen Behörden den Admiral aufgefordert, die Halbinsel binnen 24 Stunden zu verlassen.

Es läßt sich nicht leugnen, daß Admiral Roze die Expedition aber so unüberlegt begonnen sehr schwach ausgeführt hat, das einzige Resultat, welches er erreicht, ist, daß den Coreanern der Muth gewachsen und die Französische Regierung sich jetzt genöthigt sehen wird, wenigstens 5-6000 Man nach der Halbinsel zu schicken. Ob dieß in Paris erwünscht [*sic.*] und überhaupt die Kaiserliche Regierung eine Oastasiatische Expedition, ohne eine weitere [*sic.*] genehm sein wird, möchte ich nach dem [*sic.*] derselben in China und Japan bezweifeln. –

Seitdem der Abzug der Französischen Expedition hier bekannt geworden, hat sich unter den Chinesischen Christen das Gerücht verbreitet, daß die Verfolgungen gegen ihre Coreanischen Glaubens-Genossen von Neuem beginnen. Es wird dieß dem geringen Erfolg der Französischen Waffen zugeschrieben.

R.

Peking, den 16. Dezember 1866.

№ 82. № 248.

An Grafen Bismarck.

Im Votrag eines früheren, die Coreanische Frage betreffenden Berichts beehre ich mich Euer [sic.], ganz gehorsamst zu melden, daß der hiesige Großbritannische Gesandte eine Depesche seiner Regierung erhalten hat, nach welcher der Französische Marine-Minister auf Befragen erklärt hatte, daß es nicht in den Absichten der Kaiserlichen Regierung liege eine Expedition nach Corea zu unternehmen. – Ich muß dabei bemerken, daß zu der Zeit allerdings der Fehlschlag der Unternehmung des Admiral Roze an der Coreanischen Küste in Paris noch nicht bekannt war.

R.

№ 1. № 252.

An Grafen Bismarck.

Der in Betreff der Koreanischen Christen-Verfolgung zwischen der Kaiserlich Französischen Gesandtschaft und der hiesigen Regierung gepflogene Schriftwechsel hat eine sehr so auswärtige Gestalt angenommen daß die Chinesischen Minister schließlich den Entschluß gefaßt haben, die ganze Korrespondenz den sämtlichen hier akkreditirten Vertretern der Vertrags-Mächte zu Kenntnißnahme vorzulegen. – Es ist dieß durch zwei Noten vom 20. November und 10. Dz. d. J. geschehen, welche ich nebst den Anlagen in Uebersetzung ganz gehorsamst anzuschliessen die Ehre habe. Gleichzeitig lege ich den Urtext der Französischen Noten, welche der Französische Geschäftsträger den Gesandtschaften mitgetheilt hat, in Abschrift bei. In Folge der sehr beschränkten Arbeitskräfte hatte nämlich Hr. von Bellonet in letzter Zeit den hiesigen Mächten nur die Chinesische Uebersetzung seiner Depeschen zugehen lassen, es dagegen unterlassen, den Französischen Text, dem Gebrauch gemäß beizufügen. Da er nur/nun noch erst letzte Solche des Schriftwechsels seitens der Chinesischen Regierung betrifft, daß sich durch die mehrfachen Uebersetzungen nur aus dem Chinesischen Ungenauigkeiten einschließen, so reichte es [*sic.*] dem Minister den französischen Urtext [*sic.*] gültig deshalb dann den Gesandtschaften mit. – Bei Vergleichung des Original-Textes mit den auf den verschiedenen Gesandtschaften bereitstelligten Rücküberschätzungen und dem Chinesischen hat sich dann auch auf eine Differenz herausgestellt, daß üblich für mehrfach sehr starke Ausdrücke, welche in der Französischen Original Depesche stehen, in der Chinesischen Depesche Hoffnung reproduziert sind. – Der erste Interpret der Gesandtschaft hat dieß bereits erklärt, daß es erst möglich sei, [*sic.*] Sachen in einer Depesche zu sagen, Herr von Bellonet hat dagegen [*sic.*] genau, den Minister seine Despeschen [*sic.*] nur zum [*sic.*] ihre [*sic.*] der in der Französischen Depesche herrschende Ton aus Sprache [*sic.*], so kann dieselbe nicht als diplomatisch bezeichnet werden, wenigstens ist dieß die Ansicht, welche sich hier allgemein geltend gemacht hat. – Der Französische Geschäftsträger gesteht dieß auch selbst zu und hat mir gegenüber in den verschiedene Unterredungen welche ich über diese Angelegenheit gehabt, geltend gemacht, daß sein [*sic.*] die in Europa gebräuchliche diplomatische Sprache in China durchaus nicht an ihrer Stelle sei und ohne den geringsten Eindruck bleibt, wohingegen eine derbe insolente Sprache weit eher zum Ziele führe. Als Bestätigung der Richtigkeit dieser seiner Ansicht führt Herr von Bellonet an, daß alle bei der hiesigen Regierung vorgebrachten Reklamationen, welche Jahre lang verschleppt worden seien, in der letzten Zeit, ihre Erledigung gefunden hätten, offenbar nur in Folge seines entschiedenen Auftretens in Wort und Schrift. Im Allgemeinen kann ich diesen Such..? eine gewisse Berechtigung nicht absprechen, da auch ich die Ansicht theile, daß auf zeitlichem Weg seither mit der Asiaten, namentlich den Chinesen zu erreichen, indessen hat er auch eine bedenkliche Seite, auf dem Wege der Drohungen sich zu weit zu engagieren ohne die Gewißheit zu haben, daß die heimatliche Regierung derselben eventuell durch Gewalt-Maaßregeln Nachdruck verleihen wird. – Der Französische Geschäftsträger scheint dieß jetzt auch zu fürchten, da allen Nachrichten zu Folge, welche aus Europa hierher gelangen die Kaiserliche Regierung, vorerst wenigstens, nicht geneigt ist, eine Ostasiatische Expedition zu unternehmen. Wenn nun der Französische Geschäftsträger die jetzt erfolgte Erledigung mehr alten N.. mitte freie grober Sprache zuschreibt, so müßte dies doch auf einem Irrthum beruhen und bin ich mehr geneigt, dieselbe dem Umstand beizumessen, daß die Chinesischen Minister, wohl Besorgniß wegen etwaiger Komplikationen mit Frankreich bestrebt sind, der Kaiserlichen Regierung jeden Vorwand, mit Ihren unzufrieden, zu benehmen.

Ich habe mich drauf beschränkt, den Empfang der Chinesischen Depesche aus der angeschlossenen Korrespondenz zu bescheinigen und gleichzeitig bemerkt, daß ich dieselbe zur Kenntniß der Kaiserlichen Regierung gebracht. Ich bin hierbei, ebenso wie meine Kollegen, welche ein gleiches Verfahren [sic.] haben, von der Ansicht ausgegangen, daß wenn auch die Koreanische Christen Verfolgung nicht zu beschumutzt ist und in Europa nur auf eine Allgemeine Mißbilligung stoßen kann, es doch sehr schwer sein dürfte, den inneren Zusammenhang dieses Ereignisses zu beurtheilen und namentlich den Antheil welchen die Chinesische Regierung daran genommen haben könnte, mit einiger Bestimmtheit anzugeben. – Der Französische Geschäftsträger bezichtigt die Chinesischen Würden-Träger ganz offen, um die Christen Schlächtung gewußt und dieselbe stillschweigend gebilligt zu haben. Er scheint mir hierin jedoch zu weit zu gehen. Jedenfalls beruhen seine Briefe nur auf Aussagen einheimischer Christen und der französischen im Innern des Landes etablirten Französischen Missionäre, welchen ein nur sehr beschränkter Werth beigelegt werden kann, da aus dieser Quelle fast alle von Zeit zu Zeit umlaufenden Schreckens-Nachrichten, welche sich später als unwahr erweisen, zu stammen pflegen. - Freilich sind hiernach die vorher geäußerten Befürchtungen nur zu sehr in Erfüllung gegangen. Herr von Bellonet hat mir zwar gesagt, daß er unzweideutige Berichte für seine Behauptungen nach Paris geschickt habe, ich bezweifle jedoch, daß er in der Lage gewesen, Etwas Positives für die Chinesische Mitschuld beizubringen. – Die Chinesischen Minister geradezu desselben zu beschuldigen, wie es in der Französischen Depesche geschieht, ist sehr gewagt, denn wenn auch einzelne Persönlichkeiten der konservativen Parthei, namentlich der durch seinen Fremdenhaß bekannte Prinz die Hand mit ihm Spiele gehabt haben sollten, so würde dieß eines Theils schwer zu beweisen sein, anderer Seits es aber auch [*sic.*] neu recht sein, die mit den Auswärtigen Angelegenheiten beauftragten Minister hierfür verantwortlich zu machen. Solidarität der Minister für Alles was auserhalb der Regierungsbrief geschieht, nach Europäischem Muster, kann hier nicht füglich angenommen werden. Ihre Stellung ist nicht Bete... genug, um augenblickliche Ausschreitungen der Hof und Militär-Parthei, [*sic.*] deren Spitzen die Reg...[*sic.*] und alten Gemeinde stehen, zu verschieden, namentlich in einem Falle wie dem vorliegenden, wo die Aktion in einem tributären Staate Statt gefunden, für welche jede Verantwortlichkeit abgelehnt werden kann.

Eine Bur[*sic.*] der betreffend Minister selbst anzunehmen, ist kaum möglich, da dieselben mit den Verwicklungen zu sehr vertraut sind, in welche sie durch ähnliche Vorfälle mit den Europäischen Regierungen gerathen. – Zudem war es sehr muthig gewesen, zu einer solchen That gerade den Augenblick zu wählen, in welchem man im Begriffe stand, zum ersten Male, durch Entsendung einer Mission in nähere Verhandlung mit dem Ausland zu treten. –

Seit der verunglückten Expedition des Admiral Roze wie dessen Abzug von der Koreanischen Küste ist in dieser Angelegenheit vollständige Ruhe eingetreten. Nach dem was man durch Hörensagen vernimmt, soll den Koreanern durch den ersten Erfolg der Muth gewachsen sein, und die dortige Regierung im Begriffe stehen, eine allgemeine Volksbewaffnung zu organisiren, was ihr nicht schwer sein dürfte, da der Geist der Bevölkerung kriegerisch und zu dem Verbreitung der gegenwärtigen Wut ungestört verwert werden kann. Rechnet man hierzu die Stimmung der Französischen Regierung, welche bis jetzt wenigstens nicht sehr zu ferne Expedition geneigt, so erscheint die Erklärung des Französischen Geschäftsträgers, nach-der König von Corea seiner Krone verlustig, jedenfalls etwas voreilig.

Auch der Französischen Gesandtschaft ist man nun zu geneigt, die schiefe Lage, in welche die Französische Politik durch die Mißerfolge gerathen, der Unentschlossenheit und dem Mangel an Energie des Admiral Roze zuzuschreiben, wohingegen dieser die Schuld auf die falschen Nachrichten schiebt welche man ihm über Corea und dessen Bewohner gegeben. –

R.

Peking, den 14. März 1867.

№ 14. № 280.

An Grafen Bismarck.

Zur koreanischen Frage beehre ich mich Euerer Excellenz ganz gehorsamst zu melden, daß die letzten Posten die Bestätigung der geringen Geneigtheit der Französischen Regierung zu einer neuen Ost-Asiatischen Expedition gebracht haben. Indessen ist man hier der Ansicht, daß, wie die Sache erinnert steht, Frankreich die Vorfälle auf der Koreanischen Halbinsel nicht auf sich beruhen lassen kann und wird, und ihr nur der gegenwärtige Augenblick sehr ungelegen ist. Daß etwas geschehe, ist schon aus dem Grunde unvermeidlich, weil das Ansehen Europas sehr leiden würde, wenn eine Christen-Verfolgung im großen Maaßstab, wie die vorliegende, ungeahndet bliebe.

Leider sind die über die letzten Koreanischen Vorgänge in den Europäischen Zeitungen verbreiteten Nachrichten meist falsch. [sic.] absichtliche Entstellung des Moniteur viel Beziehungen zu haben scheinen. – Das Wahre an der Sache ist, wie ich seiner Zeit Euer Excellenz zu berichten die Ehre gehabt habe, daß das Französische Expeditions-Corps eine kleine Schlappe erlitten und Admiral Rose sich vor größeren Niederlagen augenscheinlich, nur durch schnellen Abzug bewahrt hat. –

Corea hat bis jetzt weder nach Shanghai, noch sonst wohin, eine Mission geschickt und ist die des [sic.] fulsig Angabe erdichtet. Dagegen soll der Verkehr zwischen der Koreanischen und Chinesischen Regierung, wie man bemerkt haben will, in der letzten Zeit ungewöhnlich wage sein. – Die Verhandlungen welche früher zwischen der Chinesischen Regierung und der Französischen Gesandtschaft in dieser Sache gepflogen worden sind, haben in der letzten Zeit geruht und werden wohl erst nach dem Eintreffen der neu ernannten Kaiserlichen Gesandten wieder aufgenommen werden. Graf Lallemand wird binnen Kurzem hier erwartet.

R.

Peking, den 28. Juni 1867.

№ 39. № 344.

An Grafen Bismarck.

Zur Coreanischen Angelegenheit beehre ich mich Euer Excellenz zu melden, daß die Französische Regierung, den offenen Äußerungen des Grafen Lallemand zu Folge, vorerst eine Wiederaufnahme der im verflossenen Herbst so unglücklich begonnen kriegerischen Operation an der Coreanischen Küste nicht beabsichtigt. Es stimmte diese Ausserung mit allem was ich hierueber zu herbrachte Gelegenheit gehabt, über aus erklärte sich zudem durch die Europäische Staaten-?, die Verstimmung über die Art und Weise wie der derzeitige französische Geschäftsträger und Admiral Roze die Sache aufgefaßt haben, soll in Paris sehr groß sein. Namentlich hat es in der [sic.] sehr mißfallen, daß Herr von Bellonet in seiner den Mut der Missionaire betreffende Depesche an den Prinzen Kung, von der ich keine Zeit eine Uebersetzung einzureichen die Ehre gehabt habe, die persönliche Politik des Kaisers engagiert aber zeitisch begrenztes hatte. –

[1]Es war dieß, wie ich Herrn von Bellenot nicht vorenthalten, um so der Zeit unbegreiflicher, als die alte für den Priester gültige Instruktion pas de complication in alter Satz bestand.

Daß die Französische Regierung die Coreanische Frage demungeachtet zu einer ihr gelegenen Zeit wieder aufnehmen wird, dafür bieten die Traditionen nur Tendenzen der Kaiserlichen Poltik.

Nachdem von mir über das jetzige Auftreten Frankreichs in Japan bekannt ist, dürfte dieß letzten Endes vielleicht eventuellen als [sic.] zu Französischen Unternehmungen gegen Corea unerfahren sein.

B.

---

1 [Randbemerkung] ohne China.

Peking, den 3. März 1869.

№ 15.

An Grafen Bismarck.

Obgleich, wie ich Euerer Excellenz zu berichten die Ehre gehabt, für den Augenblick jeder Gedanke an eine Coreanische Expedition aufgegeben scheint, so darf ich doch nicht unterlassen ganz gehorsamst zu melden, daß, nach einer mir gemachten vertraulichen Mittheilung, die Amerikanische Regierung seiner Zeit der Französischen Vorschläge zu einer gemeinsamen Expedition gegen Corea gemacht hatte, welche jedoch in Paris nicht angenommen worden waren. Später hat sich der Präsident der Vereinigten Staaten mit einem ähnlichen Antrage nach St. Petersburg gewandt, jedoch gleichfalls ohne Resultat. Vermissung zu diesen Schritten hatte der Umstand gegeben, daß bekanntlich fast um dieselbe Zeit, als die Französischen Missionäre in Corea ermordet wurden, an der dortigen Küste ein Amerikanisches Schiff verbrannt und die Mannschaft gleichfalls ermordet worden war. —

Wenn es daher wohl in der Natur der Sache lag, daß die Vereinigten Staaten die Französische Regierung, welche sich mit ihr in der gleichen Lage befand, einen Vorschlag zu einer gemeinsamen Expedition machte, so erscheint es doch jedenfalls überraschend, daß sie denselben auch bei der Russischen Regierung wiederholt hat, für welche in dem speziellen Falle kein Grund zu Theilungen vorlag, die aber außerdem, aus leicht erklärlicher Ursache kein Interesse haben kann, eine Intervention fremder Mächte so nahe an ihrer Grenze zu begünstigen. Nach der Quelle, aus welcher ich geschöpft, darf ich jedoch nicht an der Richtigkeit der Angabe zweifeln.

R.

Peking, den 31. März 1869.

№ 76.

An den Kanzler des Nordeutschen Bundes
Herrn Grafen Bismarck.
Berlin.

Euer Excellenz beehre ich mich ganz gehorsamst anzuzeigen, daß der chinesische Kanzler zu Shanghai mir auf eine [*sic.*] Anfrage mitgetheilt hat, daß er in der Angelgenheit der Coreanischen Expediation von einer weiteren Verfolgung abstehen werde, da Oppert und Probst nicht mehr in Shanghai sind.

Mit Rücksicht auf den hohen Erlaß vom 29. November v. J. № 33, will es mir nicht mehr [*sic.*] erscheinen, auf diese Frage zurückzukommen, indessen darf ich nicht unterlassen darauf aufmerksam zu machen, daß die Art und Weise der Behandlung derselben in Shanghai das Ansehen der Jurisdiktion daselbst erschüttert hat und daran die Hoffnung zu knüpfen, daß es dem neu ernannten Consul des Norddeutschen Bundes gelingen möge, bald diesen Eindruck noch zu verwischen.

R.

praes 4. März.

Yokohama, den 19. Januar 1870.

An den Außerordentlichen Gesandten und Bevollmächtigten Minister des Norddeutschen Bundes

Herrn von Rehfues.

Hochwohlgeboren, in Peking.

Euerer Hochwohlgeboren beehre ich mich in der Anlage zur gefälligen Kenntnißnahme Abschrift eines von mir unter den 18. an das Bundeskanzler Amt gerichteten Berichts, dessen Inhalt vielleicht auch für Sie von Interesse sein dürfte, zu übersenden. Euere Hochwohlgeboren würden mich zu aufrichtigem Danke verpflichten, wenn Sie mir Mittheilungen über etwaige Maßnahmen der chinesischen Regierung in dieser Angelegenheit zugehen lassen wollten und werde ich Sie meinerseits über die weitere Entwicklung der Frage hier in Kenntniß setzten.

Brandt.

Abschrift.

Yokohama, den 18. Januar 1870.

An den Kanzler des Norddeutschen Bundes, Herrn Grafen von Bismarck, Excellenz, Berlin.

Unter dem 18. Dezember 1867 (№ 88) hatte ich die Ehre an das Königliche Ministerium der Auswärtigen Angelegenheiten über die Schritte zu berichten, welche die Regierung des Taikuhns aus Anlaß der Strandung des Amerikanischen Schiffes General Shermann an der Koreanischen Küste gethan hatte, um sich in direkte Beziehungen zu der Regierung von Korea zu setzen. – Der Sturz des [sic.] hatte diesen Bestrebungen ein Ende gemacht und der für Corea designirte Gesandte Dsusio no Kami war nicht dorthin abgegangen. –

Seit einigen Monaten nun entwickelt die Regierung des Mikados eine gewisse Thätigkeit nach dieser Richtung hin, freilich mit weniger friedlichen Absichten, als dies von Seiten der Regierung des Taikuhns der Fall war.

Wie E. E. bekannt sein dürfte, stand Korea seit dem letzten Japanisch Coreanischen Kriege (1591-92) in einer Art nominellen Abhängigkeits Verhältnises zu Japan. Koreanische Abgeordnete erschienen bei der Investur jedes neuen Scoguhns und ein unbedeutender Tribut der allerdings mehr die Form eines Geschenks hatte und auch mit einem solchen erwiedert wurde, wurde zu Zeiten in Nagasaki entrichtet.

Allmälig geriethen diese Gebräuche in Vergessenheit und wenn von Zeit zu Zeit noch Koreanische Abgeordnete in Nagasaki erschienen so waren dies Leute der niedrigsten Klasse, die aller Wahrscheinlichkeit nach von den Japanischen Beamten selbst ausgewählt und nach Nagasaki geschickt wurden, um wenigstens den Schein des alten Abhängigkeits-Verhältnisses aufrecht zu erhalten.

Ein thatsächlicher Verkehr bestand nur noch zwischen den Teutuna Inseln und dem Hafen Fusang in Corea und die am letzteren Platze ansäßigen Japaner waren auf ein bestimmtes Quartier beschränkt und ähnlichen Bestimmungen wie früher die Holländer auf Desima unterworfen.

Vor ungefähr fünf Monaten nun hat die Regierung des Mikados eine Gesandtschaft nach Korea entsandt um der dortigen Regierung das Aufhören der Taikuhn Herrschaft anzuzeigen und zugleich zu erklären, daß das Verhältniß wie es zwischen dem König (Oo) von Korea und dem Taikuhn (der auch den Rang eines Oo gehabt) bestanden, durch die Uebernahme der Regierung seitens des Tenno unmöglich geworden sei und Korea in der Stellung eines von Japan abhängigen Landes zurücktreten und sich als solches Japan gegenüber auch äußerlich verhalten müsse.

Die Gesandtschaft war statt aller Antwort gröblich insultiert und zurückgeschickt worden.

Am 8ten d. Mts ist eine zweite Gesandtschaft an deren Spitze Sada so ichiro Prinz von Arima steht von Jedo über Tashima nach Korea abgegangen um die dortige Regierung aufzufordern, ihr Abhängigkeits-Verhältniß von Japan sofort die Absendung einer Gesandtschaft mit den üblichen Geschenken an den Tenno zu bestätigen.

Bei der in Korea seit dem verunglückten Unternehmen der Franzosen unter Admiral Roze / 1866 herrschenden gehobenen Stimmung ist mit ziemlicher Gewißheit darauf zu rechnen, daß diese zweite Gesandtschaft das Schiksal der ersten theilen wird und es ist dann nicht unmöglich, daß es zwischen beiden Staaten zu Feindseligkeiten kommt. Was die Japanische Regierung zu ihrem Benehmen veranlaßt, ist schwer zu sagen. Lägen der Handlungs weise der Japanischen Staatsmänner verständige Motive zu Grunde, so könnte man vielleicht annehmen, daß die Partei des Prinzen von Satsuma zum Kriege gegen Korea, dessen Hauptlast auf die den westlichen Theil Nipons bewohnenden Prinzen und vor allem auf den Prinzen von Nagato fallen würde, dränge, um diese gefährlichen Nebenbuhler zu beschäftigen resp. zu schwächen, ich neige aber fest dahin zu glauben, daß die ganze Sache weiter nichts sei als ein Ausfluß des wahrhaft lächerlichen Dünkels und der Überhebung der Japaner, da sie allen Ernstes glauben und aussprechen läßt, daß sie bereits jetzt einer der mächtigsten Staaten der Welt seien, und in wenigen Jahren sich ebenbürtig den großen Mächten würden an die Seite stellen können.

Der Gesandtschaft des Norddeutschen Bundes in Peking, laße ich, da auch China die Souveranintät über Corea beansprucht Mittheilung über das Vorgefallene direkt zugehen und werde ich dieselbe au courant dieser Angelegenheit halten.

Euerer Excellenz werde ich nicht unterlaßen über die weitere Entwicklung derselben ganz gehorsamst zu berichten.

gez. von Brandt.

Peking, den 18. März 1870.

№ 20.

An den Kanzler des Norddeutschen Bundes
Herrn Grafen Bismarck, Excellenz, Berlin.

Der Geschäftsträger für Japan hat mir Abschrift eines Berichtes mitgetheilt, welchen er unter dem 18. Januar d. J. über die gegenwärtigen Beziehungen Japans zu Korea an Euere Excellenz erstattet und habe ich die Ehre unter Ergänzungen auf denselben folgenden ganz gehorsamsten Vortrag zu halten.

Bei der hermetischen Abschließung, in welcher Korea sich bis jetzt nicht nur dem Westen sondern auch seinen unmittelbaren Nachbarn gegenüber zu verhalten gewußt hat, ist es außerordentlich schwierig, wenn nicht geradezu unmöglich hier bestimmte Informationen über das was auf der Koreanischen Halbinsel vorgeht zu erlangen. Daß China dasjenige Land, mit welchem Korea zur Zeit die intensivsten Beziehungen unterhält, unterliegt keinem Zweifel, dagegen beschränken sich dieselben vorzugsweise auf die Verhältnisse der beiderseitigen Regierungen zu einander und Chinesische Kaufleute werden in Korea nicht zugelassen.

Alljährlich im Frühjahr kommt eine offizielle Koreanische Gesandtschaft nach Peking, welche die Tribute bringt und deren Mitglieder bei dieser Gelegenheit die von ihnen mitgebrachten Koreanischen Erzeugnissen absetzen und dagegen bedeutende Einkäufe von Chinesischen Produkten machten. Obgleich die im Gefolge dieser periodischen Gesandtschaft befindlichen Koreaner in ihren Bewegungen anscheinend immer gewisse Freiheit genießen, so stehen sie doch unter genauer Kontrolle der Behörden, welche sie in einem besonderen Lokale, das zu ihrer Aufnahme bestimmt ist, stets übernahm. Wenn schon aus diesem Grunde schwer sein dürfte, mit den Koreanern in Verbindung zu treten, so wird daß durch die sprachliche Verschiedenheit fast unmöglich gemacht, selbst dann wenn es gelingen sollte ihre Abneigung gegen Europäer zu überwinden.

Die Chinesische Regierung, welche zum öfteren Seitens der hiesigen Gesandtschaften um Information über die Koreanische Regierung angegangen worden ist, will sich in dieser Beziehung durchaus nicht bereit finden lassen, und entblödet sich nicht bei diesen Gelegenheiten stets zu erklären, daß die Koreaner China gegenüber nicht liebenswürdiger seien, als sie sich bei den Versuchen der Europäer, mit ihnen in Verhandlungen zu treten, gebehrdeten.

Unter Hinweisung auf diese bekannten Dispositionen der Koreaner hat denn auch bekanntlich die hiesige Regierung es abgelehnt in der Angelegenheit der Aus[sic.] der katholischen Missionäre ihre Vermittlung eintreten zu lassen, und in diesem Falle, wie in allen ähnlichen, wo der Versuch gemacht worden war das tributäre Verhältniß zu verwerthen, ihre Weigerung durch die Befürchtung zu motivieren gesucht, daß sie selbst bei dem argwöhnischen Charakter des Koreanischen Volkes durch eine unbefugte Einmischung das lose Verhältniß zur Landes-Regierung zu [*sic*.] Gefahr laufen würde, daß dessungeachtet zwischen den beiderseitigen Regierungen nämlich der Chinesischen und der der Koreanischen Beziehungen vertraulicher Art bestehen, darüber kann [*sic*.] ebensowenig, wie darüber ein Zweifel bestehen, daß die erstere dem Tribut-Staat in ihren exclusiven Tendenzen, welche ihr selbst so geläufig sind, erfahrlichen Falls bestärkt, da sie aus diesem Verhältniß nur Nutzen ziehen kann.

In Berücksichtigung dieses Verhältnisses zwischen den beiderseitigen Staaten nehme ich denn auch kein Aussens meiner Ansicht dahin auszusprechen, daß bei dem Ausbruch eines Krieges zwischen Japan und Korea, welcher nach der in Japan herrschenden Stimmung nicht zu den Unmöglichkeiten gehören könnte, die Chinesische Regierung der Koreanischen nicht nur moralischen sondern auch materiellen Beistand, insoweit dies in ihren Kräften steht, angedeihen zu lassen bereit sein würde. Es läßt sich aber mit eben solcher Bestimmtheit voraussehen daß der Kampf [*sic*.] eden Falls dasselbe Resultat haben würde wie die ähnlichen Kämpfe im 16. Jahrhundert, da die Japaner den beiden Verbündeten an Energie, mit [*sic*.] Geiste und Ausrüstung bedeutend überlegen, außerdem aber im Stande sind, durch eine nicht unbedeutende Dampf-Marine den Kampf auf jeden beliebigen Punkte der sehr blosgestellten Koreanischen Küste zu verlegen. Welchen Einfluß ein solcher Kampf auf die Zukunft der drei betheiligten Staaten haben würde, läßt sich trotzdem nicht mit Bestimmtheit vorhersagen, deshalb könnte jedoch, unter gewissen Eventualitäten auf die Gestaltung der Ostasiatischen Staaten-Verhältnisse entscheidend einzuwirken berufen sein. –

R.

Inhalt: Zerwürfniß zwischen Japan und Korea.

Peking, den 2. April 1870.

An den Geschäftsträger des Norddeutschen Bundes
Herrn von Brandt.
Hochwohlgeboren, Jokohama.

In Erwiderung des gefälligen Schreibens vom 19. Januar d. J. mittelst dessen Sie pp.
mir den unter dem 18. und an das Bundeskanzler Amt gerichteten Bericht über die
Verhältnisse Japans zu Korea mitgetheilt haben, beehre ich mich Ihnen in der Anlage
Abschrift eines von mir in Folge dessen unter dem 18. d. M. an den Herrn Bundeskanzler
gerichteten Berichts zugehen zu lassen.

R.

Abschrift.

An den Kanzler des Norddeutschen Bundes
Herrn Grafen von Bismarck.
Excellenz, Berlin.

Im Anschluß an meinen ganz gehorsamsten Bericht № 5 vom 18. Januar c. in Betreff der augenblicklich schwebenden Verhandlungen zwischen Japan und Korea beehre E. E. ich mich in den Anlagen Uebersetzungen der beiden Berichte zu überreichen welche von den Japanischen bevollmächtigten Offiziere des Prinzen von Tsushima über den Erfolg ihrer Sendung an die Regierung des Mikados gerichtet worden sind.

Der Inhalt dieser Berichte bestäthigt meine frühere Auffassung der Sachlage vollkommen.

Durch ihre vermeintlichen Erfolge gegen das Französische Geschwader unter Admiral Rose /1866/ ermuthigt, weigert sich die Koreanische Regierung irgend welches Abhängigkeits Verhängniß Japan gegenüber anzuerkennen, und hat deshalb nicht einmal das Schreiben des Prinzen von Tsushima annehmen wollen, in dem einige Ausdrücke vorkommen, welche der Regierung von Japan einen höheren Rang als der von Korea anzuweisen scheinen.

Der erste Bericht enthält die zwischen den Bevollmächtigten gewechselten Schriftstücke und gewissermaßen die Protokolle der mündlichen Verhandlungen, der zweite ist ein Bericht der Japanischen Abgesandten über die allgemeine Lage und die Stimmung in Korea.

Aus dem letzteren ergiebt sich, daß in Sufon 1865 als bereits wiederholt von Expeditionen fremder Mächte gegen [sic.] die Rede gewesen war, die Japanische Regierung durch ihren Vertreter, den Prinzen von Tsushima, den Coreanern hat Waffen und Geschütze anbieten lassen und daß auch in den letzten Verhandlungen, die Fragen des Krieges gegen die Fremden und der Verfolgung gegen die Christen wiederholt berührt worden sind; ein Beweis wie lebhaft diese Punkte auch die Japanische Regierung interessieren.

Der die Zustände in Peking erwähnende Theil des Berichts bezieht sich unzweifelhaft auf die Unruhen welche seit einigen Jahren im Norden Chinas herrschen, und die der Japanische Abgesandte vermuthlich um seiner eigenen Regierung zu gefallen und eine Intervention Chinas in die Koreanischen Angelegenheiten als unwahrscheinlich darzustellen, schwärzer gemalt hat, als sie wohl wirklich sind.

Auf die hier coursirenden Gerüchte, daß der neue Japanische Abgesandte in Korea erschlagen worden und daß die [sic.] chinesischen Behörden den Koreanern im Falle eines Krieges mit Japan ihre Unterstützung angeboten hätten, dürfte wenig Gewicht zu legen sein; der Japanische Gesandte wenigstens war erst am 25ten Februar c von Nagasaki wo er sich so lange krankheitshalber aufgehalten hatte, via Tsushima nach Korea abgegangen.

Dagegen dürfte es keinen Zweifel unterliegen, daß die Japanische Regierung sich allmälig darüber klar zu machen scheint, daß sie sich in ein über ihre Kräfte gehendes Unternehmen eingelaßen habe; wenigstens erklärte der Minister des A. A. vor wenigen Tagen dem Dolmetscher Kempermann, den ich zu ihm geschickt hatte um zu fragen, ob Nachrichten aus Korea eingetroffen seien, daß einer der Hauptzwecke der Japanischen Regierung bei der Anknüpfung der Unterhandlungen mit Corea der gewesen sei, dieses Land dem fremden Verkehr und Handel zu eröffnen. Ich glaube zwar nicht daß irgend einer meiner Kollegen gesonnen sein dürfte sich irgend wie an dieser Japanisch Koreanischen Verwicklung zu betheiligen, aber die Bemerkung des Ministers verdient der engen Beachtung weil die Regierung bis jetzt ihre Verhandlungen mit Korea sorgfältig geheim gehalten hat, wie ich denn auch die anliegenden Dokumente nur der Indiskretion einiger Beamten verdanke.

Der Bundes Gesandtschaft in Peking habe ich direkt Mittheilung zugehen laßen.

gez. von Brandt.

praes 11. April.

Yokohama, den 17. März 1870.

An den Außerordentlichen Gesandten und Bevollmächtigten Minister des Norddeutschen Bundes
Herrn von Rehfues.
Hochwohlgeboren, Peking.

Im Anschluß an mein ergebenes Schreiben vom 18. Januar c in Betreff der Verwicklungen zwischen Japan und Korea beehre Euerer Hochwohlgeboren ich mich zur gefälligen Kenntnißnahme
1. Abschrift eines Berichts dato 16. März c. an das Bundeskanzler Amt
2. Uebersetzung zweier Japanischen Berichte
3. den Chinesischen [sic.] der in dem ersten dieser Berichte enthaltenen Briefe,
ergebenst zu übersenden.

Brandt.

Abschrift.

Yokohama, den 16. März 1870.

An den Kanzler des Norddeutschen Bundes
Herrn Grafen von Bismarck.
Excellenz, Berlin.

Im Anschluß an meinen ganz gehorsamsten Bericht № 5 vom 18. Januar c in Betreff der augenblicklich schwebenden Verhandlungen zwischen Japan und Korea beehre E. E. ich mich in den Anlagen Uebersetzungen der beiden Berichte zu überreichen welche von den Japanischen bevollmächtigten Offiziere des Prinzen von Tsushima über den Erfolg ihrer Sendung an die Regierung des Mikados gerichtet worden sind.

Der Inhalt dieser Berichte bestäthigt meine frühere Auffassung der Sachlage vollkommen.

Durch ihre vermeintlichen Erfolge gegen das Französische Geschwader unter Admiral Rose /1866/ ermuthigt, weigert sich die Koreanische Regierung irgend welches Abhängigkeits Verhängniß Japan gegenüber anzuerkennen, und hat deshalb nicht einmal das Schreiben des Prinzen von Tsushima annehmen wollen, in dem einige Ausdrücke vorkommen, welche der Regierung von Japan einen höheren Rang als der von Korea anzuweisen scheinen.

Der erste Bericht enthält die zwischen den Bevollmächtigten gewechselten Schriftstücke und gewissermaßen die Protokolle der mündlichen Verhandlungen, der zweite ist ein Bericht der Japanischen Abgesandten über die allgemeine Lage und die Stimmung in Korea.

Aus dem letzteren ergiebt sich, daß in Sufon 1865 als bereits wiederholt von Expeditionen fremder Mächte gegen [sic.] die Rede gewesen war, die Japanische Regierung durch ihren Vertreter, den Prinzen von Tsushima, den Coreanern hat Waffen und Geschütze anbieten lassen und daß auch in den letzten Verhandlungen, die Fragen des Krieges gegen die Fremden und der Verfolgung gegen die Christen wiederholt berührt worden sind; ein Beweis wie lebhaft diese Punkte auch die Japanische Regierung interessieren.

Der die Zustände in Peking erwähnende Theil des Berichts bezieht sich unzweifelhaft auf die Unruhen welche seit einigen Jahren im Norden Chinas herrschen, und die der Japanische Abgesandte vermuthlich um seiner eigenen Regierung zu gefallen und eine Intervention Chinas in die Koreanischen Angelegenheiten als unwahrscheinlich darzustellen, schwärzer gemalt hat, als sie wohl wirklich sind.

Auf die hier coursirenden Gerüchte, daß der neue Japanische Abgesandte in Korea erschlagen worden und daß die [sic.] chinesischen Behörden den Koreanern im Falle eines Krieges mit Japan ihre Unterstützung angeboten hätten, dürfte wenig Gewicht zu legen sein; der Japanische Gesandte wenigstens war erst am 25. Februar c von Nagasaki wo er sich so lange krankheitshalber aufgehalten hatte, via Tsushima nach Korea abgegangen.

Dagegen dürfte es keinen Zweifel unterliegen, daß die Japanische Regierung sich allmälig darüber klar zu machen scheint, daß sie sich in ein über ihre Kräfte gehendes Unternehmen eingelaßen habe; wenigstens erklärte der Minister des A. A. vor wenigen Tagen dem Dolmetscher Kempermann, den ich zu ihm geschickt hatte um zu fragen, ob Nachrichten aus Korea eingetroffen seien, daß einer der Hauptzwecke der Japanischen Regierung bei der Anknüpfung der Unterhandlungen mit Corea der gewesen sei, dieses Land dem fremden Verkehr und Handel zu eröffnen. Ich glaube zwar nicht daß irgend einer meiner Kollegen gesonnen sein dürfte sich irgend wie an dieser Japanisch Koreanischen Verwicklung zu betheiligen, aber die Bemerkung des Ministers verdient der engen Beachtung weil die Regierung bis jetzt ihre Verhandlungen mit Korea sorgfältig geheim gehalten hat, wie ich denn auch die anliegenden Dokumente nur der Indiskretion einiger Beamten verdanke.

Der Bundes Gesandtschaft in Peking habe ich direkt Mittheilung zugehen laßen.

gez. von Brandt.

Übersetzung.

Verhandlungen mit Korea.

Tats (1868), 10. Monat.

Vor dem Abgange des Gesandten, der der Coreanischen Regierung über den Zustand der Kaiserlichen Regierung berichten sollte, war ein Brief nach Korea geschickt worden, in dem die Ausfertigung eines neuen Siegels u.s.w. mitgetheilt und bezüglich der bevorstehenden Ankündigung des Antritts der neuen Regierung Erklärungen gegeben werden. Ein Beamter jenes Landes, der den Titel Djin Kets Kundo[2] führt, hatte eine Abschrift des Briefes in Empfang genommen[3], und geantwortet, er habe den Inhalt des Briefes dem Fushi[4] von Torai (Stadt) mitgetheilt, der darüber wahrlich nach der Hauptstadt berichten werde. ‒

Der vor Abgang des Gesandten abgesandte Brief lautet:

Ich habe mitzutheilen, daß vor einiger Zeit in unserem Lande die Lage der Dinge sehr geändert worden, und die Regierungsgewalt an den Kaiserlichen Hof zurückgegangen ist. Ihr die Ihr seit alters durch Freundschaft und Nachbarlichkeit mit unserem Lande verbunden seit, freut Ihr Euch hierüber nicht?

In einigen Tagen werde ich einen Boten zu Euch schicken, der die augenblicklichen Verhältnisse Euch klar vorlegen wird; ich unterlasse deshalb in diesem Schreiben des weiteren darüber zu sprechen.

Ich selbst bin jüngst einem Kaiserlichen Befehle folgend nach Kioto gegangen; der Kaiser hat mich besonders wegen meiner früheren Verdienste belobt und mich zum Sakonye Shojo ernannt.

Ferner hat er mich aufs neue in dem Amte, welches ich mit Bezug auf die nachbarliche Freundschaft Euch gegenüber einnehme, bestättigt, und ich werde es für ewige Zeiten verwalten.

Außerdem hat Seine Majestät mir ein neues Siegel eingehändigt. Um das Wichtigste

---

2 Es giebt in Korea 30 Beamte, die japanisch Hanji genant werden und welche die Wortführer in den Verhandlungen sind. Von diesen waren zwei, welche den Titel Kunda bessa führten, von der Hauptstadt heruntergekommen, um die auf die Beziehungen der beiden Länder bezüglichen Geschäfte zu führen. Diese Beamten werden auch Djin Ketsdjinkan genant.

3 Nach dem zwischen beiden Ländern bezüglich der Beantwortung von offiziellen Briefen bestehenden Ceremoniells wird von dem zu übergebende Briefe zuerst vertraulich Kenntniß genommen, dann derselbe angenommen.

4 Der Fushi von der Landschaft Torai der Provinz Keisho ist mit der Führung der die Freundschaftsangelegenheiten beider Länder betreffenden Geschäften betraut.

in einigen Worten zusammenzufassen, so ist des Kaisers Wunsch, die Freundschaft mit Euch enger zu knüpfen und unwandelbar zu machen. Eine Intention, derer meine Bewunderung ohne Gränzen ist

Durch den Gesandten werde ich Euch ein mit dem neuen Siegel versehenes Schreiben zustellen lassen, welches die wahre Gesinnung des Kaiserlichen Hofes offenbart. Nehmt es gut auf. Ferner was die Gebietslisten Eueres Landes anbetrifft, die wir von alters her von Euch empfangen, so müssen dieselben da Ihr sie uns in Folge Euerer tiefen Freundschaft zu uns gegeben, nicht leichtfertig und oberflächlich verbessert werden. Aber dies ist eine Angelegenheit, die allein dem Befehle des Kaiserlichen Hofes unterworfen ist, um nichts darf ich durch eigenmächtiges Handeln die öffentlichen Interessen schädigen. Dies ist meine wahre Gesinnung. Mein sehnlichster Wunsch aber, daß Euere Regierung meine Worte anerkenne.

Das in obigem Briefe erwähnte Kaiserliche Schreiben wurde von einem Risei des Fürsten von Tsujima, der den Titel Taisanshi führte nach Korea gebracht.

Dasselbe lautet:

Das Kaiserliche Geschlecht hat sich ununterbrochen von Generation zu Generation fortgepflanzt. Ueber 2000 Jahre hatte es die Regierung geführt. Aber im Mittelalter wurde die Kriegerische Macht den Shogun anvertraut und mit dieser die Unterhaltung der freundlichen Beziehungen mit den fremden Ländern. Unter dem Shogun Iyeyas aus dem Hause Minamoto wurde Jedo der Sitz der Regierung. Zehn und mehre Menschenalter hierdrauf bestand diese. Aber es war unmöglich, daß der lange Frieden ohne Störung blieb. Die Zeit und die Verhältnisse brachten einen Widerspruch hervor und so kam es, daß der Kaiserliche Hof wieder an die Spitze der Staats-Regierung gelangte. Jetzt soll nun die große Schnur des Staatsnetzes fester angespannt, alles untersucht und erneuert werden, und auch die nachbarliche Freundschaft zu ordnen ist unser größter Wunsch. Alt ist der Bestand der Freundschaft zwischen unsern beiden Ländern. Die Freundschaft fester und inniger zu schließen und für ewig unwandelbar zu machen, ist die Absicht der Kaiserlichen Regierung. Deshalb schicken wir einen Gesandten zu Euch. Unser Wunsch ist, daß Ihr damit einverstanden seid.

12. Monat.

Als der Kundo gefragt wurde, ob er ob er den vor einigen Tagen eingetroffenen Brief von Tsujima, der die Gesandtschaft anmeldet, übergeben habe, antwortete er, da das Jahr doch bald zu Ende sei, werde er bis zum nächsten Jahre, um darüber zu discutiren, warten. Wir erklärten uns damit einverstanden.

Mi (1869), 1. Monat.

Da das neue Jahr bereits angetreten, die Antwort aber noch nicht eingetroffen, so fanden mit den Spracheführern (Dengokan) vielfache Unterhandlungen statt. Es wurde uns mitgetheilt, die Regierung seit mit der Berathung beschäftigt, wir möchten uns gedulden, bis eine Antwort aus der Hauptstadt eingetroffen. Der Kundo kam selbst nicht, sondern ließ sich wegen Krankheit entschuldigen.

2. Monat.

In den ersten Tagen dieses Monats wurden wir zu verschiedenen Malen vorstellig, um eine Antwort zu erhalten. Inzwischen traf Oshima Tomonojo mit Befehlen von der Kaiserlichen Regierung ein. Es wurde nun ernstlich verlangt, daß der Kundo herunterkomme, auch traf derselbe am 16. ein. Der Kandenkan (der 1. unter den japanischen Wortführern hatte schon darauf aufmerksam gemacht, daß die Verzögerung dazu beitragen werde, daß das Verhältniß beider Länder im japanischen Staatsrathe zum Gegenstand ernstlicher Discussionen gemacht werde. Auch der Kanshukan (derjenige unter den Beamten Tsujima's, der die Angelegenheiten mit Korea besorgt) machte ernstliche Vorhaltungen, und als man ihn coreanischer Seits entgegenhielt, der Brief sei nicht brauchgerecht abgefasst, gab er die genausten Erklärungen, so daß der Kundo ziemlich einverstanden zu sein schien, und bat, man möchte sich mit der Antwort noch diesen Monat gedulden; wenn bis zum 30. des nächsten Monats keine Mittheilung aus der Hauptstadt eingetroffen sei, werde er das Schreiben übergeben.

Am 29. kam der Kundo zu uns und erzählte, daß aus der Hauptstadt Nachrichten eingetroffen seien. Die Discussion sei eine äußerst heftige gewesen, er hätte die bei derselben zur Geltung gebrachten Ideen aufgeschrieben und in einem Schreiben zusammengestellt, das er gleichzeitig überreichte. Der Kandenkan sah auf den ersten Blick, daß das Schreiben nicht in der nöthigen Form abgefasst sei, nun erklärte derselbe, das Schreiben den betreffenden Behörden nicht übergeben zu können. Der Kundo erwiederte, er habe nicht seine eigenen Ansichten sondern auf höheren Befehl den Gang der Verhandlungen, die im Schoße der Regierung stattgefunden, aufgeschrieben, man möge das Schriftstück deshalb nicht als Schreiben ansehen, die ungehörigen Ausdrücke unberücksichtigt lassen und blos den Inhalt, den höheren japanischen Beamten mittheilen. Darauf nahm der Kandenkan es vertraulich in Empfang und die Beamten nahmen später von dem Inhalte desselben vertraulich Kenntniß.

Das Schriftstück des Kundo.

Die Freundschaft, welche seit alters zwischen unseren beiden Ländern besteht, ist wie das Verhältniß älterer und jüngerer Brüder, das gegenseitige Zutrauen ist fest und ewig, und eher würden Berge flach werden wie ein Rasiermesser und des Flusse Bette sich verengen zu der winzigen Breite eines Obi, als daß dieses Verhältniß zerstört werde. Wir haben ein japanisches Palais gebaut und von beiden Seiten ist an der Aufrechterhaltung der gegenseitigen Zuneigung gewirkt worden. Dies sei die ursprüngliche Norm und das ursprüngliche Gesetz. Und ist in den 300 Jahren dieses Gesetz einmal mißachtet worden? Die Regierung hat es in Kraft gesetzt und das Volk ihm nachgelebt. Die Beamten der beiden Länder, indem sie das Gesetz in ihr Herz aufnahmen, haben den alten Brauch unverändert gewahrt. Wenn jetzt diejenigen, die die gegenseitigen Beziehungen regeln, jenen alten Brauch aufgeben, was wollen sie an seine Stelle setzen?

Ueber den Brief, der uns zugestellt worden, ist mehre Monate hierauf berathen worden. Um es gleich herauszusetzen, ist die Correspondenz ein ganz wichtiger Punkt in unseren Verkehrsbestimmungen, und wir können Ihren Brief nur dann der Regierung vorlegen, wenn wir über die Verletzung der Etikette wegsehen. Nach dem Herkommen muß die Ankunft und der Abgang von Schiffen Ihres Landes der Regierung mitgetheilt werden, und als ich demgemäß das Schreiben nach Nansien (Hauptstadt von Korea) abschicken wollte und dasselbe besah, fand ich, daß die Aufschrift[5] des Couverts von der bisher gebräuchlichen verschieden war. Es ist zwar bekannt, daß der Rang des Fürsten erhöht worden, aber was bedeutet Asan (kaiserlicher Diener) unter dem Namen? Obschon es nun einfach wäre, daß wir in unserer Antwort ganz nach dem Beispiel des Briefes uns richteten, fürchten wir doch, das Gelächter der anderen Länder, wenn diese davon hören, auf uns zu ziehen. Dies ist nun erst ein Punkt von secundärer Bedeutung. Der Wortlaut des Schreibens selbst enthält viele Verletzungen des bisher Gebräuchlichen. Um als wir die Phrase lasen: „und nicht darf durch eigenmächtiges Handeln die öffentlichen Interessen schätzen" sowie, daß die von uns angefertigten und an Sie übersandten Gebietslisten mit dem Siegel zurückgeschickt und revidirt werden mußten, da standen wir sprachlos mit geöffnetem Munde und erhobener Zunge. Daß wir früher ein Siegel an Sie schickten, geschah nicht allein deshalb, weil es verlangt wurde, sondern aus Freundschaft und Zuneigung. Wenn jetzt plötzlich ein neues Siegel uns octroyirt werden soll, ist das dazu angethan, um nach denselben Bestimmungen die nachbarliche Freundschaft zu befestigen? Wegen der oben angeführten Punkte nun ist es unmöglich, den Brief der Regierung zuzustellen. Auch die beiden Gouverneure von diesem Fu (Torai) und von Fusan, denen ich davon Mittheilung gemacht hatte, sind mit Bezug auf das Schreiben von der Ankunft des Schiffes mit dem japanischen Gesandten an Bord, derselben Meinung. Und wenn ich

---

5 Auf den japanischen Briefcouverts steht immer der Name des Absenders.

meine Befürchtung aussprechen soll, so werden mir diese nicht allein befehlen, den Brief nicht anzunehmen, sondern mir auch zu verstehen geben, daß sie mit weiteren Fragen über diesen Gegenstand nicht mehr belästigt zu sein wünschen. In der persönlichen Lage, in der ich mich befinde, erwarte ich unterthänigst Ihr Urtheil, aber dies betrübt mich durchaus nicht. Obschon ich in amtlicher Stellung zu Ihnen spreche, kann ich Ihrem Lande nur der Wahrheit gemäß antworten. –

Wenn jetzt plötzlich ein neues Siegel eingeführt wird, werden endlose Schwierigkeiten entstehen, daher bitte ich Sie Bedachtzunehmen, daß die öffentlichen Angelegenheiten nicht unnöthiger Weise Beeinträchtigungen ausgesetzt werden. Dies ist mein einziger Wunsch. –

2. Monat.

Am letzten Tage d. M. hatten der Kanjukanjikan und der Kundo eine Unterredung. Er sagte, daß mit Bezug auf das Schreiben als einem formwidrigen und nicht acceptirbaren von der Hauptstadt die strengsten Befehle eingetroffen wären, so daß jetzt weder der Fushi (oder Shido) noch die Finkets weiter in der Sache etwas thun könnten. Er hätte zwar das Versprechen gegeben, das Schreiben am 3. des zunftigen Monats einzurichten, aber dies unter der Bedingung, daß inzwischen aus der Hauptstadt keine bestimmten Weisungen einträfen. Es wurde ihm unsererseits erwidert, daß wie ihm vorher auseinandergesetzt worden, durchaus von Ungehörigkeiten in dem Schreiben keine Rede sei, aber inzwischen brach die Nacht herein, und es war schon die Zeit des Hahnenschreis herangekommen, ohne daß ein fester Plan hätte determinirt werden können. Der Kundo wurde darauf nach Hause entlassen, nachdem er versprochen am 3. Tage wiederzukommen.

3. Monat.

Am 3. erschien der Kundo und theilte dem Kandenkan mit, daß der Inhalt des Schreibens, das er neulich übergeben, von der Regierung vorgeschrieben worden. Da es nun unumgänglich nöthig sei, daß die Japaner den von Tsujima übersandten Brief zurücknähmen, und ihre mündlichen Erklärungen weder den Fushi geschweige die Regierung befriedigen könnten, so wäre es gut, wenn sie eine schriftliche Antwort auf das von ihm (dem Kundo) übergebene Schreiben einreichten.

Am selben Tage sagte der KanjuKanjikan dem Kundo: Wenn wirklich wie vor einigen Tagen von Ihrer Hauptstadt gemeldet worden sei, unser Schreiben Ungehörigkeiten enthält, so werden wir dasselbe verbessern. Daß aber ein Schreiben, welches die gegenseitigen Freundschaftsbeziehungen zum Gegenstand seines Inhaltes hat, von der Coreanischen Regierung nicht einmal angesehen, sondern über Kleinigkeiten, die den Stil und die

Schreibform betreffen Verhandlungen geführt werden, ist ein Insult gegen den Gesandten und ein solches Verfahren kann durchaus nicht als geeignet zur Stärkung der gegenseitigen Beziehungen bezeichnet werden. Ferner ist es unstatthaft, ein Versprechen, das einmal gegeben, unerfüllt zu lassen, und der Brief muß angenommen werden. Der Kundo [*sic.*] dies und jenes. Unterdessen war es der 4. Tag gewesen. Der Kundo sagte, daß er die Erklärungen, die ihm gegeben, klar aufgefaßt habe, aber da die Erklärungen von der Regierung so strenge seien, wäre ihm der Weg, die Schwierigkeiten zu lösen, versperrt. Wenn er daher keinen weiteren Plan vor Augen habe, wie er helfen könne, so wolle er doch sein Bestes thun, man möge ihn nur die Erklärungsschrift der angefochtenen Punkte geben, vielleicht könne er so etwas erreichen. Darauf nun beriethen sich die beiden Kanjukanjikan und ließen von dem Kandenkan ein Schriftstück anfertigen, das dem Kundo übergeben wurde, der am 6. die Antwort zu bringen versprach. –

Die Erklärungsschrift.

Den uns von dem Kanjukanjikan ertheilten Weisungen gemäß, habe ich vorliegendes Schreiben abgefaßt und stelle es dem Reikan zu.

Die nachbarliche Freundschaft hat ihren Bestand in der Hochhaltung der Wahrheit. Wie aber kann man von Wahrheit sprechen, wenn Wort und Wirklichkeit sich gegenübersetzen, und der Mann dem Wahren widerstreitet.

Der Shotei hat unlängst meines Gebieters Rang erhöht; dies sofort der Wahrheit gemäß Korea mitzutheilen, erfrischt die nachbarliche Freundschaft. Können wir da dem Wunsche des Kundo folgend unserem Herren die früheren Titel beilegen und so für den Augenblick zwar einen friedlichen Ausgleich schaffen, im übrigen aber den Kaiserlichen Befehl verhöhnen, das Nachbarland belügen u. das Zutrauen beider Theile vernichten? Nach des Kundos Anschauung wäre das nichts weiteres als von unserer Machtvollkommenheit Gebrauch machen; wir betrachten dies als eine unernste Handlung. Uebrigens giebt das Beispiel des Jahres [*sic.*] klaren Aufschluß hierüber. Wenn anstatt der nicht endenden Discussion die Anschriften des Korlokan (Oberste Koreanische Regierungsbehörde) wiedergeschrieben und uns so übermittelt würden, so wären fernere Worte überflüssig. Was die Worte: „Kaiserlicher Diener" (Ason) anbetrifft, so werden dieselben dem Namen beigefügt, und einer alten Einrichtung des Kaiserreiches gemäß, den Unterschied der hohen und niederen Herkunft anzudeuten. Die anderen Namen werden, um den Stand des Betreffenden zu bezeichnen mit dem Familiennamen verbunden.

Die hohen Kaiserlichen Ahnen haben die Familien immer hochgeschätzt, und deshalb muß es auch jetzt geschehen.

Nachdem das Kaiserthum wieder restaurirt worden, hat man die alten Gesetze wieder aufgesucht; daß Ason Diener des Kaiserlichen Hofes bedeutet, dieses Bedenken ist durch die falsche Interpretation dieses Ausdrucks durch den Kundo entstanden: Grund zu dieser Auffassung mag wohl vorgelegen haben; denn giebt es wol auf der weiten Welt einen, der nicht Herr oder Diener sei? Wenn auf dem Briefe der Name des Landes geschrieben, so wie das Amt des [sic.].

Uebrigens brauchen wir hierüber gar keine Worte zu verlieren. Der Kaiser, deßen Familienname unveränderlich ist, hat auf die Hunderttausende und Millionen als Herrscher herabschauend seit über 2000 Jahren die Regierung geführt. Korea weiß dieses sehr wol, es findet dies in seinen Büchern niedergeschrieben, so daß es nicht mehr nöthig ist, weiter hierüber zu sprechen. Jetzt ist in unserem Lande die Regierung reformiert, der Kaiser prüft und erneuert alles, dies Korea mitzutheilen ist billig und recht. Welchen Grund kann man haben, die Bezeichnung Ko zu hassen? In den Briefen, welche Korea von alters her an uns geschickt, wendet es mit Bezug auf China die Ausdrücke Tenco und Koco an. Was soll das bedeuten? Und was die Anordnung und Folge der Charactere anbetrifft, so hatte doch auch die Baku-Regierung dafür bestimmte Verordnungen. Ueberhaupt soll man nicht auf die Fassung sehen, sondern den Inhalt sich merken. Ferner bezeichnet der Kundo den Ausdruck: „und nicht darf ich durch eigenmächtiges Handeln die Öffentlichen Interessen gefährden" als unpassend. Um diesen Ausdruck kurz zu erklären und die Zweifel zu lösen, bemerken wir, daß im Mittelalter, wo in unserem Lande Krieg und Aufruhr herrschten, die Befehle des Kaisers nicht überall befolgt wurden, unser [sic.] Vaterland schickte ohne die Befehle des Kaisers abzuwarten eine Mission nach Korea und erhielt die Gebietslisten und ein Siegel, das ist der Ursprung der tiefen und herzlichen Freundschaft zwischen den beiden Ländern. Und nicht darf heute hastig etwas daran geändert werden. Nun aber ist der Kaiserthum restaurirt worden, die nachbarliche Freundschaft beider Länder einiger zu gestalten, ist ein Kaiserlicher Befehl erschienen, ein Siegel wird verliehen zur Beurkundung der Wahrheit und Aufrichtigkeit. Der Befehl des Kaiserlichen Hofes, die Freundschaft zu regeln, die Verleihung eines Siegels, das bezeichnen wir mit öffentlichen Interessen, öffentlicher Freundschaft. Wenn unser engeres Vaterland die von alters empfangenen Gebietslisten und das Siegel ändern zu lassen sich weigerte, so wäre das persönliche Freundschaft und Eigenmächtigkeit. Ihrer Natur nach vernichteten die öffentlichen Interessen die Eigenmächtigkeit und das große Verhältniß von Herr und Diener tritt zu Tage. Dies ist die Erklärung von „und nicht darf ich durch eigenmächtiges Handeln die öffentlichen Interessen schädigen. Unser engeres Vaterland, das stets die Freundschaft hoch gehalten, folgt einer Pflicht, indem es jetzt das Recht offenbar macht. Wenn man unbekannt mit diesen Beweggründen Mund und Lippen nicht spärt, sondern disputirt, so heißt das der nachbarliche Freundschaft widerstreben und man kann nichts anderes sagen, als daß die Koreaner das gegenwärtige Verhältniß zu Grunde richten.

3. Monat.

Am 7. Tage konnte der Kundo nicht kommen, weil er wie er uns wissen ließ, krank wäre. In der Nacht zum 8. zeigte er uns seine Ankunft an, die am 9. stattfand. Auf das Befragen unserer Beamten, ob er mit Rücksicht auf das unsererseits übergebene Erklärungsschreiben eine Antwort empfangen habe, erwiderte er, es seien vor einigen Tagen wieder Weisungen aus der Hauptstadt eingetroffen, die Discussion sei eine sehr verwickelte und schwierige geworden, an eine Präsentation vorgenannten Schreibens sei deshalb gar nicht zu denken. Er wisse sehr wol, daß man, wenn er es für unmöglich erkläre, das Schreiben zu übergeben, ihn der Nachläßigkeit und Pflichtvergeßenheit zeihen werde, und er sei deshalb heruntergekommen, um den Zustand des Landes klar auseinanderzusetzen. Obschon es zu seiner Schande gereiche, müße er gestehen, daß nach dem Kriege mit Frankreich die Kriegerkaste die Staatsgewalt sich zu eigen gemacht habe und so jetzt, was sonst noch nie dagewesen, zwei Aemter verwalte (d. i. Kriegskünste und Staatsregierung).[6] Man müsse anerkennen, daß die Kriegskaste sich durch die Begeisterungsfähigkeit und rasche mannliche Entschloßenheit ihrer Angehörigen stets ausgezeichnet habe, ob sie aber auf die Dauer die Regierung zum Besten des Landes führen werde, sei schwer zu sagen. Bisher hatte die Gelehrtenklasse die Pflege des Freundschaftsverhältnisses mit Nippon zu ihren [*sic*.] gezählt, da aber die Kriegerkaste sich jetzt nicht wenig zu den darauf bezüglichen Fragen betheiligen werde, so sähe er, wenn er eigenmächtig das Schreiben des Fürsten übergebe, nichts vor sich, als die Gewißheit seiner strengen Strafe. Ueberhaupt gingen die öffentlichen Geschäfte nur langsam vorwärts, man müße deshalb die Hoffnung, die Angelegenheit schnell zu beenden, ganz fahren lassen und versuchen allmählich zum Ziele zu gelangen.

Der Kundo bat uns von dieser Erklärung die beste Notiz zu nehmen und so gelang es uns nicht, eine Antwort von ihm zu erhalten. Außerdem wurden wir uns aus dieser ganzen Verhandlung, die keinen Theil weiter führte, bewußt, wie der Kundo, nachdem wir ihn durch das Erklärungsschreiben die Möglichkeit benommen, uns in Betreff des Briefes Vorwürfe zu machen, jetzt den Zustand des Landes in die Discussion zog, um uns auch diesmal wieder entkommen zu können. Indem wir ihm daher das Unlogische seiner bisherigen Antworten vorhielten, kündigten wir ihm an, daß er unser Haus nicht mehr verlassen dürfe, bis er den Brief abgeschickt habe. Schließlich drängten wir ihn noch so,

---

6 Die Gelehrtenkaste habe sich von ihrer Bestürzung noch nicht erholt und sei zu allem Handeln unentschloßen.

daß er uns folgenden Brief übergab.

Ihr Erklärungsschreiben habe ich ehrerbietigst gesehen und von dem Inhalte desselben den Fushi in Kenntniß gesetzt. Der Fushi fragte mich, warum ich ihm dieses mittheile. Ich erwiederte, obschon die vorliegende Frage sowohl nach innen wie nach außen hin sehr unangenehm für das Land sei, kann ich doch nicht allein handeln. Sollte es nicht gehen, daß diese Antwort der japanischen Beamten der Regierung der Hauptstadt mitgetheilt werde, der Fushi erwiderte „die Regierung hat befohlen, daß die Freundschaftsbeziehungen zwischen beiden Ländern ganz genau den alten Bräuchen und Bestimmungen gemäß gehandhabt werden müßten; sowie daß der Brief, wenn er die alten Bestimmungen verletzendes enthalte, nicht zu präsentieren sei. In Folge dessen steht es weder mir noch Ihnen dem Kundo zu, über das Uebergeben und Nichtübergeben länger zu discutiren. Es scheint mir überhaupt, als wenn Sie Kundo, die Bemerkungen der japanischen Beamten und auf das Sorgfältigste wiedergegeben sich beweisen, unsere Bemerkungen aber und den Befehl der Regierung jenen gar nicht mittheilen. So tadelte mich der Fushi und ich kam dehmütig nach hier zurück. –

Den 3. Monat.

Der Kundo blieb vom 9. bis zum 17. in unserem Hause. Während dieser Zeit fragten ihn der Kandenkan aus. Allein der Kundo war sehr traurig und niedergeschlagen und es schien, daß er, obschon Vermittler zwischen beiden Theilen, nicht gewillt sei, die ihm ertheilten Befugnisse zu überschreiten. Er bat uns dringend, ihn doch in seine Wohnung zurückkehren zu lassen und ergoß sich in Betheuerungen, daß er sein Bestes für uns thun werde. Wir beschloßen, da es doch unnöthig, ihn länger festzuhalten, ihm zu erlauben wegzugehen. Die während seines Aufenthaltes in unserem Hause von dem Kanjuikanji geführten Unterhandlungen sowie die vertraulichen Mittheilungen deßelben an die Denkan sind kurz niedergeschrieben worden.

Am 17. wurde dem Kundo mitgetheilt, daß wenn wir den Fushi nicht persönlich sprächen, das Verhältniß der beiden Länder beiden Theilen unmöglich hinreichend klar werden könnte, und wir deshalb am 17. oder 18. in unserem Hause eine Thee Festlichkeit bereiten möchten und ihn ersuchen, uns mitzutheilen, welcher Tag dem Fushi genehm sei. Der Taishushi ließ den Kundo noch besonders zu sich rufen und sagte ihm, Er sei sehr besorgt, daß die Koreanische Regierung dadurch daß ein Gesandter, der nicht den bisherigen Bestimmungen gemäß sei, gekommen, um die Wiederherstellung der Kaiserlichen Regierung anzuzeigen, beunruhigt sein konnte. Die hierzu nöthigen Erklärungen seien gerade in dem Briefe gegeben, worüber man jetzt seit Monaten discutire. Da Gefahr vorhanden sei, daß die Mission, die ihnen zu Theil geworden, sonst ohne Resultat bliebe, so wolle er von der Hand absehen, ob der Brief angenommen werde oder nicht, er möchte aber das Verlangen stellen, daß der Brief dessen Ueberbringer er sei, (d. i. der Brief der Kaiserlichen Regierung) in Empfang genommen werde. Seine Mission sei allerdings keine tractatmäßige, eben deshalb aber habe sie sich auch nicht nach den Bestimmungen, welche sich auf die Freundschaftsbeziehungen mit der Baku-Regierung bezogen, zu richten. Der Fushi möge mir selbst zu ihm kommen, ob er den Brief annehm oder nicht, jedenfalls möchte er mit der ganzen Angelegenheit schnell und glücklich zu Ende zu kommen suchen. Ueber die verschiedenen Details, die sich auf den freundschaftlichen Verkehr beziehen, könne man später unterhandeln, er wolle nur die augenblicklichen Verhältnisse seines Landes darlegen. Der Kundo erwiederte, er habe alles genau verstanden, aber er müsse bedenken, daß der Brief von Tsujima noch immer nicht abgegeben, daß mit Bezug auf den Gesandten auch Bestimmungen existieren, er also selbst nicht entscheiden könne, er wolle aber alles dem Fushi melden und dessen Antwort überbringen. –

Am 17. kam der Kundo und sagte der Fushi von Torai und der Kenschi von Fusan seien beide durch Krankheit verhindert zu kommen, so könnten für die Zukunft noch keinen Tag bestimmen und bäten um Aufschub. Es wurde ihm erwidert, daß man obschon das gegen die Verträge sei, dann selbst sowohl nach Torai wie nach Fusan gehen werde. Der Kundo replicirte, da die Krankheit so bedeutend sei, daß die beiden Beamten nicht kommen könnten, so würde man auch, wenn man zu ihnen gehe, keine Gelegenheit erhalten, sie zu sehen, man möge deswegen auch hiermit ein wenig warten. Am nämlichen Tage ließ der Kundo durch einen Dengokan sagen, er habe Nachrichten aus Taikiu, die ihn zwängen, am 21ten dorthin zu gehen. Nun hatte es uns häufiger geschienen, als ob der Kundo ueber seine Reisen nach Taikiu die nach der Hauptstadt verberge; denn der Oberspion von Taikiu ist ein gewöhnlicher oberer Beamter, der vermöge seiner Amtsbefugnisse in Sachen, wie der vorliegenden, nichts beschließen kann. Wir vermutheten, daß die Zurückhaltung des Kundo in unserem Hause, die Einladung zum Theefeste und das Verlangen in Betreff der Uebergabe des Schreibens des Taishushi die Regierung in der Hauptstadt in einige Verlegenheit gebracht haben könne. Uebrigens mußte ja das Benehmen des Kundo bei seiner Rückkunft alles aufklären. –

Obiges für die Verhandlungen mit Korea bis Mitte des 3. Monats.

Während seines Aufenthalts in unserem Hause hatte sich der Kundo in seiner Trostlosigkeit gegen den Kandenkan folgender Maßen vertraulich geäußert. –
Die Regierung hat in 3 Punkten Argwohn gegen Japan. Unsere Freundschaft mit Japan rührt aus der engen Verbindung mit Tsujima her. Wenn wir diesem Lande aber

nachbarlichen Verkehr gestattet haben, was geht das den Kaiser und den Kuambaku an? Wenn wir aber so viele Jahre fürdurch in Freundschaft mit Tsujima verbunden sind, muß dieses sich nicht dagegen erheben, daß uns von der Hauptstadt Nippon's unangenehme Neuerungen mitgetheilt werden. Um wie viel weniger darf es unser Ohr erschrecken und unser Land quälen? Und nun gar selbst alles dieser anzettele! Wir werden immer unklare Antworten geben, Tsujima Unannehmlichkeiten bereiten, uns nicht bangen, uns wehren und auflehnen, Ausflucht suchen und Tsujima's Amt sich wie mit Erfolg krönen laßen.

Wenn wir ihm die Getreideabgaben vorenthalten und so seine Einwohner in Noth versetzen, wird es zu der Einsicht kommen, daß es nur gegen seine Hauptstadt beistehen muß. Die Kriegsmacht Nippons war früher den Schogunen anvertraut, die auch die Freundschaftsbeziehungen zu den fremden Ländern regelten, heißt es; jetzt sei es anders geworden, man sucht jetzt mit Redensarten zu operiren wie: der Kaiser will die nachbarliche Freundschaft neu gestalten. Obschon die Macht der östlichen Hauptstadt in Murashi (Jedo) anvertraut war, hat doch der Kaiser das Land regiert und mit Bezug auf die Freundschaftsverhältniße mit fremden Ländern mußten seine Befehle eingeholt werden. Vom Kaiser sind also immer die Befehle ausgegangen, und wenn auch jetzt der Kuambaku nicht mehr existirt und die Regierung neu gestaltet worden, so wäre es doch nicht unpaßend, wenn man mit der Pflege der Freundschaftsbeziehungen auch jetzt noch hohe Beamte betraute. Obschon Nippon jetzt nicht vorhat, die Freundschaft zu uns zu zerstören, sind diese Redensarten von „Kaiserlich" &c. doch nichts anderes als [sic.], uns nach und nach zu Dienern des Kaisers zu machen.

Wir müßen deshalb vonanfang an auf der Hut sein.

Wir wißen, daß Nippon von jeher unersättlich gewesen. Wenn wir den Brief, von dem die Rede ist, annehmen, so ist es allerdings richtig, was Sie sagen, daß wir nach unserem Belieben antworten können. Wenn wir den Brief aber annehmen, so können wir nichts anderes antworten, als daß wir die neue Freundschaft nicht wollen.

Ihre ganze Absicht ist, nur durch Ihre gegenwärtigen Ansprüche zu Beleidigungen zu reizen, wir werden uns deshalb hüten zu sagen, daß wir die neue Freundschaft nicht haben, wir werden Ausflüchte suchen und ausweichende Antworten geben und sonst Ihre neue Freundschaft als etwas Begehrenswertes behandeln. Wir werden uns immer hinter die Ehrfrucht vor den alten Gesetzen und die Heilighaltung der alten Verträge decken und weiteres unter dunkeln und listigen Plänen abwarten. Kommt dann die Zeit, wo Japan die Geduld reißt, so ist die Schuld auf Seiten Japans, wir aber werden dann mit unserer ganzen Kraft den Kampf aufnehmen. –

f. d. U.

gez. Kempermann.

Uebersetzung.

Das Fürstenhaus von Korea hat nur wenige Mitglieder, der jetzige Fürst ist ein entfernter Verwandter desselben und kam im Jahre Ki no ge ne (1864) durch den Tod des Fürsten Risho auf den Thron, damals zählte er 17 Jahre. In seinem 19. Jahre wurde ihm ein Sohn geboren. Jetzt zählt er 22 Jahre. Der Vater des Fürsten ist Risho vo und führt den Titel Tainikun (großer Herr) derselbe führt die Regierung. Er lebt verschwenderisch und luxuriös, empfängt heimlich Leute bei sich und läßt sich ganz öffentlich bestechen. Obschon das Volk hiermit sehr unzufrieden ist, erträgt es doch alles geduldig und zeigt keine Spur von Ungehorsam, denn es ist eingeschüchtert durch die große Macht des Tainikun und seinem heldenmütigen Plan die fremden Schiffe zu vertreiben, das Verhalten des Volkes gleicht dem Firmamente, an dem sich dichte Wolken zusammengezogen, ohne daß jedoch der Regen hervorbricht. Der jetzige Kiyo Gisei ist Kinheigaku, 40 Jahre alt; der Sagisei Sodjuboku; der Yugisei Posten ist vakant. Der Shi (Gouverneur) des Fuo Torai ist Rickentoku, ein großer Günstling des Tainikun; obschon er im 6. Monat von seinem Posten abgelöst werden soll, wird er auf höheren Befehl doch noch bleiben. Der Kundo Anschunkai hatte den Tainikun, als dieser noch unbedeutend war, im Beten Unterricht erteilt, deshalb steht er bei ihm in hohe Gunst und kann ihm nach Belieben Briefe zustellen, er besorgt die Privat und öffentlichen Angelegenheiten des Tainikun und führt die verschiedensten Aufträge derselben selbst aus.

Nach der Anschauung der Koreaner sind Verschmitztheit und Verschlagenheit große geistige Fähigkeiten und Talente und es liegt deshalb in der Art der Eingeborenen, daß sie durch Verschlossenheit und Schlauheit zu [sic.]iren suchen. Der Kundo ist im Gegentheil immer recht offen und lebhaft, aber jener eigenthümliche Volkeszug tritt bei der Behandlung von öffentlichen Angelegenheiten zu Tage; derselbe ist äußerst geübt mit der Feder.

Der [sic.] des Fu Torai und der Kenschi von Fusan werden die beiden Shido genannt; sie leiten auch die Angelegenheiten mit den befreundeten Ländern. Der [sic.] von Torai ist Staatsmann, der Kenshi von Fusan Krieger, [sic.] wohl jeder, der eine die Regierungs, der andere die Militair Angelegenheiten leitet ist doch die Macht des [sic.] von Torai bei weitem die bedeutendere. Der Kundo und der [sic.] werden die beiden Yaku (Dolmetscher) genannt. Sie werden aus den dreißig Japanischen Handjis gewählt und residiren in [sic.]. Sie besorgen alle kleinen und großen Angelegenheiten, die sich auf die nachbarliche Freundschaft beziehen als Vermittler und sind so die Organe für diesen Dienstzweig. Eine eigentliche Bedeutung hat nur der Kundo. Der Besha ist ein Titular-Beamter zur Herstellung der Symmetrie. Obschon sie den Titel Yaku (Dolmetscher) führen, verstehen sie die japanische Sprache doch nicht; ihr Amt verlangt blos von ihnen eine große Bekanntschaft mit den japanischen Verhältnißen. Durch die Verschwendung des Tainikun war schließlich Geldnoth eingetreten und er ließ deshalb Cash prägen und gebot, daß sie im Verkehr angenommen werden sollten. Aber die Bewohner der entfernten Dörfer gehorchten nicht und so kam Stockung in die Geldcirkulation und das Elend wurde so groß, daß die Cash zurückgezogen wurden. In jener Zeit war Taishi, ein alter Mann, Sagisei, jetzt hat derselbe sich zurückgezogen und jener, wie das Volk sagt, weil man auf seine Vorstellung daß jene Maßregel unernst war, nicht hören wollte.

Im Jahre Ki noto ushi (1865) kamen Gesandte unseres Landes (Tsushima) nach Corea; dieselbe erboten sich aus Rücksicht gegen die nachbarliche Freundschaft, Schwerter, Gewehre und Kanonen zu liefern, wenn solches begehrt werden sollte, jedoch bis jetzt ist ein solches Begehren nicht an uns gerichtet worden. Wenn man die Koreaner um ihre Seewehr fragt, so sagen sie, dieselbe sei im besten Zustand. Obschon nun in Torai Wasserfesten mit Kanonen sind, war doch auf beiden Seiten der Bucht von [sic.], deren Ufer eine Ausdehnung von 20-30 Ri haben, nichts von Vertheidigungs Anstalten zu sehen. Einige Kriegsschiffe sind zwar da, aber verrottet und allenthalben geflickt, so daß sie zu keinem Gebrauch geeignet sind. Im ersten Monate dieses Jahres (1869) war in der Nachbarschaft von Tororyo (Östl. Korea) eine Hungersnoth, von der [sic.] arme Leute zu Grunde gegangen sein werden. Wenn man nach dem Entstehen derselben fragt, sagen die einen, daß die Regierung auf den acht Wegen (die großen Wege, wie in Japan bedeuten die administrativen Eintheilungen) viel Getreide angesammelt habe und dadurch im Lande die Hungersnoth entstanden sei; andere führen sie darauf zurück, daß von der Regierung der acht Wege die Abgaben erhöht worden und eine Geldsteuer ausgeschrieben worden, infolge dessen hätten die Reichen ihr Geld und Getreide versteckt und so seien die Armen in Mitleidenschaft gezogen worden. Beide Deutungen mögen wohl etwas wahres enthalten.

In dem Kaishodo (Weg) in Shitsyen haben sich die Bauern empört, den Fushi angegriffen und Gewaltthaten und Plünderungen begangen; in folge dessen ist eine Kommission zur Bestrafung der Schuldigen nach dort abgegangen.

Die neuen Ereignisse in unserem Bericht sind allenthalben in Korea bekannt, und zwar sind die Nachrichten davon durch China, respektive Shanghai nach dort gekommen.

In Betreff der Bekämpfung der fremden Schiffe hatten wir häufige Unterhaltungen mit dem Kundo. Früher verließen beim Einlaufen derselben die Küstenbewohner ihre Häuser, indem sie Brennholz, Wasser, Ochsen und Hühner den Fremden zur Plünderung überließen. Nach dem Kriege im Suhon Tora (1866) sind zwar Vertheidigungs Maßregeln getroffen, und das Land ist in gerüstetem Zustand, die Küstenbewohner aber verlassen dennoch ihre Häuser und ziehen sich in einem festen Platz zurück, wo sie die Ankunft der Feinde erwarten, um sie zu bekämpfen.

In Peking sind augenblicklich Militair Revolten ausgebrochen und die Kaiserliche Regierung scheint für den Augenblick alles über sich ergehen lassen zu wollen. Ein in Peking seit langer Zeit bekannter Chinese hatte nämlich den schlechten Zustand der Regierung erkennend, seinen Vortheil zu finden gewußt, indem er die Leute für sich gewann und schließlich Krieg erregte. Raub und Diebstahl sind an der Tages Ordnung und die Soldaten-Herrschaft allgemein. In Folge dessen ist der Zustand Pekings sehr unsicher, Diebstähle sind häufig, die Handelswege verschlossen und die Geld Circulation im Stocken.

Von Peking aus wurden früher Waaren nach dem Japanischen Palais in Corea zum Kauf angeboten, hauptsächlich fremde Baumwolle. Jetzt hat das aufgehört und Baumwolle wird jetzt umgekehrt in dem Japanischen Palais gekauft. In Torai war früher der Verkauf von fremdländischen Waaren verboten, Zuwiderhandelnde wurden mit dem Tode bestraft. Jetzt sind diese strengen Befehle gemildert.

Der Kundo wird jeden 30., der Besha jeden 12. Monat von seinem Posten abgelöst; aber wegen der Zuneigung die der Tainikun zu ihm trägt, darf der Kundo jetzt immer auf seinem Posten bleiben, und so hat er sich in Torai ein Haus gebaut und hält sich Kebsweiber. –

Nach der Koreanischen Sitte tadeln mindere niemals das Benehmen ihrer Obern, da dies jetzt aber doch geschieht, kann man sich denken, wie sehr die Regierung im Argen liegen muß. –

Korea nimmt China gegenüber die Stellung eines abhängigen Landes ein, gleich wohl ist es ihm nicht unterthan. Zwei Mal, im Winter und um den Kalender zu holen, gehen Gesandte nach China, aber nach dem Kalender richten sich die Leute doch nicht, so z. B. gebrauchen sie in den Berichten, die sie an uns schreiben ganz im Gegensatze zu dem Gebrauche zur Zeit der Mingdjnastie zwar den Shikuan (die Jahre des dezagesimal Cyclus) nicht aber die Rengo. Die Freundschaft mit unserem Kaiser scheint ihnen zwar angenehm zu sein, doch fürchten sie dadurch zu einem abhängigen Land herunterzusinken. Auch China fürchten und hassen sie sehr. Von Peking waren Jesupriester nach Korea gekommen, die das Volk aufhetzten und vertrauend auf die Anwesenheit der fremden Kriegsschiffe allerlei Zaubereien beginnen. Dadurch entstand großer Aufruhr. Auch jetzt giebt es hier und da noch Christliche Missionäre. Unter ihnen war eine europäische Frau, die unter dem Habit eines eingeborenen Weibes 20 Jahre in einer Schenke in der Nähe des fürstlichen Schlosses lebte; schließlich wurde sie entdeckt und hingerichtet.

Eine andere fremdländische Frau lebte zehn Jahre als Tänzerin verkleidet in Torai; auch sie wurde hingerichtet.

In Peking wird auch Papiergeld ausgegeben, aber von einem reichen Kaufmann der es stets gegen Gold, Silber oder Cash wieder einlöst. –

Augenblicklich ist ein Coreanischer Cash = 3,05 chinesische Cash; früher standen die Cash zu Peking 1:5 oder 1:6.

Die Koreaner sind in Folge der Anzeige der Neugestaltung unserer Regierung, der Veränderung des Stempels und der Abänderung des Namens auf der Briefadresse und der Furcht vor einer Revision des bisher mit Tsushima geschlossenen Bündnisse sehr erschreckt und aufgeregt und glauben, daß es schließlich zum Kriege kommen werde. –

f. d. U.

gez. Kempermann.

Peking, den 19. April 1870.

№ 37.

An den Kanzler des Norddeutschen Bundes, Auswärtiges Amt
Herrn Grafen Bismarck.
Excellenz, Berlin.

Unter Bezugnahme auf meinen Bericht vom 18. März d. J. № 20, beehre ich mich Euerer Excellenz ganz gehorsamst anzuzeigen, daß der Geschäftsträger des Norddeutschen Bundes in Japan mir unter dem 17. v. M. Abschrift eines weiteren über die Beziehungen Japans zu Korea unter dem 16. münd. erstatteten Berichtes zur Kenntnißnahme hat zugehen lassen.

Ungeachtet aller von mir angestellten Versuche über die in den Berichten des Herrn von Brandt berührten Verhältnisse hier Etwas Näheres in Erfahrung zu bringen, ist es mir jedoch nicht gelungen Positiver zu ermitteln; meine Kollegen befinden sich [sic.] in völliger Ungewissheit über diese Verhältnisse, wie mich dieselben wiederholt versichert haben, und und die Chinesische Regierung hällt sich, [sic.] ihrer Traditionen in Fragen dieser Art, in ein tiefes Schweigen.

R.

Inhalt: Beziehungen zwischen Japan und Korea.

praes 21. Juli 70.

Hiogo, den 9. Juni 1870.

An den außerordentlichen Gesandten und bevollmächtigten Minister des Nord-Deutschen Bundes

Herrn von Rehfues.

Hochwohlgeboren, Peking.

Euerer Hochwohlgeboren gefälliges Schreiben vom 2. April d. J. habe ich die Ehre gehabt zu empfangen, und sage ich Ihnen meinen verbindlichsten Dank für die demselben angeschloßene Abschrift des Berichts vom 18. März.

Meinen früheren Mittheilungen über die Lage der Verhältniße zwischen Japan und Corea kann ich heute hinzufügen, daß die Japanische Gesandtschaft, nachdem sie insultiert und mit Steinen geworfen war, unverrichteter Sache hat zurückkehren müßen und daß aus dem Wenigen, was ich während eines kurzen Aufenthaltes mit S. M. S. Hertha in Fusan (am 1. und 2. d. M.) aus persönlicher Anschauung habe kennen lernen, es mir unzweifelhaft erscheint, daß die Ueberhebung der Coreaner einen Conflict mit Japan herbeiführen muß, der bei der gänzlichen Wehrlosigkeit der coreanischen Küsten jedenfalls in dem ersten Stadium mit bedeutenden Verlusten für Corea verbunden sein dürfte.

Brandt.

Peking, den 13. April 1871.

№ 27.

An den Kanzler des Norddeutschen Bundes
Herrn Grafen Bismarck, Exc.
Auswärtiges Amt, Berlin.

Euerer Excellenz beehre ich mich ganz gehorsamst anzuzeigen, daß der Amerikanische Gesandte am 11. Peking verlassen hat, um den ihm Seitens seiner Regierung im verflossenen Jahre in Corea ertheilten Auftrag, dessen Mr Bancroft in der unter dem 23. April v. J. m. [sic.] denselben gerichtete Note Erwähnung gethan hat, zur Ausführung zu bringen oder doch wenigstens [sic.] in diesem [sic.] zu unternehmen. Mr Low [sic.]

Bei dieser Expedition wie dem General [sic.] Shanghai und dem Admiral Rodgers nebst einigen Schiffen der Amerikanischen Flotte in den Ostasiatischen Gewässern begleitet sein. Gemäß der aus Washington früher erhaltenen Instruktion hat der Gesandte sich bereits vor einiger Zeit an die Chinesische Regierung gewandt, und [sic.] Vertragsitzung zur Erreichung der [sic.] Zwecke in Anspruch genommen, es war [sic.] jedoch von dem Tongli Yamen, wie bei früheren ähnlichen Gelegenheiten mit dem Bemerken abgelehnt, daß Corea zwar Nominell als Vasallen-Staat angesehen werde, in der That jedoch unabhängig sei und China ebenso [sic.] wie andere fremde Staaten. Herr Low hat hierauf gebeten wenigstens die [sic.] eines Briefes an den Koreanischen König zu übernehmen, durch welchem [sic.] die bevorstehende Ankunft der Amerikanischen Expedition vorbereite. Aber auch dieses wurde Anfangs immer [sic.] abgeschlagen und auch wiederholtes Andrängen von dem durch das Ceremonien-Amt bei dem Kaiser einzuholende Genehmigung abhängig gemacht. Diese Genehmigung wurde jedoch schließlich ertheilt, und zwar mit dem ausdrücklichen Vorbehalt, daß die [sic.] des Briefs nur ausnahmsweise erfolge [sic.] Wiederholung ebensowenig die Rede sein kann, als auch früher [sic.] ein ähnlicher Auftrag übernommen worden sei.

In dem Breife selbst hat der Gesandte der Vereinigten Staaten darauf hingewiesen, daß er im Auftrage seiner Regierung nach Corea komme, um eine Vereinbarung wegen des [sic.] Schutzes [sic.] und wegen der [sic.] für die [sic.] herbeizuführen, daß seine Mission keinen anderen Zweck verfolge und wie durchaus [sic.] sei, obwohl er von an eine militärische Macht [sic.] sei. Herr Low führt des Weiteren aus, daß die Regierung der Vereinigten Staaten auch die [sic.] dieses [sic.] im Allgemeinen Interesse ligende Zwecke einen großen Werth liegen müsse und daß Korea sich im Falle der Ablehnung die Folgen, [sic.] die [sic.] des [sic.] unbefriedigenden Verhältnisses nach sich ziehen könnte, selbst zuzuschreiben haben würde.

Bei der bekannten Gesinnung [*sic.*] der Koreanischen Bevölkerung [*sic.*] wie der gegenwärtig [*sic.*] insbesondere, welchen Wie das? Im [*sic.*] Sinne, selbst nach Asiatischer Anschauung, in der hermetischen Abschließung gegen Außen ein [*sic.*] gegen [*sic.*] zum Angesicht, geben mag Haftung für das Gelingen dieser Expedition, obgleich die Vereinigten Staaten bisher in diesen Gegenden Resultate erzielt haben, welche weder [*sic.*] die National-Ehre und Würde mehr [*sic.*] nicht zu [*sic.*]. Die Hauptschwierigkeit Besteht in der Lage der Hauptstadt einige Tagesreisen von der See an einem Flusse welcher nur Schiffen niederen Tiefgangs zugänglich ist. Indessen dürfte die Marine der Vereinigten Staaten vielleicht nicht ohne Unterstützung von anderer Seite bleiben, da die Befehlshaber der Englischen und Französischen Flotten [*sic.*] sich, wie ich höre, [*sic.*], im Monat Mai den Golf von Petschil aufzusuchen. Auch soll der Französische Geschäftsträger [*sic.*] Wege bei seiner Regierung den Vorschlag gemacht haben, sich an der Expedition zu betheiligen, vermuthlich im Interesse des Prestige.

R.

Inhalt: Expedition der Vereinigten Staaten nach Corea.

pr. 6. 7. 1871.

Chefoo, den 26. Juni 1871.

№ 62.

An den Kaiserlichen Geschäftsträger für China
Herrn Annecke,Hochwohlgeboren. Peking.

Da Euer Hochwohlgeboren, sowohl mündlich wie schriftlich, um weitere Nachrichten über den Verlauf der amerikanischen Expedition in Corea gebeten haben, so beehrt sich Unterzeichnete Ihnen hiermit ein allgemein verbreitetes Gerücht mitzutheilen, wonach einige amerikanische Schiffe, welche den Fluß weiter hinaufgedampft sein sollen, durch Versenken von Dschunken, Seitens der Coreaner, in eine mißliche Lage gerathen und die Mannschaften derselben getötet worden sind. –

Da es nun von allgemeinem Interesse sein dürfte, zu erfahren inwieweit sich dies Gerücht bestätigt, so beabsichtigt der Unterzeichnete auf einer in den nächsten Tagen anzutretenden Uebungsfahrt die Küste Corea's anzulaufen, um Erkundigungen hierüber einzuziehen. – Zur sicheren Navigirung des Schiffes, bei der schlechten Aufnahme der Küsten von Corea, scheint es erforderlich einen mit der Sprache und Küste vertrauten Mann an Bord zu nehmen, und wird dies, wie ich glaube, bei dem stattfindenden Schleichhandel zwischen hier und Korea, mit nicht allzugroßen Schwierigkeiten und Kasten verbunden sein.

In etwa 8 Tagen könnte ich genügende Information erlangen und werden etwaigen Briefe S. N. S. „Hertha" nach Verlauf dieser Zeit in Chefoo erreichen.

Köhler.

pr. 12. 7. 1871.

Chefoo, den 5. Juli 1871.

№ 64.

An Den Kaiserlichen Geschäftsträger für China
Herrn Annecke.
Hochwohlgeboren, Peking.

Euer Hochwohlgeboren verfehle ich nicht vorläufig ergebenst mitzutheilen, daß die amerikanische Expedition in Korea mißlungen und daher für's Erste aufgegeben ist. Die Schiffe des amerikanischen Geschwaders gehen soeben auf hiesiger Rhede zu Anker. Weitere Mittheilungen werden baldigst folgen. „Hertha" ging vorgestern Abend, von Korea kommend, hier zu Anker.

Köhler.

Capitain zur See und Commandant.

№ 50.

[1 Anlage]

An (tit.) Herrn Fürsten von Bismarck.

Die Expedition der Vereinigten Staaten gegen Korea, auf welche sich der Bericht des Herrn Gesandten № 27 bezieht, ist vorläufig aufgegeben worden in der Erkenntniß, daß die gegenwärtig dem amerik. Admiral zu Gebote stehende bewaffnete Macht viel zu geringe ist, um die eifersüchtig jede Annäherung der Fremden abwehrenden Koreaner mit Waffengewalt[7] zum Abschluß eines Vertrages zu zwingen.

Nachdem Mr. Low vergebens versucht hatte, mit den koreanischen Behörden und durch diese mit der Central-Regierung in freundschaftlichen Verkehr zu treten, ließ Admiral Rodgers am 1. Juni zwei Kanonenboote nebst mehrerer Dampfbarkaßen den nach der Hauptstadt des Landes, Séoul, führenden „Salzfluß" (Rivière Salée [sic.] seiner Mündung auch Insicle Paesag genannt) hinaufdampfen, um Lothungen zu machen. Sobald diese kleine Flotilla sich [sic.] einem der an beiden Seiten des Flußes in großer Menge errichteten Forts näherte, wurde sie von hier aus mit schwerem Geschütz beschoßen. Die Kanonenboote erwiderten freilich diesen Angriff mit gutem Erfolg; zogen sich dann aber zurück, weil sie zu weiteren Operationen zu schwach waren.

Admiral Rodgers hielt es für nothwendig die der amerikanischen Flagge durch den Angriff angeblich angethane Beleidigung zu rächen. Er landete deshalb am 10. desselben Monats auf der den Eingang zum Salzfluß bildenden Insel Kanghoa ein Corps von etwa sechshundert und fünfzig Mann, welches unterstützt von zwei Kanonenbooten an diesem und dem folgenden Tage zwei kleinere und ein größeres Fort mit Sturm nahm und zerstörte.

Die kleineren Forts haben kaum Widerstand geleistet, bei dem größeren scheint indes der Kampf ziemlich hitzig gewesen zu sein. Die Koreaner verloren hier zweihundert drei und vierzig Mann an Todten, die Amerikaner hatten drei Todte und sieben Verwundete. Die Ersteren sollen sich im Allgemeinen sehr gut geschlagen haben, konnten aber der letzteren Kriegskunst der Amerikaner und insbesondere deren vortrefflichen Waffen nicht widerstehen.

Da die koreanische Regierung auch nach diesen Kämpfen zu Verhandlungen nicht geneigt, die angreifende Macht aber zu schwach war, um einen Handstreich gegen die

---

7 [Randbemerkung] Die amerikanische Expedition nach Korea vorläufig aufgegeben.

Hauptstadt zu unternehmen: so hat Admiral Rodgers die Küste verlaßen und zunächst in Washington um neue Instructionen und namentlich um Verstärkungen gebeten. Inzwischen machen die zu den Operationen im Salzfluß verwendeten Kanonenboote, welche in dem gefährlichen Fahrwasser mehrere Male aufgelaufen sind und erhebliche Beschädigungen erlitten haben, in Shanghai gedockt.

Ich beehre mich schließlich diesem Bericht noch die g. gef. Bemerkung beizufügen, daß die Operationen der Amerikaner auf demselben Fluße stattgefunden haben, auf welchem vor fünf Jahren die Franzosen unter Admiral Roze vergeblich gegen Seóul vorzudringen suchten.

A.

[Anlage zu № 50]

Narrative of events connected with the arrival of the United States squadron on the coast of Korea/: Collected from Mr. Cowles private Sectretary to Mr. Low U. S. Minister.

The U. S. steam gunboat "Palos" arrived at Chefoo at 6.30 p. m. on Monday the 5th June, bringing the following int.

The U.S. squadron, which left Nagasaki about the 17th May, arrived on the estuary of the river "Séoul"; on the West coast of Korea after a passage of some ten days; having been delayed by fogs. The estuary of the river was entered without difficulty with the aid of the charts constructed by the French naval expedition in 1866, which have been found very correct. An excellent and well-sheltered anchorage was found within the islands, and communication was held with some Korean officials; who are said to have been notified that boats were to be sent up the river to survey, and objection appears to have been offered to this. On Thursday, the 1st June, the flagship "Colorado" and corvettes "Benicia" and "Alaska" were left at anchor at the first rendezvous, and the two light-draught vessels of the squadron, the "Palos" and "Monocracy" gunboats, proceeded with four armed steam-launches towards the channel leading into the river "Seoul", which is formed by the large island known on the French chart as "L'Ile Boisèe". On reaching a point about 12 miles distant from the anchorage numerous fortifications were observed on both banks of the channel, and troops were seen massed to the number /: estimated:/ of from 2000 to 2500 men on a rising ground behind a line of batteries. These command the channel where it first begins to contract, about five miles from the city of Kanghoa. At this point a very strong eddy is formed by a ledge of rocks. The tide was sweeping up at the rate of five knots. –

No sooner had the launches, which were in advance of the gunboat become engaged in this eddy, than the batteries were suddenly manned, and a Korean official was seen to mount the breastwork and to discharge two shots from a revolver at the boats. This signal was immediately followed by a rapid fire of grape and sound shot from seventy or eighty guns in the Fort including some 24 pounders, but notwithstanding the heavy fire, only two men in the launches were wounded, although the boats were struck in numerous places. The "Palos" also received several shots, and her commander was grazed in the foot by a grapeshot. The fire [*sic*.] at once returned from the launches and gunboats, the Koreans standing to their guns sufficiently long to discharge three successive rounds from the the Forts. They were enfiladed however by the launches as they swept up with the tide, and the eight inch shells thrown in with great effect by the "Monocacy" caused retreat of the entire body of Koreans. The action lasted about eight minutes altogether. In obedience to orders, the surveying squadron there retired to the anchorage without attempting any further warlike measures.

The "Palos" was sent over to Chefoo for the purpose of conveying orders for coal & provisions from Shanghai and bringing a dispatch to be forwarded by telegraph to the United States Government. She left the anchorage of the squadron at about 3 p. m. on Sunday the 4th June, made the Shantung Promontory at noon on the following day and anchored at Chefoo some six or seven hours later. Having met the steamer "Manchu" bound for Shanghai at the mouth of the harbour she was able to put her despatches on board that vessel. She returns to the Korean coast to morrow /: June 7th :/, and it is anticipated that a further advance will be made up the River within a few days.

It does not appear to be known whether the attack upon the boats was made by order of the Government or otherwise.

British Consulate
Chefoo, June 6th 1871.

pr. 20. 7. 71.

Chefoo, den 7. Juli 1871.

№ 75.

An

Den Kaiserlichen Geschäftsträger für China.

Herrn Annecke, Hochwohlgeb. Peking

Im Anschluß an das diesseitige Schreiben vom 5. d. Mts. – 217[1] – beehrt sich Euer Hochwohlgeboren der Unterzeichnete in der Anlage den Bericht desselben über die Expedition der Amerikaner in Corea abschriftlich zur gefälligen Kenntnißnahme zu übersenden. Gleichzeitig benachrichtige ich Euer Hochwohlgeboren davon, daß einige Europäer, und darunter ein deutscher Angehörige, welche das Wrack des Schiffes „Chusan" reclamiren wollten und deshalb nach Corea gingen, daselbst von den Eingeboren gefangen gehalten werden. Der Unterzeichnete hat den ersten Officier S. M. S. „Hertha", Captain-Lieutenant Hassenpflug, an Bord des englischen Kanononboots „Ringdove" commandirt, welches am gestrigen Tage nach Korea gegangen ist, um womöglich die Europäer zu befreien, derselbe werde dem Unterzeichneten umgehends über den Sachverhalt genauen Bericht erstatten.

Köhler.

Capitain z. See und Commandant.

P. S. Den Admiral Borgers bitte ich dankend an Gesandschaft ein Dankschreiben für die Aufnahme Norddeutscher Schiffbrüchiger zu stellen wollen, und gleichzeitig hervorheben zu wollen, daß der Chef Arzt der Colorado, [sic.] dem Captain Schlölke ärztlichen Beistand geleistet und in kurzer Zeit wieder hergestellt hat, sich besonders den Dank und die Anerkennung des russ. Kommandeurs erworben hat. Da die amerik. Schiffe in nächster Zeit nach Japan gehen, so wollen Eure Hochwohlgeboren dort möglichst [sic.]

Köhler.

Abschrift.

Chefoo, den 6. Juli 1871.

An

Die Commando-Abtheilung des Königlichen Marine Ministerii.
Berlin.

Anschließend an den diesseitigen Bericht vom 20. Juni cr. – 193[1] – beehrt sich der Königlichen Commando-Abtheilung der Unterzeichnete Folgendes ganz gehorsamst zu berichten.

Kurz nach dem Eintreffen S. M. S. „Hertha" in Chefoo erfuhr der Unterzeichnete, daß der norddeutsche Dreimastschooner „Chusan" am 4. Juni cr. an der Küste von Corea gestrandet und ein Boot desselben mit einem Theil der Mannschaft nach einer viertägigen Reise glücklich in Chefoo angelangt sei. Ein zweites Boot dagegen, mit dem übrigen Theil der Mannschaft und von dem Cäpitain geführt, welches zwei Tage im Kielwasser des anderen Bootes gesegelt hatte, war bis zum 25. v. Mts. nicht in Chefoo angelangt.

Zu gleicher Zeit wurde erzählt, daß der von den Amerikanern gemiethete Dampfer „Millet", mit einem Theil der Mannschaft des in Shanghai liegenden amerikanischen [sic.] „Ashuelot" an Bord, ebenfalls an der Küste von Corea gestrandet und die ganze Bemannung ermordet sei, ferner, daß einige Schiffe des amerikanischen Geschwaders in Corea den Fluß nach der Hauptstadt zu weiter hinaufgegangen und dabei durch Senkung von Dschunken, seitens der Coreaner in eine mißliche Lage gebracht, sowie die Mannschaft daselbst gleichfalls ermordet sein sollte.

Es lag die Vermuthung nahe, daß die Bemannung des einen Bootes der „Chusan" von den amerikanischen Schiffen aufgenommen worden sei und daß es außerdem im allgemeinen Interesse war, Erkundungen über den weitern Verlauf der amerikanischen Expedition einzuziehen, so verließ der Unterzeichnete mit dem unterhabenden Schiffe, behufs Uebung und Excercirens in See, am 26. v. Mts., früh bei günstigem Winde, die Rhede von Chefoo unter Segel.

Am 27. v. Mts. des Abends bei gänzlicher Windstille dampfte S. M. Schiff mit zwei Kesseln nach den Ferrieres-Inseln an der Mündung des Flusses Salée und nachdem bei regnerischem Wetter einige Inseln in Sicht gekommen waren, auf einige Seemeilen Entfernung aber noch nicht mit Sicherheit ausgemacht werden konnten, wurde auf 15 Faden Wasser mit einem [sic.] geankert. Gegen 3h Vormittags des 28. v. Mts. klarte es etwas auf und sowohl die Lage, als auch die Peilungen der einzelnen Inseln unter sich ließen dieselben als die N. W., N. O. und S. Inseln erkennen, so daß die Fahrt bis östlich von der Fernando-Insel fortgesetzt wurde, woselbst S. M. S. „Hertha" Abends um 9 1/2 h ankerte /: 37° 9' N. Br. und 126° 29' O. L. :/. In der Einfahrt wurde nicht unter 12, und die größte Tiefe 29 Faden gefunden.

Am 30. v. Mts. Sandte der Unterzeichnete den Cäptain-Lieutenant Mensing II mit der armirten Dampfbarkaß den Fluß weiter hinauf, um sich bei dem amerikanischen Geschwader nach dem Chusan-Boote zu erkundigen und zugleich möglichst genaue Nachrichten über den bisherigen Verlauf und die ferneren Absichten der Expedition einzuziehen. Ein Landen und in Verkehrtreten mit den Coreanern wurde demselben verboten und das sofortige Zurückkommen nach Einholung der Nachrichten zur Pflicht gemacht. Die Abfahrt der Dampfbarkaß verzögerte sich wegen dichten Nebels bis 11h a. m. Der Nachmittag wurde benutzt um mit drei Booten die Umgegend des Ankerplatzes auszulothen, sowie die umliegenden Inseln aufzunehmen und wurden die erlangten Resultate in einer Karte niedergelegt.

Die Dampfbarkaß kehrte am 1. d. Mts. um 2h p. m. wieder zurück und reichte der Cäptain-Lieutenant Mensing II den in Abschrift beigefügten Bericht ein. Außerdem liegt eine schriftliche, bescheinigte Aussage des Cäptain J. Schlötke[8] vom Chusan [*sic*.] J. Schlötke vor, welche kurz Folgendes besagt: „Nach einer zweitägigen Reise von Chefoo aus, während ein dichter Nebel die ganze Zeit über herrschte, gerieth das erwähnte Schiff am 4. v. Mts. um 10h a. m., nachdem 15 Minuten vorher noch 40 Faden gelothet waren, auf Klippen vor der mittleren Insel von „Sir James Hall Groop", auf 37° 54' N. Br. Und 124° 56' O. L. Die an Bord des Schiffes befindlichen chinesischen Passagiere Truppen abgehalten werden.

Der Fluß wird bis zur Hauptstadt durch 12 Forts vertheidigt, welche alle sehr günstig für die Behauptung des Fuhrwassers situirt sind. Die Armirung derselben besteht größtentheils aus 2-32 Pfünder, welche auf einer Unterlage befestigt, immer nur auf einen bestimmten Punkt gerichtet sind und in dem Augenblick Feuer geben, wenn sich feindliche Truppen dort zeigen. Die Geschütze sind meist Hinterlader aus Bronze, schlecht gefertigt und haben nur eine Treffwirkung auf etwa 700 Schritt. Granaten und Kartuschen sind nicht bekannt. Das Pulver ist nicht gekörnt und das vorgefundene war schlecht und verdorben. Die gemeinen Soldaten tragen Panzer, bestehend aus etwa 28 Lagen Baumwolle auf einander, welcher sich genügend stark erweist um gegen Revolverschuß und Hieb zu schützen.

Hinsichtlich der Strömungsverhältniße bleibt noch zu erwähnen, daß in den engern Gewässern weiter den Fluß hinauf, die Strömung eine stellenweise Geschwindigkeit von

---

8 [J. Schlötke: Durchgestrichen von Dritten.]

8 Seemeilen annimmt; das Wasser steigt bei Springfluth 37^l und bei gewöhnlicher Fluth circa. 20^l. Diese Stromverhältnisse, sowie die in dem Flusse vorhandenen Untiefen und unsichtbaren Klippen machen es kleinere Dampfern, welche nur eine geringe Geschwindigkeit besitzen, fast unmöglich mit einiger Sicherheit in dem Flusse zu manövriren. Nicht alleine die Schiffe „Monocacy" und „Palos", sondern auch sämmtliche Dampfbarkassen sind wiederholentlich aufgelaufen und haben derartige Verletzungen am Schiffsboden erlitten, daß sie kaum mit allen Pumpen flott erhalten werden konnten. Vorläufige Reparaturen sind durch Taucher ausgeführt und müßen die beiden Schiffe, behufs einer ordentlichen Dockung mit Begleitschiffen nach einem chinesischen Hafen gebracht werden. –

Es unterliegt keinem Zweifel, daß, nachdem die amerikanische Expedition in Corea vollständig mißglückt ist, die Stellung der Europäer in China eine schwierigere sein wird, da die chinesische Regierung in Peking anscheinend mit der Regierung von „Corea" in intimen Beziehungen steht. Die nächste Zeit wird wohl zeigen, daß die Chinesen dahin trachten, die Europäer gänzlich aus dem Lande zu vertreiben, wenn sie sich nach und nach unabhängig von diesen gemacht haben. In Betreff der maßenhaften Anhäufung von Kriegsmaterial in China, welches zum großen Theil aus Europa bezogen wurde, nehme ich auf den diesseitigen Bericht vom 16. Juni cr – 194^l – Bezug.

Schließlich bemerkt der Unterzeichnete noch ebenmäßig, daß bei den verschiedenen Besuchen der Inseln vor Corea, die Bewohner derselben sich stets freundlich gezeigt haben. Die aus Holz und Lehm gebauten Häuser waren mit Reisstroh gedeckt. Die W. Küste von Korea scheint mehr cultivirt zu sein als die O. und S. Küsten; vorzugsweise scheint Reis- und Haferbau betrieben zu werden.

Bei Besichtigung einer der großen Inseln wurde dem Unterzeichneten von dem Ortsvorsteher ein in chinesischer [sic –abgefaß ten] Begriffe abgefaßten Brief überreicht, der ganz gehorsamst beigefügt ist und in der Uebersetzung aus folgenden Fragen besteht: Was für Landsleute seid ihr? Aus welchem Gründe kommt ihr hier her? Wie viel Schiffe und Leute habt ihr? Nach welchem Orte und warum wollt ihr gehen?

Die amerikanischen Kriegsschiffe „Colorado", „Benicia" und „Alaska" sind am 5. d. Mts., Mittags, hier eingetroffen und der englische Vice Admiral Keller ist zur selben Zeit mit dem Aviso Salamis nach Yokohama in See gegangen.

gez. Köhler.

Peking, den 14. April 1873.

№ 40.

An

das Auswärtige Amt des Deutschen Reiches.

Berlin

Der Amerikanische Gesandte hat meine Hülfe bei der Übersetzung eines Schriftstücks in Anspruch genommen, welches ihm von der Französischen Gesandtschaft vertraulich mitgetheilt worden, und dessen Wortlaut der Regierung der Vereinigten Staaten bisher nicht bekannt gewesen. Es ist ein aus den Acten des Auswärtigen Ministeriums zu Paris entnommenes Concept aus dem März 1867 und enthält die Instructionen für den derzeitigen Französischen Gesandten zu Washington, Herrn Berthemy, als Anfrage der Amerikanischen Regierung, ob Frankreich geneigt sein würde, sich an einer kriegerischen Expedition nach Corea zu betheiligen.

Das mißglückte Unternehmen des Admiral Roze im Jahre 1866, sowie der von relativem Erfolg begleitete Handstreich der Amerikaner im Jahre 1871, gehören zwar in die Categorie erledigter Zwischenfälle [sic.] indessen das erwähnte Document die damalige Abneigung Frankreich's, sich in überseeischen Ländern − besonders als Alliirter der Vereinigten Staaten zu engagiren, in eigenthümlicher Weise kennzeichnet, und außerdem wegen der offiziellen Darstellung, als sei den Coreanern von Frankreich eine „Lection" ertheilt worden, nicht uninteressant erscheint so habe ich nicht verfehlt, unter der Hand eine Abschrift des Original-Conceptes der betreffenden Instruction anzufertigen, welche ich dem Auswärtigen Amt zur hochgeneigten Kenntnißnahme in der Anlage ganz gehorsamst vorzulegen die Ehre habe.

C. B.

Inhalt: Instruction des Französischen Gesandten zu Washington aus dem Jahre 1867, betreffend die von der Amer. Regierung projectirten Expedition nach Korea.

Shanghai, den 20. März 1874.

№ 9.

An den Kaiserlichen Geschäftsträger, Herrn von Holleben.
Hochwohlgeboren, Peking.

Der zur Zeit hier weilende Vice Consul Knight hat aus Newchuang die von ihm als glaubwürdig erachtete, durch den Bischoff Riedel bekannt gewordene Nachricht eines gewaltsamen Regierungswechsels in Corea erhalten. Der bisher herrschende Usurpator soll kürzlich gestürzt, der rechtmäßige junge Herrscher unter Regentschaft seiner Mutter auf den Thron erhoben, und die neue Regierung dem Christenthum und den Fremden zugeneigt sein.

Herr Riedel wohnt im Innern zwischen Newchuang und der Coreanischen Grenze, soll mit den Coreanischen Verhältnissen vertraut, und nach Empfang seiner Nachricht sofort nach Peking abgereist sein.

Auf frühere Veröffentlichungen deselben gestützt, bemerke ich zum Verständniß jener Vorgänge ergebenst, daß nach dem 1864 erfolgten Tode des Herrschers von Corea, dessen Wittwe den zur Zeit etwa 18 Jahr alten Sohn des koreanischen Nobile Li adoptirte und daß dieser Sohn nach Coreanischem Brauche als rechtmäßiger Thronfolger gilt, den die Wittwe als Regentin zu vertreten hat. Es gelang indessen alsbald dem Li, welcher seinem Sohne an den Hof gefolgt war, und als ehrgeizig, gewaltthätig, ausländischen und christlichen Wesen abgeneigt von den Missionairen geschildert wird, die Herrschaft an sich zu reißen, welche durch das Massacre und die Vertreibung der Missionaire Ende der sechsziger Jahre, seinen[9] sowie durch die Abweisung der Americanischen Expedition 1871 wesentlich gekräftigt wurde. Eben dieser Li wäre nunmehr gestürzt worden.

Bestätigen sich die Nachrichten der Missionaire, so würde deren Einzug in Corea, sowie die Beilegung der Coreanisch-Japanischen Differenzen voraussichtlich die nächste Folge der Umwälzung bilden.

C. Lueder.

---

9 [seinen: Durchgestrichen von Dritten.]

Peking, den 1. April 1874.

№ 27.

[1 Anlage]

An den Fürsten von Bismarck.

Durchlaucht, Berlin.

Der Französische Lazaristen-Pater, Monseigneur Riedel, ist vor einigen Tagen aus Newchwang hier eingetroffen, um dem Französischen Gesandten die Nachricht von einem gewaltsamen Regierungswechsel in Corea zu überbringen. Danach soll der bisher dort herrschende Usurpator gestürzt worden sein und der rechtmäßige junge König die Regierung übernommen haben. Die neue Regierung soll dem Christenthum und dem Verkehr mit den Fremden geneigt sein.

Msgr. Riedel hat bis zur Vertreibung der Missionaire aus Corea in diesem Land gelebt und die französische Mission daselbst geleitet, seitdem wohnt derselbe im Innern des Landes zwischen Niuchang(Newchwang) und der Koreanischen Grenze.

Er steht in dem Ruf, einer der besten Kenner der Koreanischen Verhältnisse zu sein.

Gestützt auf Angaben, welche Bischof Riedel mir persönlich gemacht hat sowie auf anderweitige von mir eingezogene Erkundigungen, habe ich die Ehre zum näheren Verständniß hen...[sic.] Vorgänge g. g. Folgend zu bemerken: Im Jahr 1864 starb der Herrscher von Corea, der letzte direkte Sproß der Yi-Dynastie, welche über Corea seit dem Jahr 1393 geherrscht hatte. Seine überlebende Mutter adoptirte unter Bestimmung der Großwürdenträger des Landes der Hof-Astrologen den damals etwa 8 jährigen Sohn eines mit dem Königshause entfernt verwandten Koreanischen Nobile. Dieser Knabe galt seitdem als legitimer Herrscher, seine Adoptivmutter als Regentin. Der Vater des jungen Königs, welchem der Rang eines Königlichen Prinzen beigelegt worden war, folgte seinem Sohn an den Hof und wußte bald die Herrschaft thatsächlich an sich zu reißen. Derselbe wird als ehrgeizig, gewalttätig und vor Allem als den Ausländern abgeneigt geschildert. Er führte die Regierung mit Härte und Energie: Das Massaker und die Vertreibung der Missionaire gegen Ende der sechziger Jahre sowie die Abweisung der Amerikanischen Expedition im Jahre 1871 sind wesentlich sein Werk.

Vor einiger Zeit nun hat der junge König, gestützt auf mißvergnügte hohe Beamte, seinen Vater gewaltsam der Regentschaft entkleidet und selbst die Zügel der Regierung in die Hand genommen. Msgr. Riedel hält nunmehr die Retablirung der Missionäre in Korea für möglich und sucht den Französischen Gesandten für die Unterstützung dieses Unternehmens zu gewinnen.

Ob die Annahme richtig ist, daß die neue Regierung geneigt sein werde, den Fremden auch & sonstige Koncessionen zu machen, läßt sich vorläufig natürlich nicht übersehen, dürfte aber bei dem starren Konservatimus der Koreaner zu bezweifeln sein.

In hiesigen diplomatischen Kreisen macht sich die Ansicht geltend, daß diese Ereignisse zur Beilegung der Japanisch-Koreanischen Differenzen beitragen dürften.

Inzwischen wird die Entscheidung dieser Frage von den in Japan herrschenden Zuständen als von der Haltung der Koreanischen Rgierung abhängen.

M.

Inhalt. Regierungswechsel in Corea betr.

[Anlage zu № 27]

31. March 1874.

Corea.

The occasion of the late revolution in Corea appears to have been as follows:

Some ten or twelve years ago the King of Corea died at the age of 33 without issue or male relatives. He was the last direct representative of the dynasty of Li, which had ruled since 1393. His mother, a lady of the family Kin, or Chin by the advice of the high Officers of the State, adopted a distance scion of the royal line as successor to her son. The father and grandfather of the new King were both alive. He was himself but eight years old, but the Government Astrologers declared that the stars preferred him to his elders. His father, who seems too have been simply a small landed proprietor, was made a Prince and became effectively Regent. A rapacious debauchee, he has disgusted the people of Corea by his rule Notably by his interference with the old currency, for which he substituted the small copper-cash of China: forcing it on the people at a fictitious rate. The commercial class in particular was set against him by his strict prohibition of trade in European imports.

On the 22nd Dec last, the young King apparently supported by the Chief Minister summoned his father to his presence, and informed him that his Regency was at an end. At the same time, to the satisfaction of the people, it was proclaimed that the King had himself assumed the reins of Government.

A brother of the defixed Regent had also been raised to the rank of Prince, when the present King was first chosen to succeed but it does not appear that he has taken much part in affairs.

Offices in Corea seem to be in a great degree hereditary. The higher official dignities being monopolised by the representatives of a few families. The Distribution of Departments in the administration is most likely after the Chinese model. At all events there appears to be six Boards. The Envoy who has just left Peking was President of one of these. There is also an Office of Interpretation at the Capital for the Study of Chinese, Japanese, Manchu and Mongolian, but although the whole literature of the country is either Chinese or written in the Chinese character, the cultivation of colloquial Chinese is said to be discouraged. Corean colloquial is written with the aid of the Corean syllabary, but writing of the Kind is not employed by the educated classes. Their conservative admiration of ancient China is thought to indispose the Coreans towards the Manchu Dynasty now ruling the Empire. They acknowledge the Emperor as their suzerain and pay their tribute with regularity, but they do not forget that the Manchu is in China a foreigner and perhaps an innovator.

The Japanese are now for the same reason more unpopular than in past times. Their great reforms and the suddenness with which these have been brought about have outraged the Coreans, who at the same time appear more in dread of a collision with the Japanese than with any other nation. The lower order as elsewhere, distinguish little between foreigners. One man, a trader, who has been conversed with, had heard of the Russians as a commercial people on the north from him, but never of the French or Americans. He had heard of the English, but seems to regard the name as genuine of all foreigners. He accordingly ascribed the visits of the French fleet in 1866, and of the American fleet in 1871, to the English. ‑

Others are better informed, and have sufficient appreciation of the power of the nations, whose squadrons have appeared on their coasts, to wish that nothing may provoke them to further hostilities.

The Regent is said to have been much lated when the Americans withdrew, but to some of his Ministers at least it was plain that had hostilities been contemplated, the American force employed would have been more considerable and that that which was employed, had it been fit to remain, could have inflicted a far more serious chastisement upon the Coreans than it did.

The interdict upon foreign intercourse has been so strict, that the Coreans, who visit Peking do not venture to camp back Chinese works relating to foreign affairs.

Within the last few days news has come that the old currency is restored, but nothing has yet been heard of the repeal of the prohibition against importation of foreign wares.

(s.) J. W.

Abschrift.

Berlin, den 10. Mai 1874.

An den Kaiserlichen Vice-Consul
Herrn Francis P. Knight.
Wohlgeboren, Newcheuang.

Ew. Wohlgeboren gefälliger Bericht vom 19. März d. J. ist hier richtig eingegangen. Die Nachrichten, welche über die angebliche Entsendung einer deutschen Flotte in die Chinesischen Gewässer sowie über eine Reise Seiner Könglichen Hoheit des Prinzen Friedrich Carl von Preußen nach Ostasien zu Ihnen gedrungen sind, entbehren der Begründung. Es werden allerdings im Laufe dieses Jahres voraussichtlich eine oder zwei Corvetten der Kaiserlichen Kriegsmarine in den japanischen und chinesischen Gewässern kreuzen und einige Häfen anlaufen. Von dem Erscheinen einer „deutschen Flotte" ist jedoch keine Rede, ebensowenig wie von einer Reise des Prinzen Friedrich Carl.

Was ferner die Verhältnisse von Corea anbetrifft, so haben dieselben für die deutsche Regierung keineswegs das Interesse, welches Eur. Wohlgeboren voraussetzen und ich kann Ew. Wohlgeboren nur auf das Bestimmteste ersuchen, alle Gerüchte über angebliche deutsche Absichten in Bezug auf dieses Land als müßige Erfindungen zu bezeichnen.

In Vertretung des Reichskanzlers
gez. von Bülow.

Berlin, den 10. Mai 1874.

An den Kaiserlichen Geschäftsträger
Herrn von Holleben.
Hochwohlgeboren, Peking.

Ew. Hochwohlgeboren übersende ich anliegend Abschrift eines Erlasses, welchen ich heute an den Vice-Consul Knight in Newchuang gerichtet habe. In einem Berichte desselben vom 19. März cr. war die Mittheilung enthalten, daß in Corea eine Revolution ausgebrochen sei, durch die der bisherige regierende König entthront und ein fremdenfreundliches Regiment eingeführt worden. Der p. Knight knüpft daran den Ausdruck der Erwartung, daß die angeblich hier beabsichtigte Entsendung einer deutschen Flotte in die ostasiatischen Gewässer, sowie die angebliche Reise des Prinzen Friedrich Carl von Preußen, dazu führen möchten, eine Expedition nach Corea einzuleiten, um dieses Land für die europäischen Handels-Interessen zu eröffnen. Es schien mir angemessen, diesen Phantasien bei Zeiten zu widersprechen.

Ew. Hochwohlgeboren wollen, wo sich dazu Veranlassung bieten sollte, die dortigen Consuln in gleichem Sinne mit Befehlen versehen.

In Vertretung des Reichskanzlers
B. Bülow.

Peking, den 2. Juli 1875.

№ LIII.

E. E. beehre ich mich in der Anlage Übersetzung eines Berichts des nach Korea zum Zweck der Notifikation des Ablebens des verstorbenen und der Thronbesteigung des gegenwärtigen Kaisers geschickten Gesandten Ming Tu über die Erfüllung seines Auftrages g. g. zu überreichen. [sic.] wird von den betreffenden Gesandten eine als Manifest gedruckte Beschreibung ihrer Reise veröffentlicht, ich werde da dieselbe zum mindestens interessante geographische Details enthalten dürfte versuchen dieselbe zu beschaffen.

Über die sonstige Lage der Verhältnisse in Korea bin ich nur soweit unterrichtet, als durch ein mir durch den [sic.] des hiesigen katholischen Bischoffs Msgr de la zugänglich gewordenes Schreiben des in der Nähe der koreanischen Grenze sich aufhaltenden Bischoffs Ridel von Ende Februar d. J. geschehen konnte. Bischoff Ridel fährt fort an die fremden und christenfreundliche Tendenz der Umwälzung zu glauben, durch welche der Regent seiner Macht beraubt und der junge König zur Herrschaft gelangt ist; er bringt aber keine anderen Beweise für seine Ansicht bei, als einen angeblichen Befehl des jungen Königs, nach welchem in Zukunft der Vollstreckung der Todesstrafe an Christen wegen ihrer Religion nicht ohne seine ausdrückliche Genehmigung erfolgen solle.

Der Bischof erzählt außerdem, daß die chinesische Regierung der koreanischen auf ihre Anfrage gerathen habe, daß[10] in Vertragsverbindungen mit den fremden Mächten einzutreten „da dieselben wenn man einmal in nähere Beziehungen zu ihnen gekommen, nicht so schlimm seien als sie scheinen." Einen Anhalt für diese Angaben giebt weder Bischof Ridel noch habe ich selbst hier etwas darauf Bezügliches erfahren können, es ist indessen nicht unmöglich, daß chinesischer Seits zum Abschluß von Verträgen mit den fremden Mächten gerathen worden sein mag, da man darin vielleicht den sichersten Schutz für Korea gegen all zu japanische Annexions Gelüste sieht und man in Peking unbedingt einen vertragsweise beschränkten Verkehr mit den Fremden der Eroberung des Landes durch die Japaner vorziehen würde.

Ähnliche Angaben wie die vorstehenden haben auch vielfach in der Anglo Chinesischen Presse meistens in Artikeln - mit der Unterschrift Philo coreana Verbreitung gefunden; derselben stimmten auch im Wortlaute so auffallend mit den Mittheilungen des Bischofs Ridel an den Bischof de la Place überein, daß ich für beide dieselbe Quelle doch die katholischen Missonaire annehmen möchte; sie werden daher auch wenn sie in europäische Zeitungen übergehn nur mit Vorsicht zu benutzen sein.

---

10 [daß: Durchgestrichen von Dritten.]

Meiner g. g. Ansicht nach dürfte von der Hand wenigstens die fremdenfreundliche Stimmung in Korea nicht stark genug sein um ohne eine zwingende Veranlassung von außen die Eröffnung des Landes für den fremden Verkehr herbeizuführen.

M.

Inhalt: Die Verhältnisse in Korea betreffend.

Übersetzung.

Aus der handschriftlichen Pekinger Zeitung vom 27. Juni 1875.
(Kuangsü 1. Jhr. 5. Mt. 24. Tg.)

Euerer Majestät Sklave, Min-An, berichtet, wie folgt:

Nachdem ich den Allerhöchsten Auftrag erhalten hatte, mich als Kaiserlicher Spezial=Commißar, in Begleitung Li-jui's, als Beigeordneten, nach Korea zu begeben, um die Letzte Kundgebung des Hocherhabenen Verstorbenen Kaisers und das Thronbesteigungs-Edikt Euerer Majestät daselbst zu verkünden, habe ich bereits früher über den Tag meines Aufbruchs Euerer Majestät alleruntertänigst Bericht erstattet. Ich habe nun weiter zu berichten, daß ich am 12. Tage des 4. Monats (16. Mai 1875) zusammen mit Li-Jui in der Königlichen Residenz des genannten Landes eintraf, und dem Könige und seinem Hofe, dem mir gewordenen Allerhöchsten Auftrage gemäß, die Letzte Kundgebung und das Thronbesteigungs=Edikt ehrerbietig verkündete. Diese Verkündung wurde von dem König und seinem Hofe ehrfurchtsvoll entgegengenommen, und die hergebrachten Ceremonien dabei in jeder Hinsicht beobachtet, wie sich gehört.

Am folgenden Tage traten wir alsbald den Rückweg an, und am 5. Tage des 5. Monats [11]traf Euerer Majestät Sklave wieder in Mukden ein. Am 6. Tage des 5. Monats (9. Juni) übernahm ich das mir daselbst neuerlich übertragene Amt, während mein Beigeordneter, Li-Jui, seine Rückkehr nach Peking fortsetzte, um Euerer Majestät persönlich Bericht zu erstatten.

Obigen Bericht über die Vollführung des ihm gewordenen Allerhöchsten Auftrages, sowie über seinen Amtsamtritt in Mukden, hat Euerer Majestät Sklave für seine Pflicht gehalten, zur Höchstgeneigten Kenntnißnahme für die Heiligen Blicke Ihrer Majestätin der Kaiserin=Wittwe und Mutter, sowie Euerer Majestät, ehrfurchtsvoll zu erstatten.

-Die Allerhöchste Willensmeinung ist darauf den Mitgliedern des Reichsraths mit den Worten: „Kenntniß genommen," verkündet worden.

Für richtige Übersetzung
C. Arendt.

---

11 [Randbemerkung] (=8. Juni 1875)

pr. 20. Dec 1875. B.

Berlin, den 24. October 1875.

№ 17.

Seiner Hochwohlgeboren
dem Herrn von Brandt.
in Peking.

Euerer Hochwohlgeboren beehre ich mich beifolgend zur gefälligen vertraulichen Kenntnißnahme Abschrift eines Berichts des Kaiserlichen Geschäftsträgers in Yedo vom 10. August cr:

Gerüchte wegen einer Japanischen Expedition gegen Corea betreffend, ergebenst zu übersenden.

Im Auftrage
Radowitz.

Abschrift.

A. 4724 pr. 8. October 1875.

Yedo, den 10. August 1875.

№ 187.

An den Fürsten von Bismarck.
Durchlauchst, Berlin.

Wie ich aus den mit der letzten Post hier eingetroffenen Europäischen Zeitungen ersehe, haben Gerüchte, welche hier zeitweise über bevorstehende Unruhen in Satsuma auftauchten, ihren Weg auch in die Europäische Presse gefunden. Insbesondere wird davon gesprochen, daß der frühere Daimio von Satsuma, Shimadzu Saburo, eine feindselige Haltung gegen die bestehende Regierung eingenommen habe. Daß einerseits in der Provinz Satsuma Zündstoff genug aufgehäuft ist, um den Ausbruch von Unruhen jederzeit möglich erscheinen zu lassen, und daß andererseits im Falle einer Revolution die Stellung der hiesigen Regierung eine äußerst bedenkliche werden könnte, steht außer Frage, ist aber nichts Neues.

Was speziell die Stellung Shimadzu Saburo's betrifft, so ist derselbe etwa vor einem Jahre von dem jetzigen Cabinet in den Staatsrath aufgenommen worden. Seitdem hat sich derselbe von allen öffentlichen Geschäften ferngehalten und nur in allerletzter Zeit hat er einige Male an den Sitzungen des Staatsraths Theil genommen, auch ist er kürzlich von Tenno mehrmals empfangen worden. Seine Audinzen beim Tenno sind nun hier wiederum dahin gedeutet worden, daß Shimadzu mit der Regierung wegen einer neuen Kriegerischen Operation und zwar diesmal gegen Cōrea, in Unterhandlung stehe. Doch liegen zur Zeit noch keine Anzeichen vor, daß man an maßgebender Stelle einem solchen Projekt ernstlich nähergetreten sei. Den ersten Anlaß zu diesen letzteren Gerüchten gab ein im vorigen Monat durch eine hiesige Japanische Zeitung augenscheinlich tendenziös veröffentlichter Brief eines aus Cōrea nach Nagasaki zurückgekehrten Japaners, welcher den Krieg mit Cōrea als unvermeidlich bezeichnete. Daß man in Regierungskreisen sich für alle Eventualitäten mit dem Gedanken einer Expedition beschäftigt, halte ich für sehr wahrscheinlich, aber weiter ist man, glaube ich, nicht gekommen, es sei denn, daß man einige kleine Kriegsschiffe in den Coreanischen Gewässern kreuzen läßt, um die Beschaffenheit der Küste etwas näher kennen zu lernen. Der Finanzminister Akuma, welcher einst viel für das Zustandekommen der Expedition nach Formosa gethan hat, sagte mir ziemlich unumwunden, daß für ein zweites derartiges Unternehmen, wenn auch die Lust, so doch, für den Augenblick wenigstens, nicht das Geld vorhanden sei. Im Falle der

Noth würde man zwar sich dennoch sicher nicht scheuen, eine Expedition gegen Cŏrea ins Werk zu setzen. Ob und wann aber dieser Fall der Noth eintreten wird, läßt sich zur Zeit nicht beurtheilen. Es versteht sich von selbst, daß die meisten Arrangements mit Rußland hinsichtlich Sachalien's und der Kurilen, den Gerüchten von einem Unternehmen gegen Cŏrea sowohl neue Nahrung als auch eine neue Richtung gegeben haben, doch fehlt jeder Anhaltspunkt dafür, daß die Abmachungen mit Rußland irgendwie geeignet wären, auf die das Verhältniß zu Cŏrea betreffenden Entschließungen der hiesigen Regierung einzuwirken.

gez. Holleben.

Abschrift für das Archiv.

Anlage zum Bericht № 1 vom 4. Januar 1876.

Ueber die Koreanische Ansiedlung
im Amurlande.

Der südostliche Theil des Amurlandes vom Ussuri durchströmt und deßhalb sind südußurisches Gebiet genannt, war seit der Annexion durch Rußland von den rußischen Colonisten ziemlich unberücksichtigt geblieben und trotz seiner Fruchtbarkeit einer der schlechtestbevölkerten Theile der Provinz. Seit etwas über 10 Jahren hat sich nun eine koreanische Bevölkerung daselbst gebildet, die aus den angrenzenden Districten Koreas eingewandert ist und nicht unbeträchtliche Dimensionen erreicht hat. Da dieselbe einerseits durch den Nutzen, den sie der Rußischen Regierung gewährt, andererseits durch den Einfluß den sie auf die Rußische Politik Koreas gegenüber und zugleich auf eine etwaige Eröffnung Koreas haben kann, wichtig ist, so dürfte es nicht uninteressant sein, die Entwicklung dieser Ansiedlung zu verfolgen. Einige Nachrichten über dieselbe finden sich in der Einleitung zu Puzillo's Versuch eines rußisch-koreanischen Wörterbuches St. Petersburg 1874 und in einem Aufsatz des Priesters Piankoff (Iswjärtiya der Kais. Ruß. Geogr. Ges. in Sib. 1874. Thl. X. S. 86-87) aus denen die nachstehenden Bemerkungen theilweise geschöpft sind.

Die beiden nördlichen Provinzen Koreas an und für sich arm und unfruchtbar, erlitten anfangs der 60er Jahre mehrere aufeinander folgende Mißerndten. Totz der dadurch hervorgebrachten Nothstände, die sich bis zu Hungersnoth steigerten, fuhr die koreanische Verwaltung fort, die Eintreibung der gesetzlichen Abgaben, sowie neuerer Auflagen an Getreide mit eiserner Strenge zu handhaben. Im Jahre 1863 entschloßen sich, als die Lage unerträglich wurde, zunächst 12 Familien auf rußisches Gebiet auszuwandern, wo sie freundlich aufgenommen und in jeder Weise aufgemuntert und unterstützt, eine blühende Ansiedlung gründeten: Die Nachricht von ihrer besseren Lage verbreitete sich bald und erregte in vielen ihrer Landsleute den Entschluß ihnen nachzufolgen. So nahm die Emigration allmählich bedeutendere Dimensionen an. 1865 zählt man bereits über 200 Koreanische Colonisten. Die koreanische Regierung hatte anfangs ruhig zugesehen, doch als 1870 schon nicht mehr einzelne Familien, sondern ganze Clans auswanderten, suchten sie dieser maßenhaften Entvölkerung jenes ohnehin dünn bevölkerten Striches durch Verbote und als diese erfolglos blieben, durch Repreßalien zu steuern; das Vermögen der Auswanderer wurde confescirt und die zurückbleibenden Verwandten derselben auf das Härteste bedrückt. Nichtsdestoweniger nahm die Einwanderung ihren Fortgang, immer neue Ansiedler erschienen an der rußischen Grenze und erbaten Wohnplätze. Meist zerlumpt und halb verhungert bedurften sie sofortiger Unterstützung namentlich an Lebensmitteln, die von den Grenzbehörden nicht immer gewährt werden konnten, da die Kornvorräthe welche aus Europa zur See für das Heer eingeführt worden und beschränkt waren. Doch schreckte die Auswanderer das nicht ab und von dem immer wachsenden Strome wurden die bereits ansäßigen Coreaner weiter in das Land hineingedrängt und so fast das ganze Gebiet bevölkert: 1874 bildeten die Coreaner 13 Niederlassungen mit fast 4000 Einwohnern.

Die Vorzüge der rußischen Cultur vor ihrer Heimischen blieben nicht ohne Einfluß auf die Colonisten und bald verschafften sich rußische Sitten und Gebräuche unter ihnen Einzug. Sie bauten ihre Häuser nach Rußischer Weise, nahmen rußische Kleidung an, und folgten namentlich auch den Regeln der rußischen Landwirtschaft. Auch das Christenthum fand rasch Verbreitung unter ihnen, gegen die Hälfte der erwähnten sind[12] 4000 sind griechisch getauft.

Im Allgemeinen ist der Charakter dieser Bevölkerung der eines ruhigen, friedlichen und unterwürfigen Ackerbaus. Der Koreaner steht ethnographisch dem Japaner näher als dem Chinesen; er ist liebenswürdiger, freundlicher, bescheidener als der hochmüthige Chinese während er die Nüchternheit und Genügsamkeit des letzteren theilt. So hat die Rußische Regierung, die ihr Talent asiatische Völker zu civilisiren auch früher glänzend bewährt, mit geringen Kosten eine fleißige ihr nicht zur Last fallende Bevölkerung und die Urbarmachung eines Theiles ihres Reiches, der vordem fast gänzlich unbebaut war, erlangt.

Die koreanische Regierung blickt, wie mir Mitglieder der koreanischen Gesandtschaft in Peking mittheilten mit großer Unzufriedenheit auf diese Entwicklung, wie denn überhaupt ein nicht zu verkennender mit Furcht verbundener Haß gegen Rußland in unseren Unterhaltungen mit jenen Beamten zu Tage trat. Dennoch verfolgt sie mit Interesse das Schicksal ihrer früheren Unterthanen, wenn auch zunächst hauptsächlich um zu beobachten, in wie weit durch dieselben die bisher eifersüchtig geheim gehaltenen koreanischen Gebräuche, Industrie, Sprache u.s.w. dem Fremden bekannt werden. Indessen dürfte diese Auswanderung nicht ohne Einfluß auf die politischen Beziehungen Koreas bleiben, sei es daß die Zunahme derselben die Furcht vor Rußland's Annexionsgelüsten erhöht, sei es daß die koreanische Regierung das Fehlerhafte der hartnäckigen Verschließung ihres Landes gegen Fremde einsieht. Eine Eröffnung Koreas aber für den fremden Handel würde europäischen Stapelartikeln in dem nicht unbemittelten Lande, namentlich seinen südlichen und östlichen Provinzen, ein nicht zu unterschätzendes Absatzgebiet verschaffen während unter der allerdings nicht großen Zahl koreanischer Produkte Bauholz, an dem das Land noch reich ist, eine große Rolle in Ostasien spielen würde.

gez. P. G. von Möllendorff.

---

12 [sind: Durchgestrichen von Dritten.]

Peking, den 4. Januar 1876.

№ 1. / 4.

E. Ex. beehre ich mich in der Anlage eine von dem Dolmetscher von Möllendorf II nach Rußischen und Koreanischen Quellen zusammengestellte Notiz über die koreanische Einwanderung nach der Rußischen Amur Provinz, welche unter den gegenwärtigen Verhältnißen nicht ohne Interesse sein dürfte, g. g. zu überreichen.

B.

Inhalt: Die koreanische Einwanderung nach Rußland betreffend.

Peking, den 6. Januar 1876.

Minister Residentur
Yedo.

Der Kais. Minister Residentur beehre ich mich zur gefälligen vertraulichen Kenntnißnahme eine nach rußischen und koreanischen Nachrichthen zusammengestellte Notiz über die koreanische Einwanderung nach der rußischen Amur Provinz zu übersenden, welche unter den jetzigen Verhältnißen vielleicht nicht ohne Interesse sein dürfte.

B.

pr. 12. März 1876.

Berlin, den 17. Januar 1876.

№ 1.

Seiner Hochwohlgeboren

dem Kaiserlichen Gesandten

Herrn von Brandt.

in Peking.

Eurer Hochwohlgeboren beehre ich mich beifolgend zur gefälligen vertraulichen Kenntnißnahme Abschrift[13] eines Berichts des Kaiserlichen Ministerresidenten in Yedo vom 27. November v. J.,

Japan und Korea betreffend, ergebenst zu übersenden.

In Vertretung des Reichskanzlers
B. Bülow.

---

13 [Randbemerkung] A. 304.

Abschrift.

A. 304. pr 16. Januar 1876.

№ 273.   Yedo, den 27. Novbr 1875.

Seiner Excellenz

dem Herrn von Bülow.

Berlin.

pp.

Hier werden immer mehr Stimmen laut, welche zu einem Kriege gegen Korea drängen. Da die hiesige Regierung in einem solchen Kriege z. Z. fast das einzige Mittel sieht, die unzufriedenen Parteien zu beruhigen und zu versöhnen und namentlich die Samurai zu beschäftigen, so glaube ich, nach der gegenwärtigen Lage der Verhältnisse, daß eine Expedition gegen Korea zwar nicht beschlossen aber doch für das kommende Frühjahr in ernste Erwägung genommen ist. Die militairischen und maritimen Rüstungen werden in der Stille fortgesetzt und die Regierung sucht in anderen Ressorts so viel wie möglich zu sparen.

Im unmittelbaren Zusammenhange mit der Koreanischen Angelegenheit steht meines Erachtens die kürzlich erfolgte Ernennnung des bisherigen Vice-Ministers der Auswärtigen Angelegenheiten und früheren Vertreters in Washington, Herrn Mori, zum Außerordentlichen Gesandten und Bevollmächtigten Minister in Peking. Herr Mori ist vor wenigen Tagen in Begleitung eines Legations-Sekretairs auf seinen Posten abgegangen und ich zweifle nicht, daß er zunächst den Auftrag hat, mit der chinesischen Regierung über die der Japanischen Flagge von den Koreanern zugefügte Beleidigung, sowie über die ev. dortige Auffassung einer Expedition der Japaner gegen Korea zu verhandeln.

Die hiesige Zeitung Nichi nichi shimbun sagt anläßlich des Korea-Konfliktes:

„Wenn Japan auch Korea, wie zu vermuthen steht, besiegte, so würde es mit Rußland in Schwierigkeiten verwickelt werden." Die Japaner sind sich also wohl bewußt, welche Stellung etwa Rußland Korea und Japan gegenüber einnehmen würde, falls sie, die Japaner, als Sieger an die Besitzergreifung eines Theils der Halbinsel denken sollten. Euerer Excellenz gestatte ich mir zu wiederholen, daß ich an den Ausbruch von Feindseligkeiten vor Eintritt des Frühlings keinesfalls glaube; auch die dann zu erwartenden Schritte der hiesigen Regierung werden in erster Linie von den Resultaten der Mission des Herrn Mori, nebenbei von der mehr oder weniger befriedigenden Lösung der Yunnan Affaire und in zweiter Linie vielleicht auch von Nachrichten aus St. Petersburg abhängen.

gez. Eisendecher.

Zu den Akten genommen im März 1877.

Nachtrag

zum

Vertrag zwischen Japan und Korea.

Deutschen Reichs und Kgl. Pr. Staatssecretair № 305 vom 28. Dezember 1876.

---

ad I. 49.

Jahrg. 1877.

* * *

Asien. Japan. Yedo, 19. Oktober. In Ergänzung des zwischen Japan und Korea vor einigen Monaten abgeschlossenen Freundschafts und Handelsvertrages (vergl. den Tert desselben in № 119 des „Reichs · Anzeigers" vom 20. Mei b. I.) sind zwischen den Regierungen dieser beiden Länder neuerdings eine Reihe von Zusätzen und Ausführungsbestimmungen vereinbart worden, welche die japanische Regierung in drei Erlassen zur öffentlichen Kenntniß gebracht hat. Diese Erlasse lauten in deutscher Uebersetzung wie folgt:

Erlaß № 127.

Es wird hiermit bekannt gemacht, daß nunmehr der Anlage gemäß Zusatzartikel zu dem Friedeus · und Freundschaftsvertrage mit Korea und Handelsbestimmungen vereinbart werden sind.

Den 14. Oktober 1876.

Der Präsident des Staatsraths,

Sandjo Sanetomi.

Anlage.

Zusatzartikel zu dem Friedens- und Freundschaftsvertage.

In Gemäßheit der Bestimmungen des § 11 des Friedens · und Freundschaftsvertrages, welchen der außerordentliche Botschafter der japanischen Regierung, General · Lieutenant, Staatsrath und Chef des Kolonisations · Departements Nuroda Kiyetaka, und der außer ordentliche Vize · Botschafter, Senator Inoupe Kauro nach ihrer Ankunft in der koreanischen Stadt Koka mit den Kommissaren der koreanischen Regierung, Daikan banchm sufuji,

Schinken und Fukukan Tosufu frfnsökan, Injiebi, am 26. des zweiten Monats neunten Jahres Meidji der japanischen Zeitrechnung oder am 2. des zweiten Monats [*sic.*] des Jahres der Ratte, der koreanischen Zeitrechnung, vereinbart und unterzeichnet haben,

ist von der japanischen Regierung abgeordnet worden: der Kommissar und Sektions · Chef im Auswärtigen Amte, Miyamoto Okadzu, der sich nach der Hauptstadt von Korea begeben hat,

und von der koreanischen Regierung der Koehiukan Giseifu döjö, Choinki,

welche nach gehöriger Berathung die nachstehenden Artikel abgeschlossen und unterzeichnet haben.

Art. 1. Sobald die japanischen Beamten, welche den japanischen Unterthanen in den koreanischen Hafenplätzen vorstehen, erfahren, daß an der koreanischen Küste japanische Schiffe in Noth sind und Gefahr im Verzuge ist, soll es ihnen, nach einer Anzeige an die zuständigen Lokalbeamten gestattet sein, sich auf dem direkten Wege nach dem Schauplatze hinzubegeben.

Art. 2. In Zukunft sollen der Gesandte und die anderen japanischen Agenten das Recht haben, (Brief ·) Sendungen an die verschiedenen Aemter nach Verlieben und auf ihre eigenen Kosten entweder durch die Post zu befördern oder koreanische Unterthanen als Boten zu miethen

Art. 3. In den vereinbarten koreanischen Handelshäfen sollen Japaner sich niederlassen und Hauser errichten dürfen, indem sie sich entweder mit dem Eigenthümer des Grundstücks über den zu zahlenden Preis in Einvernehmen setzen, oder, wenn das Grundstück der koreanischen Regierung zugehört, dieselbe Grundrente zahlen, welche von koreanischen Unterthanen an die Regierung entrichtet wird. In der japanischen Niederlassung Söriöko in Fusan sollen die Macht? und die Barrieren, welche früher von der koreanischen Regierung errichtet worden sind, abgebrochen und gemäß der festgesetzten Grenzen Wahrzeichen aufgestellt werden. In den beiden anderen Hafenplätzen werden ähnliche Maßregeln getroffen werden.

Art. 4. Japanischen Unterthanen, welche in Fusan residiren, soll es gestattet sein, sich innerhalb 10 koreanischer Ri, vom Landungsplatze aus gerechnet, in jeder Richtung frei zu bewegen. Die Stadt Torai liegt zwar außerhalb dieser Grenzen, der Besuch derselben ist jedoch japanischen Unterthanen gestattet. Innerhalb dieser Grenzen sollen sie das Recht haben, sich nach Belieben zu bewegen und mit den dortigen sowie japanischen Erzengnissen Handel zu treiben.

Art. 5. In den koreanischen Vertragshäfen soll es Japanern gestattet sein, Koreaner in Dienst zu nehmen. Ebenso dürfen koreanische Unterthanen mit Erlaubniß ihrer Regierung nach Japan reisen.

Art. 6. Wenn in den koreanischen Vertragshäfen ein Japaner stirbt, so soll zu seiner Beerdigung ein geeigneter Platz ausgesucht werden. Die Begräbnißplätze in den beiden anderen Vertragshäfen sollen bestimmt werden nach der größeren oder geringeren Entfernung des Begräbnißplätzes in Fusan von der Niederlassung.

Art. 7. Japanische Unterthanen sollen das Recht haben, sich als Zahlungsmittel für koreanische Produkte japanischen Geldes zu bedienen. Koreaner dürfen in den Vertragshäfen auch untereinander behufs Ankaufs von japanischen Gütern sich des japanischen Geldes, welches sie in Handelsgeschäften erworben haben, bedienen Kupfermünzen zu benutzen und auszuführen. Unterthanen der beiden Länder, welche die Münzen eines derselben nachmanchen, sollen ihren respectiven Gesetzen gemäß bestraft werden.

Art. 8. Koreaner sollen japanische Waaren und Güter, welche sie angekauft oder geschenkt erhalten haben, nach Belieben benutzen dürfen.

Art. 9. Wenn, den Bestimmungen des § 7 des Friedens · und Freundschaftsvertrages gemäß, japanische Vermessungsschiffe Boote aussenden, um an den Küften von Korea Lothungen vorzunehmen und letztere, sei es durch Unwetter oder durch die Ebbe, verhindert sind, zu ihrem Schiffe zurückzukehren, so sollen die Besatzungen von dem Borsteber des betreffenden Ortes in nahe gelegenen Wohnungen untergebracht werden. Sachen, deren dieselben etwa benöthigt sein sollten, sollen ihnen von der Behörde geliefert und die Kosten dafür der letzteren später zurückerstattet werden.

Art. 10. Obwohl Korea bis jetzt keinem Verkehr mit den überseeischen Ländern unterhält, steht doch Japan seit Jahren in freundschaftlichen Beziehungen zu denselben. In Anbetracht desien ist es nicht mehr als billig, daß in Zukunft Schiffe dieser Länder, welche wegen Wind und Wellen Schiffbruch leiden und an die koreanischen Küsten getrieben werden sollten, von koreanischen Unterthanen freundlich aufgenommen werden. Wenn die Gescheiterten in ihr Vaterland zurückgeschickt zu werden wünschen, so sollen sie von der koreanischen Regierung einem der japanischen Agenten in den offenen Häfen übergeben werden mit dem Ersuchen, sie zu repatriiren, welchem Ersuchen der betreffende Beamte gehalten ist zu entsprechen.

Art. 11. Die vorstehenden zehn Artikel, sowie die beigefügten Handelsbestimmungen sollen dieselbe Kraft haben, wie der Friedens · und Freundschaftsvertrag und von den Regierungen beider Länder gewissenhaft beobachtet werden. Sollten sich jedoch im Verkehr der beiderseitigen Unterthanen durch die Erfahrung Veränderungen als nothwendig herausstellen, so sollen die Regierungen der kontrahirenden Länder ihre Anträge dazu machen dürfen. Solche Antrage müssen jedoch ein Jahr vorher angekündigt werden, bevor über sie beschlossen wird.

So geschehen am 24. Tage des 8. Monats des 9. Jahres Meidji oder des 2536. Jahres der japanischen Zeitrechnung.

oder am 6. Tage des 7. Monats Heishi des 485. Jahres seit der Gründung des koreanischen Reiches.

(L. S.) Moamoto Okadzu,

Kommissar und Sektions·Chef im Auswärtigen Amte.

(L. S.) Chö Inki,

Koshin Kan, Giseifu döjö.

Bestimmungen,

unter welchen der Handel Japans in den koreanischen Vertragshäfen

betrieben werden soll.

Bestimmun 1. Innerhalb dreier Tage nach der Ankunft eines japanischen Kauffahrtei ·Schiffes (japanische Kriegsschiffe und Schiffe, welche ausschließlich zum Transporte der Briefpost benutzt werden, sind davon ausgenommen) in einem der koreanischen Vertragshäfen soll der Eigenthümer oder der Kapitän desselben den koreanischen Behörden einen Empfangsschein des japanischen Agenten vorzeiten, aus welchem hervorgeht, daß er den japanische Bestimmungen, welche jetzt für Kauffahrer in Kraft bestehen, alle Schiffspapiere, Konnoissemente u. s. w. für die Dauer seines Aufenthalts in dem Hafen, niedergelegt hat und dadurch das Schiff als ein japanisches ausweisen. Alsdann soll er sein Schiff einklariren durch Uebergabe eines Schreibens, welches angiebt den Kamen des Schiffes, seines Ausgangshafens, seines Gehalts in Tons oder Koku, den Namen seines Kapitäns, die Zahl der Schiffsmannschaft und die Namen der Schiffepassagiere, und von ihm als eine wahrhafte Angabe bescheinigt und unterzeichnet sein muß. Zu gleicher Zeit soll er ein Verzeichniß seiner Schiffsvorräthe und seiner Ladung niederlegen, welches den Inhalt der Frachtstücke, ihre Zeichen und Kummern (wenn solche vorhanden), sowie deren Eigenthümer angiebt.

Dieses Manifest, sowie alle anderen Papiere sollen in japanischer Sprache geschrieben und von seiner chinesischen Uebersetzung begleitet sein.

Bestimmung 2. Der Eigenthümer oder Konsignatär von Gütern, welcher sie zu landen wünscht, soll eine Deklaration bei der koreanischen Behörde eingeben, enthaltend den Namen und die Bezeichnung der Ladung, den ursprünglichen Werth, das Gereicht und die Stückzahl der Güter. Nach Empfang der Deklaration soll die koreanische Behörde feiert die Erlaubniß zum Landen der Güter ertheilen.

Bestimmung 3. Der Eigenthümer oder Konfignotäz darf, sobald er diese Erlaubnis erhalten hat, seine Güter landen. Die koreanischen Beamten haten das Recht, dieselben zu untersuchen, jedoch muß solche Untersuchung ohne Beschädigung der Waaren vor sich geben.

Bestimmung 4. Alle zur Ausfuhr bestimmten Güter sollen ebenfalls, bevor sie an Bord gebracht werden, bei der koreanischen Behörde deklarirt werden. Diese Deklamation soll schriftlich sein und angeben den Namen des Schiffs, die Beschaffenheit und die Stückzahl der Güter. Nach Empfang derselben soll die koreanische Behörde sofort die Erlaubnis zur Ausfuhr ertheilen. Der Eigenthümer der Güter darf sie alsdann verladen. darf jedoch, falls die koreanischen Beamten eine Untersuchung derselben vorzunehmen wünschen, diese nicht zu verhindern suchen.

Bestimmung 5. Japanische Schiffe, welche auszuklariren wünschen, müssen vor Mittag des vorherigen Tages bei der koreanischen Behörde Anzeige machen. Darauf soll dieselbe die deponirt gemesenen Papiere zurückstellen und die Erlaubnis zum Ausklariren ertheilen. Schiffe, welche die japanische Briefpost [*sic.*] dürfen diese Verschrift nicht beobachten, müssen jedoch der Behörde von ihrem Abgangs in jedem Falle Anzeige machen.

Bestimmung 6. In Zukunft ist es gestattet, Reis und anderes Getreide aus den koreanischen Häfen auszuführen.

Bestimmung 7. Hafengehihren für Kauffahrteischiffe:

Für Segelschiffe mit mehreren Masten, sowie für Dampfer

5 Yen.

Für Segelschiffe mit einem Maste, welche über 500 Koku Gehalt haben

.　　　.　　　.　　　.　　　.　　　2 ″

Für Segelschiffe mit einem Maste, welche über 500 Koku Gehalt haben

.　　　.　　　.　　　.　　　.　　　? ″

Boote, welche zu Schiffen gehören, sind gebührenfrei.

Für Schiffe, welche der japanischen Regierung gehören, dürfen seine Datengebühren entrichtet werden.

Bestimmung 8. Japanische Kauffahrteischiffe dürfen von der koreanischen Regierung oder von koreanischen Privatpersonen zum Transporte von Gütern in ungeöffnete Häfen gemiethet werden. In *letzterem Falle unterliegen sie jedoch den Bestimmungen, welche die (japanische) koreanische Regierung in dem betreffenden Erlaubnisscheine vorgeschrieben.

Bestimmung 9. Japanische Schiffe, welche beim Einschmuggeln von Gütern in die ungeöffneten Häfen von den Lokalbeamten betroffen werden, sollen dem japanischen Agenten des nächstgelegenen Vertragshafens überliefert werden. Derselbe soll die Ladung konfisziren und den koreanischen Behörden übergeben.

Bestimmung 10. Der Verkauf von Opium ist streng verboten.

Bestimmung 11. Die gegenwärtig zwischen den beiden Staaten vereinbarten Bestimmungen treten von jetzt ab in Kraft. sie können jedoch abgeändert werden, wenn sich dies durch die Erfahrung als nothwendig herausstellen sollte, durch Kommissare, welche von den beiderseitigen Regierungen zu ernennen sind.

Dessen zu Urkund haben die beiden Bevollmächtigten ihre Stempel beigedrückt.

So geschehen am 24. Tage des 8. Monats des 9. Jahres Meidji oder des 2536. Jahres der japanischen Zeitrechnung;

oder am 6 Tage des 7. Monats Heishi des 485. Jahres seit der Gründung des koreanischen Reiches.

(L. S.)   Moamoto Okadzu.

(L. S.)   Chö Inki.

Erlaß № 128.

Während der Handel mit Korea bisher auf japanische Bewohner der Insel Tsushima beschränkt war, wird nunmehr in Gemäßheit des Erlasses № 34 vom März d. I., betreffend den Friedens und Freundschaftsvertrag mit Korea, und des nunmehr veröffentlichten Erlasses № 127, betreffend die Zusatzartikel zu dem Vertrage und die Handelsbestimmungen, allen japanischen Unterthanen, welche sich nach dem Hafen von Fusan zu begeben wünschen, die Erlaubnis dazu ertheilt werden. Dieselben müssen jedoch, bevor sie abreisen, von ihrer zuständigen Behörde resp. Zweigbehörde Ueberseepüsse und die erforderlichen Schiffspapiere erhalten haben. Personen, welche auf der Reise begriffen, schleunigst nach Fusan zu geben wünschen, können persönlich der der Behörde, in deren Bezirk sie sich gerade befinden, um die Erlaubnis einkommen, indem sie ihre zuständige Behörde schriftlich angeben.

Dies wird hiermit bekannt gemacht.

Sobald später noch die anderen Häfen eröffnet sein werden, wird dies bekannt gemacht werden.

Den 14. Oktober 1876.

Der Präsident des Staatsraths.

Sandjo Sanetomi.

Erlas № 129.

In Zukunft findet die Güter · Ein · und Ausfuhr nach und vom Korea in derselben Weise statt, wie der Vertrieb von Waaren in Japan. Personen, welche Güter auszuführen wünschen, müssen die Faktur derselben von der Zollbehörde eines offenen Hafens oder auch von dem Ausklarirungsamte gehörig beglaubigen lassen. Diese Faktur muß dem japanischen Agenten, welcher in dem betreffende Vertragshafen von Korea residirt, vorgezeigt und von demselben bescheinigt werden, daß die Waaren in Korea eingeführt worden sind. Nachdem das Schiff nach Japan zurückgekehrt, muß diese Faktur an dem ursprünglichen Ausgangshafen wieder eingereicht werden.

Personen, welche aus Korea Waaren einzuführen wünschen, müssen die Faktur von dem betreffenden japanischen Agenten bescheinigen lassen, und wenn sie die Waaren in Japan zu landen wünschen, diese beglaubigte Faktur der zuständigen Zollbehörde oder dem Ausklarirungsamte vorzeigen. Alsdann dürfen sie die Ladung vornehmen.

Dies wird hiermit bekannt gemacht.

Den 14. Oktober 1876.
Der Präsident des Staatsraths.
Sandjo Sanetomi.

pr. 9. Mai 1878.

Tientsin, den 8. Mai 1878.

№ 19.

[1 Anlage]

An den Kaiserlichen Außerordentlichen Gesandten und bevollmächtigten Ministers Herrn von Brandt.

Hochwohlgeboren, Peking.

Euerer Hochwohlgeboren habe ich die Ehre in der Anlage Abschrift eines Berichts des Kaiserlichen Viceconsulats Niuchuang, Korea betreffend, zur hoch geneigten Kenntnißnahme ganz gehorsamst zu übersenden.

P. von Möllendorff.

[Anlage zu № 19.]

Copy.

Newchwang, 30. April 1878.

Dr. O. von Möllendorff.

Acting Imperial German Counsel, Tientsin.

Sir,

I have the honor to give you the following information which may be of interest to the Legation.

Monseigneur Ridel the French Bishop in Corea has been imprisoned and the four French priests have fled to the mountains.

One theory is that the Coreans apprehend a war with Japan and intend to hold the Bishop as a hostage.

Another theory is that the act is due to religious enmity and that his life has thus far been spared at the intercession of the young Queen, herself said to be a Christian.

The French Missionaries here tell me that war with Japan is expected by the Coreans and would be popular among the lower classes, but that the country is quite unprepared.

I have the honor pp.

signed. Fr. Bandinel.

Peking, den 10. Mai 1878.

A. № 38.

Staatssecretair

Verhandlungen in Corea; Gefangennahme des Bischof Ridel.

E. H. beehre ich mich in der Anlage g. g. einen Bericht des Kais. V. Konsulats in Newchwang zu überreichen, nach welchem eine neue Christenverfolgung in Korea ausgebrochen, der viel genannte Bischof Ridel gefangen gesetzt und ein Krieg zwischen Korea und Japan bevorstehend sein sollen.

Die beiden ersten Nachrichten sind mir durch meinen Französischen Kollegen bestätigt worden, der vertraulich hinzufügte, daß er dem Bischof Ridel und den anderen Missionairen in der allerbestimmtesten Weise untersagt gehabt, sich nach Korea zu begeben, und daß er nach Eingang der [sic.]ten Nachrichten den die frz. Station in Ostasien befehligenden Contre-Admiral Duburquois von der Sachlage in Kenntniß gesetzt und ihn ersucht habe, nicht ohne ausdrückliche Weisung der Regierung etwas gegen Korea zu unternehmen.

B.

Abschrift.

Shanghai, den 10. Mai 1878.

№ 46.

An das Auswärtige Amt in Berlin.

Dem Hohen Auswärtigen Amte habe ich die Ehre, den beifolgenden Ausschnitt aus der hier erscheinenden Zeitung North China Daily News vom 7. d. Ms., betreffend die Einkerkerung des Französischen Missionars und Bischofs Riedel in Corea gz gef. zu überreichen.

Nach Mittheilung meines Französischen Kollegen ist den katholischen Missionaren seiner Zeit eröffnet worden, daß sie auf eigene Gefahr nach Corea gingen und auf militärische Maßregeln Frankreichs gegen Corea nicht zu rechnen hätten. Man habe sich daher französischerseits darauf beschränkt, nach der koreanischen Küste ein Kriegsschiff zu entsenden, welches in den dortigen Gewässern kreuzend vielleicht flüchtige Missionare würde aufnehmen können.

gezeichnet. C. Lueder.

Abschrift.

Shanghai, den 18. Mai 1878.

№ 51.

An das Auswärtige Amt in Berlin.

Laut Reuterschen Telegramms ist ein Mordversuch auf Seine Majestät den Kaiser und König begangen und vereitelt worden.

Dem Hohen Auswärtigen Amte verfehle ich nicht ehrerbietigst zu berichten, daß die hiesigen Vertreter von Österreich-Ungarn und den Vereinigten Staaten ihre wärmsten Glückwünsche aus Anlaß der glücklichen erfolgten Rettung Seiner Majestät des Kaisers und Königs amtlich mir gegenüber ausgesprochen haben.

gezeichnet. C. Lueder.

Lien hua chih (Peking), den 4. August 1878.

A. № 47.

Staatssecretair.

Euerer Excellenz beehre ich mich, in Anschluß an den Bericht № 38 vom 10. Mai gehorsamst zu melden, daß Zeitungsnachrichten zufolge, der in Korea eingekerkerte Französische Missionar, Monseigneur Ridel, von den Koreanern wieder in Freiheit gesetzt worden ist.

Da amtliche Nachrichten hierüber bisher nicht hierher gelangt sind, so erlaube ich mir, Euerer Excellenz in der Anlage einen Zeitungs ausschnitt, wonach Bischof Ridel Anfang vor. Monats in der, Korea benachbarten chinesischen Hafenstadt Newchwang angelangt war, ganz gehorsamst zu überreichen.

Sch.

Inhalt: Betreffend Haft-Entlassung des in Korea, einige kerkerten französ. Bischofs Ridel.

praes 29. Jan. 1879.

Shanghai, den 7. Januar 1879.

№ 3.

An den Kaiserlichen Geschäftsträger
Herrn von Schenk.
Hochwohlgeboren, Peking.

Euerer Hochwohlgeboren beehre ich mich, meinen heutigen Bericht an das Auswärtige
Amt № 1, den Tod des Herrschers von Korea betreffend, in Abschrift anliegend ganz
ergebenst zu übermitteln.

C. Lueder.

Abschrift des Berichts an das
Auswärtige Amt № 1.

Dem hohen Auswärtigen Amte habe ich die Ehre, ganz gehorsamst zu berichten, daß zufolge Privatnachrichten aus Newchwang der junge Herrscher von Korea verstorben sein soll. In katholischen Missionskreisen hält man es für möglich, daß eine Regentschaft eingesetzt werden wird, welche unter dem Einflusse der angeblich dem Christenthum und den Fremden nicht abgeneigten Mutter des verstorbenen stehen würde.

gez. C. Lueder.

praes. 6. März 1879.

Schanghai, den 7. Februar 1879.

№ 10.

An den Kaiserlichen Geschäftsträger
Herrn von Schenck.
Hochwohlgeboren, Peking.

Euerer Hochwohlgeboren beehre ich mich, meinen heutigen Bericht an das Auswärtige
Amt № 20, den Tod des Herrschers von Korea betreffend in Abschrift anliegend ganz
ergebenst zu übermitteln.

C. Lueder.

Abschrift des Berichtes an das
Auswärtige Amt № 20.

Im Anschluß an den ehrerbietigsten Bericht vom 7. v. Mt. № 1 habe ich die Ehre, dem hohen Auswärtigen Amte ganz gehorsamst zu berichten, daß weitere Nachrichten aus Newchwang zufolge, welche in der hiesigen Zeitung North China Daily News[14] vom 7. v. M. veröffentlicht sind, es zweifelhaft erscheint, ob in Korea der „junge" oder der „alte" Herrscher verstorben ist.

gez. C. Lueder.

[Anlage 1]

[Anlage zu № 20.]
pr. 30. Oct. 1879.

Japan Herald Mail Issue.

10. Oct. 79.

B.

PROPOSED TREATY FOR THE OPENING OF THE PORT OF GENSAN in COREA.

(From the *Nichi Nichi Shimbun*.)

The following is a draft of the treaty, now negotiated by Mr. Hanabusa with Corea, with regard to the opening of the port of Gensan, lying at a distance of 15 or 16 *ri* from the capital: -

TREATY.

ART. I.---From the month of March in the year of Koshin, according to Corean chronology, which corresponds with the month of May in the 13th year of Meiji, Japan Chronology (1880), the Corean Government will open the port of Gensan, situated in Kankion-do, to trade with the Japanese, who shall be entitled to establish a settlement in Chotoku-san, the limits of which shall be fixed after a survey has been made by the Sorio-kwan.

---

14 [Randbemerkung] „Die frühere Nachricht stand in der N. Ch. D. N. vom 7. Januar."

ART. II.---The ground-rent in the settlement shall in the commencement be the same as the ordinary tax paid in that place; it may afterwards be increased or decreased by mutual consent between the two Governments according to the requirements of the expenditure mentioned in Art. III.

ART. III.---The Corean Government shall prepare the site of the settlement, clear it from bush and rock, level it and make the necessary roads or bridges; but the Japanese Government shall build the houses and lay out the streets.

ART. IV.---A cemetery for Japanese shall be laid out at a convenient distance, for which the same ground rent shall be paid as at the settlement.

ART. V.---The Corean Government shall build a pier from the western coast of Chotoku-san to Chotoku-jima, and keep the same in suitable order and repair, so that cargo may there be landed and ships lie safely at anchor. Corean vessels shall also be permitted to anchor there on condition of paying harbor-duties to the custom-house, and they shall have the right to call there when navigating the coast. ---When a Corean wishes to take passage in a Japanese ship to any open ports, then he shall send in a petition stating his name and residence and his luggage, and the custom house shall then grant him permission, and no unnecessary obstacles shall be thrown in the way of his intended

voyage.

Consul Miyamoto wrote on the 29 August of the 9th year of Meiji (1876) as follows:

"With regard to extending the pier to Chotoku-jima, that question may be settled when a proper survey of the locality has been made, and according to the exigencies of the time."

Art VI. The Corean Government will establish a customhouse near the pier and build with a shed for protection of the goods against wind and rain while they are being examined.

Art VII The treaty limits for the Japanese shall be ten ri in all directions the same as at Fusan. Toungen Fu may be visited as freely as Torai Fu.

P.S. The road from the port of Gensan to the port of Katsuma is within treaty limits. But as there is a place which is not open to visit, another road shall be made.

If there be any points in the above seven articles, that require further arrangement, it shall be done according to the requirements of the settlement.

Befreiung cathol. Missionnaire in Corea.

Aus Veröffentlichungen der Missions étrangères.

Bischof. Ridel	Verhaftet 28. Januar 1878 von Seoul abgeschickt 11. Juni 1878 in Mukden angekommen 30. Juni 1878 (Délivré contre toute attente, Gráce à l'intervention du Gt Chinois, intervention que le ministre de France à Piu-in avait sollicitée et obtenue) Aus der Vorrede des Séminaire du Missions Etrangères, 6. Jan. 1879. Sehr schlecht behandelt.
Missionair Deguette.	Verhaftet 15. Mai 1879. Angekommen in Seoul 29. " " Abgereist von Seoul 7. Sept. " In Mukden freigelassen 2. Oct " sehr gut von den Koreanern behandelt worden, gut genährt. „Grace aux sollicitations du Chargé d'affaires à Piu-in le Gt Chinois cette fois encore, demande un roi de Corée et obtient la délivrance du Missionnaire. Aus der Vorrede des Séminaire des Missions Etrangères 28 Mars 1880.
Katholische Missionaire in Korea seit 1876 und 77.	M. Blanc M. Deguette, ausgewiesen Mgn. v. Ridel " " M. Doucet M. Robert
Verfolgung in 1866.	2 Bischöfe (Msgrs Berneux u. Daveluy) und 7 Französische Missionaire, alle von den Missions étrangères hingerichtet. -

Peking, den 6. März 1880.

A. № 43.

[4 Anlagen]

Als Beitrag zur Geschichte der Entwicklung des Handels wird es vielleicht für das A. Amt nicht ohne Interesse sein zu hören, daß während in früheren Jahren die Mitglieder der alljährlich im Winter nach Peking kommenden halb kaufmännischen koreanischen Mission nie fremde Waaren kauften, in diesem Jahre eine große Nachfrage nach denselben herrscht. Diese Veränderung ist unzweifelhaft der Anwesenheit der japanischen Kaufleute in Korea und der in Folge dessen erfolgten Aufhebung oder begonnenen Handhabung der früher gegen die Einfuhr fremder Waaren erlassenen Verbote zuzuschreiben.

B.

[Anlage 1 zum A. № 43.]

I. 116.

Corea.

Japan Herald Mail.

January 16th April 1880.

B.

LETTER FROM FUSAN, COREA.

From a letter from the above port dated the 9th inst. we (*Osaka Nippo*) take the following: -

The Kwanri Kwancho (Consulate) was finished last year, being built in the mixed Foreign and Japanese style, and it was opened for business. Mr. Mayeta, Kwanri-kwan, went home in December last, and has not yet returned to Fusan, Mr. Faoi, *Shito-sakwan* of the Department of Foreign Affairs, being left in charge. In the absence of Mr. Mayeta things do not seem to run smoothly between the Consulate and the Governor of Torai-fu, as the Corean traders are stopped from coming to the Japanese Settlement unless they pay the extra commission (duty). There are therefore few goods brought into the Settlement, and trade is dull. While we are selling our goods at low rates, we have to pay high prices for Corean goods. The Japanese merchants here are saying that when the seamen of the

Hoshikan landed in April last year the Coreans were quiet, and trade was very brisk, but now Mr. Mayeta, Kwanri-kwan, is absent, and the Corean officers have begun their accustomed artifices; therefore one of our men-of-war should always be stationed at this port. And they will petition the Consul that he will communicate with Torai-fu, in order that the extra duties imposed on the Corean traders may be abolished; otherwise Japanese merchants will have to leave the port.

It is the custom to sell goods on credits to the Coreans, who bring produce in exchange in three or four months' time. Consequently the Japanese merchants are at a loss if the purchaser dies or the goods are lost by shipwreck or otherwise on their way to this port. Therefore our officials have issued instructions that this manner of doing business be discontinued by degrees, but the system is still in vogue. The Corean officials now stop the transportation of goods from places distant about 40 or 50 *ri* (? Corean miles), and the arrivals of Corean produce in exchange for our goods sold on credit are very few, and we are very much inconvenienced. Some of us want to buy rice, having received reports of high prices at home, but the Corean officials are oppressing the rice trade, and therefore only about 50 koku of rice are in our hands.

The Japanese at this port number 1,463,489 of whom are women, including 112 girls of ill fame. There are eleven brothel houses, all of which do a brisk business.

The Japanese residents are increasing in number, and therefore it is feared there may be many sick and that cholera may break out. A hospital called Saisei-biyo-In has been opened, and a new building is now being erected at a place called Nakayama, in the Settlement. The girls of ill fame are examined at the hospital. Dr. Totsuka, the Superintendent, is very busy, and he has instructed the residents to be very careful in guarding against an outbreak of cholera this year. The new hospital building will be finished in April.

The members of the Chamber of Commerce formerly numbered 14, and the old official building was used as the Chamber, but a new building will be erected by the side of the Consulate at a cost of 800 yen. A carpenter of Yamaguchi Ken has contracted to finish it by the middle of April. The members are increasing, and they now number 20, Mr. Sato Masakatsu having been chosen President, and Mr. Kajiyma, Vice-President. The other 18 members have been chosen from among the principle traders. A *Hocho* (similar to the *Kocho* at home) is appointed for every 50 men, and therefore there are 20 of those officials. The authorities appointed Mr. Kawabuchi the head man, but it is said he has resigned.

Gensan-shin will be opened on the 1st of May, and there will be a Consul-General. The Consulate building will be built by the Okuragumi, at a cost of 30,000 yen. The

Consul has lately informed us that a sum of 500 yen will be loaned to such of us who establish a business at the new port, for three years without interest, to defray building expenses, and therefore the proposed buildings will soon be erected. Those merchants who accompanied Mr. Hanabusa, the Acting Minister, to Gensan-shin, last year, and about 20 others, have received a similar intimation. Those who are about to establish themselves in business at that port, feeling grateful for the protection of our government, are congratulating themselves.

The Coreans do not now sell us gold and silver dust. It appears their previous sales of these articles have not resulted to their benefit. ---*Hiogo News.*

[Anlage 2 zum A. № 43.]

I. 121.

Ausschnitte.
aus der Japan Daily Herald Mail vom 12. Mai 1880.
Japan und Corea betreffend.

THE silver ore found in Corea contains usually a considerable amount of gold; several samples assayed lately at the Osaka Mint contained as much as one-half per cent of the latter metal.

IT is said that our Government sent information to the Corean Government of the departure of Mr. Hanabusa, our Minister to Corea, through the Governor of Torai-fu. On receiving this information the Corean Government sent, on the 26th March, a reply, saying that as the Japanese Government sent an ambassador to Corea every year, it seemed impolite in them not to send one, and therefore a Corean ambassador would be sent to Japan with a message of thanks. It is rumoured that a high official will be appointed as ambassador, his nominal message being to return thanks for his government, but his real duty will be to hold consultations with the Japanese officials relative to the Customs tariff, and the refusal of the Coreans to open a new port at Jin-sen.

THE *Hinei Kan* reached Corea on the 23rd ult., and the *Amaki Kan* left Hiogo for the same destination at 4 a. m. on the same day.

WE have before stated that an Ambassador from Corea is expected here, and that therefore the departure of Mr. Hanabusa has been postponed until after the arrival of the ambassador, when the latter having transacted his business, Mr. Hanabusa will return with him to Corea. Should, however, the date of the arrival of the ambassador be prolonged, Mr. Hanabusa will start for Corea without waiting for him, and should he meet the ambassador on the way, the latter will return with him without visiting Japan.

OUR trade with Corea has shown signs of improvement, and it is rumoured that the M. B. M. S. S. Co., intends to establish a regular communication with Foosan; the *Wakamoura maru* is designated to inaugurate that new line.

It is rumoured that the Corean government is about to establish, at Foo-san, a college for the study of the Japanese language. Two or three Japanese teachers will be engaged, and about thirty pupils, above the age of fifteen and who are already well educated in their own literature, will be permitted to enter the College.

IN order to protect the Japanese residents in Corea, a corvette, with about 300 marines on board, will be sent to Foosan. Several of these vessels will relieve each other, each making a stay of six months in that port.

THE *Chiyoda Kan* which is to be presented to the Corean Government will be manned with a number of non-commissioned officers and midshipmen to serve as instructors for the Corean sailors.

A CLASS for the study of the Corean language is to be established by the Educational Department and a Corean who is now in the employ of the Foreign Department is to be engaged as teacher. This gentleman has long been known for his advanced and liberal opinions and had, more than once expressed his sorrow about the uncivilized condition of his native country. He is supposed to have declared at a public meeting held lately, that Li Hung Chang, the Viceroy of Chili, had written to the Corean Government last year, advising it to open Corea to foreign trade but that the Corean Prime Minister vehemently opposed this proposal.

The Corean Ambassador, who is shortly expected to arrive in Japan, will land either at Nagasaki or Shimonoseki, and make the journey to Tokio, overland. The reason for this is said to be that the Corean Government has heard a great deal about the improvements which have taken place since the Restoration, and therefore it wished that the ambassador should make an inspection of the internal condition of the country. It is also said that the Japanese government is desirous of revising, or at least of annexing some clauses to the treaty of friendship with Corea. More particularly it is wished that if a Corean woman marries a Japanese man, the matter shall be under the jurisdiction of the Japanese authorities, who shall permit the marriage, or not, according to circumstances, but the matter shall not be submitted to Corean law; the reason of this being that the latter is very severe, and in such cases punishes the woman with death. To obviate this severe or rather barbarous proceeding, the Japanese wish to annex the above-mentioned article to the treaty.

THE Corean Government has ordered two steamers of the Senyusha company. Kayacho, Tokio, the price to be paid in yearly instalments. The company has applied to the Finance Department for a loan to be enabled to execute the order; this request having been granted, the construction of the vessels is pushed on vigorously and will soon be terminated. It is said that the Corean Government intends to engage Japanese navy officers and sailors for the management of these two boats.

THE departure of Mr. Mayeda, Japanese Consul General to Corea, has been postponed.

MR. MAYEDA, our Consul General for Corea, accompanied by two serjeants and 30 policemen, left the capital on the 5th inst. for his post. H. E. Yenomoto, Minister of the Navy, Mr. Hanafusa, Chief Secretary of the Foreign Department, Messrs. Masuda and Okura, and about a hundred of his acquaintances, accompanied him either to Shinbashu station or to Yokohama.

[Anlage 3 zum A. № 43.]

I. 127.

Corea.

Japan Herald Mail January.

22 Mai 1880.

A RETURN of the commerce carried on at Fusan, Corea, from the 1st July to the 31st

December, 1879, gives us the following:

Exports of Corean produce·············· yen 316,561.224

Imports of Japanese produce············· yen 31,167.378

Imports of other foreign produce······· " 282,714.250

 " 313,881.628

Excess of Exports over Imports········· yen 32,679.596

OUR government has secured from the Corean Government 300,000 *tsuboes* of land at Gensan-shin, for the purpose of establishing a Japanese settlement there. This ground will be lent, without charge, for ten years to any Japanese wishing to build a residence at that port, and a sum of 500 *yen* will also be lent to each family to defray the expense of the buildings. This money is to be repaid in ten years, but no interest will be charged. In consequence of this, many people from Kiushiu have applied for sites, and there is now only about 40,000 *tsubo* remaining. A temple belonging to the *Shingo-shin* sect of Buddhists is to be constructed there at an expense of 12,500 *yen*.

[Anlage 4 zum A. № 43.]

I. 132.

Tokio Times.

praes. 26. May 1889.

AMERICA AND COREA.

There is little reason to expect any practical or substantial result from the visit of the U. S. ship *Ticonderoga* to Corea. Her preliminary call at Fusan was entirely unproductive of consequences, although we may presume that Commodore Sehnfeldt had no purpose of formally inaugurating his enterprise at that point. The *Ticonderoga* may perhaps return to the neighbouring kingdom, and it is possible that efforts toward negotiation will be undertaken at or near the capital, Seoul; but the chances of success are greatly dependent upon Japanese cooperation, and, so far as we can learn, that will not be very heartily accorded. The consular officials stationed there may be instructed to show the utmost courtesy to the American visitors, and they will undoubtedly fulfill all such requirements to the letter; but access to the native authorities is not to be obtained by such means. We are, indeed, aware of no intention, on the part of this government, to actively assist any project for establishing intercourse between Corea and the United States. There was a time, not very long ago, when Japan had good cause to desire the execution of such a plan, but, owing to circumstances upon which we need not enlarge, that impulse has passed away, and at the present moment the rulers of this empire would vastly prefer their country to stand alone as the medium of regular communication with the Coreans. It ought not to matter much to American in general. The prospect of intercourse, political or commercial, with the cantankerous little kingdom, is not particularly alluring to anybody that we have ever heard of. It may matter, more or less seriously, to Japan, at some future time. If the friendly influence, or alliance, or whatever, of the United States were again considered indispensable, it might be more difficult to get a favourable response than it was a year or so ago. Great countries may grow a little tired of diplomatic coquetries, sooner or later; and no person should be surprised to find the good nature of Japan's solitary champion giving way, if subjected to unreasonable strains of this description. The government of the United States has actually been made to appear next to ridiculous on more than one occasion by the caprice-or, rather, the timorous indecision-of Japan. Such experiments cannot be too often repeated without provoking awkwark inquiry and unfavourable criticism. -*Tokio Times*.

pr. 27. Mai 1880.

Shanghai, den 20. Mai 1880.

№ 64.

An die Kaiserliche Gesandtschaft in Peking.

Der Kaiserlichen Gesandtschaft beehre ich mich, anliegend Abschrift eines heutigen Berichts an das Auswärtige Amt, betreffend den Besuch der Nord-Amerikanischen Fregatte „Ticonderoga" in Korea nebst Anlage zur geneigten Kenntnißnahme ganz ergebenst zu übersenden.

Focke.

Abschrift.

№ 82.

An das hohe Auswärtige Amt in Berlin.

Eine hiesige Zeitungsnachricht, nach welcher der Kommodore Shufeldt sich an Bord der Nord-Amerikanischen Fregatte „Ticonderoga" von Nagasaki aus in Begleitung des dortigen Konsuls seines Landes nach Korea begeben habe, um Namens der Vereinigten Staaten mit der Koreanischen Regierung einen Handelsvertrag abzuschließen, hat den gehorsamst Unterzeichneten veranlaßt, bei dem Kaiserlichen Konsulate in Nagasaki Erkundigungen über die Thatsächlichkeit dieser Angaben einzuziehen.

Indem ich nicht verfehle, die hierauf eingegangene Antwort zur hochgeneigten Kenntnißnahme des hohen Auswärtigen Amtes abschriftlich beizulegen, bemerke ich ehrerbietigst, daß auch Japanischen Zeitungsnotizen zufolge die „Ticonderoga" bereits am 11. d. von Korea, nach nur zweitägigem Aufenthalte daselbst, in Yokohama wieder eingetroffen war. Der Handel mit Korea, über dessen Bedeutung vor einigen Jahren von dem Kaiserlichen Konsulate in Hiago auf Grund Japanischer Zollstatistik Bericht erstattet wurde, ist für Deutschland nicht ohne Interesse, da von deutschen Artikeln namentlich Anilinfarben dort Einzug finden. Die Vermittlung desselben liegt bekanntlich gegenwärtig fast ausschließlich in den Händen der Japaner welche ihre Handelsniederlassung Fusan in Korea immer mehr zu erweitern bestrebt sind, während der Antheil Newchwang's daran in ebenso stetiger Abnahme begriffen sein soll.

gez. Focke.

Abschrift.

An den Kaiserlichen General.Konsul
Herrn Dr. Focke.Hochwohlgeboren, Shanghai.

Antwortlich des gefälligen Schreibens vom 8. dss beehre ich mich, Euerer Hochwohlgeboren ganz ergebenst mitzutheilen, daß Commodore Shufeldt sich am 3. dss an Bord der Nordamerikanischen Corvette „Ticonderoga" in Begleitung des hiesigen Konsuls W. P. Mangum von hier nach Korea begeben hat, um den Versuch zu machen, mit der dortigen Regierung Verbindung anzuknüpfen und dann Namens der Vereinigten Staaten vielleicht einen Freundschafts- und Handelsvertrag abzuschließen. – Sie nahmen einen Chinesen als Dolmetscher mit und beabsichtigten, diesen mit einem Schreiben zur Eröffnung einer Unterhandlung in Korea zu landen.

Bereits am 7. dss. traf eine Depesche von Mangum ein:

„Sasse? Simonoseki for Yokohama all well"

welche er mit heutiger Tokio Maru [sic.] bestätigte, ohne – wie der hiesige Vice-Konsul L. Fisher behauptet – etwas über Korea zu erwähnen.

Weiteres ist hier einstweilen nicht bekannt. In Anbetracht der kurzen Zeit von [sic.] vier Tagen, nach welchem die Corvette schon Simonoseki auf dem Wege nach Yokohama passierte, ist aber wol anzunehmen, daß die Koreaner jegliche [sic.] abgelehnt haben.

Sobald ich Näheres in Erfahrung bringen kann, werde nicht verfehlen Euerer Hochwohlgeboren davon Mittheilung zu machen.

gez. Herm Iwersen.

Peking, den 10. Juni 1880.

A. № 28.

[5 Anlagen]

Nach aus Japan hier eingetroffenen Nachrichten ist der Versuch den Commodore Shufeldt mit der Amerikanischen Fregatte Toconderoga in Fusan gemacht hat, Beziehungen zu Corea anzuknüpfen, vorläufig gänzlich mißlungen, da die Coreanischen Behörden sich auf das Entschiedenste geweigert haben, auch durch Vermittlung der Japaner, irgend eine Mittheilung der Amerikaner entgegenzunehmen. Die Fregatte, die am 14. Mai nach Fusan eingelaufen war, hat bereits am 17. ihre Reise nach Yokohama fortgesetzt.

Die Amerikanische Gesandtschaft hier hat keine Kenntniß von den speciellen Aufträgen, die Commodore Shufeldt zu befolgen scheint. Ebenso lehnt die rußische Gesandtschaft jede Kenntniß von angeblichen rußischen Versuchen in Vertragsbeziehungen mit Korea zu treten, ab.

B.

[Anlage 1 zum A. № 28.]

I. 163.

Aus der Japan Herald Mail Summary vom 4. Juni.

Corea.

COREA.

(Translated from the *Mainichi Shimbun*.)

We have previously announced that an interview had taken place at Nagasaki, between Mr. Kondo, our Consul to Corea, and the Captain of an American man-of-war, and that the latter had earnestly requested Mr. Kondo to give him a minute account of the condition of Corea, as he had been ordered by his home government to conclude a commercial treaty with Corea.

It is said that the said man-of-war arrived at Corea at 11 a. m. on the 14th instant, lying at anchor at a distance of about 20 *cho* (2,000 yards) from the land. As it was known that a Commodore was on board, salutes were fired by the Japanese corvette *Amaki Kan*, which entered the harbor on the 2nd inst. The salutes were immediately answered by the American vessel. At 3 p. m. on that day our Consul, Mr. Kondo paid a visit to the American Commodore and was told by him the reason for his arrival, and shown a letter from our Foreign Department. Then producing another letter in English and Chinese, the Commodore requested the Consul to forward it to the King of Corea. After several conversations he acceded to the request, and on the same day summoned a Corean interpreter attached to the police office, and offered the letter to him. As the latter dared not receive it, the Consul went in person to the Torai *fu* on the ensuing day. He held an interview with the governor, and almost exhausted his powers of persuasion to get him to receive the letter, without success however, as the governor refused to do so, on the grounds that the law does not allow intercourse with Western nations and that, as his business was only to administer the affairs of the inhabitants of Torai *fu* and transact diplomatic affairs with reference to Japan, he could not forward the letter in question to the King; nor, indeed, could he ask his superiors how to act in the matter. All the efforts of the Consul were in vain and he was obliged to return to the Consulate. A report was immediately sent to the Commodore informing him of all that had passed between the governor and himself. The Commodore finding no means of accomplishing his end quitted Corea at 5 a. m. on the 7th inst., thinking that it would be best for him to return to Japan and consult with the American Minister to that country, and then make another trip to Corea within the year. After the departure of this American ship a volley of guns was fired from the castle of Fusan as a sort of formal ceremony of exclusion of foreigners.

On the anchorage of the vessel on the coast of Corea an alarm fire was lit by the Coreans at night, and a special messenger was sent with all speed to the capital to announce the fact. In Fusan and Torai *fu*, soldiers were assembled to guard the towns and a notification was issued forbidding the visit of Coreans to Japanese houses, but as the notification was not circulated before the American vessel had left, it did not produce any practical result, and mutual visits were carried on as usual. It is said that our officials in Corea had told the Corean authorities that it would be necessary for them to dispatch an officer to the American ship to ascertain the cause of its arrival, on account of its being an entirely foreign vessel, but they shook their heads and would not listen to the advice of our officials.

Since the attack on Kokwa the hatred of the Coreans towards Americans is so inveterate that even small children are disposed to show resentment at sight of the latter. It is very ridiculous that they think themselves capable of defeating foreign nations. This arrogant feeling Corean seems to have had its origin in their repeated successes in the expulsion of both French and Americans on the occasion of the attacks in 1866 and in 1871. The Corean government has lately issued orders for the recruiting of new soldiers and rumours have stated that the reason for this proceeding is the intention to defend Torai *fu* and Fusan against American vessels.

WE have previously stated that the Corean Government intended to send an ambassador to Japan. It is now reported that a councillor named Kinkoshiu will shortly be despatched as ambassador, but the date of his departure is not yet fixed. The Russian government has lately sent a representative to Corea to consult about opening up commerce between the two countries. The Russian official is now staying in Injo-fu, a citiy in Kankiodo, and is occupied in holding conferences about that business. It is also stated that the exports from Fusan have been far greater than last year, the greater portion being rice. Formerly the export of rice was forbidden, and many breaches of the law were committed, both by the people and by officials, in its sale to Japanese; but since the negotiations lately entered into were concluded, such abuses have ceased, and transactions in rice are openly carried on.

WE had previously stated that a Corean Councillor named Kinkoshiu will soon come to Japan, as ambassador. It is now said that he will start early in June. He would have started earlier had not a son of the King of Corea died, which caused the postponement. In order to pay his expenses the Corean government sent a requisition to the *Kiodo Kwaisha* (a Japanese mercantile company) for a loan of 60,000 *yen*. The loan has been agreed on and the contract signed.

Letter from Fusan, Corea.

(Osaka Shimpo)

Since the [*sic.*] which was held in March last, trade has been dull at this port. The business in foreign cotton cloth, dyes, &c, has not been satisfactory; and, in consequence of the rice in the price of dollars, goods have been den [*sic.*] at home than here, where they are getting lower, &c. However, the thin [*sic.*] has been [*sic.*] in demand that although there was a large quantity imported it has all been sold, but the demand appears to be satisfied for the present. The trade in copper, tin, &c, is unchanged, and the price in steady. Sales of the rice in the gedorse of the protesters lately commenced, and as the wind has been fair, even 10 junks daily have arrived with produce [the chief products are rice, beans and cowhides], and consequently we are purchasing more goods than we are selling. In the letter part of last year Japanese coins were scarce, and Corean coins fell between 23 and 34 per cent, but in consequence of the increase in the export trade they have lately gone up 35 per cent, and when they were still rising some merchants bought a large quantity, when they [*sic.*] further 9 per cent. During the past [*sic.*]. Committee-men having considered that the had bruise of the snail sruders and commission merchants cannot be improved unless the Japanese Government will adopt strict measures, this office has been closed.

Our men-of-war, the Amaki-kwan, arrived on the 1st of May, and she will shortly leave for Gensanshin. Tatsuno Newtoshi is her commander.

On the 4th of May, the U. S. men-of-war *Ticonderoga* arrived here. Commanders Shufeldt, on behalf of Ibo survival, handed Mr. Kondo, our Consul, an address from our Government, requesting [*sic*.]. documents in the governor of Torai Fu, drawing the amicable relations might be established between the United States and Corea. Mr. Kondo did as he was requested, and the *Ticonderoga* left on the morning of the 6th. As I have heard some particulars in reference to the object of the visit of the *Ticonderoga*, I will give you the following summary: When Commodore Shufeldt requested Mr. Kondo to transmit the document to the Corean Government Mr. Kondo said he would request the Governor of Torai Fu to cease down at once to receive the document from the American man-of-war, which had come to that port is a order that the document might be presented to the Corean Government, so that he might transmit it to the Government; he (Mr. Kondo) did not wish to forward the documents himself, because the letters from te Ministers of the Home Department and of Foreign Affairs sated that though it was of not so much importance that he should transmit the document, he was to be polite and obliging. Commodore Shufeldt then said: "It is necessary that I should request you to act as intermediary in transmitting the document from my Government, which has no treaty with Corea, because Japan has not only a treaty with America, has also wit Corea, and a Japanese Consul stationed more; it is therefore [*sic*.], considering the friendship existing between Japan and America, for you to refuse to transmit our document," -and he persistently pressed for intermediation. Having received a document written by the Commanders, Mr. Kondo went up to Torai Fu on the 5th and forwarded it to the Governor, whom be tried to persuade to forward it at once to the Government. The Governor implied: "We have never heard the name of the country called America before, as our country has been closed to foreign countries from anxious times. I, the Governor, have no power to transmit the documents of the foreign country to the Government." Such was the refusal of the Governor to transmit the document.

Mr. Kondo said to the Governor: "There is no reason in the world why you should not see the men, and receive the document, even though they are strangers; we should treat even strangers with politeness so long as they are polite to us. By their request, I, the Consul of Japan, which has treaties with your country and with America, have performed the duties of introduction, but you have not only refused to grant the strangers an interview, but also decline to receive the document. The port of Fusan is under your jurisdiction. It is not your duty to pay some attention to a man-of-war of a strange country entering a port under your jurisdiction? Even if you do not wish to enquire personally for what purpose the man-of-war has arrived, why do you not send one of your officers to make enquiries? If you would be exceeding your powers in transmitting the document, you had better make enquiries from your Government concerning it, and then you will manage this affair properly. I very much desire that you will soon see the strangers." In reply the Governor said: "What you say is all right. I will now despatch an officer to your Consulate, and therefore I request that you will settle the affair. But there is no precedent in this country to enquire from the Government concerning the transmission of documents from strangers, and consequently I have never made such an enquiry. If I enquire now I shall meet with severe punishment; I shall not be able to help myself." The Governor having thus refused, Mr. Kondo was satisfied that further persuasion would be useless, and in despair, he left Torai Fu at about 6 p. m. Commodore Shufeldt having learned the particulars of the interview from Mr. Kondo, and having understood that the Coreans are obstinate and stupid, thanked Mr. Kondo for the trouble he had taken, and left Fusan for Japan at daybreak on the 6th of May. After receiving advices from the American Government be will return to Corea.

From this matter we can, easily perceive that the Coreans are ignorant of the affairs of the world. When Mr. Kondo had the interview with the governor of Torai Fu, our interpreter translated "The United States, America" The Governor then said it was a strange country, of which he had never heard, and he was not desirous of knowing anything about it. However, he asked, with great agitation, "Is Merican the other name of America, or is it a different country? Whereupon our interpreter changed the title to Merican. When he heard from our interpreter that it was one and the same country the Governor was very much astonished, and changing countenance, said "Merican is our hateful enemy. If it is certainly so, I not only will not transmit the letter, but we should carefully defend ourselves. We will forbid our traders from visiting your Settlement." The governor was greatly agitated. Mr. Kondo ultimately persuaded him not to prohibit the visits of the Coreans to our Settlement. At first the Governor was not obstinate in altogether refusing to transmit the document to his Government, but on the change of America to Merican he was very obstinate.

As the officials of Torai Fu were in great confusion, the Coreans at Fusan were very much afraid of war, and they thought hostilities would soon commence. They carried away their furniture; and some of them fled to the hills, groves, &c., while others went to their friends or relatives in the distant districts. On the night of the 5th instant troops were despatched from Torai Fu and Shusen (Marine Office) to the coast of Fusan, and many of the people of the neighbourhood of Fusan were employed in carrying large quantities of stones to the fort there, to be used instead of cannon balls. At about 3 a. m. on the 6th instant (when the American man-of-war left) a gun was fired from the fort at Fusan. We learn from the Coreans who visited our Settlement that the gun was fired as a signal that the man-of-war of their enemy had been compelled to leave. I have another ludicrous story. Those Coreans who are ignorant of the cause of the visit of the American war vessel are boasting that she ran away because their enemy was afraid of the warlike preparations being made.

It was feared that as a result of the conference, Commodore Shufeldt would land some of his marines on our Settlement, and proceed to Torai Fu, to demand an interview with the governor. Had he done so probably the stupid Coreans would have attacked them with stones, as is their habit. Then if the Americans did not tamely submit to this indignity, our Settlement would have become a field of battle, and our traders would have had to close their doors in great trouble. Consequently we were very anxious as to the result of the affair. But fortunately we saw the American man-of-war take her quiet departure, owing to our Consul having failed in his duty as intermediary; and it is said that the Governor is satisfied that it was owing to Mr. Kondo's management that the American man-of-war left so soon. We believe, therefore that our Consul will hereafter be more esteemed by the Coreans, which is very gratifying to us.

The proposed Corean Envoy to Japan is named Kinkoshiu, *Koso Sangi*, and he was to leave soon, but in consequence of the death of Prince Kwankwa (a younger son of the King) in the 1st month of this year (old style), whose funeral was celebrated in the 3rd month, his departure has been postponed.

I have heard, in connection with the despatch of the Envoy, that the government has contracted for a loan of 60,000 yen from the branch of the Kiodosha, in this Settlement, for the Envoy's expenses. He will go to Kobe by the *Dofuku-maru*, a sailing vessel belonging to the Kiodosha, and proceed thence to Tokio per mail steamer. It is said his suite will number 80. ---*Hiogo News' Translation.*

IT is reported that when our Consul to Corea, Mr. Kondo, visited the Governor of Torai *Fu*, a few days ago, the latter asked him about his training a force of police sergeants and policemen, of which the Coreans had not previously heard, and how these people were to be employed? The Consul explained the duties of these officials, and pointed out that the Japanese not only intended to stop the commission of crime among

Japanese, but also among the Coreans who were employed in the Japanese settlement. It is also said that though the Japanese merchants in Fusan are not very wealthy, they are in a great deal better circumstances than the Coreans. Some of the latter who notice this fact think that it reflects on their national honour, and, therefore, some rich Coreans living at the capital intend to invest several thousands of dollars in goods, and export them to Japan, -by this means expecting to cause great astonishment to the Japanese, and honour to accrue to their country.

NORWITHSTANDING the repulses the Americans have received in their endeavours to establish relations with the Government of Corea, by the execution of a treaty of friendship so as to secure succour to such shipwrecked mariners whom the accidents of the sea may cast upon her coasts, and ultimately a treaty of commerce, yet another attempt will be made. The U. S. corvette *Ticonderoga*, it is understood, will return thither at an early date, so soon as it shall be deemed expedient to do so.

BRANCH offices of the First National Bank, the *Mitsui Busan Kwaisha*, and the Okura Co. will soon be established in Gensanshin, Corea. The Tokio Marine Insurance Co. also intends to open a branch at the same place, and another in Okinawa *ken* (Loo Choo).

[Anlage 2 zum A. № 28.]

I. 172.

Corea. Aus der Japan Herald Mail Summary vom 18. Juni 1880.

RIOT IN COREA.

(Translated from the *Mainichi Shimbun*.)

We previously stated that the Corean Government had issued a proclamation forbidding the export of rice and grains to other countries. From a letter from Fusan, dated May 31st, we learn that through this proclamation a disturbance had taken place. The disturbance appears to have originated in the fall of our paper currency and the rise of Corean coins, which caused great depression in all kinds of business transactions. Owing to this the trade has lately been carried on almost entirely with rice and other grains, but after the issue of the notification of the 20th May prohibiting the export of rice, the land was constantly under the inspection of the local authorities, while the sea was watched by the officers of the marine barracks. Thus the usual avenues by which rice had been generally exported were closed up, and the trade increase and cereals became dull, causing our mercantile community in Corea to sustain considerable loss; so much so that some of the members even found themselves destitute of their daily bread, and the distress was becoming quite serious. As soon as the news of this state of things reached the ears of our Consul, he at once opened negotiations concerning the prohibition which was causing this trouble, and succeeded in obtaining an answer on the 29th May. When, on the 27th May, Mr. Arakawa (an officer of the 8th class attached to the Japanese consulate) was sent to the Torai *fu* to enquire about the obnoxious measure adopted by the Corean Government, no decisive answer was obtained, and the Consul had determined to himself proceed to Torai *fu* on the 31st. In the meantime the members of the Japanese Chamber of Commerce forwarded a petition to him respecting the prohibition of the export of rice, and information was obtained that a meeting of leading persons had been held, which had resulted in a resolution of the members of the meeting to attack the Torai *fu* in a body, on the 30th May, with the intention of making forcible purchases of rice. Mr. Kondo (the Consul), thinking that a similar riot might happen to that of a few years ago, felt great anxiety, and thought it best to warn the people against such action. But at 11 a. m. on the 30th May he received information that about twenty persons had already started on a march to the Torai *fu*, and during the afternoon of that day news arrived to the effect that a further body of about fifty men had started after the first as a reinforcement. The Consul at once took prompt steps to stop the outbreak of the riot, and an interpreter, named Nakano, was sent to Torai *fu* to quiet the rioters. In the meantime the Consul forwarded a letter to the Governor announcing that he would hold an interview with the latter on the 31st May. According to a statement of a person who went to Torai *fu* on the day of the riot, we are convinced that the total number of persons who marched to Torai *fu* with the intention of purchasing rice was eighty. The gate of the Torai *fu* castle was closed and strongly barred, and three or four hundred Coreans were to be seen ready to repel any attack, so that the rioters could not gain admittance and were obliged to content themselves with challenging the authorities inside the castle. While they were thus engaged, the interpreter sent from the consul arrived on the ground, and succeeded in dispersing them peaceably. The weather was extremely bad, and these rioters suffered from the rain and thick mud. The Consul started for Torai *fu* at 2 a. m. on the 31st, but owing to the heavy rainfall of the previous night, the watercourses along the route were overflowed and all the land round the Torai *fu* was inundated for a space of about eight miles so that it was with the greatest difficulty the Consul reached his destination by 11 a. m. on the same day, after having had to travel over hills and plains where the road was obliterated. Soon after his arrival in Torai *fu* he had an interview with the Governor and opened negotiations with the latter, which did not close till 7 o'clock in the evening, and even then, were resultless. He passed the night in the city, and resumed the discussion on the following morning. By 9 o'clock a. m. matters were arranged and the Consul returned to his Consulate. The agreement come to between the Governor and the Consul was as follows.:

1st. -The removal of the prohibition of the export of rice and other cereals from the 1st June.

2nd. -The permission for our officers to arrest any Corean officials who obstruct the export of those articles, and send them for punishment to the Torai *fu*.

These decisions were at once made known by our Consul to the Chamber of Commerce and the leading Japanese residents in Corea.

==

The letters from Fusan, Corea, by the correspondent of the *Osaka Nippo*, and of which we have regularly given translations, cannot fail to be very interesting to foreigners here, more especially as attention is particularly drawn to that comparatively unknown land just now, on account of the efforts on the part of the United States Government to negotiate with the Coreans for the opening of commercial intercourse. When the *Ticonderoga* first visited Corea, and her gallant Commander, Commodore Shufeldt had to withdraw on account of the obstructive policy of the governor of Torai Fu, -who, by the way, never until then heard of the United States of America, but knew of foreigners called 'Mericans,' and had a very bad opinion of them,-it was certainly very amusing to learn from the Japanese newspaper correspondent that the Coreans were under the impression that they had driven away the foreign man-of-war, and that their war preparations, which were of the most primitive order, had been enough to frighten the 'Mericans.' The war preparations were nothing more nor less than the gathering of stones into big piles, so as to have them handy for throwing at the unwelcome intruders. By the latest advices we learn that a council of war is being held at Fusan, at which the officers commanding the garrisons of Torai, Suiyei, Takendai, &c. are in attendance, and the exercise of throwing stones is being actively engaged in! The Japanese correspondent says this sounds rather incredible but seems to be a fact; he says the stone throwing is like child's play, and the enlightened Japanese, who were only a few years ago little better than the Coreans, now laugh at their less-advanced neighbours. This correspondent also reports that an English man-of-war recently visited Corea; and another foreign ship was at Fusan in the end of last month, and some Englishmen went ashore, and walked through the Japanese settlement, but a disturbance was feared, and the correspondent quite proudly tells how the Japanese police prevented any row by stopping the Englishmen from going any farther. The Japanese are looked upon as great curiosities, according to the correspondent, for he says that native sight-seers flocked into the Japanese settlement, standing before the houses and blocking up the thoroughfare. The Japanese must have been vain over this manifestation of curiosity on the part of the Coreans, for times are changed, and instead of Japanese crowding round foreigners in curiosity and wonder, here were people crowding round the Japanese, and the latter took measures to drive off the native sight-seers by spriakling water on them, and in some cases resorting to blows. But the curiosity of the natives evidently amounted to a nuisance, and the Japanese appealed to the native governor to prohibit his people from coming to look at the Japanese and crowding round their houses. The Coreans were afraid of the English and American men-of-war, the course of trade was interrupted, and the enlightened Japanese correspondent, in regard to this incident, says "it appears nothing but bullets and powder will awaken the Coreans from their stupidity." It is rather curious to consider the attitude of the Japanese towards the Coreans, in companion with the attitude of the Japanese towards foreigners in their own country. In another letter in the same paper, and presumably from the same correspondent, a loud complaint is made against the Corean Government for prohibiting the export of rice, -a thing which the Japanese Government has done over and over again. The Japanese Chamber of Commerce, at Fusan, presented a petition to the Japanese Consul on the question of the export of rice, in which the following sentence occur, and it certainly is rather cheeky to come from Japanese: - "Rice is acknowledged by the Corean Government as a legitimate article of export, therefore it has no right without the due concurrence of our government to abruptly stop its export or punish its people for selling it." We do not mean to defend the action of the Coreans; we only remark upon the conduct of the Japanese. The editor of the *Osaka Shimpo* says, in regard to the news from the Corean correspondent: - "The ignorance of the ways of foreign intercourse on the part of the Corean Government, and the want of the spirit of self-governance on the part of the people, make us sigh with anxiety for the future of our commerce with that country." Then he sums up with the following: - 'An old sage says "Severity is mildness sometimes, and mildness severity.' so it is our belief that unless decisive measures are resorted to we shall never be able to clear their stupidity and hope for the commerce between two nations." The Japanese are evidently determined to educate the Coreans, whether they will or not; but while the Japanese Government places restrictions on foreign trade with Japan, and does everything possible to drive foreigners out of the country, the colony of Japanese in Corea cannot complain because they don't get it all their own way there. -*Hiogo News.*

==============================

The Home Department sent a requisition to the Naval Department urging the necessity of a survey of the port of Nobiru, Miyagi *ken* and asking that it should be carried out. In answer it was said that all the surveying officials were at present employed at Gensanshin, the newly opened port in Corea, and could not do the work demanded, but that if the Home Department would pay 1,500 *yen* for extra salaries, the work should be done during the summer months, and no vacation taken.

It has been reported by a Japanese merchant at Fusan, Corea, that there are in that port about fifty Japanese style vessels of from 300 to 600 *koku* burden, one sailing vessel of foreign build, and one corvette (the *Amaki-kan*). Trade is somewhat flourishing and supplies very cheap so that it is easy to make a living. One hundred *mon* in Corean' coins is worth about twenty seven *sen* in Japanese, but fluctuates with the market.

==============================

A LETTER dated June 3rd reports that the *Akitsushima-maru*, (with Mr. Mayeda, Consul General, and several Japanese merchants and a full cargo on board) arrived at Gensanshin on the 20th May. The Consul General and suite took lodgings in the only empty houses, so that the rest of the people were obliged to put up tents. Everything was in such disorder that they were not able to get their usual three meals a day. At last, however, several huts were erected, into which they moved. Supplies (including rice and other grains, fish, vegetables, fuel, &c.) are very plentiful, and, in consequence, cheap. The character of the inhabitants is better than that of the residents at Fusan, the former being more faithful. Coolies' wages are 60 *mon* per day each. Owing to the want of knowledge of the language, much inconvenience is felt. It is further stated that as Japanese are the first strangers who have visited that part, the natives daily come in crowds to the Japanese settlement, and when Japanese go out in the street the natives examine them very closely so as to almost prevent their walking, and they will not get out of the way even when they have been struck with sticks or had water thrown on them. This having annoyed the Japanese very much, they sent a remonstrance to the governor of the

Tokugen *fu*, who issued a notice forbidding such conduct, which has had the effect of lessening the trouble somewhat.

============================

It is reported from Corea that a Russian man-of-war arrived at Shojo in Kankintai. The errand of the officers on board was to persuade the Corean government to open commercial intercourse with Russia. The Coreans, being ignorant of the benefits likely to come from opening their country, refuse to give way to the persuasion of the visitors, and the man-of-war is still there.

============================

It is reported from Corea that a British man-of-war tender arrived unexpectedly, at Fusan on the afternoon of May 21st. Several officials landed and after going over the Japanese settlement they went to the Japanese Consulate, where they were entertained. They returned to the tender in the evening. The vessel was said to have called in incidentally whilst on her way from China to Hakodate, but it seems that such is not the case and that the visit was intentionally made. It is also stated that as soon as the British flag was seen on the tender great confusion prevailed among the officials of the Corean custom-house. Some of the officers started off on horseback to report the matter to the Torai *fu*. The Governor of the *fu*, fearing that there would be something similar to what happened on the visit of the American man-of-war a few days ago, collected the soldiers from the neighbouring districts and marched them down to the shore by Fusan.

============================

A DEPARTMENT for the study of Corean has been established at the Foreign Language College in Tokio. When students will have graduated thence, they will be distributed among the military, naval, and foreign departments.

============================

IT is reported that our officials in Fusan, Corea, have lately received notice from the Governor of the Torai *fu* concerning the departure of the Corean Ambassador to Japan. He will go from the capital to Fusan, and will embark thence before the 10th of June.

The Japanese merchants in Fusan are accordingly making preparations for the reception of the Ambassador. The Ambassador will go to Kobe *via* Bakan by sea, and then will go overland to Tokio along the Tokaido. He will stay in Tokio about four months, during which time he will visit Nikko.

===============================

IT is reported that a British man-of-war arrived at Fusan, Corea, on the 21st May. An officer of high rank, who was on board, landed and inspected the Japanese settlement. He said to a Japanese that it was almost invariably the case that where large numbers of people were crowded together, there were a number of places objectionally dirty, but he was pleased to see the extreme cleanliness of the streets and houses where Japanese were concerned. He also added that, contrary to the state of things prevalent among Chinese and other Asiatics, Japanese were extremely clean. It is further stated that much of the trade of Fusan is conducted in sailing vessels of foreign build, and that the Coreans express their admiration of them, and it is, from that supposed, that in a few years that kind of vessel will come to be much used among them. Even now a vessel of that class, built by Japanese, called the *Tsukumo-maru*, is attracting considerable attention.

===============================

DURING last year rice and other cereals were exported largely from Corea. This has caused an extraordinary rise in the price of rice, so that at the capital of Corea the price of one *sho* has risen from 3 *mon* to 15 *mon*. The Corean patriots are using strong arguments against the export of this grain, and the government has also lately interfered in dealings in it, and strictly forbidden its export. In consequence of this move transactions have become more and more difficult, and several sales have recently been made at night.

===============================

IT is said that the Educational Department has under consideration a proposition to send, next Autumn, two or three students from the Corean branch of the Foreign Language School to Corea, to prosecute their studies.

===============================

ANOTHER British man-of-war than the one reported a few days since, visited Fusan, Corea, at about 5 p. m. on the 28th May, having left Chefoo on the 25th. Mr. Kondo, our Consul at Fusan, went on board and invited the Captain to visit him. During the evening the Captain returned the Consul's visit, and after inspecting the Japanese settlement, returned on board. Later on the same evening the Consul again went on board the ship, where he was entertained by the Captain. The next day, the 29th, the Captain and a party from the vessel again visited the Consulate, and intending to inspect the native city of Fusan, went as far as the neighbourhood of Sorio, but our police officials courteously advised the party not to proceed. It was stated that the Captain earnestly desired to see the Corean houses, but our Consul advised him to refrain from going. One reason for giving this advice was that the party only carried pistols as a necessary protection in case of any unforeseen occurrence happening, they being thus lightly armed in consequence of the fact that they had landed at the Zekkeito (a small island near the port) on the 28th ultimo and were there cheerfully received by the inhabitants, to whom they gave some small silver coins, some spirits, &c., and had thought that all Coreans were of the same friendly disposition as the islanders. But on the other hand the Coreans of Fusan were very much excited and made preparations to defend themselves against the Englishmen before the arrival of the latter in their harbour, so that if any of the party had gone to the native city of Fusan they would have been killed at once. It was by reason of his knowing these facts that our Consul ordered the police officials to advise them not to go. On the 30th, about twenty marines landed and returned on board without any collision with the Coreans, and at 7 a. m. on the 31st the man-of-war left. It is said that during the stay of the man-of-war in port the government prohibited all Coreans from visiting the Japanese settlement, in consequence of which trade was brought to a standstill and considerable inconvenience was caused both to the Corean and Japanese merchants.

===============================

The *Akitsushima-maru*, which was the first ship sent to Gensanshin, Corea, arrived at Fusan at 1 p. m. on the 17th May. Mr. Mayeda, Consul General to Corea, was on board as well as 200 or 300 other passengers from Tokio. The whole of the accommodations of the ship being taken up by passengers and cargo, none of the Fusan merchants who had intended to go in her were able to obtain a passage, and it is reported that they are extremely vexed that the Tokio merchants should thus have got the advantage of those who have been for a long while anxiously awaiting the opening of the new port. The above steamer left Fusan for her destination on the 18th, accompanied by the corvette

Amaki-kan. The *Kwanko-maru* arrived at Fusan at 1 p. m. on the 24th, with a large number of passengers on board.

================================

THE *Senyusha* company (established in Tokio, by some residents of Tsushima, for the purpose of trading with Corea) has lately received a notice that the Coreans wish to purchase a steamer through their office, and to engage a captain for her. The terms are to be that the cost and expenses shall be defrayed by annual instalments out of the profits to be made by the vessel. The company at once agreed to the terms, and has applied to the Japanese Government for a loan of the funds necessary to enable them to carry out the bargain.

[Anlage 3 zum A. № 28.]

I. 200.

Aus der Japan Herald Mail Summary vom 9. Juli 1880. Korea.

THE CHANGE IN THE STATE OF AFFAIRS IN COREA.

(Translated from the *Mainichi Shimbun*.)

The world is well aware that the country of Corea has been ruled under the principle of strict seclusion. When, some years ago, an ambassador was sent there by our Government and negotiations were opened which resulted in her opening her ports, it was earnestly pointed out that the maintenance of neighborly friendship would be mutually necessary, and our ambassador, in order to bring about this result, urged on the Corean authorities the advantages which would inevitably follow from diplomatic relations with foreigners. But the Corean officials obstinately adhering to their own principles-the keeping their ports closed-the negotiations were only concluded under the greatest difficulties. The earnestness of our ambassador and the comparative perfection of our military and naval organization, caused the Coreans at last to abandon their position and to open the gate to mutual intercourse. Thus the principle which they had upheld for more than a thousand years was overruled by our government. But it must be remarked that the intercourse between Japan and Corea did not originate in the desire of the latter country, which was simply obliged to conclude a commercial treaty with us under the pressure of inevitable circumstances. Of this treaty there is one thing we wish to mention, which would cause every friendly nation in the world to regard the Japanese as disinterested in its transactions; it is that it did not resort to force of arms in its negotiations with regard to the treaty of commerce and friendship with Corea, which was concluded in a peaceful manner. When we come to think of the nations across the ocean which by going to the coast countries of the west, induced them to enter into commercial treaties with them, how many similar treaties can we discover, which have been obtained by following the same diplomatic policy as our own, how many countries are there which have used peaceful negotiations only, as we did with the obstinate people of Corea?

The dealing of Holland with the islands of the Indian archipelago, and the treatment by the British Government of the numerous islands in the southern ocean and of the Indian islands may be considered as good examples of the display of force against other countries, and threatening them with loss of territory if they refused to submit. In these cases we see the possessors of power did not allow those who were weak to exercise any authority in diplomatic matters. Although, therefore, all civilized countries apparently uphold in theory the principle that all people ought to enjoy equal rights, yet in reality they have never put that theory into practice. As regards our country about ten years ago the people did not know the equality of human rights, and there were indeed very few who understood the principle, but, nevertheless, intercourse with Corea was carried on in accordance with that principle, and, unlike foreign countries, no arms have ever been made use of by us for threatening purposes. Indeed if the foreign governments and nations which boast themselves of their civilization would consider the action of our government and compare it with their own proceedings, they would find themselves put to extreme shame. The triumph we have gained over foreign nations we have gained by our better conduct in this matter, and is one of the most brilliant facts of the present era of Meiji.

In a former issue we published a letter from a correspondent in Corea respecting the arrival of an American man-of-war at Fusan and the negotiations carried on by the commander of that vessel, through our consul, Mr. Kondo, to try to effect a commercial treaty with Corea. According to later information we learn that a Russian man-of-war, on the 4th June, ran up the Corean coast as for as Kankiodo, and attempted to force the government to conclude a commercial treaty with Russia, but that the local authorities, in accordance with the established policy of that country, obstinately refused the Russian request. As usual, the latter resorted to their physical strength, and, causing the gate of the castle to be opened by force, attempted to press their arguments so as to over-persuade the governor, in utter disregard of the friendly terms they should be on as neighbours.

We have lately heard that the American man-of-war *Ticonderoga* has gone to the Corean sea, having received orders to that effect from their home government. We believe the reason why both Russia and America have abstained from violent action till the present with regard to the concluding of commercial treaties, and now suddenly act in a pressing manner, is simply because the governments of those countries, witnessing the growing prosperity of the trade between Corea and Japan, have had envious feelings excited, and, resolving not to allow Japan to acquire all the profits to be derived from the Corean coast, thought it best to conclude commercial treaties in spite of being obliged to use some force, with the hope that they might thus be able to have a share in the profits to be obtained from commerce with the Corea. Indeed, as commerce is a convenient and easy means of gaining a livelihood, and is the way in which goods are supplied to places where they are scarce, if the Corean Government would wish to carry on an extensive commerce it might conclude treaties not only with Russia and America, but also with every country which is willing to trade; and our people would never interfere with the proceedings of the Corean government, but if Russia and America would adopt principles of oppression and resort to arms in case of their failing to conclude commercial treaties with Corea, not only would the people of that country sink into gloomy misfortunes, but our commerce with them, which is daily becoming more and more prosperous, would be greatly inured, and a deplorable dullness would at last follow. Therefore we should not pass the proceedings of the Russian an American men-of-war without comment. The following list will convince us of the truth that our commerce with Corea ought not to be despised: -

EXPORTS AND IMPORTS

	Imports from Japan.	Exports to Japan.
1873	Yen 59,664	Yen 52,382
1874	Yen 57,522	Yen 55,935
1875	Yen 68,930	Yen 59,787

The above are the prices paid in actual transactions.

	Imports from Japan.	Exports to Japan.
1876	Yen 81,374	Yen 82,572
1877	Yen 200,274	Yen 166,283
1878	Yen 244,584	Yen 205,280
1879	Yen 566,956	Yen 677,061

From 1876 to 1879 the figures are taken from the actual cost values.

ARRIVAL OF VESSELS AND NO. OF RESIDENTS.

			Sailing Vessels and Junks.	Mail steamers.	Residents.
1875	...	...	100	20	-
1876	...	...	No returns.		
1877	...	...	318	6	304
1878	...	...	236	13	566
1879	...	...	659	30	1,150

By reading the above it may be easily seen how rapidly the imports and exports have increased, as well as the number of vessels going there and the number of residents there. If the condition of Corea should change, what effects might it not have on our trade there? This point we will argue upon in our next issue.

As we announced in our yesterday's issue, our trade with Corea in exports and imports during 1873 amounted to the value of only a little over 110,000 *yen*, but in the course of four years (in 1876) the total value of imports and exports amounted to upwards of 163,800 *yen*. In 1878 the values of imports and exports amounted to more than 466,000 *yen*, while by 1879 the enormous amount of 1,243,800 *yen* was realized by trade. By a mere glance at the return we learn that the total number of vessels which entered the Corean ports during 1875 was only 120, including both general merchant vessels and mail ships, but during the ensuing year about 300 vessels arrived there. By the year 1879 the Corean ports were visited by nearly 700 vessels. Such being the condition of Corea, it is easy to see that the import and export trade will increase year by year, and, should no obstruction to trade occur, it is most likely that the whole country of Corea will be our profitable customer. But as Russia seems to keep her own aggrandisement in view by availing herself of her great strength, we fear that she will force negociations on Corea, as is usual with a country whose diplomatic policy is to encroach on the territory of other nations; and if the Corean authorities are disposed to conclude a diplomatic treaty with Russia in a peaceable manner, our Corean trade might fortunately remain undisturbed. But since the Corean Government maintains the principle of closing its ports to other nations, and regards foreigners as barbarians, it may be possible that it will never accede to the demands of the Russians, but even take up arms against the latter as occasion may demand. The principal object of the Russian Government is to extend its territory, and should there happen to be bloodshed between Russia and Corean, the former will, it is certain, commence its operations of encroachment by taking possession of the two divisions of the country, Kankiodo and Kôgendo, and adopt a plan to attack the rear of the Keikido. Again, although it seems that America does not uphold the principle of encroachment, like most of the European countries, yet if she happen to encounter the impertinent acts of the Coreans she will possibly turn such impertinence to a favorable turn, and will not make peace without bloodshed. If, unfortunately, such emergencies should really happen, the whole territory of Corea would soon assume a bloody aspect, -its people would suffer similar misfortunes to those which happened in the era of Manreki, about 300 years ago, both the farming and mercantile communities would be deprived of their callings, and the eight divisions of Corea would be stained with blood. How would its people be able to transact business with our merchants at the open ports of Corea by bringing to them, as usual, gold dust and other articles of trade? If, therefore, the Corean Government should settle the dispute with Russia by resorting to arms, instead of solving it by the peaceful means of diplomacy, evil effects will inevitably be caused to our people in Corea, and the trade between the two countries, which promises to grow daily more and more prosperous, will soon be found to be in a declining state. But as the extent of Corea and its population are not greater than one-third of ours, and as, moreover, the people are obstinate and barbarous, without much care for their intellectual development towards civilization, would they wish to submit to the yoke of Russia and America when they see powerful armies and navies of the latter two countries? Even through the dispute of the Corean Government with Russia should have a peaceful solution, there is one thing which prevents our traders at Fusan from falling into a deep slumber. To make foreign diplomacy of advantage to a country two things are necessary. -the one force of arms, the other wisdom. Notwithstanding that the handling of arms is much despised by people of all civilized countries, the weakness of human character has rendered it impossible to abstain from those despicable and hateful instruments called arms. Nations having military and naval strength have always been successful in diplomatic negotiations; while those possessing great wisdom know how to manufacture articles as the fashion of the hour demands. It is certain that if a comparison is made between Japanese and Coreans the latter will, in some respects, be inferior, but when we compare our wisdom and strength of arms with those of Russia and America we shall find ourselves far inferior to them. Therefore, though, as long as the Corean Government does not have any commercial intercourse with other nations, we, by virtue of our slight superiority to them, can enjoy all the advantages of trade; yet in case of the Coreans becoming inclined to open their country to foreign trade and to accede to the demands of America and Russia, the condition of our trade will probably assume an entirely new appearance, and it is not within our power to foretell whether the profits of the commerce we are now enjoying will not devolve upon the two nations mentioned above. A report we have received from Corea tells us that of the goods imported there from Japan, only one-third are of our native manufacture, while the remaining two-thirds are articles imported into this country from Western nations. It, therefore, will be quite reasonable to say that our commerce with Corea is of that kind that we are only acting as agents for the sale of goods of Western manufacture. The purchase of these goods through Japanese merchants will be very inconvenient to the Coreans, for they could supply their wants with far less trouble than they now have if they were dealing directly with foreign nations. Should that Government conclude a commercial treaty with America and Russia, all these inconveniences would be removed, and such articles as gunpowder and cotton goods could be purchased directly from the Western merchants without passing through Japanese hands. By this reasoning it will be seen that the export of our articles to Corea may in future be diminished by two-thirds of its present amount, which share will then be done by Western trades. Indeed the change of the condition of Corea is likely to affect our commerce with that country. This is why we wish to persuade our merchants to study a counter scheme by which they may be able to counteract the effects of the change referred to. History shows us that in former times the Portuguese Government obtained special privileges from the Pope and enjoyed by itself the profits of commerce with Eastern India. The Dutch became jealous of this profitable market and commenced trading with India. This show us the origin of the fact that the islands of India were for a short time regarded by many nations as the treasury of Holland. Meanwhile England's covetous feelings were aroused and, by force of arms, she compelled India to carry on commerce with her, and depriving Holland of the "treasury" just mentioned, took it for herself.

The present action of America and Russia against Corea causes us to remember the past events in India respecting the changes in its condition. We must call the attention of all persons engaged in Corean trade to the fact that the present is not the time for them to rest in patience and indifference.

====================

CORRESPONDENCE FROM FUSAN, COREA.

(Translated from *Nichi Nichi Shimbun*.)

Although the present Japanese settlement consists of about three hundred houses, sheltering in all 1,008 persons of both sexes, yet as eighty per cent. of the colony depends upon the support of the National Bank established here, the condition of trade can hardly be called prosperous. There are many pettifogging brokers who gain commissions by interposing themselves in transactions between the Japanese and Corean merchants. As regards the estimates of exports and imports, the latter amounts to 566,953 *yen*, of which 454,895 *yen* is the value of the China cotton goods and muslins, amounting to a little over 80 per cent. of the total imports, while the exports are valued at 677,058 *yen*. This is chiefly made up of the values of rice, beans, and ox hides, the total for these articles being 509,336 *yen*, a sum which constitutes 75 per cent. of the whole amount; while of this sum again we find that rice covers upwards of 70 per cent., thus showing us that Corea is a great rice exporting place. Originally the export of this cereal was strictly prohibited by law; but of late years trade in it has been carried on under the tacit permission of the authorities. In consequence of the rise in the price of our rice, the Corean grain was so much in favor in the market that 400 or 500 *koku* were daily taken delivery of. This caused signs of scarcity in the interior of Corea, and the authorities of that country now intend to suppress this trade as formerly. From about the 20th May no settlements were made, and the Japanese merchants being very much disgusted with this state of affairs, some eighty rice brokers marched, on the 30th May, to the gate of the castle of Torai *fu*, declaring that they wanted to buy rice for their daily bread. But as there was no leader among them, no decisive negotiations could be held with the Corean authorities, and they were obliged to retire. On the 28th May a special night meeting of the Chamber of Commerce was held, which resulted in the forwarding of a petition to Mr. Kondo, the Consul.

Fusan, June 1st, 1880.

===================

COREA.

(Translated from the *Mainichi Shimbun*.)

With regard to the recent prohibition by the Corean Government, of the export of rice and other grains, we have already announced that frequent deliberations were held between our Consul and the Governor of the Torai *fu*, and now we have to report that the said prohibition was removed on the 3rd June by the issuing of a notification by the Governor to that effect, thus bringing the long negotiations to an end. Since that time signs of the export of rice and cereals have been visible, but, whether from fear that some severe punishment would be inflicted on them for their acts, or from some other cause, the Corean merchants have hesitated to supply the market with sufficient quantities. This created still further excitement amongst our traders, and, thinking that there must be some obstacles in the way, they set themselves to work secretly to discover the truth. They found out, at last, that Rikishun, a mean and despicable officer belonging to the Torai *fu*, had been (by fraudulent assumption of government authority) taking illegal commissions on merchandise exported from a place called Sorio. Distinct evidence having been obtained of this fact, Rikishun was arrested by our authorities.

========================

THE Corean Ambassador, who is shortly expected, will be lodged as the *Euriokhan* for a while.

At a certain place in Kinkai *fu*, some rice belonging to Japanese merchants was seized by the Coreans, and the *sendo* in whose junk it was shipped was arrested and committed to prison. A similar case is said to have happened at Isan *fu*. Reports of a similar nature have been received from various directions. Moreover, the Japanese settlement is liable to attacks by thieves, and it is said that every night four or five houses at least are entered by them. Some of these thieves are dressed in Japanese style, and some in Corean, and it is difficult to distinguish which nationality they belong to. The authorities are making strict investigations, and on the night of June 3rd an apparently strange Corean was remarked walking about the wharf. The police tried to arrest him, but he at once jumped into the sea and swam towards Fusan. The officers went after him in a small boat, when the man changed his course and swam towards Zetsuyeito. The pursuers pressed so hard on him, however, that the man had no alternative but to try and hide himself under the water. This he did for fifteen minutes, but was at length obliged to reappear on the surface, when he was instantly arrested and taken to the Consulate. On the 4th a strict enquiry was made with respect to him, and as it was discovered that he had frequently broken into our Consulate and police station for the purpose of stealing, he was handed over to the Torai *fu* authorities.

On the 4th June a messenger was sent to the Torai *fu* by our Consul, enquiring into the facts of the Coreans having seized upon the rice belonging to our merchants, to which we have already referred. On the 6th an answer was received and the Consul left suddenly for Torai *fu* at noon and returned at 8. 20 p. m. According to what we have heard, strong arguments passed between our Consul and the Governor with regard to the seizure, and the latter being conquered promised the Consul to at once make enquiries of the Kinkai and Isan authorities about the case in question, and adopt other necessary measures according to circumstances.

Whether from the above action or not, the export of rice and other grains as previously commenced from about the 9th instant, and the condition of the settlement has been restored to what it formerly was. Notwithstanding that difficulty in the export of rice has been experienced every year, the strict prohibition of export made this year seems to have had its origin in the three following causes: First, -The rise in price of rice and other grains. Second, -That some persons sold their tax-rice, through which the Sannan rice was not sent to the capital, but mostly exported to Japan. Third, -The change of callings-the farmers having become rice dealers.

====================

THE Customs returns for November, 15/9, have been issued. From them we learn that the trade at Fusan for that month was:

Imports ... ... 32,000 yen.
Exports ... ... 69,387 yen.
　　　　Excess of Exports ... ... 37,288 yen.

AT Gensanshin, Corea, our Consulate is being rapidly constructed by Messrs. Okura & Co. Our Consul and his staff are now living in various temporary huts, with their families. It is said that the Corean police officers are exerting themselves to restrain the natives from behaving rudely to the Japanese, and that therefore everything is quiet around there. When a steamer arrives the Corean boatmen flock off to her and render landing easy.

====================

UNDER date of June 10th it was reported from Fusan that the principal objects of commerce were calico and muslin as imports, and rice and beans as exports. But on the 20th May the Corean Government prohibited the export of grains, and though the Japanese Consul sent a communication to the Torai *fu* respecting the prohibition, it has not been entirely removed, and as the rice and beans which were to have been given to our merchants in exchange for their goods already delivered to the Coreans, have been stopped, great distress is caused to our people. The Corean traders also seem to suffer, and the number of them who visited our settlement has greatly diminished within a few days, so that even the minor articles of commerce find no purchasers, and commerce is at a standstill. It is also reported that the gain the Japanese make on the trade between calico and muslin and grains and exporting the latter to Japan is from seven to ten per cent., but, owing to the dullness of trade, many large Japanese merchants have sold their goods at lower rates, and thus the commerce has been more and more disadvantageous to them. There is further anxiety caused by the fact that the goods which have to be sold in Japan for paper have to be purchased in Corea for cash.

=======================

A PERSON who recently returned from Corea reports, with regard to the present state of commerce in that country, that Corean products and coins have risen in value, so much so that a Corean coin named *johei-sen*, which for some time stood at double its original value, has gone up another seven-tenths. One reason of this state of affairs is that while the only import in much demand amongst the natives is calico, the number of exports which Japanese merchants wish to purchase is large. Owing to the scarcity of money, the Japanese merchants are obliged to sell their goods at a low rate to realize on them. This is the reason our exports from that country are not greater in value. It is to be hoped some wealthy merchants will go there and remove this state of affair. In the newly opened port of Gensanshin there is one business which might be profitably engaged in by Japanese, and that is fishing; owing to their not knowing how to take them, hundreds of whales visit their gulf only to cause surprise to those who see them, without profit to the traders. The residents say that from early days fishing has not been engaged in. Besides the whale there are many other kinds of fish and large quantities of seaweed which would bring good prices in markets.

[Anlage 4 zum A. № 28.]

I. 201.

Aus der Japan Herald Mail Summary vom 22. Junli 1880.

Korea.

IT is said that a Japanese medical school will shortly be opened at Gensanshin, Corea.

=======================

THE Corean Ambassador is expected to arrive in Tokio between the 5th and 10th August. The authorities have decided to offer the *Higashi Hongwanji* temple, at Asakusa, to him for a temporary residence, but as the Ambassador will provide himself with food at his own expense, it is probable that he will change his residence according to circumstances.

================================

JAPANESE swords are being bought by Coreans in somewhat large quantities, and a merchant has sent over a consignment of 200 old and 300 new blades.

================================

IT is reported from Fusan, Corea, that Kinkoshiu, *sangi*, the ambassador coming to Japan, will leave Fusan for this country on the 30th July.

================================

THE following has been reported from Fusan, Corea: On the 16th June a French man-of-war arrived, and (saying it was done under orders from the French Minister to Peking) sent a letter to the Governor of Fusan, but the latter, as formerly, obstinately refused to receive it, and therefore the vessel left early on the morning of the 18th. We are not informed of the nature of the letter, but think it was a written invitation to open commercial intercourse between the two countries. On the 17th June Mr. Kondo, our Consul, held an entertainment in the Japanese Consulate in honour of Mr. Takigawa, commander of the *Amaki-kan*, which was in port. About 60 or 70 Japanese gentlemen and four or five Coreans were present. The Consulate was decorated with lanterns, and Corean bands of music were invited from Torai-fu. The music is the same as that used during the time of the Min dynasty in China. The guests were highly delighted. Fireworks were let off from the consulate and from the corvette, which is supposed to have brought civilization to the minds of the residents for the first time since they have been living there. The entertainment was in Japanese style. On the 19th June the *Amaki-kan* left for the waters of Kumagawa-kinkai on a survey cruise. Certain officers landed at Kumagawa, and had an interview with the Coreans. On the 20th June a meeting to discuss sanitary questions was held at the Consulate. Mr. Kondo was elected president and there were 19 members present, including officials, a police sergeant, doctors, and the members of the Chamber of Commerce.

================================

WE learn from a correspondent from Gensanshin, Corea, that at that port thieves are numerous, and therefore the police force is very busy every day. Four or five Japanese residences have been built. About 300 Corean coolies daily come to the Japanese settlement in search of work. It was rumoured some days ago that about 1,000 Corean *joito* (a party of obstructive people formed to drive foreigners out of their country) were intending to make an attack on the strangers, but we think this rumour is, without doubt, untrue.

==================

IT is reported from Fusan, Corea, that the trade in rice has resumed its former condition, owing to the negociations between our Consul and the Corean authorities; but though the price of that grain has fallen in Japan, it has risen there to 31 to 32 *mon*, and exports have been small. Owing to the late law forbidding the export of rice by the Corean government, deliveries of grain purchased by Japanese in various provinces has been prevented, and negociations are being carried on with respect to actions brought by Japanese merchants against the Corean Government. Some of the cases have been heard, but others are still pending. As the Japanese merchants have no contracts stating that they had bought the rice, and did not even know the names of the Coreans to whom they had sent requisitions to purchase for them, they have no means of enforcing their claims, and we consider the action of our merchants in Fusan in bringing these claims is very foolish. The grain thus stated to have been bought and not delivered is said to be worth about 300,000 *yen*. On the 16th and 17th June, an examination of scales and measures was held, and our merchants offered their implements for inspection. Though mostof them were new, some were found which differed from the standard.

[Anlage 5 zum A. № 28.]

I. 203.

Aus der Japan Herald Mail Summary.

vom 3. August 1880.

Korea.

COREA.

CLOUDS are gathering over Corea, and if, as may occur, the march of events be precipitated by any rash action on the part of the Corean Government, all the materials for an "international" attack are ready. The French Admiral, DUPERRE, an officer possessing, it is said, large and elastic authority from his Government, is at hand, and is reported to await the development of the efforts which are being made by the different powers. The Duke of Genoa has gone to Vladivostock in the Vettor Pisani, and will be at Foosan next week, for the purpose of forwarding a message to Seoul. The Pegasus has had to submit to a rebuff to some friendly overtures she bore, as the King of Corea seemed to think that England has specious designs. The Germans too are taking steps to help to bring Corea to a knowledge of western civilization, and now we hear the U. S. corvette Swatara has been ordered to assist the Ticonderoga, as the gallant Commodore SHUFELDT has asked for reinforcements.

For political reasons, it may be well to bring the Coreans into the comity of nations, and by force if necessary; though the only powers really interested are Russia, Japan, and China. To China the isolation of the Corean peninsula is of very great strategic importance, as a defence against both Russia and Japan. To Russia, which has long desired to possess Manchuria, Corea is of vital importance, as a strategic position of double value, dominating North China on one side, and giving on the other open harbours on the Pacific coast, which command Japan. To Japan, Corea may at any time be an aggressive position in the hands of China, if the Celeatial Empire became ascendatory; or, if Russia should possess the peninsula, Japan will thenceforth be in a constant ferment of anxiety. In such case, the strategic position of Japan, never strong, will become so pitiably weak that independence can only be assured by military and naval establishments, whose cost will exhaust an empire which already, for lack of development, finds existence even, to be a difficult and exhaustive struggle.

France may have a casus belli against the miserable Corean King, for atrocious conduct towards the missionaries, but has no political or commercial objectives. France may appear at Foosan as the avenger of innocent blood. The United States have some questionable wrongs to set right. Italy has nothing to do with the peninsular; and England has no claim to enforce, nor cause for quarrel.

No doubt the Coreans will resist the pressure when it is put upon them. We pity the poor people, as we know what the end will be; but compensations may be in store, if the King and Government of Seoul should be displaced. It is a question whether Corea or Dahomey is the worse governed people of the earth, and at present we have not made up our mind about a right decision in accordance with facts.

Perhaps it is wise to take action now, - if action can be justified, - as China has plenty of occupation on her own shores, and will be forced, though at the cost of many pangs of distress, to leave her feudatory in the lurch. But after all, if Manchuria should be detached from the Chinese Empire, Corea necessarily goes too, and for the present China should be happy to be able to keep intact the line of the Great Wall. She cannot help Corea, which is now to be delivered up to the western peoples for a while perhaps, before absorption, a few months later, by the Russian Empire.

COREA

(Translated form the Mainichi Shimbun.)

We previously announced that a meeting was held at Fusan, Corea, at which questions relating to the preservation of the public health were discussed. We have now to report that the said conference ended on the 9th instant. It was decided that the amount of money necessary to be raised to take proper measures against the outbreak of epidemics was 5,000 yen – half of that sum to be supplied by the authorities, and half by the residents. In reply to a letter sent to the Governor of the Torai fu asking his opinion on precautionary measures to be taken against pestilence, the Japanese Consul was informed that the Governor would willingly adopt such measures as far as possible. Cholera had raged in the interior of Corea last year and swept away a large number of victims through want of proper systems of disinfection and other means for allaying the severity of the disease. The corpses were, it is said, buried here and there in the fields, and so little care was taken in the interments that many of them are now uncovered. Apprehensions are entertained by the people that the number of cases this year will far exceed last year's record.

North of the Japanese settlement is a piece of land of over 1,000 tsubo. In 1878 this land was mortgaged by its owner to two Japanese merchants as security for a certain loan, and as the money was not repaid according to contract, the ground was taken possession of by the Japanese. They, having received permission form the Japanese authorities, commenced to build dwellings on the property. The Torai fu interfered, and the controversy which ensued lasted till this year. It was still pending when the present Consul arrived in Fusan, and it was only after his pressing the matter on the authorities of the Torai fu, that the matter was decided favour of the Japanese merchants and the land handed over to them. About the beginning of June, work on the houses was commenced and now a pretty good street has been made.

We have also received the following account of the appearance of a tiger in one of the Japanese settlements in Corea. Everyone is familiar with the fact given in our history that when expeditions were sent to that country during the era of 'Bunroku (about 300 years ago) our famous warrior, Kato Kiyomasa, killed a tiger with a spear. This event led our people to believe that those animals abounded in the interior. In fact the name of Corea has been known to boys and girls merely through the fact that there were tigers there. A recent letter from Gensanshin states that on the night of the 18th June, heavy breathing was heard to issue from under a table in the Japanese police station in that port. The police-men who were lying on it at the time got up to see who it was concealed, but found to their astonishment that a tiger was comfortably established there. They tried to drive him out by flourishing their drawn swords, but the beast, without showing any signs of fear, went slowly out at the door and down the street. As he was going along he came upon two dogs, which he at once killed; one of them he carried off with him.

From a letter from Gensanshin, Corea, dated July 20th, we learn the following items: The Japanese settlement at that port is a desolate plain, looking like a place over which a fire had passed, or like a battle field. Most of the settlers live in huts, while some of them have rented dwellings from the natives; but on the whole their life is not more comfortable than that of the natives of India, the places they reside in being hardly sufficient to protect them from rain and dew. Their principal occupation in getting houses and offices built, in spite of the heavy rain, violent wind and excessive heat. Their faces have become tanned till they are almost as dark as negroes. Hitherto the Coreans have gone down to the settlement and annoyed the Japanese in the carrying on of their work; but recently the Consul-General issued a notification forbidding any natives to enter the Japanese quarters except such as were actually engaged in the work. This prohibition having been removed a few days previous to the date of the letter, large numbers of Coreans looking like business men commenced to visit the settlement, and appeared anxious to trade with the Japanese, but no deliveries of goods have taken place. The prices of commodities remain unsettled. It having been noticed that all natives, who thus came to trade had something resembling a ticket with them, they were questioned as to what it was, and they stated that it was given them by the Corean authorities after enquiry into their circumstances, &c., in order to prevent bad characters, who would commit thefts, from visiting the settlement.

Two or three meetings have been held by a few Japanese, but no important matters were discussed. However, the second meeting was better than the first, and the third than the second, and it is hoped that they will continue to improve, so that eventually, important matters may be discussed.

About the 20th of June some 50 rioters attacked the native town of Gensanshin, and stole the provisions of the residents. At midnight some high officials were sent by the Governor of Tokuhara to the Japanese settlement, to announce that the rioters were intending to visit that place also, and though the Governor would take all possible steps to stop their raid, it would be advisable for the Japanese also to keep a strict watch for them. Great anxiety was everywhere felt by the settlers, but fortunately, the Japanese corvette Amaki Kan arrived at that time, and the Consul-General, at once, held a consultation with her commander. At its end the vessel steamed along the coast, firing her guns at intervals, to frighten the thieves, and finally landed some of her sailors. These ran and fro upon the hills and in the fields, and after going through some manœuvres, returned to the ship. Whether these proceedings frightened the rascals, or whether the report of their presence was in reality without foundation, the band of rioters announced by the Governor of Tokuhara made no appearance in the Japanese settlement.

MEDICINES are to be sent from the Foreign Department to the Japanese settlement at Fusan, Corea.

======================

CORRESPONDENCE FROM COREA.

Fusan, 13th July. -There is no change in our commercial aspect, which is generally dull. Our sales are confined to retail business, while our purchase of rice and beans is still interfered with by the seizure of the cargoes and the arrest of the owners, which continues to be done by the Corean authorities at Suiyei and a few other places.

Our merchants are complaining of this, and our Consul is making every effort to discontinue the bad practice; however, there has been a tolerably good business done in grains. The rice was priced at 28 and 25 cash for fine and common kinds respectively, but as soon as the Chitose-maru brought the report that rice was in demand in Osaka and westwards, and the Corean polished rice was priced at 9 yen and 80 or 90 sen, the rice brokers commenced the purchase, and in two days only there was a rise of 11/2 or 2 cash; consequently the price of the Corean cash has gone up too. Raw silk is brought to the market in small quantities. Whether our merchants had any expectation in the home (Japan) market or not, they used to buy it eagerly at between 1,300 and 1,370 cash per kin, which caused the price to rise to 1,400 cash. However, at present, it being found unprofitable, owing to the high rate of premium on the Corean cash, they have ceased the purchase for a time. It is a great disadvantage to our commerce, that the thoughtless merchants frequently produce sudden changes of the market prices. Is there no remedy for this evil? Besides these there have been no changes, but the high price of dollars and gold and silver coins at home will inevitably affect the commerce of this port to a certain extent.

The heat here is more intense than the previous years, and the thermometer ranges between 75 and 80 degrees. Rain fell occasionally before and since the wet season, and the planting of rice plants was finished in due time in the districts around the settlement.

The rice of the early season (wase) is in good condition. If we may judge by the present prospect, we shall have a good harvest this year, provided there will be no serious interference of nature until the time of crop gathering, and we shall have a larger amount of rice for export than ever. –Hiogo News.

===============

THE opening ceremony of a recently erected school in Fusan, Corea, was held on the 5th July. Over 100 Japanese officials and others were present. With regard to the origin of the school, it is stated that a school at which the Corean language was taught, was closed last spring, and the scholars taken under the direct control of the Japanese Department of Education. Since then residents in Corea have had no opportunity of learning the language of the country. As the number of Japanese there now amounts to about 2,000, it has been found necessary to establish a primary school, and to this end they subscribed the necessary amount of money and have started this new establishment for instruction in Corean and in general education. A member of the Ko-a-kwai (Asiatic Society) went to Fusan to establish a similar school, but being unsuccessful, he will return to Japan.

THE rank of the Corean Ambassador now expected here is said to be equal to our Chief Secretary of a Government Department. He is expected to arrive by a M. B. S. S. Co.'s steamer, about the middle of August, and preparations for his reception are being made by our Foreign Department.

A LETTER from Fusan, Corea, dated 17th July states that the Corean Ambassador to Japan was expected at Torai fu on the 21st. The Japanese had appointed committees to receive him and were making preparations for his entertainment. From Gensanshin, Corea, news has been recently received that, at the end of June, the Japanese man-of-war Amaki Kan went through some manœuvres which astonished the Japanese as much as the Coreans. It is said that it was done to frighten some Corean offenders. On the 9th instant a sailing vessel of foreign style belonging to Okura & Co. arrived at Gensanshin; this is the first ship of the kind which had ever visited that port. The British man-of-war Pegasus arrived there on the 7th June. Her Commander landed and had an interview with the Japanese Consul-General, Mr. Mayeda, and she left the same night. It was reported that the governor of Tokugen fu absolutely refused to allow a British man-of-war to be anchored there, and had requested the Japanese Consul-General to cause her to leave as soon as possible. Okura & Co. have made a contract with the Corean Government to construct a port at Gensanshin, for the sum of 2,357 kwan, 624, mon, Corean money. (yen 6,365.585). The rumours of an intended attack on the Japanese settlement at the port, by Corean joi-to (persons banded together for the expulsion of all foreigners) are becoming more frequent, and the Consul-General is investigating the matter. Another statement is that these rumours are circulated by the Corean authorities in order to threaten the Japanese. This latter assertion is somewhat reliable. The overland communication between the ports of Fusan and Gensanshin is confined to one trip per month. As the roads along the eastern coast are very steep, the messenger is obliged to pass through the Corean capital, which makes the round trip from one place to the other and back last 30 days. The cost of the trip is 4,000 mon (yen 10.80) but as Coreans willingly offer themselves for the work it shows that supplies in Corea are very cheap.

A. № 109.

[1 Anlage]

Der Versuch der Regierung der Vereinigten Staaten mit Korea in Verbindung zu treten, die in der letzten Zeit sich häufig wiederholenden Besuche englischer und französischer Kriegsschiffe in dem Hafen von Fusan, sowie mittennnig ein unbestimmtes Gefühl daß bei der Zusammenziehung eines starken russischen Geschwaders in den ostasiatischen Gewässern voraussichtlich gleichzeitig irgendwelche Maßregeln mit Bezug auf Korea ins Auge gefaßt worden seien, scheinen auf die Chinesischen Staatsmänner ihren Eindruck nicht verfehlt haben.

Wenigstens hat der General Gouverneur Li hung chang von [*sic*.] ein Schreiben an den König von Corea gerichtet, in welchem er denselben auffordert, sein Land dem fremden Verkehr zu öffnen. Ein ähnliches Schreiben vom Mai 1879 war erfolglos geblieben, über das Resultat dieses zweiten Versuchs habe ich bis jetzt nichts erfahren können.

B.

[Anlage zum A. № 109.]

I. 215.

Aus der Japan Herald Mail Summary.

vom 20. August 1880.

Korea.

THE Corean Ambassador arrived in the *Wakanoura Maru* on the 11th inst., and landed at the English hatoba at about 10 a. m. There was no saluting. A procession was formed as follows: Two Japanese officials in jinrikishas; two men clad in long red coarse cotton gowns, wearing the peculiar Corean hats, and carrying long brass horns. They announced the coming of the ambassador with long wails. Then came two men with instruments like those exhibited outside of Japanese official buildings in former times, and still retained in some places, a sort of grappling iron on the top of a pole; next a man with a light blue cotton official umbrella; then came the great man himself H. Ex. KINKOSHIU, seated in a norimon, open in front and at the sides, and borne by four Coreans. After him came 21 jinrikishas with his suite dressed in various colors, amongst which red, light blue, green and white prevailed. Most of the suite had long beards, which gave their

Tartar countenances rather a fierce appearance. After these came a number of lower retainers on foot. The Ambassador is not a bad looking man, though the Tartar blood shows in his face as well as the others. He is apparently young, though a good view of his features cannot be got in consequence of his wearing a large pair of blue goggles. He was dressed in a light blue dress, of fine silk, with white clothing under it, and white continuations. The procession went down Honcho-dori and then round to the *Guaimusho* building alongside the creek where a rest was had until the departure of the noon train to Tokio, by which the party left for the capital. As the Ambassador walked along the platform to the reserved carriage at the front end of the train, he was supported by two of his attendants, who contrasted strongly with him in height, they being about the tallest men in the suite and his stature being (as was stated in the *Mainichi Shimbun* of yesterday) but a fraction over five feet. The dresses of most of the Coreans were of the coarsest kind of cotton cloth, and there was a general appearance of dirtiness about them which contrasted strongly with the cleanliness of appearance of the Japanese. There was a small cart-load of luggage and bedding which had a most uninviting look. Altogether the Corean display was not prepossessing, and left the impression on the minds of spectators that the Corean people must be poor, dirty, and barbarous.

THE Japanese papers make daily mention of the visits of the Corean Ambassador to the various Departments, but no details are given, simply the fact that he goes to a certain office and is shown over it by the chief officer in charge.

ON THE ARRIVAL OF THE COREAN AMBASSADOR.

(Translated from the *Akebono Shimbun*.)

Kinkoshiu, the Corean Ambassador, is about to visit our country. We may expect much to result from his visit in the way of arrangements for closer intercourse between this nation and Corea, and also some improvements in the treaty. The Coreans were always a people contented with such intercourse as they had amongst themselves in the limits of their own country, and have always been unwilling to enter into any treaty with foreigners, from which has resulted their present ignorant and barbarous condition. But though such a kind of government may sometimes enjoy tranquility when let alone by outsiders, their policy cannot endure for ever, for when hostilities arise with other nations they will speedily be conquered, in consequence of that deficiency in experience and knowledge which is the main cause for the exclusion of other people. This policy is the one pursued by the Coreans in their foreign affairs, and it is time such policy should be disturbed and broken up by other people.

The American vessel which visited the Corean coasts is now waiting in the harbour of Nagasaki for further orders from home. Russia is collecting her war vessels in the Pacific intending to do something with respect to Corea. Besides these the French and English are seeking to enter into a treaty. Now Corea, is just as we were in the time of Tokugawa's reign, when the English, Americans, Russians and French, formed an alliance and threatened us with their vessels, which ended in treaties being entered into-a result brought about through the Americans. Now supposing the war vessels so allied should enter one of the Corean ports and the Corean garrison should fire a gun at them, how awful would be the result! and, further, in such case we could not be sure of that country retaining its independence. In such a case we could do nothing to help the Coreans, though we might wish to sustain their power; and we must, therefore take the part occupied by the Americans on the former occasion, and try to persuade the Coreans to make treaties with foreigners, in which case our interest in the matter would be much greater than that of the Americans in the time of Tokugawa, because Corea is not so far from us as we were from America on that occasion, and if our efforts prove successful the Coreans would be more firmly attached to our nation; and the Chinese would not have envious feelings toward us for our action, as it would result in binding these three Oriental countries into closer union. In order to carry out such a project we shall have a difficult task, as the character of the Coreans is very obstinate, and they will not listen to the persuasions of foreigners.

Now that Mr. Kinkoshiu, the Ambassador, has arrived here, we wish that he may find out what his country would have to do in such a critical case, and also that he may be brought to our way of thinking, by witnessing with his own eyes how affairs abroad are really conducted, so that on his return he can advise his countrymen to enter into treaties with foreigners, as otherwise a dire calamity will surely overtake them.

WE take the following from a letter from Gensanshin, Corea, dated July 5th. The streets of the Japanese settlement are nearly laid out. A hospital and some government offices are ready for the tiles, but the consulate is not so far advanced. The latter building is on the side of a hill. The land where most of the other buildings are placed is wet and boggy, to remedy which a ditch 12 feet wide and 720 feet long has been dug. A hatoba is being constructed by Messrs. Okuba & Co. Of the 200 Japanese in the settlement 70 are officials and about 100 are workmen employed in building. Amongst the houses commenced are those for the 1st National Bank, Mitsu Bishi Co, Okura & Co., and two other merchants. On the 3rd July the *Tsuruga Maru* discharged a cargo at that port, but no transactions had taken place when the letter was written. Enquiry as to what goods were available for export failed to discover any. Even at Fusan there are but few articles of export except various kinds of grain. In the province of Kankintai, in which Gensanshin is situated, the crops are generally small, so that even the necessary supplies to support the people have to be brought from other places. From this it will be seen that only a very small quantity, if any, would be available for export. Besides which it may well be supposed that, as the Corean government formerly forbade the export of cereals, it will not allow it from this new port. It has been stated that Gensanshin is nearer the place where the taxes have to be paid in rice, than is Fusan, and that, therefore commerce at the former port ought to be better. This is only a very superficial view of the case, as though the distance is less, the transport is easier from Fusan than from Gensanshin. Between the latter and the *kanjo* (as the rice-tax office is called) the only way of communication is over steep and rugged hills with very imperfect roads, while in the other case not only is the land journey easier, but there is communication by sea and river a great part of the way. Looking at it in this light we are forced to believed that the commerce at the new port will not be more flourishing than that at Fusan. Although such is our opinion we do not fail to hope that the Japanese settlers at Gensanshin will persist in their endeavours to make commerce flourish there.

AMONG the imports into Corea the greatest demand is for white Japanese cotton cloth, Japanese *fudé* (pens) and ink, wooden clogs, paper umbrellas, and calico. As the Coreans do not drink tea, there is not much sale for it. Some Japanese merchants who sent over oil paintings and other pictures, the likenesses of women and actors, failed to find a market for them and had to suffer a dead loss.

THE object of the visit of the Corean Ambassador to Japan is said to be that he has certain requests to make on behalf of his government to that of this country. From what we have heard we believe that he has three points to urge. 1st: That the Coreans want to be released from their engagement to open to Japanese trade the port of Jinsen, in the province of Keikido (in which also the capital is situated). 2nd: The prohibition of the export of rice and other grains. 3rd: The revision of the customs' tariff. Of the 1,700 Japanese now at Fusan over 1,200 are natives of Tsushima province, who are very poor. They are engaged in carrying rice, and some of them, who have acted as brokers in rice transactions, have, by means of threats, extorted from the Coreans sums of money. The ambassador is expected to use this as an argument in favor of the prohibition of the trade.

CHARTS of the Corean waters, which have been lately compiled in the Navy

Department, are to be distributed to the various Japanese men-of-war.

WE learn from an Osaka paper that when a member of the Corean Ambassador's suite lately visited the Mint, there was no gold or silver being coined. He inspected the process of making the copper coins. He also visited the Arsenal in Osaka the same day, and was much astonished at the appearance of all he saw there. Nothing that there were a large number of small-arms in course of manvfacture, he asked his guides why it was necessary to continue such work during the present time of peace. He was told that the proverb says: "Do not allow the memory of war to die out, even though peace may exist."

THE Corean Ambassador is reported to have arrived in Kobe on the night of August 3rd, and is daily expected in Tokio. He will be lodged in the Hongwanji temple, at Asakusa.

FROM the *Mainichi Shimbun:* -

IT is reported from Fusan, Corean, that the trade in gold dust has diminished, owing to the fact that the early Japanese settlers did not know much about the article, and were thus imposed upon with a material of which from 10 to 20 per cent. was gold and the rest copper, which has caused the purchasers heavy losses.

THE Corean ambassador now in Osaka is visiting the Mint and other celebrated places in that city. A vague rumour is current that several officials of the Foreign Department, who had gone on their summer holiday to various springs, &c., have been summoned to Tokio, by telegram, to entertain the Corean Ambassador on his arrival in the capital. It is also stated that he has sent word to ask that he shall be received with less ceremony than was used on the visit of the last ambassador; and his wishes will be obeyed.

IT had been expected that the Corean Ambassador would only remain in Tokio twenty days, but it is now stated that his business will not be completed inside of thirty or forty days at least. It is also announced that he intends taking back with him samples of all descriptions of Japanese products, and has given an order to the *Kioriu Shosha*, of Osaka to supply him with the same, to the value of about 150,000 *yen*.

THE Corean Ambassador arrived at the Shinbashi station at 1 p. m. After a short rest, he left in his norimon for the Higashi Hongwanji temple at Asakusa. An entertainment was provided for him, but he refused to allow of any music being played at it, as he is in mourning for the death of an uncle. This objection did not apply to the Military band, which accordingly performed several pieces.

A CASE of cholera occurred at Fusan, Corea, on the 21st July, but none since then. Special committees were sent into the interior of the country to ascertain if there were signs of the disease there, but failed to discover any. A strong northerly wind which has prevailed has made the weather much colder than it usually is during the summer, and it is, therefore, expected that the rice crops this year will not be so successful as usual.

THE Corean Ambassador did not present his credentials to the Mikado on the 13th inst., as had been arranged, but visited the Foreign Department instead.

NEWS has been received concerning the sanitary state of the Japanese residences at Fusan, Corea. Of the 300 houses which form the settlement, 100 are not yet completed, having only mats for walls; 20 have no outhouses, and in one animals and human beings are living together. Such being the circumstances of all poor Japanese who have gone there, there are fears of some disease arising, and therefore regulations have been compiled to govern the building of houses.

THE Corean Ambassador was to have had an audience with the Mikado a few days since, but owing to some circumstances which have arisen, he will not be received until notice to that effect is given him.

NEWS from Fusan, Corea, states that the Ambassador to Japan arrived at Tokugine *fu* on the 21st July. The Japanese Consul visited him on the 27th. The Ambassador's name is Kinkoshiu; he is 37 years of age; he is not so tall as most Coreans-his height being only a little over five feet. He was formerly governor of Joyo *ken*, and was promoted to the rank of *Koso-sangi*, and then to *Reiso-sangi*, being the only person of that rank at present in the Corean government. He took up his quarters at the military office in Fusan on the 28th. On the 29th he visited the Consul and an entertainment was given in his honour; after which he attended a banquet given him by the Japanese Chamber of Commerce. At 6 p. m. July 31st, he embarked on board the M. B. M. S. S. *Chitose Maru*, with 58 Coreans, three officials of the Japanese Foreign Department, and two Japanese servants. A large number of native officials were present on the beach during the embarkation.

Peking, den 27. Sept 1880.

Kais. Ges. H. von Eisendecher, Tokio.

E. H. beehre ich mich in der Anlage zur gef. persönlichen Kenntnißnahme Auszug aus einem an das A. Amt gerichteten vertraulichen Bericht, der Besuch der „Vettor Pisani" in Korea betreffend ergebenst zu übersenden.

B.

Peking, den 28. September 1880.

A. № 120.

Vertraulich.

A. A.

Die jüngsten Versuche zur Eröffnung Koreas betreffend. Der Besuch der Vettor Pisani; russische Beziehungen zu Korea.

1) für A.A.

2) für Gesandtschaft in Tokio ohne Anlage und mit Ausnahme der mit [ ] bezeichneten Stellen.

I. 189.

Wie dem A. Amte ich bereits früher g. g. zu melden die Ehre gehabt, waren in der letzten Zeit von verschiedener Seite, wie z. B. durch die amerikanische Fregatte Ticonderoga und das französische Kanonenboot Lyn. Von letztere auf Veranlaßung des hiesigen frz. Gesandten, vergebliche Versuche gemacht worden, mit den koreanischen Behörden in Verbindung zu treten.

Diesen Versuchen hat sich kürzlich ein neuer von S. K. H. dem Herzog von Genua und der italienischen Korvette Vettor Pisani unternommener angeschlossen. Die Anregung zu demselben war durch den italienischen Gesandten in Japan, Grafen Barbolani, gegeben worden und hatte die Italienische Regierung ihre Genehmigung telegraphisch ertheilt. Als Vorwand diente die vor zwei Jahren erfolgte Strandung des italienischen Schiffes Bianca Portica auf Quelpart, bei welcher Gelegenheit ein Mann der Besatzung, Namens Santaro gerettet und von der Bevölkerung freundlich behandelt worden war, wofür der Kommandant der Vettor Pisani den Dank seiner Regierung auszusprechen beauftragt wurde.

Ein Dolmetscher des britischen Konsulats in Shanghai, Mr. Speare, begleitete die Expedition und die nachstehenden Einzelheiten sind einem von demselben an die britische Gesandtschaft erstatteten Bericht entnommen, von welchem mein italienischer Kollege Herr de Buoa mir in der zuvorkommendsten Weise gestattet hat, Kenntniß zu nehmen.

Die „Vettor Pisani" verließ am 28. Juli Simonoseki und ankerte am 29. früh in der Bai von [sic.] (Toraifu). Der Versuch mit den koreanischen Behörden durch die Vermittlung des Japanischen Konsuls in Verbindung zu treten mißlang, wie in allen früheren Fällen. Da die Koreaner sowohl den Empfang eines [sic.] auf diesem Wege übermittelten Schreibens des Adjutanten des Herzogs von Genua, Fregatten-Capitain Grafen Candiani, in dessen Namen und durch den ebenfalls die Verhandlungen geführt wurden, als auch eine Einladung zur Besichtigung des Schiffes ablehnten.

Der bereits wiederholt an anderer Stelle ausgesprochene Verdacht, daß die japanischen Beamten trotz ihres scheinbaren Entgegenkommens, die Koreanischen Behörden in ihrer ablehnenden Haltung bestärkten, hat bei dieser Gelegenheit eine neue Bestätigung dadurch erhalten, daß der coreanische Präfekt mit dem der japanische Konsul [sic.] die Angelegenheit zu neues behauptete und der sich angeblich in Toraifu aufhalten sollte, woraus die [sic.] Erledigung [sic.] Angelegenheit erklärt wurde, [sic.] während der daraus der Wehr in der japanischen Niederlassung sich im Hause des Konsuls befand. Am 6. August ging der Vettor Pisani wieder in See und und traf am 8. an dem Nordende der Yang Hing Bai (Port Lazareff) ein.

Nach manchen vergeblichen Versuchen mit den eingeborenen Behörden in Beziehungen zu treten oder die Beförderung eines Schreibens an dieselben zu ermöglichen, erschien am 14. der Präfekt von Yang Hing zum Besuch, oder wohl [sic.], um aus eigener Anschauung aber das fremde Schiff berichten zu können, an Land. – In einer längeren Unterredung bei welcher das Argument, daß die Abschließung eines Vertrages mit Italien Korea gegen etwaige AnnexionsGelüste Rußlands schützen würde, die Hauptrolle spielte, versuchte der Graf Candiani vergeblich die Koreaner zur Annahme seines Danksagung wie Vorschläge enthaltenden Schreibens zu bewegen: Der Präfekt erklärte sich schließlich nur bereit eine Abschrift anzunehmen; daß ihm bei dieser Gelegenheit, nach Abtrennung des Siegels, das Original Schreiben unter dem Vorwande dadurch seinen Beamten die Mühe des Abschreibens zu ersparen, in die Hände gespielt wurde, dürfte an der Thatsache nichts ändern, daß auch hier die Annahme der fremden Mittheilung entschieden abgelehnt wurde.

Auszüge aus dem Schreiben des Grafen Candiani wie aus dem über die Unterredung geführten Protokol beehre dem A. Amt ich mich in der Anlage mit der Bitte einer strengsten Geheimhaltung g. g. zu überreichen.

Was die in dem Schreiben des Grafen Candiani enthaltene Bemerkung anbetrifft, daß er in zwei Monaten zurückkehren werde um die Antwort der koreanischen Regierung in Empfang zu nehmen, so liegt, soweit ich habe in Erfahrung bringen können, liegt eine derartige Absicht nur für den Fall vor, daß der angeblich in Tokio befindliche koreanische Gesandte der dortigen italienischen Gesandtschaft die [sic.] seiner Regierung zur Anknüpfung von Vertragsverhandlungen anzeigen sollte. - [15]

Die in dem Bericht Mr. Speares enthaltenen Bemerkungen über die commerciellen Verhältnisse in Korea beehre ich mich in [sic.] beizufügen, ebenso wie die Bemerkungen

---

[15] [Randbemerkung] „Am 15. August ging die Corvette nach dem in derselben Bai nur 12 Seemeilen von ihrem bisherigen Ankerplatz gelegenen, dem japanischen Handel geöffneten Hafen Gensan und von dort am 19. nach Japan zurück, wo sie am 22. in der Thuragu Bai eintraf."

desselben über die Art und Weise der Behandlung der Koreaner durch die Japaner. Dieselbe steht in einem [sic.] Widerspruche zu den Aussagen, welche Seitens der Japanischen Regierung bei Gelegenheit den Vertrags[sic.] erhoben werden. -

Über angebliche Russische Verhandlungen mit Korea habe ich in Erfahrung bringen können, daß seit einiger Zeit die Beziehungen zwischen dem russischen Grenzkommißar im Ussuri Gebiet und [sic.] koreanischen Grenz Bevölkerung [sic.] dem Befinden derselben sich [sic.] licher gestaltet hatten und auch gewisser Handelsverkehr, [sic.] mit Schlachtbrief für Wladiwostok entstanden war. Nach den letzten Nachrichten war derselbe aber auf angeblich aus der Hauptstadt Koreas gekommenen Befehle wieder eingestellt worden. –

Was im Allgemeinen die verschiedenen in der letzten Zeit zur Anknüpfung von Beziehungen mit Korea gemachten Versuche anbetrifft, so möchte ich dieselben insofern für bedauerlich halten, als [sic.] vergebliche Schritte selbstverständlich dem Dünkel der koreanischen Regierung [sic.] und sie in dem Glauben bestärken muß, daß sie im Stande sein werde, sich dauernd der Eröffnung des Handels zu widersetzen.

Eine mit einigen Schiffen unternommene nach vorhergegangenen Mittheilungen der chinesischen Regierung gestützte Expedition würde trotzdem voraussichtlich [sic.], ohne Anwendung von Gewalt, wenn auch vielleicht noch ohne die Androhung derselben die Anknüpfung von Verhandlungen und die Abschließung eines Vertrages zu ermöglichen; eine Resultat, dessen Bedeutung meiner g. g. Ansicht nach hauptsächlich darin liegen würde, den fremdenfeindlichen Elementen in China und Japan das Argument zu nehmen, welches ohne den erfolgreichen Widerstand des kleinen Landes gegen alle Eröffnungs-Versuche bisher geboten hat.

Der Kais. Gesandtschaft in Japan habe ich direkt auszugsweise Mittheilung dieses Berichts zugehn lassen.

B.

[Anlage 1 zum A. № 120.]

Auszüge

aus dem Bericht von Mr Speare über die Expedition

des Vettor Pisani nach Corea, August 1880.

Behandlung der Koreaner durch die Japaner.

When a Japanese brings a case against a Corean, the prefect of Torai trys the case by corean laws. -

In practice however any supposed offence by a Corean in the settlement is summarily dealt with by the first policeman who catches him, or by any Japanese who cares to assume the task of beating the offender. I regret to say that the Japanese treat the Coreans who come to the settlement merely as visitors, out of animosity, very badly. They buffet and [*sic.*] them, as they would beasts, and it seemed marvellous to me how these strong stalwart men put up with the vile treatment they received from the Japanese pigmies. I have no doubt that it is for this reason that stones are thrown by the coreans at foreigners when they try to approach any of the villages which fringe the shore of the harbour of Fusan, and that the timidity and submissioners which we found elsewhere in Corea, were said to be wanting here.

On this port (Gunsan) again I regret to say, I have been witness to the brutal manner in which the Japanese settlers treat the Coreans. I do not think that the worst class of European rowdies would ever behave so badly to [*sic.*] and inoffensive [*sic.*] as one finds the Japanese behaving to the Coreans.

For example I saw one Japanese take a partful of dirty water and throw it into the face of a grave [*sic.*]fied and well dressed Corean for no other reason than that he was gazing with some interest at the new [*sic.*] and probably to make the [*sic.*] standing Japanese laugh, which they did heartily. I have little doubt that in a year or two it will be as difficult for foreigners to land in a neighbourhood of Gensan, as is reported to be now in the view of Fusan. I told the Consul General what I thought of the conduct of his nationals. [*sic.*] he [*sic.*] to China that all coreans were bad and that promiscuous [*sic.*] could [*sic.*] fail to fall upon a Corean richly deserved it. He gave [*sic.*] the usual caution [*sic.*] the danger of walking outside the settlement limits, when for a short distance with an croo? Japanese merchants lost heavily through the inability of their Corean customers to complete their contracts and the whole trade of the port was deranged until the prohibition was renewed.

Hereupon clothes are universally worn by the laboring classes and the thread is spun [*sic.*] finer [*sic.*] would be possible with European hemps. I tried to get some specimens of the fibre but I was unsuccessful. It must be the same I think as the "China flax" which grows in the neighbourhood of Newchwang and as the importation of that fibre into England has long been desired by our flax spinners and is only restricted on account of its high price attention will probable be drawn to the Corean hemp whenever the country is opened. The better classes wear white cotton clothes and many of them boast of an overall made of foreign cotton cloth, the gloss and finish of which they much admire. For that they prefer "heavy" honest cloth, such as American sheeting. Of silk-culture there was none they sp[*sic.*] however the cocoons of the wild ailanthus (wombia ailanthii) and it procured [*sic.*] of their silk – which to my unexperienced eye seemed closely to resemble Shantung silk.

Of ornamental work such as porcelain, [*sic.*]res etc they have none. We saw some worthless pearls, some silver work for feminine trappings and official insignia. The ceramic art is quite rudimentary and they attach an extensive value to the co [*sic.*] ouert Japanese ware.

Japanischer Handel nach Korea.

Fusan is as yet a free port. There is neither an import nor an export tariff. The Corean authorities have stationed a small custom house at the jetty where goods are landed but its functions are confined to preventing the deportation of articles which are, in Corea, a government monopoly, on articles whose importation has been forbidden by treaty. A tariff is at the present time in process of negotiation and as soon as the amount of duty is agreed upon it will be put in force.

In 1879 the imports were of the volume of 560000 yen. They consisted of Enlish [English] cotton goods, Japanese copper, foreign dyes and Japanese silk goods and rations. I visited nearly all the shops in the settlement and carefully examined the cotton goods which were exposed for sale. I was surprised to find that they consisted entirely of ordinary English grey and white shirtings of 1 tt to 8 tt per piece. It is notorious in China that Corea is one of the principal markets for American sheetings and for the heavy and more expensive cotton cloths imported into Shanghai. In the settlement of Fusan however I could not find a single piece of heavy cotton cloth either English or American. All the goods were light weight had come from Shanghai and bear the names and marks of well-known importing houses. The present consumption of piece goods is from 5000 to 7000 pieces a [*sic.*] and is increasing.

The exports in 1879 amounted to 670 000 yen; they consist of Rice Furs, Golddust, dried fish, seaweed and medicines. There is no reduction at present to the export grain.

The volume of the trade of the [*sic.*] is increasing and for the half year ended 30 June last it amounted to 760 000 yen. It is very surprising that so small a trade can support 2300 residents. In other ways however than legitimate commerce the Japanese try to make money in Fusan for I saw more than one large teahouse where Japanese girls were entertaining crowds of Coreans with tea, music singing etc.

The currency of the port is corean cash, which are more valuable than Chinese. It is however only suitable for small transactions and in order to make the small purchases a Corean visitor [*sic.*] the settlement has to have two or three servants to carry the [*sic.*] strings of cash he means to [*sic.*]. The few transactions of any magnitude which take place are done by means of barter, so many pieces of cloth for so many bags of rice. A short time ago the Corean Government suddenly interdicted the export of rice [*sic.*] the consequence was that?[16]

[Anlage 2 zum A. № 120.]

Auszug

aus dem Protokoll über das Gespräch zwischen dem Präfekten von Yang Hing und dem Fregatten Capitain Grf. Candiani, an Bord der Vettor Pisani, am 14. August 1880 in der Bai von Yang Hing.

Pref.: How many men have you under you in this ship.

C.: Over 250. You see that our intention in coming here is a good one. China and Russia seem to be about to go to war and if they do, such a war may do great damage to Corea. Corea's abstention from all intercourse with foreign nations is a danger to her.

Pref.: What do you mean by danger?

C.: The Russian seaports are closed with ice during the winter, and it is possible that the exigencies of war may compel Russia to occupy one of your seaports in order to garrison troops to accumulate provisions and to be a convenient basis for warlike operations against China. This is the danger I speak of.

Prf.: I will repeat your dispatch and the whole of this conversation to the Governour.

C.: Very good. Tell him that Italy has long desired to be at peace with all the world and she is especially anxious to be the friend of Corea. Call his attention to the portion of my dispatch referring to the difficulties existing between your neighbours, which is the most important part of it and tell him that if Corea would make only a treaty with Italy it would be of the greatest advantage to her.

Pref.: I will. The day is getting late and I must be going.

---

16 [*Satzendung.*]

[Anlage 3 zum A. № 120.]

I. 258.

Aus der Japan Herald Mail Summary.

vom 8. November 1880.

Korea.

A LETTER from Fusan, Corea, informs us that Japanese goods are gradually increasing in value there.

THE Corean Ambassador to Japan has now returned. It is said that his opinions are greatly changed, and that he has become greatly civilized, and that he will endeavour to alter the opinions of his government.

WE hear that our trade is gradually increasing with Corea. Gold-dust is abundant; and the natives frequently buy our wares by the shipload. Sometimes our goods are very scarce in the market. An application has, therefore, been made to our authorities to increase the mail service. We are also told that our Consul-general never goes out except he is attended by ten policemen.

FROM a correspondent in Corea we learn that a great meeting of officials who had formed part of the suite of the late Ambassador, and of upwards of eighty others of higher than the 5th rank, was held in the Corean capital on the 6th Oct., and speeches were made respecting the cultivation of more friendly relations with us, and in favour of reforming the military and naval organisations. Reference was also made to the *Ko-a-kwai* (Asiatic Society). What will be the result of this meeting?

LETTER FROM COREA.

Fusan, Sept., 28th, 1880.-On the 22nd September the Ambassador Kin arrived here. After a few days stay at Torai Fu, he left for the capital on the 26th. After his return from Japan, I observed the Governor of Torai Fu, the Bensatsu-kan and the Commissioner of Customs, frequently riding about in a jinrikisha. It appears that the Ambassador made some discoveries whilst he was in Japan, for it is said that he told Mr. Consul Kondo that he would stake his life to carry out his firm intention of bringing about a revolution in the system of government in Corea. I hope his resolution will not fail him.

As to trade, owing to the extraordinary rise in the value of dollars in Japan our merchants are not willing to sell muslin and other articles; they are also buying very little, as the Coreans do not lower the price they ask for their goods, notwithstanding the fall in value of Corean cash. Consequently trade is very dull. However, this is the time of year when business is always slack, and there will not be much improvement till after a month or so later on. Though the Coreans are aware that the difference in the prices of goods is brought about at times by the stocks on hand being large or small, they do not know that it is also caused by the rise and fall in the value of dollars and cash; so that when, as at present, Corean cash are cheap in consequence of the dearness of dollars [sic.] they erroneously think that they alone pay high prices for what they purchase, and many merchants from the capital and other places are spending their time in hotels without talking any purchases. The Corean cash are now at 24 per cent. discount.

The Chamber of Commerce at this port has been dissolved, and under the advice of the Consul, a new one is being organized, consisting of thirty-five persons, only those who are merchants being eligible. The new body is now engaged in drawing up a new code of regulations, so as to correct the abuses which have gained ground. -*Hiogo News.*

=============================

NEWS FROM GENSANSHIN, COREA.

(*Kobe Shimpo.*)

(Communicated by a certain officer of the M. B. M. S. S. *Taganoura-maru*.)

At 11 p. m. on the 18th September the S. S. *Taganoura-maru* left Kobe, arriving at Bakwan(Shimonoseki) at 10. 50 p. m. on the next day. Leaving there at 2. 40 a. m. on the 20th, she arrived at Nagasaki at 7 p. m. that day. She left Nagasaki at 3 a. m. on the 22nd, for Corea direct, and reached Fuzan at 7. 30 p. m. The voyage was a very pleasant one, the weather having been exceptionally fine, the Genkainada belying its name and being very calm; consequently there was not one person on board troubled with sea-sickness.

Things were very quiet at Fuzan. I heard that four Corean officials had bought from an Osaka merchant schooner of about 100 tons, which was built at Nagasaki at a cost of 6,000 yen, and it is said they are to buy four other vessels. When the Corean sailors have found out the way to handle these vessels, they will be put under the control of the Navy. Japanese have been employed as instructors for a term of fifteen days, and the above-mentioned schooner is being worked in and out of the port. Though I am not convinced that the Coreans can thoroughly master the art of navigation, I could but admire the rapidity with which they are picking up the first rudiments of the art. It is said that the Coreans intend to establish a glass manufactory near Fuzan, employing a Japanese as teacher, and they are now looking out for a suitable site.

The weather was fine on the 23rd, but there was a violent gale on the 24th, which lasted till the 26th, at 2 p. m. on which day the steamer left for Gensanshin. As there was still a strong wind, the waves were high; and the passengers were all sick. This part of the voyage was very different from that to Fuzan, but no lives were lost nor was the cargo damaged. On the 27th the sea became as smooth as if oil had had been poured on it. To the left of us were high mountains, thickly wooded, while to the right there was not even a rock to break the monotony of the view of the sea. At 11 p. m. the engines were slowed down, and I expected to have a sight of Gensanshin very soon. Early on the next morning I looked out and saw a port like Gensanshin.

On a nearer approach it was ascertained to be Gensanshin. In the distance a man-of-war and white walls were seen. The men-of-war was the *Amaki-kan* and the white walls were the buildings of our settlers. At noon our steamer anchored in five fathoms, between the island of Chotoku and the *Amaki-kan*, at a distance of 15 cho from the Settlement. The settlers were very glad to see us. The port is situated in Lat. 39 N., Long. 127. 32 E. The West, South and North-West sides of the port are surrounded by high mountains, the North and East sides facing the sea. The harbour is large enough, and the natives say that the sea between the island of Chotoku and the port is covered with thin ice during the cold season. Therefore I believe the sea is very calm in winter. The thermometer has stood at about 61 deg. at 8 a. m., 71 deg. at noon and 72 deg at 4 p. m., on an average during five days.

There was a violent east wind, accompanied with rain, on the 2nd instant, which interfered with the discharge of the steamer.

Our Settlement is over 15 cho to the North-West of the native town, and contains 100,000 tsubo, the beach being over 1,000 ken long. The Corean Government is building a sea-wall, and a wharf 30 ken long and 6 ken wide is being constructed in a North-Easterly direction. At the request of the Corean Government, this latter work has been contracted for by our Government, who have given the work to a certain Bank and the Okura-gumi. Tho cost will be 8,000 yen, 80 natives being employed. There are about 350 settlers, one fourth of whom are officials and police, on fourth merchants, and the remainder artisans. The consulates, official, residences, hospital, museum, Honganji temple, branches of the First National Bank, of the Okura-Gumi, the M. B. M. S. S. Co., Sumitomo, Kiodo Shosha, &c., are nearly finished. The merchants are emulating each other in trade, and competing with each other in the grandeur of their houses. I expect business will be flourishing. The drinking water is not very good. It is good in the shallow wells, but the supply from these is small, and the water from the deep wells is brackish, as at Yokohama.

The town of Gensanshin is about 2 ri from Tokugen-Fu, to the North-East. The region is very fertile, and grain and vegetables grow as well as in the best fields of Japan, without manure or dressing. Beasts and birds are abundant. The natives are very fat and tall and as they have nothing to do, they are idle. However, they are often stealing, and many robbers are prowling round our Settlement. Okura-gumi, Sumitomo and others have been visited by them, and every person is consequently very careful. On the night of the 2nd September three thieves visited the Kiodo Kaisha, where there were men on watch. One of these appearing before the brigands with a draws sword, they quickly fled. One of them, however, stumbled and fell, and one of the watchmen gave him a stroke. On a light being brought it was discovered that the thieves were Coreans. Though search was made for the other robbers, they could not be found. The wounded robber was sent to the hospital, after a report was made to the police, and on the next day he died. Since this event the robbers have very much decreased, but it said that the settlers have not been able to obtain a sufficient number of coolies, owing to a rumour becoming current among the Coreans that the Japanese killed them without cause, and they have been afraid to work for the Japanese. However, the Coreans have lately discovered that the Japanese are not so cruel as reported, and they are now working in the Settlement.

One night a policeman returned to the station after going his rounds, when he heard a noise outside the door of his room. On peeping out he saw a tiger slowly entering the police station. The policeman was very frightened. but, after sniffing under the table, the tiger left. I heard this from Mr. Kato, at the police station, but cannot vouch for its truth.

There are over 1,000 houses in the native town. They are very dirty, being built in the same style as those of the Yezo people. The roofs of the houses of the upper classes are tiled, and these are superior to the other houses. The Coreans do not use bed clothes in summer and winter, but there are fireplaces under the floors in which fires are put in the cold weather and the beds warmed. They are similar to our charcoal furnaces. In comparison to their houses, their food is not inferior. They always have *kayu* (soft boiled rice), rice cakes and potatoes, and they drink *dakushiu*. Besides which they have wheat, beans, radishes, egg plants, and other vegetables. The principal fruits are pears, peaches, kaki, &c. Mushrooms are abundant. Beef, pork, venison, fowls, and eggs are also plentiful. The chief fish are *tai, suzuki, shake* (salmon), *dojo, ilo-uwo,* &c. The *shochu* (spirit), *dakushiu* and *shoyu* (soy) stink, and the taste being bad, the Japanese cannot use them. The salt is good, and the oil in general use is that of Yezo, which is superior to that of Japan. The paper oiled with this oil is similar to that varnished with gum in

Europe; and the oiled paper and cloth are made into tobacco pouches, &c. The plant called *Chosen matsu* is very good eating when boiled. There are many other products, but I have not time to mention them; however, I will notice two or three. The principal products are gold dust, tiger skins, bones and bides of oxen, silk thread, cotton, flax, ginseng, kiri, &c.; of these the hides and bones of oxen and flax are the most plentiful. The flax is of good quality, and some has been exported to Osaka by this steamer. If it is suitable for use in Japan, it will be the principal article of export. Trade in rice and beans is not allowed publicly, and the export is now prohibited. Consequently our settlers are buying through the hands of the Corean officials. However, I have heard we can buy it under the pretence that we want it for our own use. In connection with this, it is said our Government is continually requiring the Corean Government to permit the export of rice, and therefore the trade will shortly be allowed without restraint. Fairs are held in this town six times a month; they are like the fairs in country villages in Japan. Stalls are erected on the streets, some of which are devoted to the sale of dry goods, some to the sale of fine wares, some caps, some tobacco pipes, some shoes, some pork, fowls, fish, &c., some boiled food, some liquors, &c. The streets are crowded with people, who sing, laugh, quarrel, &c., under the influence of drink. The Corean cash has often fluctuated in value, but one cash is worth between 24 and 27 *mon*.

There is a wide line drawn between the officials and the common people. The private people are oppressed by the officials, like slaves, and are quite obedient to the orders of the officials. Sometimes the officials inspect the treasury of the people at Tokugen-Fu, Gensanshin, and other places, and when the sum in the treasury is over 5 *kwammon* the excess is appropriated by the authorities, and it is said no one ever resists this proceeding. I do not know whether this is done by the Government, or whether it is a private business of the officials. Indeed the Government is most despotic, or I should say, tryrannic.

It appears that bribery prevails. I will give an instance. When a person reports that another has committed a certain offence, the officer (similar to a policeman in Japan) arrests the accused, and when the officer wears the cap of the accused the latter understands that he is to be whipped. Then the accused takes off his clothes till he is naked to the waist, and stoops down. The officer then appears to inflict blows sufficient to cause death, but if the accused shows his fingers he whips slightly, according to the number of fingers shown, which represent the sum to be paid as bribe. When the officer has received the bribe the accused is free, and he is not troubled to go to prison. It is frequently discovered, after the receipt of the bribe, that the person arrested was innocent, but this does not trouble the officer, who merely smiles.

It is said that the people of this place are brave and superior to those of Fuzan.

Consequently the Corean Government trusts them, but is cautious. When the steamer arrived three Corean officials (like those of the Customs in Japan) came on board, accompanied by an interpreter, and they enquired from what port the steamer came, the captain's name, the number of passengers, how many of them were men, how many women, officials, merchants, &c., and what was the cargo; and then went on shore. It excited my admiration to see that the Coreans managed as well as if they were officials of a celebrated treaty port in a civilized country. I believe this has been taught them by us.

Some time ago a British man-of war called here and stopped one day, and an Italian man-of war also called, staying two days. Whan they were, in harbour they made frequent communications with our Consulate. They appear to be anxious to open trade. In closing this letter I add that this steamer remained seven days at Gensanshin, leaving at 5 a. m. on the 5th instant. On that day the weather was so cold that the thermometer went down to 48 degrees. -*Hiogo News' Translation.*

[Anlage 4 zum A. № 120.]

I. 259.

Aus der Japan Herald Mail Summary

vom 7. December 1880.

Korea.

SINCE the port of Gensanshin, Corea, was opened on the 1st May last, till the 30th September, the imports and exports have amounted in value as below:

Imports (Japanese)	··· ··· ··· ···	5,493.00 *Yen*
" (Foreign)	··· ··· ··· ···	68,010.00 "
		——————
		73,503.00 Yen
Exports:		
Gold dust, ··· ···	··· ··· ··· ··· ···	40,957.00 Yen
Hides, Hemp, &c. ··· ···	··· ··· ···	24,643.00 "
		——————
		67,600.00 Yen

BY a letter received from Gensanshin, we learn that the climate there has already become very cold, deep snow having fallen. Our consulate general has been completed, and the Japanese workmen who constructed it have left for home.

WE read in the *Heiji Shimbun* (Army and Navy Gazette) that the *Amaki Kan*, which is now at Nagasaki, has been put in perfect order for sailing and will convey Mr. Hanabusa, our Minister to Corea, to his post. She was formerly stationed at Gensanshin, and her absence from that port has had an injurious effect on our commerce there. For instance, when the vessel was absent from Fusan, the Coreans tried to stop our trade. Our consul protected, through the Corean Governor, against such irrational behaviour, but received no answer during twenty days. For this reason when the *Amaki Kan* arrived at Fusan, our consul requested her commander to remain for a time in port; but he had already promised our consul-general at Gensanshin to go to that port, which he did. From the above it will be seen that our consuls at both ports in Corea wanted the vessel at the same time, and this proves that it is very necessary for our commerce to have a man-of-war anchored at Corea.

A LETTER from Corea says: The exchange office established here by a Japanese, owing to want of capital, did not issue bills for more than 1,000 *yen*, but lately by the assistance of a certain authority (? government) the capital of the office has been greatly increased, and therefore bills to the amount of 10,000 yen will be issued without difficulty from the 1st prox. The mail from Japan now arrives in eight days; formerly it took ten. In Gensanshin a meeting hall for Japanese merchants (? Chamber of Commerce) has been built, and they assemble in it twice a month to deliberate on commercial questions. Rice of medium quality is about 8 *yen* 50 *sen* per *koku*.

OUR Minister to Corea left for his post on the 24th Nov. He was escorted to Yokohama by their Excellencies Ito and Inouye. An inspector and ten policemen went to Corea with him.

IN a letter, dated the 14th Oct, from Gensanshin, Corea, it is stated: In the Japanese settlement the number of houses has increased by one-half, and the new buildings are in the western style. Most of our merchants wear European clothes. Six or seven Coreans came from Fusan and are acting as interpreters from Japanese into Corean and *vice versa*. This state of affairs is just the same as when Yokohama was first opened and Japanese were taken from Nagasaki for the same purpose. At the beginning the thieves were very troublesome here, but now the police force is very diligent in affording protection against offenders, and lately the rascals have disappeared. This part of Corea is not so poor as Fusan, there being many wealthy native merchants here, and the people are also of a superior capacity to those of Fusan and its neighbourhood, and are honest, and not so cunning. The principal product is gold dust; hides next. Besides, there are hemp and bones, but they are not brought to market in large quantities. The gold dust and hides are brought to the market for sale continually, and our merchants purchase these articles in considerable quantities. Therefore it is only such of our merchants as have a good capital who can enter into this business. Our imports into Corea might be sold at good prices, but our merchants hurry sales, and in consequence large profits are not made. This is a bad state of affairs. All the goods imported by the *Tagonoura Maru* were sold in a few days, leaving most of our firms with nothing on hand to dispose of. By reason of this it is said that the Coreans laughed at the Japanese for being so short of capital.

FROM the *Bukka Shimpo:* --

WE have received intelligence from Fusan, Corea, up to the 15th Nov., and we are informed that trade there remains much about the same as usual. No more rice is being exported, and affairs are in such a state that our people there can hardly procure rice for their own consumption. This is entirely owing to the Coreans' strict restrictions regarding the export of grain, and it will be impossible to restore affairs to their former condition for some time to come. A rumour is current that Mr. Hanabusa, our Minister to Corea, will shortly arrive in the Corean capital and that the corvette *Amaki Kan*, which was anchored at Fusan, left for Nagasaki to convey him there. After our Minister's arrival negotiations will be opened about this rice question. There is no demand there for cotton yarn and cottons. Besides this, owing to the rise in specie in Japan, goods which were sold there for 500 *yen* cannot, now, be sold for less than 600 *yen*. For this reason trade there seems to have become stagnant, but there must be some other cause. Thus we have to sustain loss day by day. In Gensanshin, on the contrary, trade is prosperous. The winter has already set in very severely. The poor *Taishu* who were getting their living by acting as rice brokers have now lost their occupation and are likely to become much distressed, as the export of rice has now been stopped for a month. They number over 200 and some of them have families living in huts just like kennels. Our Consul is going to relieve them. Mr. Hirose, Vice-President of the Osaka Chamber of Commerce, fortunately arrived there just when our merchants were framing rules prohibiting competition in buying and selling. These though drawn up are not yet settled.

A LETTER from Fusan, Corea, says: -- Our corvette *Amaki Kan* left on the 28th Oct.

for Toyei (a place where there are Corean barracks). A high Corean officer went on board to demand that was wanted. Next day he returned again and after being shown over the vessel witnessed some firing at a target, boats' drill, and the use of small arms. Before leaving he presented our officers with part of a calf, three *koku* of rice, some baskets of fowls' eggs, and some fuel. In return he was given a blanket, a gold lacquered tray, five fans, and three earthen vessels. Our ship then returned, and after she has assisted at the opening ceremony of our consulate-general at Gensanshin she will return to Fusan, and afterwards proceed on a surveying cruise.

pr. 30. Januar 1881.

Shanghai, den 10. Januar 1881.

№ 2.

An Den Kaiserlichen Gesandten & Bevollmächtigten Minister
Herrn von Brandt.
Hochwohlgeboren, Peking.

Euerer Hochwohlgeboren beehre ich mich in der Anlage Abschrift eines unter heutigem Datum an das Auswärtige Amt über den Besuch der Italienischen Korv(g)ette „Vettor Pisani" in Corea erstatteten Berichts sowie des darin in Bezug genommenen chinesischen Aktenstücks zur geneigten vertraulichen Kenntnißnahme ganz ergebenst zu übersenden.

Focke.

Abschrift.

Shanghai, den 10. Januar 1880.

№ 8.

[3 Anlagen]

An das Hohe Auswärtige Amt zu Berlin.

Der mißlungenen Expedition des Kommodore Shufeldt nach Korea im Monat Mai v. J., auf welche sich der gehorsamste Bericht vom 8. Juni v. J. № 89 bezog, ist einige Monate später diejenige der unter dem Kommando S. K. H. des Prinzen Thomas, Herzogs von Genua, stehenden italienischen Korvette „Vettor Pisani" gefolgt, welche eine gelegentliche Erwähnung gleichfalls bereits in dem gehorsamsten Berichte vom 23. Juli v. J. № 107 gefunden hat. Ueber das Resultat der letzteren war hier nichts Gewisses bekannt geworden. Da jedoch allgemein angenommen wurde, daß auch dieser Versuch, Beziehungen zu der koreanischen Regierung anzuknüpfen, erfolglos geblieben sei, so erregte es nicht geringes Erstaunen, als vor einiger Zeit aus Europa Zeitungsnachrichten hierhergelangten, nach welchen es der Italienischen Regierung gelungen sei, einen Freundschafts- und Handelsvertrag mit Korea abzuschließen.

Der kollegialischen Gefälligkeit des Kaiserlich-Königlich Oesterreichisch-Ungarischen Konsulatsverwesers hierselbst, Herrn Vicekonsul Haas, verdanke ich jetzt die vertrauliche Mittheilung anliegender Rückübersetzung einer Abschrift des chinesischen Textes der Verhandlungen, welche bei Gelegenheit des Besuches der Italienischen Korvette in Korea stattgehabt haben. Der Verlauf derselben, wie es sich an der Hand dieses Schriftstückes verfolgen läßt war kurz folgender.

Nachdem die Korvette in Fusan, dem durch Staatsvertrag den Japanern geöffneten Hafen an der Südspitze Koreas, angelangt ist, schreibt Korvettenkapitän Graf Candiani, indem er sich ausdrücklich als ersten Adjutanten des Prinzen Thomas bezeichnet, an den koreanischen Distriktspräfekten. Zweck des Besuches sei die Ueberbringung des Dankes der Italienischen Regierung für die menschenfreundliche Behandlung eines vor zwei Jahren bei Tsiekon schiffbrüchig gewordenen Matrosen; es wird gebeten, hierüber der Landesregierung zu berichten (№ ?). Graf Candiani übersendet diese Depesche dem Japanischen Konsul in Fusan zur Weiterbeförderung, wobei dem Präfekten die besondere Versicherung ertheilt werden soll, daß ein anderer Zweck der Mission als der angegeben nicht obwalte; für die gebührende Anerkennung der erbetenen konsularischen Vermittlung werde Seine Königliche Hoheit der Prinz Thomas Sorge tragen (№ 2). Die Depesche wird befördert, ihre Entgegennahme jedoch, wie auch die Einladung zu einem persönlichen

Zusammentreffen in einer Mittheilung des Präfekten an den Japanischen Konsul höflich abgelehnt, worüber dieser dem Grafen Cardiani berichtet (№ 5). Ein Antwortschreiben des letzteren drückt zunächst Erstaunen und Unwillen über das Verhalten des Präfekten aus, droht mit ernsteren Komplikationen, die dadurch entstehen könnten, und erinnert an die Vortheile, welche bei der gegenwärtigen Verwicklung zwischen China und Russland ein Verkehrverhältniß mit fremden Nationen für Cŏrea zur Folge haben würde; der Japanische Konsul wird ersucht, auch diese Mittheilung zur Kenntniß des Präfekten zu bringen (№ 6). Ob dem Ersuchen gewillfahrt wurde, erhellt aus den Aktstücken nicht. Es unterliegt jedoch keinem Zweifel (und ist mir auch von dem an der Expedition als Dolmetscher begleitenden Englischen Konsulatsbeamten Speare seiner Zeit bestätigt worden), daß die Japanische Regierung Beziehungen anderer Länder zu Cŏrea mißgünstigsten Auges betrachtet; ihr dortiger Vertreter wird daher Instruktionen haben, dieselben thunlichst zu hintertreiben, auch wenn er scheinbar seine Vermittlung zu ihrer Anknüpfung eintreten ließ. Vermuthlich ist dem Grafen Candiani hierüber nachträglich das rechte Licht aufgegangen, denn die Korvette begiebt sich jetzt nach dem Hafen Yungtsin, wohl in der Voraussetzung, daß es an einem abgelegenem Platze leichter sein werde, in direkten Verkehr mit den Landesbehörden zu treten. Der Graf setzt eine andere Mittheilung [sic.] an den dortigen Distriktspräfekten auf (№ 7). Obgleich es auch hier mit der Erzählung von dem Schiffbrüchigen Matrosen beginnt, so wird doch nun mit dem wirklichen Zwecke der Expedition nicht mehr länger hinter dem Berge gehalten. „Meine Regierung ist von dem innigsten Wunsche beseelt" – schreibt er – „mit der Ihrigen in ein Bündniß ewiger Freundschaft zu treten" und führt dann gleichfalls die Gefahr eines chinesisch-russischen Krieges vor, um seinen Argumenten für den Vertragsabschluß großen Ausdruck zu verleihen. Der Absendung dieser Depesche scheint ein Besuch des Präfekten an Bord zuvorgekommen zu sein, welchen derselbe wie aus einer Bemerkung in dem Bericht über die stattgefunden Unterredung (№ 9) des Aktenstücks zu schließen ist –, aus eigenem Antriebe, und Hoffnungen zu halten, abgestattet haben dürfte. Im Laufe des Gesprächs erkundigte sich der Präfekt nach dem letzten Abgangshafen der „Vettor Pisani". Die Antwort verschweigt, daß bereits in Fusan die Anbahnung eines Verkehrs mit den Landesbehörden erfolglos versucht worden ist, dagegen wird der Beamte nun gedrängt, das für ihn vorbereitete Schreiben sich einhändigen zu lassen. Nach langer Weigerung nimmt er dasselbe endlich in einer ihm der Charakter als Depesche [sic.] werden [sic.] wohl ohne Stempel und Unterschrift entgegen, worauf ihm noch mündlich die von dem Konflikte zwischen den beiden Nachbarstaaten Cŏreas handelnde Stelle zur Beachtung für das anzuknüpfende Freundschaftsverhältniß besonders empfohlen wird; während schon vorher die Absicht geäußert worden war, binnen zwei Monaten zurückzukehren, um die

Antwort der Centralstelle des Landes abzuholen. Mit einer festen Weigerung des Präfekten, ihm angebotene Geschenke an Eßwaren und Wein anzunehmen, schließt die am 14. August v. J. stattgehabte Unterredung und damit das Aktenstück.

Die Absicht, nach Cörea zurückzukehren, ist, soweit bekannt, bislang nicht ausgeführt worden; das Schiff hat sich in der Zwischenzeit meist in Japan aufgehalten, von wo es jetzt hier erwartet wird, um dann bald seine Rückkehr nach Europa anzutreten. Das direkte politische Interesse jener nicht zum Abschlusse gekommener Verhandlungen ist daher gering. Wohl aber liefern dieselben einen neuen Beleg für die auch in anderen Welttheilen gemachte Beobachtung, wie sehr Italien gegenwärtig bemüht ist, seinen Einfluß im Auslande zu mehren und irgendwo festen Fuß zu fassen. Warum das Augenmerk gerade auf Cörea gelenkt wurde, ist allerdings unerfindlich. Denn die dort betriebene Seidenzucht dürfte kaum einen genügenden Grund für das an den Tag gelegte freundschaftliche Interesse abgeben und trotz der Äußerungen des Grafen Candiani über die Möglichkeit italienischer Schiffbrüche an der koreanischen Küste ist zur Zeit wenig Aussicht für die Entstehung direkter Landes- und Schiffahrtsbeziehungen zwischen Italien und jenem Lande oder dem fernen Osten überhaupt vorhanden.

gez. Focke.

[Anlage 1 zum № 8.]

Abschrift.
Uebersetzung 1.

Graf Candiani, Kgl. Italienischer Korvetten-Kapitain, I. Adjutant Sr. Kgl. H. des Prinzen Tomasi, macht folgende Mitteilung.

Vor 2 Jahren erlitt an der koreanischen Küste bei Tsichon [Anm. Kneider: „Jejudo"] ein italienisches Handelsschiff, Namens Bianca, Schiffbruch, wobei die an Bord befindlichen Seeleute bis auf einen, Namens Santolo [Anm. Kneider: sein richtiger Name war „Giuseppe Santori"], sämtlich ertranken. Letzterer kam mit dem Leben davon, er wurde dank der Bevölkerung jenes Platzes freundlich aufgenommen, von den Lokalbehörden untergebracht, bekleidet und ernährt, so daß er wohlbehalten später seine Heimath wieder erreichen konnte.

Als meine Regierung von dieser durch die koreanische Behörde unserem Seemanne zu Theil gewordene freundlichen Behandlung Kunde erhielt, beauftragte sie mich mit unserem gegenwärtig in den japanischen Gewässern stationierten Kriegsschiffe Vettor Pisani mich nach Fusan zu begeben und den Behörden und dem Volke Kŏreas den Dank meiner Regierung darzubringen, auch bin ich beauftragt, die seiner Zeit von den Lokalbehörden und der Bevölkerung für den in Rede stehenden geretteten Seeman ausgegebene Gelder ihnen zu ersetzen.

Wenn die Mission der nun in Fusan eingetroffenen Vettor Pisani – die Ueberbringung des Dankes an Cŏrea – nicht erfüllt werden könnte, so wäre das ein tief zu bedauernder Umstand, und die zwischen unseren beiden Regierungen bestehenden freundschaftlichen Beziehungen würden dadurch eine Störung erleiden. In Anbetracht dieses Umstandes und in Befolgung des mir von meiner Regierung ertheilten Auftrages erlaube ich mir nun diese Note an den Herrn Präfekten zu richten, und bitte ich nach genommener Einsicht um gefällige Antwort, auch bitte ich den Inhalt meiner gegenwärtigen Depesche an Ihre Hohen Regierungsbehörden zu berichten.

Dies meine Mittheilung.

An Shen, - Kgl. Koreanischen Präfekten des Departements Tung-lai:

Kwanghzu 6. Jahr 6. Monat 27. Tag (2. August 1880)

2.

Brief an Kin-teng, Japanischen Konsul für den koreanischen Hafen Fusan.

Cadiani eröffnet hiermit.

Ich habe an Shen Tung-chen, koreanischen Präfekten des Departments Tung-lai, eine Depesche gerichtet, welche ich unverschlossen dem Herrn Konsul hiermit zu übersenden mir erlaube, mit der Bitte, dieselbe nach genommener Einsicht mit einem Einbegleiungsschreiben Ihrerseits gefälligst weiter zu befördern.

Ich bin mir sehr wohl bewußt, daß die koreanischen Behörden mit Mächten, zu denen Korea in keinem Vertragsverhältnisse steht, nicht zu verkehren wünschen. Da aber meine Depesche nur Dankesworte enthält, so hoffe ich, daß der Herr Präfekt die guten Absichten meiner Regierung nicht mißachten wird. Aus demselben Grunde ersuche ich den Herrn Konsul, in dem Einbegleitungsschreiben des Dolmetsch dieser guten Absichten meiner Regierung bei jenem Präfekten sein und ihm erklären zu wollen, daß unser Kriegsschiff in Korea einer Mission des Dankes für seinerzeitige Lebensrettung eines italienischen Seemanns habe und daß mit dieser Mission keine anderen Absichten verknüpft seien.

Die vom Herrn Konsul in dieser Angelegenheit gefälligst zu unternehmenden Schritte werden von S.K.H. dem Herrn Prinzen Tomasi zur Kenntniß Ihrer wie unserer Regierung gebracht werden.

6. Jahr 6. Monat 27. Tag (2. August 1880).

3.

Antwort des koreanischen Präfekten des Departments von Tunglai an den japanischen Konsul für Fusan.

Ich habe Ihren Brief erhalten und danke vielmals für die darin enthaltenen guten Absichten. Wenn einem Menschen ein Mißgeschick trifft, so ist es Pflicht ihn aus derselben zu erretten, wir Alle sind des Himmels Geschöpfe und haben als solche unter einander stets dieselben Pflichten zu beobachten. Als einst ein italienisches Schiff bei Tsichon zu Grunde ging und von dessen gesammter Mannschaft nur eine Person gerettet werden konnte, so war das des Himmels Fügung und dessen Schutz waltete über diesem einen Menschenleben. Wenn daher die Lokalbehörde und die Bevölkerung zu dessen Rettung auch beitrugen, so war das nichts Außergewöhnliches, es war nur eine Pflichterfüllung. Nun sendet die italienische Regierung aus diesem Anlasse speziell ein Kriegsschiff mit einem Schreiben, worin der Zweck und die guten Absichten von dessen Ankunft auseinandergesetzt werden. Ich habe dieses Schreiben gelesen und bin dafür innigst dankbar.

Unser Reich jedoch pflegte bisher mit den fremden Nationen keinen schriftlichen Verkehr zu halten, es entfällt mithin die Nothwendigkeit dieses Schreiben bei mir anverwahrt zu halten und sende ich dasselbe wieder zurück, - ich fühle mich zwar über dieses eine Vorgehen beschämt, da ich mit der Rücksendung des Schreibens die wahrhaft schönen Absichten des Absenders sehr betrübe, doch bitte ich den Herrn Konsul für mich die Entschuldigungen vorzubringen und den Italienern zu sagen, daß, trotzdem sie von dem weiten zurückgelegten Wege ermüdet sein müßten, ich dennoch die lang bestehenden Landessitten nicht verletzen kann; dies bitte ich statt meiner zu sagen, damit sich die Herren nicht erzürnen. Dies meine Bitte! Eine besondere Antwort.

6. Jahr 6. Monat 28. Tag (3. August 1880).

4.

(Derselbe Präfekt an denselben Konsul als Antwort auf eine wahrscheinlich gedruckte oder in 3. Versen lautende Einladung zu einem Mahle, bei welchem auch Graf Candiani hätte anwesend sein sollen. A. d. Ü.)

Von den in Ihrem Schreiben enthaltenen zahlreichen guten Wünschen, bin ich mir von früher bereits bewußt und zweifle ich deshalb auch nicht, daß Sie mir verzeihen, wenn ich Ihre gütige Einladung nicht annehmen kann; obwohl dieselbe nur von den besten Absichten spricht, so erlauben unsere Sitten nicht sie anzunehmen, was Ihnen auch bekannt ist. Ich bitte daher in diesem Sinne für mich den Dolmetsch zu machen, wofür ich im Voraus danke.

6. Monat 28. Tag (3. August 1880).

Shên Tung-chen.

5.

Die Antwort des Japanischen Konsuls an Graf Candiani.

Ich hatte gestern die Ehre von E. g. g. eine Depesche zu erhalten, die für Shên Tung-chên, den koreanischen Präfekten des Departments von Tunglai bestimmt und unverschlossen an mich mit der Bitte gesendet war, sie weiter zu befördern. E. g. g. ersuchten mich ferner, den betr. koreanischen Behörden zu erklären, daß diese Depesche nur Worte des Dankes für eine s. Z. bewirkte Lebensrettung eines italienischen Seemanns enthalte. Wohl der Bitte gemäß habe ich die Depesche sofort an den Präfekten gesandt und hierzu auch die gewünschten Erklärungen gemacht, überdies habe ich einige Beamte der Präfektur zu mir bitten lassen und ihnen diese Angelegenheit detailliert auseinandergesetzt. Ich habe jetzt die Antwort des Präfekten erhalten, in welcher er sagt, daß es gegen die Landessitten sei, solche Dokumente in Empfang zu nehmen, und er daher die Depesche zurücksende. Trotzdem ich in dieser Angelegenheit meinen Dolmetschdienste mit Eifer mich hingab, muß ich doch mit tiefem Leidwesen konstatiren, daß meine Schritte resultatlos blieben. Die Antwort des Präfekten erlaube ich mir E. g. g. hiermit in Abschrift vorzulegen und knüpfe hieran die Bitte, daß Sie ihm gnädigst verzeihen und nicht zürnen mögen.

Ming Chi, 13. Jahr 8. Monat 3. Tag (3. August 1880).

6.

An Kintêng, Japanischer Konsul in Fusan. Candiani eröffnet hiermit.

Ich habe gestern Ihr werthes Schreiben in Sachen meines an den Präfekten des Departments von Tunglai gerichteter Depesche erhalten und habe von dessen Inhalt gebührende Kenntniß genommen. Daß der Präfekt die in Rede stehende Depesche anzunehmen sich weigerte, setzte mich in nicht geringes Erstaunen, da ich mir nicht vorstellen konnte, daß die Annahme der Depesche verweigert werde. Ihnen jedoch, Herr Konsul, danke ich verbindlichst für die in dieser Angelegenheit unternommenen Schritte und gehabter Mühen.

Zivilisierte Regierungen und solche, die zu einander in freundschaftlichem Verhältnisse stehen, pflegen bei Fällen, welche die Errettung von Menschenleben betreffen, der Konvenienz gemäß sich auf schriftlichem Wege zu bedanken. Meine nur an den Präfekten gerichtete Depesche entsprach und geschah dieser Konvenienz gemäß. Der Präfekt indem er von den in dieser Depesche ausgedrückten Gesinnungen Kenntniß nahm, kann nicht anders als sich darüber freuen. Aus dem vom Präfekten an Sie gerichteten Antwortschreiben entnehme ich jedoch, daß, da zwischen Italien und Cŏrea bisher kein Verkehr stattfand, der Präfekt in diesem Falle die koreanischen Gesetze zu befolgen habe, welche nämlich verbieten, mit einer fremden Macht in irgend welche Korrespondenz zu treten, aus diesem Grunde durfte der Präfekt meine Depesche nicht behalten, was er auch seiner vorgesetzten Behörde berichtet hat. Diese Erklärung finde ich sehr sonderbar. Daß Corea deshalb mit dem Ausland in gar keinem Verkehr steht, weil darüber bestimmende Landesgesetze oder Vorschriften bestehen sollen, ist unrichtig und bitte ich um gefällige Einsendung eines Auszuges der betr. Gesetzparagraphen. Der vorliegende Fall betrifft ein italienisches Handelsschiff das Schiffbruch erlitt und bei welcher Gelegenheit nach den Principien der Humanität und mit Anstrengung ein Menschenleben gerettet wurde; hierüber war meine Regierung äußerst erstaunt. Was liegt aber für eine Bürgschaft vor, daß bei künftigen Fällen der gleiche Vorgang beobachtet wird; eine solche Befürchtung ist um so mehr begründet, als in früheren Zeiten verschiedene Male ausländische Schiffe an der koreanischen Küste Schiffbruch litten, wobei Menschenleben zu Grunde gingen, die Behörden und das Volk Cŏrea's benahmen sich dabei nicht so gut wie in dem vorliegenden Falle. Wenn in Zukunft italienische Schiffe an der koreanischen Küste Schiffbruch erleiden sollten, so kann die Italienische Regierung sich nicht darauf verlassen, daß die Lokalbehörden und das Volk Cŏreas dabei nochmals nach den Principien der Humanität handeln werden. Sollte dann also eine Behandlung stattfinden, wie sie früher herrschte, so wird meine Regierung gewiß nicht in derselben Art, wie im vorliegenden Fall, vorgehen und in guter Absicht und mit aller Höflichkeit eine Dankesdepesche absenden, nein, sie wird dann Mittel ersinnen, um den Verkehr mit Corea zu erzwingen. Ueberdies wünscht Corea nicht mit uns in freundschaftliche Beziehungen zu treten; damit ladet sich Corea nur eine große Verantwortung auf und verletzt seine eigenen Interessen. Wenn italienische Seeleute in Corea [*sic.*] werden sollten, so hat die italienische Regierung keine Macht über sie. Die Geschichte unseres Reiches während vieler hundert Jahre zeigt, daß Italien keine Politik der Habsucht treibt und seine Stärke und sein Wohlstand basirt nicht etwa darauf, daß es von der Schwäche und Armuth anderer Reiche Vortheil zog. Unser Handel ist außerdem nicht groß. Aus diesem Grunde braucht auch Corea sich nicht im Mindesten zu fürchten, mit uns in Verkehr zu treten. Corea grenzt überdies an mächtige Nachbarstaaten, die zu einander in diesem Augenblicke nicht in gutem Einverständnisse sind; etwaigen Schwierigkeiten, die von dort aus kommen würden, wird Corea nicht aus dem Wege gehen können. Aus allen oben aufgeführten Gründen ist es daher Corea's Vortheil, daß es mit anderen fremden Staaten in Verkehr trete, um so mehr als die 2 Nachbarreiche bis jetzt auch zu keinem Einvernehmen gelangt sind, was im Interesse des Friedens zu bedauern ist.

Die zwischen mir und Ihnen sowie zwischen Ihnen und dem Präfekten gewechselte Korrespondenz werde ich meiner Regierung zur Prüfung und Entscheidung vorlegen, ebenso werde ich den Sachverhalt über die Verweigerung der Annahme meiner Depesche von Seiten des Präfekten an unsere in Peking und Tokio beglaubigten Minister berichten. Wenn daraus Komplikationen entstehen sollten, so fällt denn die Verantwortung hierfür nicht etwa auf mich, sondern ganz und gar auf den Präfekten von Tunglai. Ich werde jedoch trachten, daß eine Depesche nach Hanschêng in Corea gelange.

Nachdem der Herr Konsul mit dem Präfekten in Korrespondenz stehen, so bitte ich Sie von diesem meinem heutigen Schreiben demselben gefälligst eine Abschrift zukommen lassen zu wollen, wofür ich im Voraus bestens danke.

6. Jahr 7. Monat 1. Tag (6. August 1880).

7. Depesche

Graf Candiani macht folgende Mittheilung.

Vor 2 Jahren hatte eines unserer Handelsschiffe, Namens „Bianca", an der koreanischen Küste bei Tsichon Schiffbruch erlitten. Von der Mannschaft dieses Schiffes ertranken hierbei alle bis auf einen, Namens San-to-lo, der mit dem Leben davonkam. Derselbe konnte Dank der Sorgfalt und Pflege des Volkes jener Örtlichkeit errettet werden, er wurde ferner Dank Ihrer dortigen Lokalbehörde von denselben aufgenommen, ernährt und bekleidet und erreichte er schließlich wohlbehalten seine Heimath. Als meine Regierung erfuhr, wie freundlich und wohlthätig Ihre Lokalbehörden unseren Seeman behandelt haben, war sie hierüber mit Dank erfüllt; sie benutzte die Anwesenheit unseres Kriegsschiffes „Vettor Pisani" in diesen Gewässern, es anher zu beordern.

Ich habe nun die Ehre anzuzeigen, daß ich in diesem koreanischen Seehafen angelangt bin und daß ich an den Herrn Präfekten dieses Schreiben des Dankes für die Regierung und das Volk Corea's richte. Dies thue ich in getreuer Erfüllung meiner Pflicht, einer Pflicht, die mich mit ganzer Freude erfüllt. Als s. Z. die betreffenden Lokalbehörden und das Volk das Leben eines Seemanns retteten, hatten sie dieserhalb auch Auslagen gehabt; ich bin bereit, dieselben voll zu ersetzen. Wenn unser Schiff direkt nach Tsichon sich begeben und dort die Dankesmission erfüllt hätte, so wäre dies wohl der schnellste Vorgang; da aber die dortige Küste offen ist, so ist es für unser Schiff sehr ungünstig, da zu ankern und ist es deshalb hier eingetroffen. Dies ist der Grund, weshalb ich diese Depesche an Sie richte und Sie bitte, meine Dankesdepesche der Centralregierung in der Hauptstadt zukommen lassen zu wollen. Ich bin mir wohl bewußt, daß die Regierung Ihres Reiches mit dem Auslande nicht verkehren will; da ich selbst keine Gelegenheit habe, persönlich Ihren hohen Staatsmännern den Dank meiner Regierung vorzubringen, so bin ich gezwungen, Sie zu ersuchen, der Uebermittler hiervon sein zu wollen. Ich bin in diesem Platze bereits seit einigen Tagen eingetroffen. Während dieser Zeit konnte unser Schiff, dessen Provisionen ausgegangen sind, solche nicht vom Lande beziehen, da Ihre Landesgesetze jeden Verkehr mit Ausländern verbieten. Auf der ganzen Welt, in jedem Lande ist es ein- und auslaufenden Schiffen gestattet, Trinkwasser einzuschiffen und zu fischen, aber die hiesige Uferbevölkerung sagt uns, daß die koreanischen Gesetze uns verbieten, zu landen, Wasser einzunehmen oder zu fischen. Unser Schiff kam, um der Regierung des Landes zu danken und wird sich den Landesgesetzen fügen. Ich wünsche Ihnen mitzutheilen, daß Seefahrer niemals über die Bestandsicherheit ihres Schiffes Bürgschaft leisten können. Wird das Wetter gefahrdrohend, so sucht das Schiff einen Hafen anzulaufen, in welchem es vor den Unbillen des Wetters sicher ist, mitunter läuft das Schiff in einen Hafen ein, um Reparaturen vorzunehmen oder Provisionen einzunehmen; über die Behandlung solcher Fälle herrscht in allen Ländern das gleiche Gesetz. Die Mannschaft eines zu Grunde gegangenen Schiffes ist überaus unglücklich, ihr von Seiten der Lokalbehörden alle mögliche Hilfe angedeihen zu lassen, ist selbstverständlich. Sollte in der Folge ein italienisches Schiff in einen der Häfen Corea's einlaufen, sei es um den Unbillen des Wetters zu entgehen oder um Provisionen einzunehmen oder Reparaturen vorzunehmen, so wird es nicht ermangeln, hierüber die nöthigen Erklärungen zu geben; aber es ist uns unmöglich, die Bürgschaft zu geben, daß die Mannschaft solcher Schiffe bei dieser Gelegenheit den bestehenden koreanischen Gesetzen unbedingt Folge leisten wird, und es könnte leicht der Fall eintreten, daß sie ihre Forderungen mit Gewalt sich erzwingt. Italien steht mit Corea in gar keinem Verkehrsverhältnisse; gegen italienische Seeleute, die die Gesetze Cŏrea's verletzen, können daher die Lokalbehörden nicht vorgehen, die Seeleute können ungehindert sich auf ihre Schiffe begeben und damit das Weite suchen, ihre Bestrafung wäre dann unmöglich, – ein fürwahr unhaltbarer Zustand.

Am besten wäre es daher, wenn die beiden Regierungen hohe Staats.. [*sic*]..er designieren würden, die über alles dieses sich berathen und Bestimmungen entwerfen; diese könnten dann nur zum Vortheile beider Theile sein. Meine Nation ist vom innigsten Wunsche beseelt, mit der Ihrigen in ein Bündniß ewiger Freundschaft zu treten. Da aber Ihre Nation bisher mit anderen keinen Verkehr unterhielt, so ist sie schwach und verfallen. Sollte daher Ihre Nation mit Italien einen Vertrag schließen, so würde derselbe für Corea vom großen Vortheile sein. Es ist noch zu erwägen, daß Corea an 2 große Reiche grenzt, die sich gegenseitig zu einander feindselig stellen; es ist zu befürchten, daß in nicht sehr langer Zeit auch Ihr Reich in diese Komplikationen gerathen wird. Wenn nun Corea mit europäischen Mächten im Freundschaftsverhältnisse stünde, so wäre es sicher, von diesem Schutz zu genießen. Corea ist ein souveräner Staat und hat solcher nicht zu befürchten von anderen Nationen Unrecht und Unbill ertragen zu müssen.

Aus all diesen Gründen erlaube ich mir dem Herrn Präfekten die Bitte vorzutragen, meine obige Darlegung der Verhältnisse an Ihre hohe Staatsregierung zu berichten. Ich werde nach 2 Monaten wiederkommen und vielleicht in Fusan die von Ihrer Centralregierung hierauf erfolgte Erwiederung einsehen, so daß ich dann dieselbe meiner Regierung mittheilen kann.

An Li, koreanischen Präfekten des Departments Yanghzing.

Kuang hsü 6. Jahr 7. Monat 8. Tag (13. Aug. 1880).

8.

Memoire einer bei einem Besuche des Präfekten von Yanghzing an Bord der „Vettor Pisani" gehaltenen Konversation.

Erklärung: Das Schiff wird 3 Kanonenschüsse abfeuern; es ist dies eine bei uns übliche Höflichkeit, die einem Besucher von Rang erwiesen wird: ich bitte dabei nicht zu erschrecken.

Antwort. Viel zu viel Güte, bitte sich nicht die Mühe zu geben.

Erkl. Das ist so Schiffssitte.

Frage. Was ist Ihr werther Familien- und Eigenname? Was für eine Regierungsstelle bekleiden Sie?

Antw. Mein Familienname ist Li, mein Eigenname Ki-cheng und ich habe den Rang eines Expedits- Kommissars (5. Rang und bin Präfekt von Yanghzing.

Erkl. Unser Schiff kommt aus Europa und ist italienisch. Vor 2 Jahren hat ein Handelsschiff unserer Nation an der koreanischen Küste bei Tsichon in Folge eines Sturmes Schiffbruch erlitten, wobei die gesamte Mannschaft bis auf einen ertrank. Dieser eine wurde Dank der Behörden und der Bevölkerung jener Örtlichkeit gerettet, er wurde ernährt und bekleidet und kehrte wohlbehalten nach Italien in seine Heimath zurück. Meine Regierung ist hierüber von tiefstem Danke erfüllt und hat mein Schiff beordert, sich nach Corea zu begeben und der hiesigen Lokalregierung wie auch der Bevölkerung zu danken.

Antw. Angehörige was immer für eines Staates, die, sei es schwimmend oder als Leiche, an unsere Ufer getrieben wurden, werden stets von uns aufgenommen und genießen Schutz. Das ist bei uns Sitte und sind hierüber weitere schriftliche Mittheilungen überflüssig. Ich erlaube mir überdies darauf aufmerksam zu machen, daß ich über

Tsichon keine Jurisdiktion habe, warum kommen Sie dann hierher?

Erkl. Unser Schiff war bereits bei Tsichon, da aber dort kein günstiger Ankergrund ist, so ist es hier eingelaufen.

Frage. In welchem Jahre und Monate hat Ihr Schiff Italien verlassen? Welches war der letzte Hafen den es berührte?

Antw. Wir verließen Italien im 5. Monat des verflossenen Jahres (Juni 1879) und fuhren nach Japan, woselbst das Schiff stationiert ist. Vor Kurzem erhielten wir von der Regierung den Auftrag, diese Dankesmission nach Cŏrea auszuführen.

Frage. Was ist Ihr wahrer Name? Welche Stelle bekleiden Sie in Ihrem Reiche?

Antw. Ich heiße Candiani, bin Korvettenkapitain und gehöre dem erblichen Grafenstande an.

Frage. Ich wünsche die Namen der hier anwesenden Offiziere zu kennen und wessen Ranges sie sind.

Antw. Es sind deren hier 12 und zwar Millelire, Ipenoe, Bianca, Laubati, Teng-i-en [sic.], diese Herren sind höhere Offiziere, die übrigen sind kleine Kriegs[sic.].

Erkl. Dem Auftrage unserer Regierung gemäß habe ich eine Depesche des Dankes vorbereitet, welche ich den Herrn Präfekten anzunehmen bitte und nach gemeinsamer Einsicht ihren Inhalt Ihren h. Behörden in der Hauptstadt mitzuteilen.

Antw. Es ist nicht Gepflogenheit unter den Lokalbehörden unseres Landes, sie mögen was immer für einen Rang einnehmen, einen Gegenstand direkt an die Centralregierung zu berichten, ein solcher Gegenstand hat zunächst in Form einer Eingabe an die Thoroffiziere der Hauptstadt berichtet zu werden, und es hängt von diesen ab, was mit einer solchen Eingabe geschehen soll.

Erkl. In diesem Falle ersuche ich den Herrn Präfekten den Inhalt meiner Depesche an die betreffenden Thoroffiziere der Hauptstadt zu berichten; diese werden dann höheren Orts berichten.

Antw. Ich habe jedes Ereigniß an die Thoroffiziere der Hauptstadt zu berichten, da ich selbst aus eigener Machtvollkommenheit nichts unternehmen kann. Wenn Schiffe fremder Nationen hier ankern, so muß ich den Grund ihres Kommens erfragen und das Ergebniß dieser Nachfrage habe ich stets an die Thoroffiziere der Hauptstadt zu berichten; dies ist eine meiner Pflichten. Die jetzt niedergeschriebene Konversation habe ich auch in meinen Bericht aufzunehmen.

Erkl. Diese Einrichtung ist sehr gut und ermöglicht auch die Ausführung meiner Absicht, indem sie diese von mir vorbereitete Depesche, in welcher der Grund unserer Ankunft auseinandergesetzt ist, annehmen und deren Inhalt höheren Orts berichten.

Antw. Die Gesetze unseres Landes sind deners [*sic.*] tig, daß ohne besondere Genehmigung des Landesfürsten die Centralbehörden in der Hauptstadt nicht wagen, Schreiben von anderen Reichen anzunehmen, umsoviel weniger denn die Lokalbehörden.

Erkl. Unser Schiff ist hier in Folge eines von meiner Regierung erfolgten Auftrages; wenn der Herr Präfekt diese Depesche nicht annehmen, so kann ich meinen Auftrag nicht ausführen. Ueberdies ist diese Depesche an Niemand anderes als an Sie gerichtet.

Frage. Warum wollen Sie diese Depesche gerade mir geben? Ich kann den Grund hierfür nicht verstehen.

Erkl. Weil Sie der Beamte sind der Örtlichkeit, welche unserem Schiffe zunächst liegt, und weil uns wesentlich daran liegt, daß Ihre Regierung erfahre, in welch guter Absicht wir hierhergekommen sind.

Antw. Wir wollen darüber nicht weiter Worte wechseln. Ich muß zur Annahme Ihrer Depesche vorher ausdrücklich Bewilligung meiner Regierung haben. Daß ich Ihretwegen höheren Orts berichten soll, ist bei uns nicht Gepflogenheit. Ich muß fürs Erste die Instruktionen der Thoroffiziere der Hauptstadt erwarten und werde dann demgemäß handeln, ein anderer Weg ist mir nicht offen.

Erkl. Ob Sie die Depesche in Empfang nehmen wollen oder nicht, hängt ganz von Ihnen ab, ich bitte Sie aber von derselben Einsicht zu nehmen. Sie werden dann die Absicht unseres Herkommens kennen. Wenn Sie dann an die Thoroffiziere der Hauptstadt berichten, so wäre dann meine Mission fürs Erste erfüllt. Die Depesche enthält sehr Vieles; wenn sie daher eine Abschrift davon haben wollen, so kann ich Ihnen eine solche liefern, wie?

Antw. An welchem Tage tritt das Schiff seine Rückkehr an?

Antw. Sobald diese Angelegenheit beendet ist, werde ich mit dem Schiffe abfahren und diesen Platz verlassen.

Erkl. Was die Frage einer Abschrift der vorliegenden Depesche anbelangt, so ist dieselbe mehrmals abgeschrieben überflüssig. Ich nehme nur den gestempelten Theil ab d. h. den Kopf und das Ende der Depesche und gebe Ihnen die Depesche so wie sie ist. Ich bitte überdies den Herrn Präfekten, den Grund der Ankunft unseres Schiffes den Thoroffizieren der Hauptstadt zu berichten; ich werde in 2 Monaten dann Erwiederung auf Ihren Bericht abholen.

Frage. Wieviel Leute hat das Schiff?

Antw. Das Schiff hat über 200 Leute.

Erkl. Der Grund unseres Hierherkommens ist ein guter. Da jetzt Russland mit China auf gespanntem Fuß steht, so hat Corea bei einem demnächst zu erwartenden Ausbruch eines Krieges zwischen den beiden Mächten sehr vieles zu befürchten. Da aber Ihre Nation mit keiner auswärtigen Macht in Verkehr zu treten wünscht, so stehen Ihnen um so schwerere Verwicklungen bevor.

Frage. Was haben wir denn zu befürchten?

Antw. Russland's Seeküste ist im Winter mit Eis verschlossen. Russland muß demnach sich in den Besitz eines koreanischen Seehafens setzen, wo es Truppen landen und Provisionen einnehmen kann, von hier aus wird es dann auch seine militärischen Operationen gegen China ausführen. Aus diesem Grunde ist für Cŏrea Gefahr im Anzuge.

Antw. Die Angelegenheit der Depesche sowie die jetzt niedergeschriebene Konversation werde ich den Thoroffizieren der Hauptstadt berichten.

Erkl. Sehr gut. Italien wünscht mit allen Mächten in Frieden zu sein, ebenso wünscht es mit Corea in ein Freundschaftsverhältniß zu treten. Am beachtenswerthesten ist in der Depesche für Sie der an Ihren Grenzen bevorstehende Konflikt zwischen Ihren 2 mächtigen Nachbarstaaten. Ich bitte Sie, diesen Umstand in Ihrem Berichte an die Thoroffiziere der Hauptstadt besonders hervorzuheben; auch bitte ich diesen zu erklären, daß, falls Ihr Reich mit Italien in Vertragsunterhandlungen zu treten wünscht, dies dann zu Ihrem Vortheile sein würde.

Antw. Selbstverständlich werde ich nicht ermangeln, die schöne Absicht Ihrer Herkunft meinen Vorgesetzten zu berichten. Es wird spät und ich bitte ans Land gehen zu dürfen.

Erkl. Der Rang des Herrn Präfekten ist ein sehr hoher und ebenso Ihr Alter. Sie haben einen weiten Weg gemacht, um an Bord unseres Schiffes zu kommen, ich bin Ihnen dafür zu unendlichem Danke verpflichtet.

Antw. Ich bin nur gekommen, um Auskunft zu erlangen. Dies ist meine Pflicht und Sie haben mir dafür nicht zu danken.

Erkl. Ich habe einige Flaschen Wein von unserem Land, sowie verschiedene Eßsachen für Sie bestimmt und ich bitte Sie, dieselben anzunehmen.

Antw. Ich danke vielmals hierfür, doch darf ich nichts annehmen, die Landesgesetze gestatten es nicht, ich erlaube mir, Ihre Gaben zurückzustellen.

Erkl. Wein und Eßsachen sind nur eine Kleinigkeit. Sie haben wegen deren Annahme nichts zu befürchten. Sie können dieselben eventuell weiter verschenken.

Erkl. Ich danke Ihnen vielmals für die an Bord Ihres Schiffes mir zu Theil gewordene gute Behandlung, ich danke nochmals recht sehr, ich muß jetzt wider Wunsch aufbrechen.

Erkl. Ich bitte in das Boot einzusteigen.

6. Jahr 7. Monat 9. Tag (14. August 1880).

für die Uebersetzung

gez. Haas.

[Anlage 2 zum № 8.]

I. 283.

Aus der Japan Herald Mail Summary.

vom 14. Mai 1881.

THE AGITATION IN COREA.

(Translated from the *Hochi Shimbun*).

The latest accounts from Corea all testify to considerable perturbation in that country. One says that the people in the provinces have formed a party to persist in upholding national seclusion, and large numbers are preparing to flock to the capital to urge the necessity of this. Another account says that Li Tojin, the lender of the progressive party, has been assassinated, and that Lisaikio, a prominent member of the same party, has been poisoned. A third says that besides the anti-foreign party, various other combinations have been formed, that the struggle between them is very threatening, and the King is unable to repress it. In the multiplicity of rumors which are current it is difficult to ascertain the exact truth with regard to the situation, but there can be no doubt that Corea is much agitated, as a result of the proposal to throw her open to foreign intercourse, and it reminds us very forcibly of the condition of our own country some 20 years ago, when the American squadron came to Yedo and demanded the opening of the port for trade. In the result, we were compelled to sign a treaty conceding the demand, notwithstanding the outcry there was throughout the country for the expulsion of the foreigners, who took advantage of our helplessness to promote their own interests. When we think of this we feel our blood rising. The action of foreigners then was precisely akin to that of stealing the property of others after setting fire to their houses. And if the wicked foreigners will only take the trouble to think of their moral principles, they will probably think as we do. Our country has been the first to hold intercourse with Corea, but not for the purposes of aggression-simply to promote the benefit of commerce by uniting ourselves with her as closely as one wheel of a carriage is to another. Should it be, however, that our intercourse with Corea proves the cause of the perturbation in that country, and her tranquility is endangered thereby, we must "endeavor to mitigate her woes." But though we be actuated by a feeling of friendship towards her, we must not interfere with her affairs without good ground, and if we attempt it we shall only evoke suspicion and hatred, besides failing in our object and involving our own country in trouble. We must, therefore, wait until the Corean officials ask our assistance in earnest. Still it is the duty of our Government to do everything it its power to protect our countrymen in Corea against any dangers likely to arise from an open revolt of the anti-foreign party. And if we are at all incautious in the steps we take, we may only provoke danger; so that the situation is fraught with difficulty.

From the *Choya Shimbun:* -

THE Corean Government have applied to Japan for the services of a water-mill wheelwright, to instruct their native workmen in this branch of industry.

IT having been decided to open Ninsen harbor, in Corea, the distance between the capital and Keishodo, where the port is situate has been measured, and proves to be *Tori*, which is equal to the distance between Tokio and Yokohama. The distance from Fusan to the Manchuria boundary is said to be 255 *ri*.

IT is said that the Korean Government will again send Kinboshu as ambassador to Japan. It will be remembered that he came here in that capacity in August last.

A REPORT from Corea says that the anti-foreign party in the capital are exercising a potent influence. Their leader, Li Mansong a native of Chinsei province, though a very old man, is a very determined fellow, and is daily to be seen with an axe (denoting a warlike intent), before the gate of the castle, clamouring for national seclusion. The party numbers over 1,000 people, and has been made all the more powerful by the adhesion of Tainkun, the uncle of the Corean King.

A LETTER from Fusan, Corea, says that trade is getting very dull, and that the Corean currency is consequently advanced in value, much to the dissatisfaction of Japanese merchants. That is owing to the depreciation of *kinsatsu*. Many of the smaller traders have gone away, and several houses are left unoccupied. Should that state of things continue till next autumn, the poverty will increase. Nevertheless, the inhabitants of Taishu, Nagasaki, Hiroshima and Fukuoka, are constantly arriving to start in business.

ON the 22nd ult. a sailing vessel was launched at Fusan, and named *Johsi Maru*.

Though a Japanese name has been given to it, it belongs to a Corean, and was ordered in Osaka when the last Corean Ambassador came here. Another barque which was sold to the Coreans some time since was running in the Inland Sea, but her hull was damaged, and she is therefore put out of service.

IN Corea a large number of the adherents of Confucianism have united to form an anti-progressive party, and public opinion is growing in favor of closing the port. The excitement in the capital is great, and the king is much alarmed. Li-tojin who, during his stay in Japan studied the advantages of foreign intercourse, and who was supposed to be the leader of the progressive party, has been assassinated, and another notable has been poisoned. A priest has been sent here to ask assistance in behalf of the progressive party, not to convey, as has been stated, a communication to the Chinese Legation in Tokio. We hear on good authority that this priest has already arrived, and is living somewhere round Asakusa.

THE Corean notables who are visiting this country came privately to inspect the manufacturing establishments. They will first visit the mint, arsenal, paper mills, and sulphuric acid manufactory at Osaka.

A LETTER from Gensanshin, Corea, says that hunting is becoming very popular there, on Sundays especially the report of the gun being heard very frequently in the mountainous regions. The Coreans are very much annoyed at it, and a short time ago when a Japanese police officer was returning from hunting he was attacked by a number of Coreans and struck on the head. He then attempted to shoot them, but they would not give him time, as they were soon out of sight. He represented the matter immediately afterwards to the authorities, and his assailants were arrested and imprisoned.

WE take the following from the *Osaka Shimpo*: -The Corean notables and their suite of thirty-four followers, who were on their journey to Japan to inspect her institutions with the view of introducing improvements in their own country, have been recalled by the king. As soon as they had left the capital, after defeating the opposition of the bigoted anti-foreign party, the latter expostulated with the king, and contended that the travelers would bring back with them to Corea such barbarities as the telegraph, railway, notions of popular rights, and ill-devised schemes, which would bring speedy ruin upon the country, or else Corea might be "swallowed up" by Japan. Whereupon the king ordered the travellers to return, and accordingly those who had reached Nagasaki left for home by the steamer *Chitose Maru*.

THE latest report from Corea says that Li Mansong, the leader of the anti-foreign party, has forwarded a memorial to the throne, which consists of eight large sheets of paper. He condemns the "Policy for Corea" written by a Chinaman as tending to introduce innovations which would prejudice Corea and favor Japan and America.

A CORRESPONDENT writes us from Gensanshin, Corea, under date of April 14th, that there is now no ice in the harbor, and the weather is getting warmer day by day. Since the S. S. *Tagonoura Maru* left, trade has become very dull, and everything seems to be at a standstill. This is greatly owing to some four or five Corean merchants having obtained commercial monopolies from their Government, and the New Year's holidays, which were being kept in the old style. In consequence of this, duties have been imposed on all imported articles. Thus 80 *mon* was levied on each *tan* of shirting. The Japanese merchants have requested the Consul to remonstrate with the Corean Government to get the duties abolished; but without avail. Fortunately, however, the governor of the locality has been replaced by a new officer, who is not so rigorous, and as the weather is improving, the natives bring their articles to market for sale. Beans, though not officially permitted, are, nevertheless, exported. The Coreans sell them in the night for fear of arrest. On the 20th ult., the *Iwaki Kan* had arrived, after some delay, caused by a severe gale. She stayed two weeks and then left for Fusan. Previous to her departure, the officials got up a boat race amongst the crew, after which the Consul and principal merchants were invited to dinner on board the ship, the saloon being very tastefully decorated, and at night clusters of red lanterns were suspended from the masts and rigging, and the seaboard of a small island a little way from the harbor was illuminated by lanterns, the words "open the port" being formed of shells and conspicuously presented. The Coreans seemed to be greatly surprised.

THE following intelligence comes from Corea: -Since January last a certain Confucianist collected about 2,000 men in a place called Chorio, which is situated between the Chusei province and the capital, when they resolved to forward a memorial to the Government opposing the opening of Nisen harbor, and making various suggestions as to domestic policy. They circulated the document and were preparing to proceed to the capital, when the Government, receiving information of their intention, despatched some of the chief officials to pacify them, which they succeeded in doing. Another anti-progressive party, however, numbering over 800 persons, and led by an old man named Li Mansong, presented a memorial, the principal points of which were: -The seclusion of Nisen harbor, the divestment of the power of Binshi (a high official), the stoppage of foreign intercourse, and the abrogation of the numerous reforms which had been effected in Government affairs and military matters since the first Corean ambassador had returned from Japan. This old man sat for seven days in front of the entrance to the king's castle. On reading the memorial the king was exceedingly vexed and rent his garments, and said that though it was the ordinary way for his subjects to discuss matters relating to domestic policy, yet it was unpardonable to talk about matters connected with foreign powers, and that any person who memorialized the throne on such subjects again would be condemned to capital punishment. Binshi is said to have pacified the instigator of the party with a bribe. But there was again a demonstration by the other party who intended petitioning the king on the same subjects, but the leader was arrested and sent into exile, and thus the excitement was brought to an end. Subsequently it was rumored that both parties had coalesced and threatened to burn down the Japanese Legation, the officials of which took measures to defend themselves.

[Anlage 3 zum № 8.]

I. 305.
Aus der Japan Herald Mail Summary.
vom 26. Mai 1881.
Korea.

Cottons are the chief imports at Fusan and Gensanshin in Korea. These goods chiefly arrive at Nagasaki from Shanghai, and are there put on board the steamer for Korea without paying duty. The Korean market was overstocked lately, and large quantities of cottons were returned to Nagasaki, and the Japanese owners had then to pay duty on them.

SHORTLY after the arrival of the Corean notables at Kobe, the Governor visited them in the hotel, when a long conversation took place on the subject of commerce between Japan and Corea. The following day the Coreans left for Osaka, where the principal merchants entertained them, and they inspected the arsenal, indigo factory, mint, shipbuilding yard, school, hospital, &c.

ITEMS FROM THE NATIVE PAPERS.

WE hear that when the Korean visitors arrive in Kobe they will inspect the Hiogo Engineering Works, and then go on to Osaka by train. In that city they will be taken over the Government Offices, Mint, Castle, and other principal objects of interest. The party is expected here by the 10th of next month.

THE Corean notables on arriving in Osaka visited the garrison, and witnessed a review of the troops, much to their martial enlightenment. At Kioto they visited the porcelain, silk, and other factories, accompanied by an attaché of the Foreign Department. When invited to visit the old palace they refused, remarking that they had no state dress (though one of them had borrowed an old dress suit without any buttons on it) and they considered it impious to go in ordinary dress. Their meals cost as much as 7 and 8 *sen* each, and when they visited the Exhibition, so carefully do they husband their resurces, that they did not buy a single article amongst them. -*Hochi Shimbun.*

A large party of Corean nobles and officials of various rank, numbering about sixty in all, arrived here a few days ago in a Japanese steamer, and after a short stay proceeded North. Their visit to this country is ostensibly for the purpose of acquiring general information respecting the outside world, which knowledge, upon their return, is to be laid before their Government, by whose instructions they have undertaken their present journey. -*Rising Sun and Nagasaki Express.*

A TELEGRAM has been received to the effect that the Corean notables arrived at Kobe by the *Annei maru* on the 13th inst.

We have received the following information from a correspondent in Fusan, Korea: -Ri Tonin, a priest, and leader of the Liberal party in Korea, presented a memorial to the King praying for the establishment of a Grand Council, one of his principal arguments being that intercourse with foreign nations had now become of paramount importance. This memorial was sent in almost immediately after the return of Ri Tonin from Japan. Daiin-Kun, the King's father, and several prominent leaders of the Conservative or anti-foreign party, bitterly opposed the scheme, but Ri Saikio, a son of Ri Saio, the Prime Minister, got the support of his father to the project and the Conservatives were defeated. The Council was then established, Ri Saio being appointed president, with Ri Tonin as his principal adviser. Unfortunately the Conservatives managed to poison Ri Saikio in February last, which was a great blow to the Liberals; in fact they are without an able leader, ias Ri Tonin was murdered in the same cowardly manner the following month.

The Conservatives have thus managed to secure the ascendancy. Bufu, a priest known also as Asano Kanji, joined the Liberals, but fled to Jadan when the leaders were poisoned, Ri Hakugioku, who when in Japan last December called himself Rengu, has burnt all the records of his visit and concealed himself in the capital considering that his countrymen are not yet sufficiently advanced to favour foreign intercourse.

Among the Koreans of high rank who lately arrived in Kobe are two belonging to the Liberal party; -Gio Inchiu, aged about 34 years, and Kio Yeichoku, about 27 years of age; all the others are Conservatives. Gio Inchiu and Kio Yeichoku wished to visit Japan before the others, with whom they are not on friendly terms, but circumstances compelled them to join their opponents. It appears that Bin Yeikoku, a younger brother of the Korean Queen, was anxious to go to Japan with those Liberals, and it had been arranged that they should wait for him near Fusan. They lost their passage by the *Annei-maru* and paid one thousand yen compensation to the steamship company through waiting for the Prince, who was recalled by the King at the solicitation of the Queen, after he had got about half way to Fusan. Thus they had to accompany the Conservatives.

Here is a story which shows the unpleasant feeling existing between the Liberals and Conservatives in Korea. When Mr. Kondo, our Consul, waited on the party who recently arrived here, Chin Sagaku covered his eyes with his hand. Mr. Kondo asked him what was the matter, because if he were ill a doctor would be sent for. Gio Inchiu remarked that when Chin washed his eyes in the water of Japan and breathed the air of that country his sickness would soon pass away! At this Chin, who belongs to the Conservative party, became very angry, and asked Gio what he meant to convey. Gio replied: -"Although your eyes are clear and bright you are blind intellectually, but if you will learn the benefits derivable from civilization in Japan, your sickness (stupidity) will soon be cured, and though you lose your eyesight you will know everything."

60^a

Koreanische Schiffbrüchige weigern sich, auf einem Dampfschiff zu fahren.

281.

In der Peking-Zeitung vom 4. Juni 1881 (Kuangsü 7. Jhr. 5. Mt. 8. Tg.) wird ein Bericht des Gouverneurs von Fukien, Lê-fang-ch'i, mitgetheilt, welchem zufolge 7 Koreanische Schiffbrüchige, die im 10. Monat des vergangenen Jahres (November 1880) nach Fuchon gebracht worden waren, und die der Gouverneur beabsichtigt hatte, im Frühling des laufenden Jahres ㄱ nach Shanghai und weiter nach dem Norden zu befördern, den betreffenden Chinesischen Behörden gegenüber erklärt haben: „es sei in ihrem Vaterlande Korea von der Regierung ein ausdrückliches Verbot erlaßen worden, mit Dampfschiffen zu reisen. Ein Verstoß gegen dieses Verbot solle unbarmherzig geahndet werden. Seitdem sie daher vernommen hätten, daß man sie mittels Dampfschiff nach Shanghai befördern wolle, hätten sie vor heftigem Weinen kaum noch Nahrung zu sich zu nehmen vermocht, und sie bäten nun dringend, daß man ihnen außerordentliche Gnade zu Theil werden laße."

Der Gouverneur hat daher beschloßen, die Schiffbrüchigen so, wie dies in früheren Zeiten die Regel gewesen sei, zu Lande nach Peking zu schicken, er kann sich indeßen nicht enthalten zu bemerken, daß in zwei früheren Fällen, in den Jahren 1876 und 1878, bereits Koreanische Schiffbrüchige von Fukien aus zu Wasser nach Peking befördert worden seien, „ohne daß daraus ein weiteres Unglück entstanden wäre"; er müsse daher annehmen, daß „das Verbot der Benutzung von Dampfschiffen in jenem Lande aus einer späteren Zeit herrühre."

Das Edikt auf diesen Bericht lautet nur: „Kenntniß genommen".

C. Arendt.

Peking-Zeitung vom 16. December 1881.

Der Gouverneur von Kirin, Ming-an, berichtet, daß er die Entdeckung gemacht hat, daß ein Paar Tausend Koreaner sich auf dem nördlichen Ufer des Tumen, also auf Chinesischem Gebiete, niedergelassen und daselbst, in einer spärlich von Chinesen selten besuchten Gegend, circa 20,000 Morgen Landes in Besitz genommen und urbar gemacht haben. Der Präfekt eines benachbarten Koreanischen Districtes hat den Leuten dazu förmlich Erlaubniß-Scheine ertheilt. Da indessen die „armen Bewohner des Koreanischen Landes auch zu den Kindern Sr. M. des Kaisers gehören", so würde es dem Bericht=Erstatter hart erscheinen, sie mit Gewalt zu vertreiben, er schlägt vielmehr vor, sie als Chinesische Colonisten zu betrachten, und sie für je 10 Morgen zunächst 2,100 Cash „Besitz=Ergreifungs=Steuer", und eine jährliche Grundsteuer von 660 Cash für je 10 Morgen entrichten zu lassen. Statt in Gelde sollen di [sic.] in Ochsen entrichtet werden können, welche Ochsen ja für die Colonisations=Arbeiten in Kirin gleich verwendet werden können. Die von den Koreanischen Beamten unrechtmäßiger Weise ausgestellten Bescheinigungen müssen natürlich eingefordert und vernichtet werden.

Der Antrag wird durch Kaiserliches Edikt dem betreffenden Ministerium zur Begutachtung überwiesen.

C. Arendt.

NOTIFICATION.

To *Shi*, *Fu*, and *Ken*.

Some time ago our ship the *Unyo-kan* coasted round the eastern and southern shores of Corea. She was then further proceeding along the western coast in the direction of Newchwang in China, and in the course of her voyage was passing the neighbourhood of the Corean island of Kôkwa on the 20th ultimo when she was suddenly fired upon by the Coreans. Our men were landing to inquire the reason of this, when a hot fire was opened upon them which the ship was obliged to return. The next day a landing was made, the fort was captured, and its armament seized. Two of our men have been wounded. The ship has returned to Nagasaki. The above intelligence having been received by telegraph it is herewith communicated for your information.

(Signed)

SANJO SANKYOSHI.

Daijodaijin.

October 3, 1875.

Mit Bezugnahme auf den Bericht No ⎯ d.d. Yokohama habe ich die Ehre zu Euerer Excellenz Kenntniß zu bringen, daß am 28ten v. Mts. von Shanghai die ersten Nachrichten über die amerikanische Expedition nach Corea hier eingetroffen sind.

In der Beilage erlaube ich mir E. E. in einem Ausschnitte aus einer Shanghaier Zeitung ausführliche Details über die Bewegungen der Expedition in Corea und den stattgehabten Kampf zu unterbreiten und beizufügen, daß diese Zeitungsnotiz größtentheils auf den Mittheilungen eines Kapitains Boswell, der als Courier der Depeschen vom beim amerik. Geschwader sich befindlichen amerik. Gesandten Herrn Low und um in Shanghai für die Fremden einen Transport-Dampfer zu chartern über Chefoo am 8. Juni in Shanghai ankam, beruht und als correct angenommen werden kann.

Ich werde nicht ermangeln auch über den weiteren Verlauf der Dinge E. E. nach Thunlichkeit Bericht zu erstatten.

[1 Anlage]

[Anlage zu Abschrift. 2]

NARRATIVE

OF THE

U. S. Expedition to the Corea.

1871

Reprinted, with important additions, from the
"Shanghai Evening Courier."

THE COREA.

THE COREA.

A FEW weeks ago a writer in the *Cycle* sarcastically remarked that "almost the only thing that late years have taught us about Corea is that its inhabitants entertain a not unnatural objection to the practice of rifling the graves of their deceased princes."

The remark is hardly fair, as we have certainly learned also that the Coreans were equally disposed to object to treat with humanity the shipwrecked sailors whom accident brought to their coasts. Now, though we have the greatest respect for the rights of nations and are conscious of a proclivity to what Prince Bismarck calls "particularism," we are assured that barbarism must not be allowed to defy civilization. It is on this account that we regretted the French repulse in 1865, and that we rejoiced when we learned that the United States government resolved to dispatch a squadron to Corea this year. We last night presented our readers with a very careful report of the first brush with the natives, and we have little or no doubt that our account was read with considerable interest.

The representatives of the American government appear to have acted with great tact and forbearance, and to have abstained from any proceedings which could be construed into an aggression. They proceeded with caution up the west coast, verifying the soundings and general observation of the French chart, and at last anchored in a bay inside Boisèe Island, which stands near mouth of an outlet of the river which leads to Seoul. Here a junk appeared with mandarins on board, who had a non-official interview with the U. S. interpreter. The Minister and Admiral very properly refused to see these unaccredited personages, but they were informed that the objects of the expedition were emphatically peaceful. The officials may or may not have had a definite idea of what the scientific motives of the Western folks were, but they could at all event understand the promise that no harm was intended, and that the war ships would not open fire under any pretext unless they were fired on first. Having said this the Admiral had said all that he could say, and by this distinct avowal he placed himself in the right. These declarations were made again to a second party of mandarins, "apparently men of some standing," but not, as we imagine, furnished with proper credentials, and on the faith of these pacific promises (having previously notified their intention to survey up river, and allowed two days to elapse during which they received no intimation of any objection to their doing so) the *Monocacy* and *Palos* got under weigh, and proceeded with four steam launches up the Salt River. What followed was to be anticipated. The Coreans, with the faithlessness of the barbarian, opened fire on the U. S. flotilla. The account given of the fire makes us wonder that heavier losses were not sustained by the launches; but this is probably to be explained by the fact that the guns were pointed in true Chinese fashion, at one particular mark, and only did damage when an object interposed between the immovable muzzles of the guns and the mark on the opposite side of the river, the temporary concealment of which was to be the signal for firing.

As it is, the Coreans have put themselves in the wrong. We are not anxious for loss of life, and we object to a "high-handed," though we land a "firm," policy. In this case, however, the good of civilized world must come before the good of a horde of semi-savages, even though their system has held out for 4,000 years. The chances are that it has done nothing of the kind, but if it has, we have very high authority for believing that institutions which decay and wax old are ready to vanish away; and we have every hope that before long those "decent, grave and reverend" Coreans, of whom the *Cycle* speaks with such respect, may learn the propriety of abandoning the practice of wrecking, and the wisdom of not opening fire on peaceable visitors.

We see with satisfaction that the measures taken by the U. S. Admiral show that he is as cautious as he is vigorous, and we have every confidence that he will achieve his objects with as little expenditure of blood and money as he can. The Coreans are probably not very formidable in the open field to such soldiers and sailors as the *Colorado* carries, but war in a strange country is always beset with difficulties, and the U. S. Commander is quite right to take every care to avoid the possibility of a repetition of the French disaster.

THE U. S. EXPEDITION TO THE COREA.

THROUGH the kindness of various members of the U. S. Naval and Civil Service, we are enabled to present our readers with a full and authentic account of the progress of the Expedition, up to the time when the dispatch boat *Palos* left (On the 3rd instant,) for Chefoo, whence the S. S. N. S. *Munchu* brought her advices and some members of the Expedition on to Shanghai of the 8th inst.

The U. S. squadron having left Nagasaki on the 16th May, arrived at Ferrier's Islands at the southern point of the Corean peninsula, on the 18th. Proceeding cautiously up the west coast, carefully verifying the soundings and general observations of the French chart, (which, so far as the Expedition has gone have been found remarkably correct), they arrived in Jerome Gulf on the 20th. From this point commenced a thorough survey of the channels between the various islands which stand the coast northwards, which occupied nine days, so that it was the 29th May when the squadron came to a rendezvous in a bay inside of what appears in the French chart as Boisèe (Woody) Island, which affords capital anchorage. This island stands, as will be seen by reference to the chart, near the month of that outlet of the river leading to the capital, Seoul, which at the N. E. corner of Kanghoa Island turns sharp south from the previous N. W. course of the river, and is marked on the French chart as Fleuve de Sel, (Salt River). Boisèe anchorage is distant from Sèoul about 60 miles by water, and 25 miles by land.

It is to be presumed that, as Mr. Low the U. S. Minister had, before leaving Peking, given the Chinese government full information as to the intended Expedition and its objects, the Coreans must have been on the look-out for the arrival of the squadron. Besides, the twelve days spent in advancing from Ferrier's island to Boisèe Island afforded the Corean authorities ample notice of their approach. It was, therefore, no matter of surprise when, shortly after coming to anchor, a junk with three official-looking persons on board came within hail of the *Colorado* (flag-ship), and those on board raised a shout and displayed a letter. In response, a boat's crew conveyed Mr. Commissioner Drew (who it will be remembered went as one of the interpreters of the Expedition) on board the junk. The three officials handed him the letter, and, as they as once began to talk in Chinese, the conversation was carried on without difficulty.

The Three officials represented themselves as sent by the King of Corea to ascertain the nature and objects of such a squadron. Mr. Drew said that they could best ascertain these by coming on board, the flag-ship, and having invited them to do so he returned to the *Colorado*.

The three officials went on board. But as the letter they brought was written by themselves, and merely said that they were from the King to, make enquiries; as they had no credentials, nothing to indicate their rank, nothing even to show that they came from the King, the Minister and Admiral alike declined to see them, directing the interpreters to inform them that the Minister and Admiral would treat only with some high officer bearing proper credentials as the King's plenipotentiary. The interpreters were also directed to inform them that their mission was peaceable and friendly; that they would take nothing and hurt no one; would not even land; that though they came with such a strong armament they would not fire a shot unless they were first fired at. Their desire was to reach the capital, with the view of establishing friendly relations with the Government. With this view they would sent out a party to survey the river in the direction of Sèoul. But in order to give the officials ample time to apprise all the people of the neighbourhood of their peaceable intentions, they would delay the survey for two days. (As the squadron advanced up the coast they had observed the country people as if panic-stricken driving their cattle from the sea-board into the interior). The officials professed themselves greatly relieved and delighted by these peaceful professions, and made no objection to the proposed survey.

Next day, May 31st, a party of 8 Coreans, apparently men of some standding, came on board the flag ship and remained fully two hours. They were shown all over the ship, and inspected wistfully her powerful armament. They were very social and communicative, told the name of the king; explained their form of government, and the nature and mode of their commerce with the Chinese. They also were told of the intended survey of the channel up to the capital, and were asked to let the friendly character of the expedition be generally known. They seemed perfectly satisfied, departing with many friendly assurances.

All, therefore, seemed tranquil and satisfactory, and at 12 o'clock on the 1st June, the *Monocacy* and *Palos*, commanded respectively by Commander Macrea and Lieut. Comr. Rochurel, preceded by four steam launches placed in charge of Lieut. Comr. Chester, Lieuts. Meade and Potten and Master Schroeders, got under weigh to survey the "Salt River" up to the sharp bend where it leaves the main river to Sèoul. It was flood tide. The four launches went in line some hundred yards ahead taking soundings, and hoisting signals indicating their water to the gun-boats behind. In one of the launches was Capt. Boswell, the local pilot of the expedition, and in the *Palos* Mr. Cowles, joint interpreter with Mr. Drew. The launches had each a 12 pounder Dahlgren brass howitzer on the bow. The party all told was about 150 strong. The command of the party was given to Captain Blake of the *Alaska*, with instructions to use every effort to execute his survey in a peaceful manner and on no account to resort to force unless he was attacked, in which case he was directed to use his means of defence and destroy the attacking force. About four miles above the anchorage they passed a fort on a small island close to the channel on the west side. Three miles further up on the sharp head land which forms the S. E. corner of Kanghoa Island, there was another fort commanding the channel. Both these forts were built of stone, and have been erected since the French expedition of 1866. As will be seen by the communication of a correspondent, printed below, there were numerous other ports, but apparently unoccupied.

From this point upwards the channel narrowed to about 300 yards between the mainland of Corea on the east, and Kanghoa Island on the west, the current being deep and strong. Above 2 miles above the last named fort is a place marked on the French Chart "Difficult passage." Here a peninsula about 150 feet high projects in the form of a horse-shoe into the river, while from its base a shoal ledge of rocks runs nearly half way across the stream. Correspondent's letter below gives a vivid idea of the dangerous character of this part of the passage. As the launches approached this place it was observed that at a height of about 100 feet above the river there was a crenelated wall, from embrasures in which were seen the muzzles of from 60 to 70 guns. Above this battery the hill narrowed as it rose till it ended in a flat circular top, about 40 feet in diameter. Encircling the top there ran a wall about 6 feet high, an awning over the top of which transformed the place into a tent, from the centre of which rose a pole on which was floating a large yellow flag, the characters on which were interpreted to mean "The Commander-in-Chief." Between this tent and the battery below, were observed large numbers of soldiers bearing matchlocks, and displaying an immense array of flags. At a moderate estimate there were not less than 2,000, and the demonstration seemed intended to induce the surveying party to retire. This place of arms is marked on the French chart as the "Fort du Conde."

The launches, however, steamed on, and as they began to sweep round the bend of the river caused by the projection of the peninsula, they observed on the mainland on their right, a bold bluff in the lower corner of the bend, crowned by a small fort, so situated that its fire would converge with that from the battery of the Fort du Conde. They had scarce noted this ominous fact, when the report of a gun was heard from the commander's tent on the hill top. It was a signal gun. Next moment fire was opened on the U. S. flotilla from the mainland and island almost simultaneously. The cannon seemed to be the old fashioned long 24 pounders, and wall pieces or short carronades carrying balls of six or eight lbs., or so. Half a dozen of these latter seemed to be fixed side by side on a log of wood and from the simultaneousness of their discharge appeared to have a common touch hole. They rose in tiers upwards, one behind another till the place looked like an Arsenal Yard. After the first startled surprise, a sensation of eager enthusiasm took possession of the surveying party. We ought to have mentioned that, as the launch of the Benicia was prosecuting her soundings, soon after leaving the anchorage, her lead line got entangled somehow with her screw, and before it could be got clear she was four or five miles behind. There were thus only three launches within range when the Coreans opened fire. They were about 200 yards from the island battery, and only 100 from the one on the mainland. It seemed as if they must be at once cut to pieces. But saucily they turned their stems to the Fort du Conde, and quick as thought their shells began to play on the hill side from the battery up to the tent. The *Palos* and *Monocacy* had difficulty in coming into position on the flood tide, but only a minute or two elapsed when the 24 pounders of the one, and 8 inch shells of the other, were seen tearing vast rents in the wall of the battery, and the flames and smoke of their explosion inside came rolling out. For ten minutes only the struggle lasted, and then both forts were silent. But from the peculiar style in which the Corean guns were lashed together and fired, the fire while it lasted was so rapid that the water was dented with the shot as if a gigantic hail shower had been falling. Captain Blake declared that, though he had his vessel sunk under him in the late war with the South, he never witnessed such a tremendous fire. And yet strange to say, the casualties of the surveying party was *one man wounded*, apparently by a gingall ball in the back of the head and shoulder-a painful wound but by no means dangerous. Another got his fingers accidentally jammed by the recoil of his own gun. The fact seems to be that the Corean guns were fixed to sweep a certain point, and the launches not happening to pass at that particular spot, escaped almost unseathed. When the smoke cleared away not a Corean was to be seen, and their hundreds of tawdry pennons had disappeared, though the yellow flag still floated over the Commander's pavilion.

The *Monocacy* sustained some damage, though not from the enemy. As she faced round to get her guns to bear on the Coreans, her steering gear got out of control, and she was drifted by the flood tide against the edge of the ledge of rocks mentioned above as running out from the base of the peninsula. Grazing along this, some damage was done to her plates and she began to leak. But a little temporary arrangement soon made her water-tight, and she followed the *Palos* and the three launches up to the northern side of the peninsula hill where they anchored.

Much interest was how felt as to what Ensign Schroeders who was in charge of the *Benicia's* launch would do. Would he turn back when he saw the fight? or would he dare alone to run the gauntlet of the two forts? Most people thought the former. But they had not got their anchors down many minutes when the doubt was resolved. Schroeders had resolved to pass, and the Coreans, seeing the tiny craft approach, plucked up the courage which the shells had so sadly shattered, and again stood to their guns, and the rapid Bang! Bang! told his comrades what was happening. But the *Benicia* boys were not content to merely run the gauntlet. Schroeders ordered the launch to be swung round till her howitzer bore on Fort du Conde, and giving the Coreans another taste of shell, be passed up and joined his comrades above, with the launch hit in many places by shot, but no serious damage, and not one man scratched!

At 3. 50 pm., the party weighed anchor, and proceeded down stream. Not a Corean was to be seen, and they had leisure to observe more carefully the various features of the scene above described. Without further incident they reached the anchorage and reported what had occurred to the Admiral. The latter expressed his great satisfaction with the manner in which they had conducted themselves, and especially complimented Ensign Schroeders on the singular courage he had displayed. About six p. m. a general order from the Admiral directed the squadron to have a landing party of 600 men and 8 field howitzers ready for action the following morning. But it would appear that on further consideration, Admiral Rogers saw reason to change his mind. The spring tides ten running made the navigation exceptionally difficult; the *Monocacy* needed some repairs; it was important that he and the Minister should both report what had occurred to their government, and that they should receive latest advices from home. What had happened made it unlikely that they could get either coals or other necessary stores in Corea, and it was possible that more lengthened operations might be necessary than were originally contemplated. For such reasons, at 9 p. m., the landing order for next day was countermanded, and the *Palos* was ordered to proceed to Chefoo with Capt. Boswell and others, with despatches for America and orders for the supply of coals and other stores. On the 3rd June the *Palos* left for Chefoo to which port she crossed in 28 hours.

During the 2nd June therefore everyone in the fleet was busy writing official of private letters giving accounts of what had occurred. While they were so occupied a letter was sent on board the flag-ship by the Coreans, which coming after the fight of the previous day, naturally excited the liveliest interest.

We have received a translation of the letter here referred to, but not being able to trace it to the official interpreters of the Expedition, we do not guarantee its accuracy. We give it, however, as it came into our possession:

Translation of a letter forwarded by the Coreans to Rear-Admiral John Rogers, commanding the U. S. Asiatic Squadron.

In the year 1868, a man of your nation whose name was Febiger came here, and communicated, and went away. Why cannot you do the same? In the year 1865, a people called the French came here, and we refer you to them for what happened. This people and kingdom have lived in the enjoyment of their own civilization four thousand years, and we want no other. We trouble no other nations. Why should they trouble us? Our country is in the furthest east, yours in the furthest west. For what purpose do you come so many thousand miles across the sea? Is it to enquire about the vessel destroyed (The *Gruerot Sheimanji*). Her men committed piracy and murder, and they were punished with death. Do you want our land? That cannot be. Do you want intercourse with us? That cannot be.

As to this letter, there are two passages which, lead us to doubt that it is the unassisted and unsophisticated production of a secluded people like the Coreans. We refer to what is said about the "civilization 4,000 years old," and the "piracy and murder" clause. Either the interpreters adapted their translation to Western ideas by using some freedom with their original-or, what is still more likely, the document had been sent on from Pekin in prospect of the arrival of the Expedition, and is the production of some Chinese official, *veneered* with national Law, or schooled by the subtleties of the Irish diplomatist.

Captain Boswell carried to Shanghai instructions to charter forth with the S. S. N. Co.'s iron steamer, *Millet*, capable of carrying over 500 tons on a very light draft, to take over to the fleet coal and other requisite stores, including we believe two rifled guns from the *Ashnelot*, now in Dock, for the *Monocacy*, which though pierced for 10 guns has only six. The *Millet* herself was to be armed with 4 howitzers, as she may probably be wanted to do transport duty. Al the U. S. Navy men, in Shanghai that can be spared are also ordered to the scene of operations; a welcome order no doubt, to them all. When, on the evening of the 1st June the Admiral's order went out to get ready a landing party, as related above, there was a perfect host of volunteers, and those who could not succeed in getting permission to be of the party, deeply deplored their evil fortune. Altogether, things wear a promising aspect and we hope, that now America is about to take her share in opening up the East to the peaceful and beneficent action of western civilization.

It was understood that the Palos would get back to Corea on the 9th, and that active operations would commence on the 10th.

A CORRESPONDENT, a member of the Expedition who came over to Chefoo in the

Palos

writes under date 5th June, as follows:

Leaving you on 8th May, we rendevoused at Nagasaki, and sailed thence on the 16th to the Golfe de l'Imperatrice on the central west coast of Corea. After for days' easy passage we made Ferrier's Islands, and worked our way, as fast as the fogs permitted, up to "Rose Roads." Thence surveying parties went northward examining the various passage up to L'Ile Boisée, where the French frigates lay in the expedition of 1866. Finding plenty of water and a good anchorage there, the rest of the fleet moved up to, Boisée on the 29th May. These three officials met us from the capital to whom it was explained that the expedition was of a friendly character, and that it was desirable that suitable officers should be sent from the Court to meet the high American Authorities. That a survey meanwhile would be pushed forward towards the mouth of the river Sèoul, leading to the capital, and that they had best reassure the people on the adjoining shores that our character was peaceable and our intentions friendly. In order that time might be allowed to make this information generally known, we agreed to delay our survey two days. This interval having elapsed, on the 1st June we proceeded with our survey. The surveying party started at noon. At 2 p. m. after passing numerous forte to left and right which showed no signs of life, we reached the "Fort du Conde" (so called in the French chart) on Kanghoa Island. Here the river's general north and south course is varied to turn an elbow of land jutting east from Kanghoa Island. Going up with a 5 know deed tide and 8 knots of steam, we were passing the lower cast and west reach of the elbow. The launches were on our port bow close in to the fort and keeping up their lines of sounding by which the *Palos & Monocacy* learned in what channel to follow them. Suddenly, at the signal of two pistol shots, the fort which girdled the hill at the extreme point of the elbow and faced down stream discharged 70 guns or more into our launches. How they lived through, it will ever be a mystery. They were repeatedly hit. The *Palos* also got several shots but nothing serious. The launches put their howitzers end on to the batteries and threw in 8 rounds. The gunboats trained their guns and sent shell into the works. The Coreans could not stand the 8-inch shell of the *Monocacy*, but fled out of the batteries girdling the breast of the hill, past head-quarters on the top of the hill, and over back into the brush-cover and ravines behind. They pulled up their innumerable small flags, but left the large one that floated over headquarters.

When fire opened, the American party were just entering a race or rapid off the east end of the Island where, ledges, eddies and the velocity of the tide (which here rises 30 feet) makes a passage reach more difficult then "Hell Gates" at New York. The tide swept the fleet rapidly past the batteries up the river and round to their rear. Here they anchored and leisurely shelled the batteries and ravines, where men was still observed.

The *Monocacy* had scratched a hole in one of her plates on a ledge during the firing and, while in the whirl of the tide. This caused the further survey to be postponed and we returned to the anchorage at Boisée. The *Monocacy* was soon patched as well as before and a new start will be made when we get back from Chefoo.

Only two men were wounded on our side during the fire. The forts appeared entirely deserted as we returned past there. It is thought our shell made as sad havoc among men as it did in their works where single shells sometimes brought down whole yards. All concerned showed great pluck and spirit. The launches instead of running into the whirl and so out of the fire, put their heads to the fort and drifted up river, firing as rapidly as possible. Just after the batteries on Kanghoa Island had opened and when 70 guns were quite enough to be pounding simultaneously at us, a small fort on the other side of the river opened. The *Palos* was nearest that side but so wretched was their practice that she did not receive a single shot.

The country looks better as you get further in to the mainland, and though more hilly than Fohkien, is not so barren as it has been represented. All are clothed, some in blue, some in white, mostly the latter. Two men from the northern frontiers wore our cottons, which they had bought at the fairs which occur every four months there. But few junks have been seen. Fishing weirs are plenty. The tides rise from 18 to 19 feet. The French charts are in the main correct. Pilots say that *eventually* the ship channel will be more direct than that of the French-*i. e.* direct in from the sea to "Round Island," below Boisée, but we have had as yet no intercourse with the natives. The people are probably not ill-disposed to us on their own account.

The Japan Gazette.
Tokei and Yokohama, Monday, January 25th, 1875

The Revolution in Corea.

To the Editor of the

NORTH-CHINA DAILY NEWS.

DEAR SIR, -As you were good enough to accept and publish my first letter, I am indured to give you some further information on Corea, feeling assured that it will interest most of your readers. I would first, however, with your permission, rectify some errors which appeared in a letter published by you last April. Your correspondent, unintentionally no doubt, misled you in some particulars, which, as they are matters of history, it is necessary to put right.

1st. -The Queen (dowager), whose party has just triumphed, is not only not a Christian, but is inimical to Christians, she being the mother of the King who, in 1839, instigated the persecution in consequence of which a French Bishop and two Catholic priests, with a great number of native Christians, were murdered. This Queen's family have always been systematically opposed to the propagation of the Christian religion.

2nd. -This same Queen, named Tcho-taipi, adopted the King then actually reigning. Your correspondent says in error, that the widow of the last King (who died comparatively young) did so. This is really what I notice in a book lately published in Paris by the Catholic Missionaries from Corea: -(*) "Notre jeune roi, Tchiel-tjong, est mort le 15 Janvier, 1864, après un régne de quatorze ans et à sa mort une révolution de palais a fait passer le pouvoir dans les mains d'une famille qui avait toujours été très-hostile aux Chrétiens. Quand Tchiel-tjong avait été appelé au trône en 1849 à l'age de 19 ans, les grands mandarins qui allèrent le saluer roi dans son exil à Kanghoa, le trouvèrent avec des vêtements couverts d'ordures, les mains cales, le visage tout barbouillé du jus d'un melon qu'il mangeait à belles dents. On le leva et on l'amena à la capitale. Installé dans son palais et reconnu pour roi, il n's pas fait de mal au peuple, car il n'a rien fait. Sa famille (? femme) Kim a toujours eu l´autorité en main, elle a disposé de to it comme elle a voulu, le roi a signé les décrets qu´on lui a présentés, souvent même sans le savoir, car il était constamment ivre. Chaque jour il avalait une grande cruche de vin ; des centaines de femmes étaient là pour l´occuper le reste du temps.[2]

The King always names, or is supposed to name, one of his children (if there be any) his successor, the eldest being ordinarily chosen. When he has no children, he chooses amongst his nearest relatives. The throne passes by the delivery of the Royal Seal, which is immediately received by the King elect, if of age. If not, the Seal, and therefore the Regency, is confided to the Queen chosen by the dying monarch, who generally selects the first of his wives. Now, the King Tchiel-tjong, died on 15th January, 1864 without issue, and did not name a successor. There were then three widow queens in the Royal Palace of Corea, namely: -1st, Queen Tcho, wife of Tkjong, mother of Hen-tjong; 2nd, Queen Hong, wife of Hen-tjong; and 3rd, Queen Kim, wife of Tchiel-tjong. Queen Tcho took violent possession of the seal, and thereby became Regent of the kingdom. Although she had a nephew, aged 20, by name Tcho-seung-ha, who, as we shall see, was concerned in the revolution of 1873, the Regency would not put [sic.] on the throne, because according to the law of the country, a king must belong to the Ni family; and she thereupon chose No-miong-pokei, a child of 12 years, second son of Prince Ni-keung-soung Konu (Regent), as related, with the result, in my previous communication.

3rd. -The changes in the Government of 1873 were not caused in any way by the troubles with Japan. There is no Japanese party in Corea, and when the Revolution occurred, there was not the slightest fear of war with that nation.

4th. -With regard to the cheerful hopes engendered by the news from Corea, they are the birth of your April correspondent's vivid imagination; for you will learn by the following particulars, that the kingdom of Corea has positively not gained anything by the Revolution, but that the poor people have fallen from Charybdis into Seylla, and Corea remained closed as before, to Catholic missionaries as well as to European merchants. For this long, but necessary preamble, I must ask you kindly to bear with me. Let us pass on to the news on the state of the country.

§ 1st-*Revolution of November*, 1873.

The unsuccessful American expedition, as before sail, only increased the power and dread of the Regent-whose will was become the only law in the kingdom-where every head bowed before him. Yet the spirit of opposition against the tyranny and oppression of the Ruler and his creatures, grew with the sufferings of the people and the humiliations of the nobility. One noble in particular, Tcho-seng-ha, real nephew of Queen Tcho, loudly protested against the iniquitous acts of the [sic.], and the Regent determined to get rid of him, as he had done with many others. In November, 1873, everything was ready for this purpose, but Tcho-seng-ha, being warned of the danger which he ran, sheltered himself with his Aunt in the Royal Palace. This lady (Queen Tcho), had long been grieving over the miserable state of the kingdom, and did not of course forgive the Regent for usurping the throne as he had. Believing the time had arrived for turning the tables upon him, she prepared three cups of rice, with a good dose of poison in each, and then, having invited the Regent and her nephew, she addressed them somewhat to this effect: - "Everything is going to the bad, and the country suffers. I know that you and my nephew do not get on well together; that you, Regent, have all prepared for his death. It is better for all three of us to die; and I have, therefore, procured three poisoned rice cups, which we had better swallow in turn. If, however, I ate first, the Regent might object to follow my example. He must, therefore, begin, or make peace with my nephew, &c., &c." Rather than take the medicine, the Regent made all the promises demanded of him, and the old Queen then dismissed them. Tcho-seng-ha was thus saved, but the Regent was all-powerful, and could any day place him under arrest, or have him assassinated. His rival felt anything but secure, and therefore did his best to overturn his adversary. He arranged with two high nobles to present a petition to the King. One was a great Mandarin named Tchon-Tkyen-i, the other with the title of Doctor, named Hong-si-yen. These were promised his protection, and his aunt's also, in case of non-success. So the two nobles wrote out the petition, describing the miseries of the people owing to the Regent's maladministration, and proposing urgent changes. The reforms principally required were eight in number, as follow, viz.: -

1st. -The suppression of arbitrary taxes. When the Regent was hard up he made a demand on the first noble of citizen for 1,000 5,000 or 10,000 *teaous* (about ten *teaous* to a *tael*), as the case might be, which demand must be complied with at once, by selling lands, houses, and being reduced to beggary.

2nd. -Reduction of land taxes, which had been considerably increased by the Regent.

3rd. -Suppression of all the taxes imposed by the Regent, on goods and animals entering the Capital.

4th. -Prohibition of Chinese *cash*, in which a large business was done since the Regency. The Chinese *cash* was allowed to become current, although its intrinsic value was at least one-third less than the Corean *cash*, and as the importation was on a large scale, nearly everything useful became dearer.

5th. -Re-establishment of the worship and honours due to departed great men.

6th. -Equal rights, for gentry and peasants, in the acquisition of dignities.

7th. -Restoration of the old laws for the regulation of soldiers. Instead of receiving

Government pay under the Regent's administration, the soldier had to pay yearly a certain sum as service money, and was allowed to extort, by the greatest violence, all that he could from the poor people. As for many reasons the number of satellites had got smaller, the service money or impost was levied on the inhabitants of each district, including even the nobility, &c.

8th. -Power of life and death to be limited with the King. We have shown already how much value the Regent attached to the life of anyone who became objectionable to him, whether aristocrat or plebeian. Unfortunately the example set by their august master was followed by all the Mandarins, great and small, who all arrogated to themselves the power of life and death.

Now when the two nobles named before, supported as they felt themselves to be by the nephew of the old Queen, risked their lives by presenting the petition, the King, after accepting it, dismissed them, without a word. To assure himself as to the truth of the accusations against his father, he diagnosed himself, and surveyed his capital followed by a few guards. On every side he heard about the two nobles and their petition; the conduct of the Regent was blamed, and the people combined bitterly of the administration. In one of his walks, the King entering an inn, asked for a cup of rice, the price for which so frightened him that he requested to know the cause. "Why (was the reply,) where does the noble gentleman spring from, that he does not know, since the introduction of Chinese *cash*, everything is trebled in place."

From nine o'clock at night, when the bells toll as a signal to keep in, till two in the morning, no man is allowed to be abroad, except it be absolutely necessary, on pain of being heavily fined. The object of this police regulation is to enable the women to walk out freely. A little while after his run out, the young King felt inclined to make a night survey of his capital, and was arrested by the police. "What", said he, "do you mean by stopping a nobleman?" "It is the law," he is answered, "to arrest every man, noble or not," and although he offered ten, even one hundred *teaous*, not to be interfered with, the police would not let him go. As the matter began to look serious, the King called is followers, and made himself known, whereupon the patrol, fearing consequences, fell on their knees and *kowtowed*. Next day they were recompensed by a dinner and a present of one hundred *teaous*- (about a ten taels.)

Such incidents began to be noised abroad, and even the Regent was being moved by them, when the old Queen Tcho gave the final blow. Ever since the petition to the King, presented with her consent and under cover of her protection, Queen Tcho had retired to her palace, refusing to eat, and threatened to serve herself, so as to draw the King to her. One night two of her maidens were deploring the Queen's state, just as the King was passing by; and on his asking what they said, they pretended surprise, and throwing themselves before him, told him that Queen Tcho was dying for want of food. He at once went to the Queen, and said, "Why do you suffer?" "Never mind the cause, I must die." "Yet tell me why?" "Am I not the mother of my people, and does not a mother love her own? How can I live in the midst of the plaints and sufferings caused by the Regent?" On being invited to speak out clearly, the Queen only too gladly explained her grievances against the Regent, and when she had done, the King replied: "In future my father shall not govern, as I shall do so myself. Therefore rise and eat." All this was the doing of a few days only, during which the King had clearly seen the true state of things; and determining how to act, he called his father to him, and told him not to trouble himself any more with the government, as he meant to direct matters himself, forbidding his father also to leave the Palace. Having called the royal council together, as also the two petitioners, he addressed them as nearly as possible in the following words: "I have become King at an early age. The Regent has been managing matters beyond the Palace, whilst this has been the care of the Dowager Queens. Till now I have done nothing, and am unacquainted with matters-but I have become a man, and as my father, who governed for me, is old and fatigued, I must direct everything myself in future. You and all functionaries will help me with your strength and intelligence to govern wisely and justly." After the meeting of this great council, *the King was induced, under the influence of the Queen Tcho, Tcho seng-hâ and some high officials*, to change the principal men, exiling one great Minister, degrading another, and replacing nearly all the high and low Mandarins. The chief points of the petition were acceded to, and it was promised that in future no opposition would be made to the introduction of European goods, such as cottons, needles, &c. As to the soldiers, the tax or service money was no longer demanded, but they would only be paid as heretofore, on the days of exercise, five *cash* each; troops who are continually under arms, since the French expedition, to be paid monthly, and special instructors from the Capital appointed to teach them daily their drill.

You have now the most faithful explanation of this revolution, by which the Regent, odious as he had made himself to all Coreans, was displaced by others, who, not less than he, lived at the public expense. In my next letter I shall endeavor to communicate what I have been able to ascertain in October last (1874) as to the actual condition of Corea, and the results of the Revolution of November, 1873.

PHILO-CORMANUS.

Newchwang, 1st Dec., 1874.

[*sic.*] Wednesday, June 28, 1871

THE U. S EXPEDITION TO COREA.

The *Millet*, arrived this morning from the rendezvous of the U. S. naval squadron at Boisée Island, coast of Corea, has brought the eagerly expected intelligence of what action was taken by Admiral Rodgers after the treacherous attack made by the Coreans on his surveying part as described in our published account of the first despatches from the Expedition. The following particulars may be relied on as authentic.

A few days after the attack of the 1st June, the Corean sent a boat alongside the flag ship with cattle, sheep, eggs, vegetables, &c, and a message that as the foreigners had come a very long distance, they were probably in want of something to eat. The Admiral dictated a reply to the effect that as no apology had been made for their attack on peaceable and friendly visitors he must decline accepting their gifts. With this and its cargo the boat returned to those who sent it.

Having allowed the Government plenty of time to deliberate and to communicate with the provincial authorities, at length on the 10th June-10 days after the Coreans had attacked his party, Admiral Rodgers proceeded to inflict severe chastisement on them. At 10 a. m. on the date mentioned, the *Monocacy* and *Palos* with 4 steam launches left Boisée Island, and proceeded up the river Salée. There was a landing party of 650 men. Of these 105 rank and file marines with four officers, from the *Colorado*, *Alaska*, and *Benicia*, under the command of Capt. Tilton, were in ship's boats in tow of the *Palos* and *Monocacy*. The whole force was under the orders of Commander Blake. of the *Alaska*, Commanding in Chief.

It will be remembered that in our account of the advance of the surveying party up this river, we mentioned that there were several forts lower down than the peninsular citadel which opened fire on them. One of these was at the lower (S. E.) extremity of Kanghoa Island. When the party of the 10th got abreast of this, it opened fire on them, but was instantly silenced by the fire of the *Palos* and *Monocacy* under cover of which the boats with the Marines cast off, and pulled for the shore. They were equipped in light marching order, and had each 100 rounds of ammunition, and two days tinned provisions. They formed the advanced guard of the landing party; and were followed by a naval brigade under Lieut. Casey, including 7 field pieces under Lieut.-Commander Cassell, Lieutenant Com. Wheeler was Lieut.-Col. of Battalion; while the general command of the land force was entrusted to Capt. L. A. Kimberly. Lieut-Com. Picking had command of the steam launches. The general programme was that the *Monocacy*, *Palos* and launches should advance up the river, and by attacking the forts on that side create a diversion in favour of the landing party, who should advance by land and capture and demolish the forts as they advanced.

Captain Tilton and his party landed on a gently, sloping beach, two hundred yards from high water mark. The mud proved a serious obstruction, coming up over the knees of the tallest of the party, a fact which would have given a deadly advantage to a better appointed enemy. The beach was besides crossed with sluices (probably for irrigation purposes) where the mud was still softer and deeper. On landing a line of skirmishers was thrown out facing a tongue of land jolting out into the river, covered with scrub and strengthened by a square redoubt on the right, while a crenelated wall extended a hundred yards on the left. Altogether there was displayed considerable knowledge of fortification: what was wanted was men qualified to use the defences efficiently. Behind this wall was a field of grain and a small village. As the marines advanced the garrison of the fort were seen running through the brush and long grown crops, tuning a few times and firing shots which took no effect. The marines then scoured the grounds all around and entered the fort where they remained till the main body came up.

The main body proceeded to dismantle the Fort, spiking and dismounting the guns, and throwing down the work. Meanwhile the marines were ordered to push forward, and advanced with the river on their right, and spreading as far to the left as possible so as to scour a wide surface of country. At length they took position on a wooded knoll, which appeared to be used as a cemetery, being covered with hemispherical mounds. For this a view was obtained of a rich and beautiful country varied by many hills and inundated with rice fields all around. The main body was three-quarters of a mile behind. A reconnaissance was now made in the direction of the next fort, which could be seen at no great distance. It was square work of hewn granite foundation, with a split rock mud and mortar rampart, each face crenelated and extending about 30 paces. A messenger was now sent to headquarters, announcing that the road was clear, and practicable for artillery, Pickets were posted on the flanks of the position of the advanced guard, five hundred yards to the right and left with an inundated rice field in front. The Commanding officer sent up a twelve pounder Dahlgreen, which was planted so as to command the junction of the only two approaches to the fort.

But the evening was now far advanced, and a general order was issued to the force to bivouac for the night where they were. Accordingly on the 10th June, 1871, for the first time, we believe, a western force spent the night on the soil of Corea. The force was divided into three reliefs, one of which remained in turn on the alert. No incident occurred to disturb them during the night, -except that from a hill about 3/4 of a mile on the left they heard continuous shouting and a rapid discharge of small arms. Two or three shots were fired by the artillery of the main body in the direction whence the sounds proceeded, and the noise and firing presently ceased.

On Sunday the 11th June, the force advanced on the second line of fortification. The fort stood on a hilly peninsula by the river side. Arrived in the fields behind, a line of skirmishers was thrown out across the neck of the peninsula. The mid distance being carefully reconnoitered, one third of the marines were ordered to march on the face of the work looking landward, two thirds being held in reserve. But the assault proved a bloodless one; the enemy had decamped, probably in consequence of the shot and shell of the naval squadron; and they entered the works without opposition. With true American despatch they set to work and in a remarkably short space of time the battlements were dismantled, 50 or 60 insignificant pieces of cannon (brass breech loaders bore was not more than two inches in diameter) being spiked and thrown over the cliff into the river, Bugler English superintending operations. The ramparts were then demolished on the front and right face of the work down to the level of the floor of the banquette. These ramparts were found to consists of a pierced wall of chipped grainte, filled up with earth in the interstices and coated over with mortar, so as to give it an appearance of greater solidity than the reality warranted. Mr. Beato, who most pluckily cast in his lot with the advance, succeeded in taking a very good view of the place.

But the main object the party had in view, alike in reference to its inherent strength and strategic importance, and with special reference to the purpose of punishing the insult offered to their flag, had still to be dealt with-being no other than that horse-shoe shaped citadel which assumed the responsibility of first opening fire on the surveying party. For it, therefore the landing party now started; the main body in the centre, the marines piloting the way, and protecting the flanks, in open order. The march here, as heretofore, was over a country covered with scrub and cornfields, varied here and there with deep ravines and almost precipitous hills, where the skirmishers had to feel their way with great caution to prevent a surprise. For a time only a few unarmed natives were dislodged who were left unmolested. At last, as the crest of a ridge was reached the enemy were seen occupying a parallel ridge at no great distance, and blazing away at the foreigners as they came in view, with their wretched jingals or match-locks, their great black heads popping up and down all the while. But short as the distance was, it was beyond their range. Only one spent bullet fell among the attacking force and that without doing any one harm.

Lieut. Com. Cassell now ordered up a piece of artillery and by the determined energy of his men up it was brought in spite of the laws of gravitation. The enemy were grouped on a knoll some distance off: but a few shells judiciously planted among them exerted a wonderfully centrifugal influence and they fled in all directions. A skirmishing party of marines were now thrown out and advanced along a narrow ridge leading directly to the horse-shoe citadel, the grand stronghold of the Coreans. Of the 6,000 troops said to have been employed to oppose the American operations, 1,000 formed the garrison of the citadel. The main body followed the skirmishers close up, in column of fours. When they arrived within one third of a mile of the citadel a halt was called to rest the men who were greatly fatigued by their march, which though comparatively short, the dreadful roughness of the country bearing a strong resemblance to a "chopped sea" of immense hills and deep ravines lying in every conceivable position, made progression no easy matter, especially when weighted with the *impedimenta* of war.

Having enjoyed this breathing time the final advance was ordered. A line of skirmishers were thrown out to advance parallel to the right flank of the redoubt, which was selected as the point of attack, and where the advance was concealed from the enemy. This advance was successfully accomplished till the party took position along the crest of the hill about 150 yards from the enemy, with their right resting on a path leading to the redoubt, along which path were planted in line about twenty-five banners a few feet apart, and of course at right angles to the advance party, close behind whom the main body had now come up and taken position in line of battle. Parallel to this ridge was another about 30 yards in advance, but to reach it the whole line must expose themselves to view.

The banners being regarded as a decoy Capt. Tilton detailed only four men to advance towards them. They had secured fifteen when a tremendous fire was opened on them-: perfect hail of bullets, lasting happily only half a minute. As soon as it slackened a rush was made for the ridge in advance, which movement was accomplished with the loss of only one man, a marine from the *Alaska*, although another tremendous volley was opened on them as soon as the rush was made. They were now only 120 yards from the redoubt, but the rank vegetation and the shoulder of the hill on which it stood screened them from its fire. Firing now became general and rapid on both sides, the deadly effect of the American practice being witnessed afterwards by the number of Coreans killed and wounded. High above the sharp rattle of the firing rose a melancholy chaunt of the Coreans as they fought. As little assaulting parties of the Americans advanced to close quarters, the Coreans, their ammunition apparently expended, assailed them with stones. The first of these little parties to enter the redoubt was led by Lieut. Mckee. The Coreans resisted to the last, and as the heroic Mckee placed himself in front he was pierced by a ball, which was followed up immediately be a spear wound in the side, which killed him. So died a brave man and a gentleman, known and esteemed by many in Shanghai. Capt. Tilton and Lieut. Breeze, Maloney and J. Macdonald with their gallant marines, shared in the honour of heading the assault.

The Americans once in, the Corean succumbed and hastened to secure their retreat, but failed to do so before a number of prisoners were taken, one of whom, badly wounded, was the second in command. The commander-in-chief was killed. In and around the redoubt were counted 243 dead bodies-the number of Coreans wounded there is no means of estimating. Of the Americans Lieut. Mckee and three men were killed and twelve wounded. The wounded were at once conveyed to the *Monocacy* and suitably attended to, the captured Coreans who were wounded sharing the surgeon's attention. One whose arm was dangerously shattered underwent amputation.

The American force bivouacked in the citadel on Sunday night, the artillery occupying the heights behind and guarding the rear approaches. On Monday morning having demolished the citadel and spiked and thrown over the guns, the whole for e re embarked without the loss of a single weapon or accoutrement. The average expenditure of ammunition was 40 rounds per man.

Although we have confined our account chiefly to that of the land force, we must not omit to say that the naval squadron contributed largely to the successful result by the effectual way in which its gun practice occupied the attention and shook the nerves of the Coreans. The *Palos* unfortunately got ashore latterly, and her service was thus somewhat curtailed. But all got safe back to the fleet.

On the day after their return to the rendezvous Admiral Rodgers issued the following general order:

ASIATIC FLEET.

U. S. Flag Ship "Colorado." (1st Rate.)

Boisée Anchorage, Corea,

June 12th 1871.

General Order, No. 32

The Commander in Chief has pleasure as well as pride in making known to the Officers, Seamen, and Marines of the Asiatic Fleet his high satisfaction at the gallantry and endurance evinced by them in the recent operations against the Coreans on Kang-Hoa Island.

On the 1st inst. while the "Monocacy," "Palos" and four steam launches were engaged in surveying they were suddenly assailed by a storm of missiles from masked batteries on the shore.

With the greatest promptitude and gallantry this treacherous attack was met and the enemy driven from his guns and position.

The Corean Government having failed to make any apology for this murderous attack, on the 10th inst. an expedition consisting of a landing force detailed from the *Colorado*,

Alaska, and *Benicia*, under Commander L. A. Kimberly, with the gunboats *Monocacy*, and *Palos*, all under Commander H. C. Blake, Commanding in Chief, was despatched to punish the enemy.

The operations of the 10th and 11t insts. which resulted in the capture of five smaller forts, culminated on the 11th in taking, by assault, the enemy's stronghold, located in a most formidable position, at a very dangerous part of the river, and desperately defended.

Two hundred and forty-three of the enemy's dead were counted within and around these works, and fifty flags were taken.

The works were formidable not only from the natural features of the land, from shoals and violent currents in the river, but were rendered artificially so by hundreds of weapons, of various kinds, placed by the enemy for their defence.

The gallant band which encountered and overcame the perils of the navigation, which fought its way, against vastly superior forces, through mud and marsh, over precipitous hills and across difficult ravines, and finally stormed and captured the enemy's stronghold, is worthy of all praise.

To one and all the Commander in Chief expresses his thanks, and the pride he feels in commanding such a body of officers and men. He makes known to the Commanding Officers of vessels, his obligations for the efficient drill and organization which have produced the reliable force composing the Asiatic Fleet.

To those brave men now suffering from their wounds, he tenders his hearty sympathy.

While rejoicing in the success achieved by our arms, he expresses his profound sorrow for the loss of those gallant men who gave up their lives in vindicating the honor of their Flag.

While deploring their loss, let us preserve the memory of their bravery.

Among the honored dead whose loss we deplore, is Lieutenant Hugh W. Mckee, who, gallantly leading his men to the assault, fell mortally wounded in the centre of the citadel which he was the first to scale.

His memory is the more endeared to us because we knew him, and his gallantry will be cherished by all as a bright example to the Service.

JOHN RODGERS.

Commander-in-Chief of

the Asiatic Fleet.

A day or two afterwards the Coreans sent a despatch to the Admiral filled with reproaches couched in the most insulting language. To this no reply was sent. Afterwards Admiral Rodgers sent to ask what he should do with the prisoners. The answer was short and plain to a degree hitherto unprecedented in diplomatic communications. He could do what he liked! After waiting a day or two he set them at liberty. He sent two messages ashore afterwards, but the local authority refused to transmit them saying it was as much as his head was worth to send them and that it was vain at attempt again to communicate with the Court. His simple instructions from the king were to defend his province; and he meant to do so. Mr. Low, the American Minister, then sent a formal protest that he had come on a peaceful mission, but when seeking access to the government, the Corean authorities without objection taken or warning given had treacherously opened fire on the boats of his squadron and had since declined all peaceful communication. The American attack on them was made not for their refusing to negotiate but for their unprovoked firing.

The *Millet* was then put under orders to proceed to Shanghai with despatches and to wait there the arrival of the mail to convey despatches for the fleet to Chefoo. A telegraphic message of Admiral Rodgers to the Navy Department at Washington has been sent off to-day. It is believed at Boisée that the *Monocacy* and *Palos* will return to Shanghai to be docked, and that the rest of the squadron will repair to Chefoo to await instructions and possible reinforcements. 100,000 rations have been ordered from Hongkong from Chefoo.

To the above we have only to add that the Coreans fought like men, but their weapons were wretched; -old firelocks twisted and rusty, and entlasses made of soft iron like pieces of hoop. The sub-commander while a prisoner said that they had deemed the "citadel" impregnable and were utterly astounded when they saw so small a force venturing to attack it. Nine Corean Christians came alongside in a boat and learning that the *Millet* was under orders for Shanghai begged that a passage might be granted them and their junk burned. If it was allowed to drift ashore, the authorities would see what village it belonged to and punish their relatives. The Admiral granted their wishes and they have come over in the *Millet*. One of them has has been here before. Another of them is very intelligent and speaks Japanese. They will claim the protection of the Roman Catholic clergy. They say that thousands of Corean Christians have been beheaded during the past year.

THE TIMES, MONDAY, AUGUST 21, 1871.
THE AMERICANS IN COREA.

(FROM OUR OWN CORRESPONDENT.)

SHANGHAI, JUNE 30.

News of Admiral Rodger's further operations in Corea no doubt reached you yesterday by the Cable which now connects us directly with England; and, judging from experience during the French war, I fear the effect will be to lessen the interest of the details which I have now to give. It is a common complaint here that one has almost ceased to care for the arrival of the mail; papers six weeks old have been so completely emasculated by telegrams and eclipsed by later news that half their interest is gone, and one of our enjoyments sadly lessened. I have one advantage in writing from China, that the country is so unfamiliar to English readers that it will puzzle them to fill in details as we are able to do from imagination on learning the salient points of European news, so I write with some confidence still.

In my last letter I mentioned the arrival of the American fleet at its anchorage off the mouth of the Kanghoa River, and described a sharp engagement between a surveying expedition which was endeavouring to feel its way towards the capital and some Corean forts about ten miles from the entrance. It was then expected that Admiral Rodgers would punish this act of hostility directly he could make arrangements. He has done so effectually; but no progress has been thereby made towards a treaty with Corea; on the contrary, the foundation has been almost inevitably laid of further hostilities on a much larger scale.

Ten days were allowed, after the affair of the 1st of June, to give time for the Corean Government to apologize for the attack on the surveying squadron if it wished to disavow the act of its subordinates, but no movement of the kind was made, and on the 10th of July an expedition started to avenge the insult to the flag. The Monocacy (150 men) carrying four 8-inch and two 20-pounder Dahleren and two 68-pounder Parrott guns; the Palos (30 men), carrying four 12-pounder and two 24-pounder howitzers; four steam launches, carrying each 15 men and a 12-pounder howitzer; and a landing party of 530 men, besides hospital staff, &c., composed the expeditionary force, which was under the command of Captain H. C. Blake. The orders were to attack and destroy the forts which had fired on the surveying squadron.

The little fleet started at 10 a. m., the Monocacy leading with two of the steam launches, while the Palos towed the boats with the landing party, thanked by the other two launches. The distance to the forts from the anchorage was only ten miles, and about an hour after starting the leading vessels opened fire on the nearest forts. Half an hour later the boats cast off from the Palos and pulled for the shore. The landing-place was something like that selected for our troops in the unfortunate attack on the Taku Forts in 1868-a mad flat half a mile in width and two miles in length at low water. The fire of the gunboats, however, had nearly silenced the opposing batteries, and the troops were able to struggles through with their tight howitzers, though nearly waist-deep in mud and water, and to occupy the first fort with little resistance. The heavier guns, however, fairly stuck in the mud, and a company of marines had to be sent to help the boat's crew to extricate them. By the time this was accomplished and the guns and works of the captured forts destroyed it was late in the afternoon, and a halt was called for the night to prepare for the more severe work which remained. Two companies of Marines, with a light field-piece, were thrown forward to occupy an adjacent height, and the rest of the force encamped in the fields at the foot. The night passed without other disturbance than a false alarm from the pickets; and daylight awoke the men, refreshed by a fair night's rest, and ready for the task that awaited them.

The Monocacy dropped up the river and commenced shelling the second fort, which was also occupied with little resistance. The guns were dragged with great difficulty up the rugged heights, and preparations made for attacking the third and strongest fort, over which waved the flag of the Commander-in-Chief, and which was evidently strongly garrisoned and fortined. This was the fort which had fired on the squadron on the 1st of June, and its capture was the chief object of the expedition. Thousands of Corean troops could now be seen in the plain below, waiting for the repulse of the assailants to take them in their flank and rear as they were driven down the hill, and complete the destruction which it was evidently expected the forts would begin. The Americans, however, anticipating a different result, made counter-preparations which at once protected their own flank from this body of troops, and cut off the retreat of the garrison across the neck of the peninsula on which, as I explained in my last letter, the forts were situated. A heavy fire was kept up all this while from the citadel; but the pieces, fortunately, were so bad and so badly served that no injury was done to the assailants. During a lull between the volleys a rush was made and the nearer crest gained, from whence a furious fire was opened upon the Coreans which told with deadly effect. Line was formed under its cover, and preparations made for a charge up the steep bill on which the citadel stood. How one-half of the stormers reached the crest is declared by eyewitnesses to be as great a mystery as the escape of the launches on the previous occasion. The Coreans flinched not an inch, and kept up a hail of jingal halls which should have annihilated their assailants if they had had the least idea of aim. As it was, however, the crest was won, and the fort entered after a fierce hand-to-hand struggle with sword and bayonet in which the only casualties of the day happened to the assailants. Lieutenant M'Kee, the leader of the stormers, and two marines were killed, and one officer and five others wounded. The Corean fought bravely, but had no chance with their inferior weapons against the rifles and bayonets of their adversaries. They were driven out of the fort, and fled down the hills to the water's edge, where some were mowed down by the Monocacy's howitzers; some were taken fighting waist-deep in the water, and others succeeded in escaping in native boats to the mainland. The large force which I have spoken of as assembled in the plain seemed once disposed to advance; but a few volleys from the flanking party which had been posted to oppose them caused them to retreat for shelter; and the Americans remained in indisputed mastery of the position. The forts were at once destroyed, the guns spiked, broken, or thrown into the river, magazines exploded, and the wounded Coreans taken on board the Monocacy. Two hundred and forty bodies were counted inside the fort, and many were killed outside the works.

The object of the expedition having been now fully accomplished, the little force encamped for the night on the ground they had so bravely won, and early the next morning embarked for their return journey, the boats and ships decked with flags, captured from the Coreans. Noon found them again on board their respective vessels, and later in the day Admiral Rodgers issued a General Order warmly congratulating them on the success achieved.

The Coreans are described as fine tall men, well clothed, and in every respect superior to the Chinese. Their armour excited great curiosity. It is formed of 49 thicknesses of strong cotton-cloth, and is almost impenetrable to a sword or bayonet thrust. A message was sent ashore offering to release the wounded and prisoners, but only elicited the reply, "Do as you please; if you keep them too long they will be the more heavily punished when released." They were, I believe, all sent ashore. Nine Catholic converts came oft to the Colorado on the following day, in the expectation of finding some of the French priests on board who had escaped during the persecution of 1365. They said that many thousand converts had been killed since that time, and begged to be kept, and that their junk might be burnt. If is drifted ashore the authorities would recognize it and punish their relations. Their wish was complied with, and they were brought down to Shanghai in the dispatch vessel Millet and handed over to the French Missionaries.

The question now is, what next? The Coreans show not the slightest symptom of coming to terms; on the contrary, these refugees affirm that 30,000 men are gathered between the coast and the capital. The force at Admiral Rodger's disposal is evidently insufficient to attempt an advance against such odds; besides, his instructions will not carry him so far. He was ordered to escort Mr. Low to negotiate an amicable treaty. He was fired on in the attempt to open communications. This insult has been avenged; and now it remains for the United States' Government to decide on further operations. In the meantime it is likely that the fleet will return to Cheefoo, and that the Monocacy and Palos will come down to Shanghai to be docked, both having hurt themselves badly on the rocks in the Kanghoa River. The matter cannot be allowed to rest where it is, for the Corean will consider the retreat of the fleet a victory, as they did in the case of the French in 1866; and the similar belief which they will impart to the Chinese will be most damaging to foreign prestige at a time when we can ill afford to have this further weakened. People here-Americans especially-hope to see a force of 5,000 men and several light draught gun vessels arrive before winter sets in, destined to compel the Corean Government to listen to reason. England has had all the work of opening China, and America has derived equal advantages. It is her fair turn to act in Corea.

The weather is intensely hot in Shanghai; the thermometer registering over 100 in the shade-higher than it has done for ten years. Still, business goes on actively; 11,778,000lb. of new tea have been already shipped to England from Hankow; and the Hector, Canton, and Vanguard, steamers, and the Thermopylae and Undine, clippers, have sailed from Shanghai.

The Foochow market opened on the 13th, and 10,000,000lb. were bought out of hand.

EXTRA TO THE Nagasaki Express.
NAGASAKI, 15TH JUNE, 1871.

THE COREAN EXPEDITION.
(From the Shanghai News Letter, June 12.)
LATEST NEWS.

We have interviewed Captain J. B. Boswell of the Merchant Service who came down passenger by the S. S. N. Co.'s Steamer *Munchu*, from Chefoo, and now have the pleasure of placing his account of the fight on record for the benefit of our readers. We may remark here that Captain Boswell who is a native of Salem, Mass., was recently attached to the U. S. Asiatic Squadron under the orders of Admiral Rodgers, and from his knowledge of the navigation in the China seas, he will be able to add thereto his Corean experience for the benefit of American commerce in that quarter.

Captain Boswell left the U. S. Squadron at anchor near the Ile Boisée, on the morning of the 4th instant, and arrived off Chefoo on the evening of the 5th inst. When near the Chefoo Lighthouse the U. S. S. *Palos*, which brought the Admiral's despatches over to China, signaled the S. S. N. Co.'s steamer *Munchu*, Captain Steele, bound to this port, and put on board that steamer, Captain Boswell, and the Paymaster's Clerk of the *Colorado*, Mr. Murchell. These gentlemen arrived at Shanghai on the 8th instant, and immediately arranged for the charter of the S. S. Co.'s str. *Millet*, and the forwarding of coals and supplies of provisions in the Squadron as was noticed in our *Extra* of that date.

The distance from Chefoo to the Ile Boisée, was but 30 steaming hours, and from Shanghai the *Millet*, Captain Wells, expects to do it in two or three days.

THE FIGHT.

We will now transcribe Captain Boswell's account of the engagement with the Coreans.

The survey party which left Boisée Islands at noon of the 1st instant comprised some 200 men under command of Captain Blake, U. S. S. *Alaska*, and were divided as follows:

Monocacy, Capt. McCrea, 170 Officers and men.

Palos, Lieut. Com. Rockwell, 50 ditto.

Steam Launch of the *Alaska*. Lt. Com. Chester.

                         Benicia Master Schroeder.

                         Colorado. Lt. W. W. Mead.

                         Do.   Lt. G. M. Totten.

                    11 men in each launch.

Captain Homer C. Blake was on the *Palos*. Accompanying the expedition were; Mr. Cowie, Private Secretary to Minister Low, on the *Palos*; Mr. Beato, Photographer of Yokohama on the *Monocacy*; Messrs. Il. I. McCaslin, and Ed. Hjuesbury. Paymaster Spaulding, *Palos*, was with Lieut. Mead. The boat parties were armed with entlasses, pistols, and Remington rifles. The *Benicia* launch carried a 24-pounder in the bow; the others were provided with 12-pounders, all having a good supply of shell, canister and schrapnel. Availing of flood tide, the launches went ahead and abroad up the Kang-hoa river, sounding as they proceeded, with the *Palos* and *Monocacy* following at a convenient distance. The boats, which were unmolested for some time, prosecuted their work regularly on the river, which is here quite a mile in width. The day was bright and pleasant, and all went well till, they approached a narrow portion of the river, about 10 miles from Colorado. Here a great turn out of white-coated Coreans was noticed on a bluff of the left bank, with flags flying, and altogether presenting quite a martial array. A nearer view indicated their number to be about 2,000 men, clothed in the costume of the country, which is a whit coat, not unlike the present European cut of over-coats. White pajamas tied at the ankle, with socks and light summer shoes, such as the Chinese wear. There were two redstone Forts visible, one on each bank, apparently armed with upwards of 60, 9 and 18-pounders, and guarding the narrow passage or bend which the river here made. The one on the right bank was the smaller of the two, and was not noticed at all during the engagement, except by a shell or two, to find if anybody was stirring therein. But the main Fort, built upon a bank, rising nearly a hundred feet from the water's edge, was evidently the stand point of the Coreans, and from which they expected to intimidate or drive away in dismay the foreigners. The launches kept steadily at their business without heeding the spectacle presented to their gaze on the river bank. The *Benicia* Launch had in the meanwhile dropped astern, owing to the lead fouling her screw, so that when the surveying party came opposite the Fort, she was nearly two miles off. Mr. Cowle took a good observation of the Coreans, and counted more than 36 guns in position; besides there were seen countless numbers of gin-galls carried by two men each. These last, with the bannered men, helped to swell the array which formed upon the side and top of the hill, behind the stone wall. The turning point of the river was now almost reached, and when at a distance of shout 150 yards from the shore, a stream of fire poured from the large Fort, followed in a few moments by a discharge of guns from the fort on the right bank. The launches were at once turned bows on the main fort, and their guns quickly replied, while the *Palos* and *Monocacy* coming up on a five know tide rattled away over the heads of the flotilla with their 8-in. rifled guns. Captain Black had already given his orders to serve in case of need, and his officers obeyed him most faithfully. Lt. Com. Rockwell with the *Palos* made splendid precise with his bow guns, while Captain McCrea, who followed in the *Monocacy*, gave the enemy the full benefit of his broadside battery, at close quarters, so close indeed that the vessel grazed some hidden rocks which formed a reef fast above the bend of the river. Notwithstanding this accident, which displaced an iron-plate and caused a leak, the *Monocacy* kept up a steady and well directed fire until the Forts were silenced. During the action there was little breeze, and thick smoke from the shore and river almost hid the combatants. At intervals, however, it was noticed the red sand with mortar from the walls was flying off in clouds as the shells burst in the works, and in ten minutes from the commencement of the firing the Coreans were driven back helter-skelter over the hills. Admiral Rodgers had said before the surveying party left his ship, "Don't fire unless you are fired upon, but if you are fired upon don't be the first to stop firing." There were no orders given to land, so that after Captain Blake had satisfied himself as to the discomfiture of the enemy, the Gun-boats and Launches were ordered to move round the bend of the river, and anchor a short distance above the scene of action. The only casualities reported to the Commander were in the *Alaska's* Launch. A sailor was in the act of pointing the howitzer, when a ball struck him on the side of the head and shoulders. Another had his two fingers cut off by the recoil of a gun.

It seems strange that with the hot and close firing on the part of the Coreans such small damage should result, but it is believed this fortunate issue for the boats was owing to the larger guns on the forts being elevated too much. The Gun-boats and Launches were all more or less struck by the balls, and many narrow escapes took place, but fortunately none was badly hit.

After the bents had rounded the point, the Coreans returned again to their guns, and in time to open fire upon the Launch of the *Benicia*, which, as was before noted, was delayed and left behind. Master Schroeder, in charge of the Launch, did not hesitate to force the passage against all odds, and join his companions, and as soon as the fire from the fort was delivered, he coolly returned the fire and pushed on up the river.

At slack water the beats were headed down stream again, but before they started on their return to the squadron, a few shells were judiciously thrown over the hill into the Fort. This procedure settled affairs for that day. The Coreans finding their Forts of no use, even though the Yankees were round the corner and out of sight, concluded to evacuate. They were seen marching out of their works in a single file, and making a short route to the woods in the rear. The work of the surveying party being concluded, the vessels returned to the squadron without farther molestation.

We have been handed the following highly interesting letter from the head-quarters of the Expedition.

Corea, 3rd June, 1871.

The mall leaves here to-night by the *Palos*, which is going over to Chefoo with letters, and to carry Captain Boswell, our pilot, who goes down to Shanghai to try and charter a small tug-boat, to get some stores, and to bring up some 8-inch guns from the *Ashuelot*. And as you will probably hear a good many varied reports, and as I do myself the pleasure of thinking that you will care to hear from me, and the truth of the story, I send this little script. We left Nagasaki May 16th, and arrived off this coast in three or four days, and in that time met some of the natives, who sent off a communication, asking were we were from, and hoping we were well. On Monday this week a number of Coreans of 3rd and 5th rank came on board. Governor Low's interpreters received them (they were not of rank to be received by the Admiral of Minister.) They were shown about the ship, and were distinctly told that we meant to send a surveying party up the river, and that our mission was peaceful, and that we should not attack or molest them in any way, unless they first assaulted us. They expressed themselves (rather non-committal) glad to know that our mission was peaceful, and (as I believed) that they were satisfied. On Thursday, the *Monocacy* and *Palos*, with four steam launches, two from the *Colorado*, the others from the *Alaska* and *Benicia*, left the ship about half-past 10 A. M. to go up and past Kang-hoa, (an island at the mouth of the river "Salée") and survey. They were all armed and provisioned, (in fact every man who has left the ship on any duty has been armed, ever since we came here.) About 10 o'clock, we heard (faintly) musketry firing, their guns of heavier caliber (the enemy's wall pieces,) and then the 12-pounder Howitzers from the Launches, and the 9-inch shells from the *Monocacy*. Of course we were a good deal excited, and waited the return of the vessels with considerable anxiety. About 5 o'clock the vessels with considerable anxiety. About 5 o'clock the vessels came back and reported a fight, -three men wounded, two of the *Alaska's* by the enemy, one of the *Monocacy's* by an accident aboard. It seems that when up to Kang-hoa, where the river makes a bend, and the tide runs very swiftly, (all the vessels with their crews at "General Quarters, and decks cleared for action," just by way of precaution.) the enemy opened fire (enfilading) from both sides of the river, at a range of about 150 yards, with "gingall". wall pieces and a sort of gun like on old fashioned 18-pounder; and the "boys" report that for a little white, (so long as the vessels were in range,) the shot flew like hailstones, and firing was very severe. The instructions were to return any fire, but not to land or pursue any advantage, and the Coreans were driven out of their forts, and both sides shelled wit 9-inch shells, our vessels firing as they went up, and then turning and shelling as they came down. The enemy's works were demolished, and there must have been a good many of them killed. Some sort of communication was set off from shore this morning; but of what nature has not yet been made known to us. An expedition is ordered to start so soon as the tug-boat, with coals and stores, can be brought back from Shanghai, probably about this day week. The *Monocacy*, the *Palos*, the chartered tug-boat, all our steam launches, and nearly all the boats from all the fleet will go. I suppose our "landing force" will be about 800 men. The *Monocacy*, *Palos*, and Launches to "cover" the landing party, and shell the works. Yesterday, was buried one of the *Alaska's* crew, and it was rather an old experience for the clergyman. We landed on *Ile Boisée* (uninhabited so far as we know.) We had an armed guard of fifty men. videttes posted on the crest of the hill, and the *Alaska's* launch, with a 12-pounder howitzer to cover the landing. We dug the poor lad's grave on the shore, just above high water mark, at the base of the hills, and some wild roses were planted over the lonely spot.

On the Relations between Corea and Japan.

We re-print the article following, which exhibits in its involvements, contradictions, and covert sarcasms, an attempt on the part of one of the native writers to steer clear of the penalties which hang threateningly, like the sword of Damocles suspended by a single hair, over the native press. The writer apparently wishes his readers to understand that the attitude of the Coreans is aggressive and insulting, that Japan is not strong enough to cope with the Coreans if aided by China, and ironically derides the Government whilst affecting to call it enlightened, and seeks to bring it into odium by telling it that it should preserve peace and put up with insults. It is altogether a very round-about sort of production.

[TRANSLATION.]

(*Nichi Nichi Shimbun* of July 14, 1875)

We have an important piece of news concerning a matter which, at first glance, seems to touch upon peace, or danger to the whole country of Japan. This consists of the letter given below: -

[LETTER.]

• • • • •

"The man-of-war arrived at Fusankai, in Corea, on the 25th of May, and, as you are already aware, we made a request to the effect that, as diplomatic negotiations were drawing near we might anchor for a short time, and we accordingly remained in the port. On the 12th of June, the *Teibokan* arrived next, so she was stationed there for purposes of surveying, while our own vessel set sail, and paid a general round of visits to Urusanfu, Geijitsu-ken, Sekkô, and Gekkô, in the province of Keishô, in the northern part of the country; also to the port of Rasaretsu, and a place on this side of the Kokuriyo river, in the province of Kangkiyo. After this, with the intention of sailing for the province of Keiki, we a second time [omission here] to Fusankai.

On the 20th, all the officers stationed at the Japanese department, from Moriyama Shôjô, and the 7th class supernumerary Hirotsu, downwards, were, without exception, withdrawn. Hirotsu hastily set out, by himself, in a vessel called the *Hiyaku-jie-maru*, and will shortly return to Yedo. As for this man-of-war, she has, firstly, retired as far as Nagasaki, whence the Government is being consulted by telegraph.

I am of opinion that after what has happened, the Government will certainly at once form a decision with regard to the question of making war. I am anxious, besides, to state to you particular concerning the nature of the country of Corea; but as I am pressed for time, I beg to make this immediate communication."

The above letter was received, in a certain place, by the friend of an acquaintance of a person known to our office: -our friend obtained it, and made it known to us. It is said that in the first instance it was sent from Nagasaki on the 2nd of July, to the address of a friend living in Yedo. What opinion is formed, with regard to this document, by loyal men of learning throughout the country? Our own view of it is, that no matter to what extent this letter may be published throughout the land, we ourselves will touch that it certainly cannot be genuine. Yet, even though it be not altogether an unfounded document, it is an instance of the proverb, "To make a bar out of a needle;" - (equivalent to the English proverb, "A mountain out of a molehill)." There is, again, no doubt as to the wording having been framed in a high-flown style. Although, upon looking at the fact of Moriyama, Hirotsu, and the others who were residing at the Japanese department, having suddenly withdrawn from that country, it may be considered a surprising matter; still, we cannot tell from what motives of convenience, or from what national instructions this has arisen, and for this reason it is not well to say that the whole of the Corean negotiations have been [*sic*.] off.

Nevertheless, as this is an opinion formed upon our own single mode of reasoning, it is impossible to be positive that our observations are not in some slight degree at fault. In the rules of warfare it is said, "Beware of relying upon the idea that the enemy will not come; but trust in your own attitude of waiting prepared to meet him;" -and thus, even though we believe in the un-authentic character of this letter, still, if we take no counsel as to what measures are to be adopted in case it should prove authentic, we shall certainly be relying upon the non-advent of the foe. Is not this the proper consideration due towards the Government by a people who love their country? On this account, then, we are desirous of here making known our thoughts and of offering up a word to those in high positions.

Should the Japanese Government, in view of the present aspect of affairs, once set on foot a foreign war, then the ruin and the demolition of the whole empire of Japan will come to pass in a briefer space than suffices for turning the hand back upwards. Is it not seen that the people of the country are not yet wholly subservient to the Government, and that in the case of the military class there are yet some who occasionally rise up and meditate disturbance? It was, indeed, fortunate for the whole of the Japanese Empire that at the time of the Saga disturbance, and of the Formosan expedition, the turbulent bands throughout the country did not gather together, and rise in various localities. Yet, how can this good fortune come to us a second time?

Speaking of foreign lands, Corea, too, is our open and great enemy. Should the evil moment once arrive, the strife will be too complicated and too protracted to bear any resemblance to that of Saga and Formosa; and, in addition to this, should Corea once proceed to hostilities against us, the fact that China will come to her assistance is as clear as a reflection in a mirror. Supposing, then, that matters should go so far as this, the question as to the extent to which the calamity would spread must be conscientiously referred by the people of our land, with closed* eyes, to their own brains. We ourselves cannot bear to speak of this.

Some people may say, - "Our country is already in possession of a carefully disciplined and splendid navy and army; and if, from this point of view, we regard that small and feeble land (Corea), the disparity between the two is even in excess of that between a large stone and a rotten rope! And even were our naval and military forces not in a state of organization, still we should nevertheless be far from unable to chastise disdain and insolence that might be shown towards us by foreigners; how much the more, then, when we possess this fully organized and powerful force!" To this we should reply, such a victory would certainly not be of benefit to Japan.

Upon a careful review of the actual position of Japan at the present day, we consider that put up with insult, and to preserve peace is a commendable policy, and the best that we can follow. The matter comes to this: that, as warfare is not a thing desired by the people, it cannot in the slightest degree be doubted "that our enlightened Government should fix its attention upon this one point, of putting up with insult and of preserving peace. Thus, then, the reason of our again speaking on this matter is that in our thoughts we are unable even for a moment to lose sight of the grand idea of love for our country.

The points discussed above give our view of what steps ought to be taken, supposing that the statements made in this letter should prove true. From the very first, however, we do not consider this document to be worthy of reliance, and therefore our observation at the heading of this article, stating that we regard it as an important item of news, touching upon peace of danger to the whole country of Japan, alludes merely to the impression conveyed by a glance at its outward aspect. Ah, people of Japan! beware of being led astray by such a document as this, or of falling into error with regard to the object on which you fix your ideas!

(Signed)

SUYEMATSU HIRAZUMI.

of the *Nipposho.*

We have interviewed Captain J. B. Boswell, of the Merchant Service, who came down passenger by the S. S. N. Co.'s Steamer *Manchu*, from Chefoo, and now have the pleasure of placing his account of the fight on record for the benefit of our readers. We may remark here that Captain Boswell, who is a native of Salem, Mass., was recently attached to the U. S. Asiatic Squadron under the orders of Admiral Rodgers, and from his knowledge of the navigation in the China seas, he will be able to add thereto his Corean experience for the benefit of American commerce in that quarter.

Captain Boswell left the U. S. Squadron at anchor near the Ile Boisée, on the morning of the 4th instant, and arrived off Chefoo on the evening of the 5th inst. When near the Chefoo Lighthouse the U. S. S. *Palos*, which brought the Admiral's despatches over to China, signaled the S. S. N. Co.'s steamer *Manchu*, Captain Steele, bound to this port, and put on board that steamer, Captain Boswell, and the Paymaster's Clerk of the *Colorado*, Mr. Murchell. These gentlemen arrived at Shanghai on the 8th instant, and immediately arranged for the charter of the S. S. Co.'s steamer *Millet*, and the forwarding of coals and supplies of provisions to the Squadron, as was noticed in our *Extra* of that date.

The distance from Chefoo to the Ile Boisée, was but 30 steaming hours, and from Shanghai the *Millet*, Captain Wells, expects to do it in two or three days.

THE FIGHT.

We will now transcribe Captain Boswell's account of the engagement with the Coreans.

The Survey party which left Boisée Islands at noon of the 1st instant comprised some 200 men under command of Captain Blake, U. S. S. *Alaska*, and were divided as follows:
-

Monocacy, Capt. McCrea, 170 officers and men
Palos, Lieut. Com. Rockwell. 50 ditto.
Steam Launch of the *Alaska*, Lt Com. Chester.
     "   *Benicia*,   Master Schroeder.
     "   *Colorado*, Lt. W. W. Mead.
     "   *Do*.   Lt. G. M. Totten.
11 men in each launch.

Captain Homer C. Blake was on the *Palos*. Accompanying the expedition were; Mr. Cowie, Private Secretary to Minister Low, on the *Palos*; Mr. Beato, Photographer of Yokohama on the *Monocacy*; Messrs. Il. I. McCaslin, and Ed. Hjuesbury. Paymaster

Spaulding, *Palos*, was with Lieut. Totten, and Capt. Boswell, and Mr. Slossen of the *Colorado* with Lieut. Mead. The boat parties were armed with entlasses, pistols, and Remington rifles. The *Benicia* launch carried a 24-pounder in the bow; the others were provided with 12-pounders, all having a good supply of shell, canister and scrapnel. Availing of flood tide, the launches went ahead and abreast up the Kang-hoa river, sounding as they proceeded, with the *Palos* and *Monocacy* following at a convenient distance. The boats, which were unmolested for some time, prosecuted their work regularly on the river, which is here quite a mile in width. The day was bright and pleasant, and all went well till they approached a narrow portion of the river, about 10 miles from *Colorado*. Here a great turn out of white-coated Coreans was noticed on a bluff of the left bank, with flags flying, and altogether presenting quite a martial array. A nearer view indicated their number to be about 2,000 men, clothed in the costume of the country, which is a white coat, not unlike the present European cut of over-coats. White pajamas tied at the ankle, with socks and light summer shoes, such as the Chinese wear. There were two red-stone Forts visible, one on each bank, apparently armed with upwards of 60, 9 and 18-pounders, and guarding the narrow passage or bend which the river here made. The one on the right bank was the smaller of the two, and was not noticed at all during the engagement, except by a shell or two, to find if anybody was stirring therein. But the main Fort, built upon a bank, rising nearly a hundred feet from the water's edge, was evidently the stand point of the Coreans, and from which they expected to intimidate or drive away in dismay the foreigners. The launches kept steadily at their business without heeding the spectacle presented to their gaze on the river bank. The *Benicia* Launch had in the meanwhile dropped astern, owing to the lead fouling her screw, so that when the surveying party came opposite the Fort, she was nearly two miles off. Mr. Cowle took a good observation of the Coreans, and counted more than 36 guns in position; besides there were seen countless numbers of gin-galls carried by two men each. These last, with the bannered men, helped to swell the array which formed upon the side and top of the hill, behind the stone wall. The turning point of the river was now almost reached, and when at a distance of shout 150 yards from the shore, a stream of fire poured from the large Fort, followed in a few moments by a discharge of guns from the fort on the right bank. The launches were at once turned bows on the main fort, and their guns quickly replied, while the *Palos* and *Monocacy* coming up on a five knot tide rattled away over the heads of the flotilla with their 8-in. rifled guns. Captain Black had already given his orders to serve in case of need, and his officers obeyed him most faithfully. Lt. Com. Rockwell with the *Palos* made splendid precise with his bow guns, while Captain McCrea, who followed in the *Monocacy*, gave the enemy the full benefit of his broadside battery, at close quarters, so close indeed that the vessel grazed some hidden rocks which formed a reef fast above the bend of the river. Notwithstanding this accident, which displaced an iron-plate and caused a leak, the *Monocacy* kept up a steady and well directed fire until the Forts were silenced. During the action there was little breeze, and thick smoke from the shore and river almost hid the combatants. At intervals, however, it was noticed the red sand with mortar from the walls was flying off in clouds as the shells burst in the works, and in ten minutes from the commencement of the firing the Coreans were driven back helter-skelter over the hills. Admiral Rodgers had said before the surveying party left his ship, "Don't fire unless you are fired upon, but if you are fired upon don't be the first to stop firing." There were no orders given to land, so that after Captain Blake had satisfied himself as to the discomfiture of the enemy, the Gun-boats and Launches were ordered to move round the bend of the river, and anchor a short distance above the scene of action. The only casualities reported to the Commander were in the *Alaska's* Launch. A sailor was in the act of pointing the howitzer, when a ball struck him on the side of the head and shoulders. Another had his two fingers cut off by the recoil of a gun.

It seems strange that with the hot and close firing on the part of the Coreans such small damage should result, but it is believed this fortunate issue for the boats was owing to the larger guns on the forts being elevated too much. The Gun-boats and Launches were all more or less struck by the balls, and many narrow escapes took place, but fortunately none was badly hit.

After the bents had rounded the point, the Coreans returned again to their guns, and in time to open fire upon the Launch of the *Benicia*, which, as was before noted, was delayed and left behind. Master Schroeder, in charge of the Launch, did not hesitate to force the passage against all odds, and join his companions, and as soon as the fire from the fort was delivered, he coolly returned the fire and pushed on up the river.

At slack water the beats were headed down stream again, but before they started on their return to the squadron, a few shells were judiciously thrown over the hill into the Fort. This procedure settled affairs for that day. The Coreans finding their Forts of no use, even though the Yankees were round the corner and out of sight, concluded to evacuate. They were seen marching out of their works in a single file, and making a short route to the woods in the rear. The work of the surveying party being concluded, the vessels returned to the squadron without farther molestation. -*S'ghai Paper*.

연구 참여자

[연구책임자] 김재혁 : 출판위원장·독일어권문화연구소장·고려대학교 독어독문학과 교수

[공동연구원] 김용현 : 출판위원·고려대학교 독어독문학과 교수

Kneider, H.-A. : 출판위원·한국외국어대학교 독일어학과&통번역대학원 교수

이도길 : 출판위원·고려대학교 민족문화연구원 HK 교수

배항섭 : 출판위원·성균관대학교 동아시아학술원 교수

나혜심 : 출판위원·고려대학교 독일어권문화연구소 연구교수

[전임연구원] 한승훈 : 건국대학교 글로컬캠퍼스 교양대학 조교수

이정린 : 고려대학교 독일어권문화연구소 연구교수

[번역] 한상민 : 한림대학교 글로벌협력대학원 객원교수(Peking II 127, Peking II 128)

[보조연구원] 김희연 : 고려대학교 대학원 한국사학과 박사수료

김진환 : 고려대학교 대학원 독어독문학과 박사과정

박진우 : 고려대학교 대학원 독어독문학과 석사과정

서진세 : 고려대학교 대학원 독어독문학과 석사과정

이홍균 : 고려대학교 독어독문학과 학사과정

정지원 : 고려대학교 독어독문학과 학사과정

박성수 : 고려대학교 한국사학과 학사과정

박종연 : 고려대학교 독어독문학과 학사과정

마재우 : 고려대학교 독어독문학과 학사과정

[탈초·교정] Seifener, Ch. : 고려대학교 독어독문학과 부교수

Wagenschütz, S. : 동덕여자대학교 독일어과 외국인 교수

Kelpin, M. : 고려대학교 독어독문학과 외국인 교수

Peking 127·128(1866~1881)

독일외교문서 한국편 15

2021년 5월 17일 초판 1쇄 펴냄

옮긴이 고려대학교 독일어권문화연구소
발행인 김흥국
발행처 보고사

책임편집 황효은
표지디자인 손정자

등록 1990년 12월 13일 제6-0429호
주소 경기도 파주시 회동길 337-15 보고사
전화 031-955-9797(대표), 02-922-5120~1(편집), 02-922-2246(영업)
팩스 02-922-6990
메일 kanapub3@naver.com / bogosabooks@naver.com
http://www.bogosabooks.co.kr

ISBN 979-11-6587-187-1 94340
       979-11-5516-904-9 (세트)
ⓒ 고려대학교 독일어권문화연구소, 2021

정가 30,000원